張大可
韓兆琦 等 注譯

新譯資治通鑑

(八)

漢紀四十三—四十九

三民書局 印行

國家圖書館出版品預行編目資料

新譯資治通鑑(八) / 張大可,韓兆琦等注譯.－－初版一刷.－－臺北市: 三民, 2017
冊; 公分.－－(古籍今注新譯叢書)
ISBN 978-957-14-6226-4 (平裝)
1. 資治通鑑 2. 注釋

610.23 105022866

© 新譯資治通鑑(八)

注譯者 張大可 韓兆琦等
責任編輯 陳榮華
美術設計 李唯綸
發行人 劉振強
著作財產權人 三民書局股份有限公司
發行所 三民書局股份有限公司
地址 臺北市復興北路386號
電話 (02)25006600
郵撥帳號 0009998-5
門市部 (復北店) 臺北市復興北路386號
(重南店) 臺北市重慶南路一段61號
出版日期 初版一刷 2017年1月
編號 S 034100
行政院新聞局登記證局版臺業字第〇二〇〇號

ISBN 978-957-14-6226-4 (平裝)

http://www.sanmin.com.tw 三民網路書店

新譯資治通鑑　目次

第八冊

卷第五十一　漢紀四十三　西元一二五至一三三年……一
卷第五十二　漢紀四十四　西元一三四至一四五年……七三
卷第五十三　漢紀四十五　西元一四六至一五六年……一三五
卷第五十四　漢紀四十六　西元一五七至一六三年……一九五
卷第五十五　漢紀四十七　西元一六四至一六六年……二五五
卷第五十六　漢紀四十八　西元一六七至一七一年……三一五
卷第五十七　漢紀四十九　西元一七二至一八〇年……三七一

卷第五十一

漢紀四十三

起旃蒙赤奮若（乙丑　西元一二五年），盡昭陽作噩（癸酉　西元一三三年），凡九年。

【題解】本卷記事起西元一二五年，迄西元一三三年，凡九年。當安帝延光四年至順帝陽嘉二年，載順帝一朝前期史事。順帝在位十九年，國家多事，史分兩卷。順帝為皇太子被廢，藉宦官之力得以復位，宦官孫程等十九人皆封為侯，由此，宦官勢力熾盛。閻太后臨朝，閻氏兄弟共掌權要，威福自由而庸劣無才，閻太后貪權立幼，策立孩提北鄉侯劉懿入繼大統，半年後病亡，閻氏根基不牢，頃刻倒臺。順帝親政，欲有一番作為，徵召名士及敢言之士上書言事。受徵士人郎顗上疏言七事，皆有益於國。尚書令左雄建言延長地方官任期，少調動以省送往迎來之費，加大考核力度以清吏治。名士樊英徒有虛名，受朝廷徵召而無奇策善言。司馬光認為此等浮華之士乃少正卯之流，應加誅辟，何以徵召。順帝才劣，近於昏庸。西域用兵，敦煌太守張朗違反軍令冒進，僥倖立功受賞，西域長史班勇剋期進兵受罰，順帝賞罰錯位。司隸校尉虞詡懲奸被下獄。李固、馬融、張衡等人對策，建言裁減宦官，宦官子弟不得入仕，提倡孝悌之禮，重民生，使百姓能養育妻子，社會自然和諧。順帝皆不納。

孝安皇帝下

延光四年（乙丑　西元一二五年）

春，二月乙亥❶，下邳惠王衍❷薨。

甲辰❸，車駕南巡。

三月戊午朔❹，日有食之。

庚申❺，帝至宛❻，不豫❼。乙丑❽，帝發自宛。丁卯❾，至葉❿，崩于乘輿⓫，年三十二。

皇后與閻顯兄弟⓬、江京、樊豐等謀曰：「今晏駕道次⓭，濟陰王在內，邂逅⓮公卿立之，還為大害。」乃偽云「帝疾甚」，徙御臥車⓯，所在上食、問起居如故。驅馳行四日，庚午⓰，還宮。辛未⓱，遣司徒劉熹詣郊廟、社稷，告天請命⓲，其夕乃[1]發喪。尊皇后曰皇太后。太后臨朝⓳。以顯為車騎將軍、儀同三司⓴。

太后欲久專國政，貪立幼年，與顯等定策禁中㉑，迎濟北惠王子北鄉侯懿㉒為嗣。

濟陰王以廢黜，不得上殿親臨梓宮㉓，悲號不食，內外羣僚莫不哀之。

甲戌㉔，濟南孝王香㉕薨，無子，國絕。○乙酉㉖，北鄉侯即皇帝位。

夏，四月丁酉㉗，太尉馮石為太傅，司徒劉熹為太尉，參錄尚書事，前司空李郃為司徒。

閻顯忌大將軍耿寶位尊權重㉘，威行前朝，乃風有司奏「寶及其黨與中常侍樊豐、虎賁中郎將謝惲、侍中周廣、野王君王聖、聖女永等更相阿黨㉙，互作威福，皆大不道。」辛卯㉚，豐、惲、廣皆下獄死，家屬徙比景。貶寶及弟子林慮侯承皆為亭侯，遣就國，寶於道自殺。王聖母、子徙鴈門。於是以閻景為衛尉，耀為城門校尉，晏為執金吾，兄弟並處權要，威福自由。

己酉㉛，葬孝安皇帝于恭陵㉜，廟曰恭宗。

九月㉝乙巳㉞，赦天下。

秋，七月，西域長史班勇發敦煌、張掖、酒泉六千騎及鄯善、疏勒、車師前部兵擊後部王軍就，大破之，獲首虜八千餘人，生得軍就及匈奴持節使者，將至索班沒處斬之，傳首京師。

冬，十月丙午㉟，越巂㊱山崩。

【章旨】以上為第一段，寫漢安帝駕崩，閻皇后與外戚閻顯兄弟專權，立孩提北鄉侯劉懿為帝。

【注釋】❶乙亥　二月戊子朔，無乙亥。乙亥，三月十八日。❷下邳惠王衍　下邳王劉衍，明帝子，死諡惠王。傳見《後漢書》卷五十。❸甲辰　二月十七日。❹戊午朔　三月初一日。❺庚申　三月初三日。❻宛　縣名，南陽郡治所，在今河南南陽。❼不豫　不適；生病。❽乙丑　三月初八日。❾丁卯　三月初十日。❿葉　縣名，縣治在今河南葉縣。⓫崩于乘輿　死在轎內。⓬閻顯兄弟　閻顯兄弟共四人。閻太后臨朝，閻氏兄弟共掌樞要兵權。閻顯為車騎將軍，弟閻景為衛尉，閻耀為城門校尉，閻晏為執金吾。兄弟執權要，威福由己。事見《後漢書》卷十下〈皇后紀〉。⓭晏駕道次　死在路上。⓮邂逅　偶然；萬一。⓯徙御臥車　把安帝屍身從轎子轉移到臥車上。⓰庚午　三月十三日。⓱辛未　三月十四日。⓲告天請命　禱告上天，請求降福。⓳太后臨朝　閻太后臨朝主政。⓴儀同三司　官名，權位比照三公。㉑定策禁中　不朝會與大臣謀議，而在宮禁中決策。㉒北鄉侯懿　劉懿，濟北王劉壽之子。劉壽，章帝子。㉓親臨梓宮　親到靈柩前哭奠安帝。㉔甲戌　三月十七日。㉕濟南孝王香　濟南王劉香，光武帝子劉康之孫，死諡孝王。㉖乙酉　三月二十八日。㉗丁酉　四月十一日。㉘大將軍耿寶位尊權重　東漢三公為虛位，大將軍為首輔執政大臣，錄尚書事為實際政務官，耿寶為大將軍，故位尊權重。㉙阿黨　結為朋黨。㉚辛卯　四月初五日。㉛己酉　四月二十三日。㉜恭陵　在洛陽東北。㉝九月　當作「六月」。《後漢書》卷五〈安帝紀〉載：延光四年「六月乙巳，大赦天下。」又下文敘秋七月事，亦可證此文應作「六月」，而不應作「九月」。㉞乙巳　六月二十日。㉟丙午　十月二十二日。㊱越巂　郡名，治所邛都，在今四川西昌。

【校　記】①乃　原無此字。據章鈺校，甲十一行本、孔天胤本皆有此字，今據補。

【語　譯】孝安皇帝下

延光四年（乙丑　西元一二五年）

春，二月乙亥日，下邳惠王劉衍去世。

二月十七日甲辰，漢安帝南巡。

三月初一日戊午，發生日蝕。

三月初三日庚申，漢安帝到達宛城，身體患病。初八日乙丑，漢安帝從宛城出發。初十日丁卯，到達葉縣，死在轎內，終年三十二歲。

皇后和閻顯兄弟、江京、樊豐等人謀劃說：「現在皇帝在半道上去世，濟陰王在京城內，萬一公卿立他為帝，回去將有大禍。」於是偽稱「皇帝病得厲害」，把屍身轉移到臥車上，所到之處，進食、起居問安依舊。

車馬奔馳走了四天，三月十三日庚午，回到宮中。十四日辛未，派司徒劉熹到郊廟、社稷，告天祈福，當晚發喪。尊皇后為皇太后。閻太后臨朝聽政。任命閻顯為車騎將軍、儀同三司。閻太后想長期專斷國政，想立一個幼小的國君，和閻顯等人在宮中決定了計策，迎接濟北惠王的兒子北鄉侯劉懿做繼承人。濟陰王因為被廢掉，不能到殿上親自哭奠安帝，悲傷號哭，不進食，朝廷內外官員沒有不悲痛的。

三月十七日甲戌，濟南孝王劉香去世，沒有兒子，廢除封國。〇二十八日乙酉，北鄉侯劉懿即皇帝位。

夏，四月十一日丁酉，太尉馮石任太傅，司徒劉熹任太尉，管理宮廷機要，前任司空李郃任司徒。

閻顯顧忌大將軍耿寶位尊權重，在前朝很有權威，於是暗示有關官員奏言「耿寶和同黨中常侍樊豐、虎賁中郎將謝惲、侍中周廣、野王君王聖、王聖的女兒王永等人互相結黨，作威作福，不合正道。」四月初五日辛卯，樊豐、謝惲、周廣都下獄處死，家屬流放到比景。耿寶和他的姪兒林慮侯耿承，都被貶降為亭侯，遣返封國，耿寶在中途自殺。王聖母子流放到雁門。於是任命閻景為衛尉，閻耀為城門校尉，閻晏為執金吾，兄弟同居權力中樞，作威作福，為所欲為。

四月二十三日己酉，將孝安皇帝安葬在恭陵，廟號恭宗。

九月乙巳日，大赦天下。

秋，七月，西域長史班勇調動敦煌、張掖、酒泉六千騎兵，以及鄯善、疏勒、車師前王國的軍隊，攻打後王國國王軍就，大敗後王的軍隊，殺死和俘虜八千多人，生擒軍就和匈奴持節使者，把他們帶到索班戰死的地方殺掉，把頭顱送到京城。

冬，十月二十二日丙午，越巂郡發生山崩。

北鄉侯病篤，中常侍孫程謂濟陰王謁者❶長興渠❷曰：「王以嫡統，本無失德，先帝用讒，遂至廢黜。若北鄉侯不起，相與共斷❸江京、閻顯，事無不成者。」

渠然之。又中黃門南陽王康，先為太子府史，及長樂太官丞❹京兆王國等並附同於程。江京謂閻顯曰：「北鄉侯病不解❺，國嗣宜以時定❻，何不早徵諸王子，簡❼所置乎？」顯以為然。辛亥❽，北鄉侯薨。顯白太后，祕不發喪，而[1]更徵諸王子，閉宮門，屯兵自守。

十一月乙卯❾，孫程、王康、王國與中黃門黃龍、彭愷、孟叔、李建、王成、張賢、史汎、馬國、王道、李元、楊佗、陳予、趙封、李剛、魏猛、苗光等聚謀於西鍾下，皆截單衣為誓。丁巳❿，京師及郡國十六地震。是夜，程等共會崇德殿⓫上，因入章臺門。時江京、劉安及李閏、陳達等俱坐省門⓬下，程與王康共就斬京、安、達。以李閏權勢積為省內所服，欲引為主，因舉刃脅閏曰：「今當立濟陰王，毋得搖動⓭！」閏曰：「諾。」於是扶閏起，俱於西鍾下迎濟陰王即皇帝位，時年十一。召尚書令、僕射以下從輦幸南宮，程等留守省門，遮扞內外⓮，帝登雲臺，召公卿百僚，使虎賁、羽林士屯南、北宮諸門。

閻顯時在禁中⓯，憂迫不知所為。小黃門樊登勸顯以太后詔召越騎校尉馮詩、虎賁中郎將閻崇將兵屯平朔門以御程等。顯誘詩入省，謂曰：「濟陰王立，非皇太后意，璽綬⓰在此。苟盡力效功，封侯可得。」太后使授之印曰：「能得濟陰王者，封萬戶侯，得李閏者，五千戶侯。」詩等皆許諾。辭以「卒被召⑰，所將眾少。」顯使與登迎吏士於左掖門外，詩因格殺⑱登，歸營屯守。

顯弟衛尉景遽從省中還外府⑲，收兵至盛德門。孫程傳召諸尚書使收景。尚書郭鎮時臥病，聞之，即率直宿羽林出南止車門，逢景從吏士拔白刃呼曰：「無干兵⑳！」鎮即下車持節詔之，景曰：「何等詔㉑！」因斫㉒鎮，不中。鎮引劍擊景墮車，左右以戟叉其胸，遂禽之，送廷尉獄，即夜死。

戊午㉓，遣使者入省，奪得璽綬，帝乃幸嘉德殿，遣侍御史持節收閻顯及其弟城門校尉耀、執金吾晏，並下獄，誅，家屬皆徙比景。遷太后於離宮。己未㉔，開門㉕，罷屯兵㉖。壬戌㉗，詔司隸校尉㉘：「惟閻顯、江京近親，當伏辜誅，其餘務崇寬貸。」封孫程等皆為列侯，程食邑萬戶，王康、王國食九千戶，黃龍食五千戶，彭愷、孟叔、李建食四千二百戶，王成、張賢、史汎、馬國、王道、李元、楊佗、陳予、趙封、李剛食四千戶，魏猛食二千戶，苗光食千戶。是為十九侯。加賜車馬、金銀、錢帛各有差。李閏以先不豫謀，故不封。擢孫程為騎都尉㉙。初，程等入章臺門，苗光獨不入。詔書錄功臣㉚，令王康疏名㉛，康詐疏光入章臺門。光未受符策㉜，心不自安，詣黃門令自告㉝。有司奏康、光欺詐主上，詔書勿問。以將作大匠來歷為衛尉。役諷、劉瑋[2]、閭丘弘等先卒，皆拜其子為郎。朱倀、施延、陳光、趙代皆見拔用，後至公卿。徵王男、邴吉家屬還京師，厚加賞賜。帝之見廢也，監太子家小黃門籍建、傅㉞高梵㉟、長秋長趙熹、丞㊱良賀㊲、藥長夏珍皆坐徙朔方㊳。帝即位，並擢為中常侍。

初，閻顯辟崔駰之子瑗㊴為吏，瑗以北鄉侯立不以正，知顯將敗，欲說令廢立。而顯日沈醉，不能得見，乃謂長史㊵陳禪曰：「中常侍江京等惑蠱㊶先帝，廢黜正統，扶立疏孽㊷。少帝即位，發病廟中，周勃之徵，於斯復見㊸。今欲與君共求見說將軍，白太后，收京等，廢少帝，引立濟陰王，必上當天心，下合人望，伊、霍之功㊹不下席而立，則將軍兄弟傳祚於無窮。若拒違天意，久曠神器㊺，則將以無罪并辜元惡㊻。此所謂禍福之會，分功之時也。」禪猶豫未敢從。會顯敗，瑗坐被斥，門生蘇祇欲上書言狀，瑗遽止之。時陳禪為司隸校尉，召瑗謂曰：「弟㊼聽祇上書，禪請為之證。」瑗曰：「此譬猶兒妾屏語㊽耳，願使君勿復出口！」遂辭歸，不復應州郡命。

己卯㊾，以諸王禮葬北鄉侯。

司空劉授以阿附惡逆，辟召非其人㊿，策免。十二月甲申(51)，以少府河南陶敦為司空。

楊震門生虞放、陳翼詣闕追訟震事。詔除震二子為郎，贈錢百萬，以禮改葬於華陰潼亭(52)，遠近畢至。有大鳥高丈餘集震喪前，郡以狀上。帝感震忠直[3]，詔復以中牢具祠(53)之。

議郎陳禪(54)以為：「閻太后與帝無母子恩，宜徙別館，絕朝見(55)。」羣臣議者咸以為宜。司徒掾汝南周舉謂李郃曰：「昔瞽瞍(56)常欲殺舜，舜事之逾謹；鄭武姜謀殺莊公，莊公誓之黃泉(57)；秦始皇怨母失行(58)，久而隔絕，後感潁考叔、茅焦[4]之言，復脩子道，書傳美之。今諸閻新誅，太后幽在離宮，若悲愁生疾，一旦不虞，主上將何以令於天下！如從禪議，後世歸咎明公。宜密表朝廷，令奉太后，率羣臣朝覲如舊，以厭天心，以答人望！」郃即上疏陳之。

【章旨】以上為第二段，寫中官孫程等十九人與朝官聯合推倒外戚閻氏兄弟，迎立濟陰王即位，是為漢順帝。

【注釋】❶謁者　官名，掌賓贊受事。諸侯王亦置謁者。❷長興渠　人名。長興，複姓。❸斷　剷除。❹長樂太官丞　官名，掌長樂宮皇太后膳食。❺病不解　病不癒。解，散；病情好轉。❻國嗣宜以時定　皇帝繼承人要及時確定。❼簡　選擇。❽辛亥　十月二十七日。❾乙卯　十一月初二日。❿丁巳　十一月初四日。⓫崇德殿　南宮正殿。⓬省門　即禁門，此指章臺門。⓭毋得搖動　不要動搖變卦。⓮遮扞內外　阻斷宮內與外朝的聯繫。⓯在禁中　在宮中。⓰璽綬　天子璽綬。⓱卒被

召　突然被召。卒，通「猝」。⑱格殺　鬥殺。⑲外府　衛尉府。⑳無干兵　不要碰兵器，即不要擋路。㉑何等詔　什麼詔書。㉒斫　砍。㉓戊午　十一月初五日。㉔己未　十一月初六日。㉕開門　解除戒嚴令，打開洛陽城門。㉖罷屯兵　撤除戒嚴部隊。㉗壬戌　十一月初九日。㉘詔司隸校尉　下詔給司隸校尉。司隸校尉治京師治安，故以詔囑之。㉙騎都尉　官名，掌皇宮羽林騎兵。㉚錄功臣　簿錄功臣。㉛疏名　疏奏名單。㉜光未受符策　苗光一直沒有得到封侯的策文。㉝自告　自首。㉞傅　太子中傅。㉟高梵　人名。㊱丞　長秋丞。㊲良賀　人名。㊳朔方　北方邊郡。治所臨戎，在今內蒙古磴口北。㊴崔駰之子瑗　崔駰，東漢文學家，字亭伯，涿郡安平（今河北安平）人，其子崔瑗，亦有文名。父子同傳，見《後漢書》卷五十二。㊵長史　大將軍閻顯之長史。㊶惑蠱　迷惑。㊷疏孽　疏遠的支族。㊸周勃之徵二句　周勃誅除呂氏所立少帝的苗頭，今天又重現了。徵，徵兆。見，通「現」。㊹伊霍之功　效法商伊尹、西漢霍光扶危安宗廟之功。伊尹，名阿衡，輔助商湯王建立殷朝。湯死後，長孫帝太甲立，暴虐無道，伊尹流放太甲到桐宮守湯王之墓，太甲改過自新，伊尹迎太甲回宮主政，殷朝復興。事見《史記》卷三〈殷本紀〉。霍光，輔助西漢昭帝中興的大臣。昭帝崩，無子，迎立昌邑王劉賀即帝位，劉賀荒淫，即位二十七天就被霍光廢除，改立漢武帝孫劉詢即位，是為漢宣帝。霍光傳見《漢書》卷六十八。㊺神器　指帝位。㊻元惡　首惡；大惡。㊼弟　但。㊽屏語　私語。㊾己卯　十一月二十六日。㊿辟召非其人　徵用了不稱職的人。此指劉授辟召耿寶、閻顯所請託的人。見上卷安帝延光二年。(51)甲申　十二月初一日。(52)潼亭　潼關西之鄣亭。(53)中牢具祠　備辦中牢祭祀。中牢，即少牢，有羊、豕二牲。(54)陳禪　字紀山，巴郡安漢縣（在今四川南充北）人，仕安帝、順帝兩朝，官至司隸校尉。傳見《後漢書》卷五十一。(55)絕朝見　斷絕母子關係，不再朝見。(56)瞽瞍　傳說虞舜姚重華之父，與後妻多次謀害舜，舜孝謹無怨言。(57)誓之黃泉　黃泉，地下之泉。潁考叔感喻莊公事詳《左傳》隱公元年。(58)秦始皇怨母失行　失行，指秦始皇母莊襄王太后與假宦官嫪毐私通。秦始皇誅嫪毐，幽囚母親，齊人茅蕉說秦始皇以統一天下大局為重，要敬禮母親，秦始皇迎請母親回咸陽宮。事詳本書卷六秦王九年。

【校記】①而　原無此字。據章鈺校，甲十六行本、乙十一行本、孔天胤本皆有此字，今據補。②劉瑋　原無此二字。據章鈺校，甲十六行本、乙十一行本、孔天胤本皆有此二字，張敦仁《通鑑刊本識誤》、張瑛《通鑑校勘記》同，今據補。③直　原無此字。據章鈺校，甲十六行本、乙十一行本、孔天胤本皆有此字，張敦仁《通鑑刊本識誤》同，今據補。④焦　原作「蕉」。據章鈺校，甲十六行本、乙十一行本皆作「焦」，今據改。

【語譯】北鄉侯劉懿病重，中常侍孫程對濟陰王的謁者長興渠說：「大王是皇上的嫡子，本無過錯，先皇帝聽信讒言，才被廢除。如果北鄉侯一病不起，我們一同剷除江京、閻顯，事情沒有不成功的。」長興渠以為有理。另外，中黃門南陽人王康，以前做太子府史，和長樂太官丞京兆人王國等人都依附孫程。江京對閻顯說：「北鄉侯病情不癒，皇上繼承人應及時確定，為什麼不早些徵召各王子，選擇儲嗣？」閻顯認為言之有理。十月二十七日辛亥，北鄉侯去世。閻顯稟告閻太后，祕不發喪，而徵召各王子，關閉宮門，駐軍守衛。

十一月初二日乙卯，孫程、王康、王國和中黃門黃龍、彭愷、孟叔、李建、王成、張賢、史汎、馬國、王道、李元、楊佗、陳予、趙封、李剛、魏猛、苗光等人，在西鐘樓下聚集謀劃，每人都裁塊單衣作盟誓。初四日丁巳，京城和十六個郡國地震。這天夜裡，孫程等人一起在崇德殿會合，進入章臺門。當時江京、劉安和李閏、陳達等人都坐在禁門下，孫程和王康一同就地斬殺了江京、劉安、陳達。因為李閏有權勢，一向在宮內為人所服，想拉他做領頭人，因而舉刀威脅李閏說：「現在應立濟陰王，不得動搖變卦！」李閏說：「是。」於是扶李閏起來，一同到西鐘樓下迎接濟陰王即皇帝位，年僅十一歲。召集尚書令、僕射以下隨從輦車到達南宮，孫程等人留守宮門，阻斷宮內和外朝的聯繫。新皇帝劉保登上雲臺，召集公卿百官，命令虎賁武士、羽林武士駐守南宮和北宮的各個宮門。

閻顯當時在宮中，驚惶失措，不知道怎麼辦。小黃門樊登勸閻顯以閻太后的詔書，徵召越騎校尉馮詩、虎賁中郎將閻崇率兵把守平朔門，抵抗孫程等人。閻顯誘使馮詩進宮，對他說：「濟陰王即位，不是皇太后的意旨，天子玉璽和綬帶在這裡。如果盡力報效，就可以封侯。」太后把印信交給他，說：「能抓獲濟陰王的人，冊封為萬戶侯，抓到李閏的人，冊封為五千戶侯。」馮詩等人全都答應了。然後推辭說「突然被徵召，所帶的軍隊太少。」閻顯要馮詩與樊登到左掖門外去接官吏、將士，馮詩趁機殺了樊登，回軍營防守。

閻顯的弟弟衛尉閻景急忙從宮中回到衛尉府，集合士兵到了盛德門。孫程傳令召集各尚書收捕閻景。尚書郭鎮當時臥病在床，聽到命令，立即率領值宿的羽林軍出南止車門，正遇到閻景率領部下拔刀大叫：「不要擋路！」郭鎮立即下車，拿著符節，宣告詔書，閻景說：「什麼詔書！」於是用刀砍向郭鎮，沒有砍中。

郭鎮拔劍擊刺閻景，閻景墜落車下，身邊隨從用鐵戟叉住他的胸膛，於是抓住閻景，送到廷尉獄，當晚就死了。

十一月初五日戊午，派使者進入北宮，奪得璽印、綬帶，皇帝到嘉德殿，派侍御史持符節收捕閻顯和他的弟弟城門校尉閻耀、執金吾閻晏，一同下獄，殺死，家屬全都流放到比景。把太后遷移於離宮。初六日己未，開宮門，撤除戒嚴部隊。初九日壬戌，下詔司隸校尉：「只有閻顯、江京的近親，當伏罪處死，其餘的人從寬處理。」冊封孫程等人為列侯，孫程食邑萬戶，王康、王國食邑九千戶，黃龍食邑五千戶，彭愷、孟叔、李建食邑四千二百戶，王成、張賢、史汎、馬國、王道、李元、楊佗、陳予、趙封、李剛食邑四千戶，魏猛食邑二千戶，苗光食邑一千戶。這就是同日所封十九侯。又加賜車馬、金銀、錢帛，各有不同的等級。李閏因為事先未曾參與謀劃，所以沒有冊封。提升孫程做騎都尉。當初，孫程等人進入章臺門，只有苗光沒有進入。下詔記錄功臣，命令王康疏奏姓名，王康謊稱苗光進入章臺門。苗光沒有收到封侯的策文，心中不安，前往黃門令自首。有關官員奏劾王康、苗光欺騙君主，下詔不加責問。任命將作大匠來歷為衛尉。祋諷、劉瑋、閭丘弘等人先死了，全都任命他們的兒子做郎官。朱倀、施延、陳光、趙代都被提升任用，後來官至公卿。徵召王男、邴吉的家屬返回京城，賞賜豐厚。皇帝被罷黜時，派到太子宮擔當監視的小宦官籍建、中傅高梵、長秋長趙熹、丞良賀、藥長夏珍都獲罪流放朔方。皇帝即位，全都提升為中常侍。

當初，閻顯徵召崔駰的兒子崔瑗為官吏，崔瑗認為北鄉侯即位不合正統，知道閻顯將要失敗，想要勸說廢立之事。但是，閻顯終日沉醉，崔瑗見不到閻顯，於是就對長史陳禪說：「中常侍江京等人迷惑先帝，廢掉正統，扶立疏遠的支族。少帝劉恭即位，在廟堂發病，周勃誅除呂氏所立少帝的徵兆，今天又重現了。現在想和你一起求見將軍進行勸告，稟告太后，逮捕江京等人，廢黜少帝，擁立濟陰王，必定上合天心，下符民望，效法商伊尹、西漢霍光扶危安宗廟之功坐而可得，那麼，將軍兄弟的封爵就可以傳之久遠。如果違背天意，皇位久缺，恐怕會以無罪而與元兇一同獲罪。這是禍福的關鍵，建立功業的時機。」陳禪猶豫不敢接受。適逢閻顯潰敗，崔瑗受到譴責，門生蘇祇想要上書陳述往事，崔瑗立刻阻止了他。這時陳禪為司隸校尉，召見崔瑗說：「你只要聽從蘇祗上書，我為你作證。」崔瑗說：「這些往事不過是像小兒、女妾的私下話，但願你不要再出言提及！」於是辭職回家，不再接受州郡的聘請。

十一月二十六日己卯，採用諸王的禮儀埋葬了北鄉侯。

司空劉授因為攀附邪惡勢力，徵辟任用了不稱職的人，被下令免職。十二月初一日甲申，任命少府河南人陶敦做司空。

楊震的門生虞放、陳翼到宮門為楊震陳述冤情。下詔任命楊震的兩個兒子為郎官，賜錢百萬，按禮節改葬楊震於華陰縣潼亭，遠近的人都來了。有一隻高一丈多的大鳥落在楊震的靈堂前，郡守把這一情形上奏。漢順帝深感楊震忠直，詔命再用中牢祭祀。

議郎陳禪認為：「閻太后和漢順帝沒有母子情義，應遷移到別的宮館，對太后斷絕朝見。」群臣議論都認為妥當。司徒掾汝南人周舉對李郃說：「過去舜的父親瞽瞍常常想殺害舜，舜侍奉他卻更加恭謹；鄭武姜要謀殺莊公，莊公發誓不到黃泉不相見，秦始皇抱怨母親與假宦官嫪毒通姦，長期隔絕，後來受到潁考叔、茅焦的進言而感動，重新修行兒子的孝道，史書讚美他們。現在閻氏一門剛剛被誅，太后幽禁在離宮，如果悲傷生病，一旦發生意外，皇上將何以號令天下！如果接受陳禪的建議，後世就要把罪責歸咎到你們的身上。應祕密向皇上進言，讓皇上侍奉太后，像過去一樣率領群臣朝覲，以順天心，以答民望！」李郃立即上疏陳述了此事。

孝順皇帝❶上

永建元年（丙寅　西元一二六年）

春，正月，帝朝太后於東宮，太后意乃安。○甲寅❷，赦天下。○辛未❸，皇太后閻氏崩。◯辛巳❹，太傅馮石、太尉劉熹以阿黨權貴免。司徒李郃罷❺。

二月甲申❻，葬安思皇后。◯丙戌❼，以太常桓焉為太傅，大鴻臚京兆[1]朱寵為太尉，參錄尚書事，長樂少府朱倀為司徒。◯封尚書郭鎮為定潁侯❽。

隴西鍾羌反，校尉馬賢擊之，戰於臨洮❾，斬首千餘級，羌眾皆降，由是涼州復安。

六月己亥❿，封濟南簡王錯子顯為濟南王⓫。

秋，七月庚午⓬，以衛尉來歷為車騎將軍。

八月，鮮卑寇代郡，太守李超戰歿。

司隸校尉虞詡⓭到官數月，奏馮石、劉熹，免之。又劾奏中常侍⓮程璜、陳秉、孟生、李閏等，百官側目⓯，號為苛刻。三公劾奏：「詡盛夏多拘繫無辜⓰，為吏民患。」詡上書自訟曰：「法禁者，俗之隄防；刑罰者，民之銜轡。今州曰任郡，郡曰任縣，更相委遠⓱，百姓怨窮。以苟容⓲為賢，盡節⓳為愚。臣所發舉，臧⓴罪非一。三府恐為臣所奏，遂加誣罪。臣將從史魚死，即[2]以尸諫㉑耳！」帝省其章，乃不罪詡。

中常侍張防賣弄權勢，請託受取㉒。詡案之，屢寢不報㉓。詡不勝其憤，乃自繫廷尉，奏言曰[3]：「昔孝安皇帝任用樊豐㉔，交亂嫡統，幾亡社稷。今者張防復弄威柄，國家之禍將重至矣。臣不忍與防同朝，謹自繫以聞，無令臣襲楊震之跡！」書奏，防流涕訴帝，詡坐論輸左校㉕。防必欲害之，二日之中，傳考四獄㉖。獄吏勸詡自引㉗，詡曰：「寧伏歐刀㉘，以示遠近㉙！喑嗚㉚自殺，是非孰辨邪！」浮陽侯孫程、祝阿侯張賢相率乞見㉛，程曰：「陛下始與臣等造事㉜之時，常疾姦臣，知其傾國㉝。今者即位而復自為，何以非先帝乎！司隸校尉虞詡為陛下盡忠，而更被拘繫；常侍張防臧罪明正，反搆㉞忠良。今客星守羽林㉟，其占宮中有姦臣，宜急收防送獄，以塞㊱天變。」時防立在帝後，程叱防曰：「姦臣張防，何不下殿！」防不得已，趨就東箱。程曰：「陛下急收防，無令從阿母㊲求請！」帝問諸尚書，尚書賈朗素與防善，證詡之罪。帝疑焉，謂程曰：「且出，吾方思之。」於是詡子顗與門生百餘人，舉幡候中常侍高梵車㊳，叩頭流血，訴言枉狀。梵入言之，防坐徙邊，賈朗等六人或死或黜，即日赦出詡。程復上書陳詡有大功，語甚切激。帝感悟，復徵拜議郎。數日，遷尚書僕射。

詡上疏薦議郎南陽左雄㊴曰：「臣見方今公卿以下，類多拱默㊵，以樹恩㊶為賢，盡節為愚，至相戒曰：『白璧不可為，容容多後福㊷。』伏見議郎左雄，有王臣蹇蹇之節㊸，宜擢在喉舌之官㊹，必有匡弼之益。」由是拜雄尚書。

【章　旨】以上為第三段，寫司隸校尉虞詡懲治奸佞遭誣陷下獄，孫程營救獲赦免，調任為議郎。

【注　釋】❶孝順皇帝　安帝劉祜之子，名保，西元一二六—一四四年在位。胡三省注引《伏侯古今注》曰：「保之字曰守。」❷甲寅　正月初二日。❸辛未　正月十九日。❹辛巳　正月二十九日。❺司徒李郃罷　司徒李郃因瘟疫流行而被免職。❻甲申　二月初二日。❼丙戌　二月初四日。❽郭鎮為定潁侯　因擒閻顯功封侯。❾臨洮　縣名，縣治在今甘肅岷縣。❿己亥　六月十九日。⓫封濟南簡王錯子顯句　濟南王，光武帝子劉康的封爵。簡王錯，劉康之子劉錯，死後諡為簡王。劉錯傳子劉香，安帝延光四年死，無子，國絕。劉顯為劉錯庶子，今紹封為濟南王。⓬庚午　七月二十一日。⓭虞詡　字升卿，陳國武平（今河南柘城南）人，敢直言，為東漢名臣。傳見《後漢書》卷五十八。⓮中常侍　官名，秦置，宦者與士人兼用，給事殿省，常導引應對。漢因之。和熹太后稱制，不接公卿，中常侍專用宦官。這裡程璜、陳秉、孟生、李閏均為宦官。⓯側目　橫目怒視。⓰盛夏多拘繫無辜　按照漢代法制觀念，盛夏天地萬物生長，不當殺伐拘繫。三公欲致罪虞詡，藉此為言。⓱更相委遠　互相推卸責任。⓲苟容　苟且因循。⓳盡節　盡忠守職。⓴臧　通「贓」。㉑尸諫　《韓詩外傳》記載，春秋時衛國大夫史魚生病將死時對兒子說：「我多次推薦蘧伯玉是個賢才，但得不到重用；我又多次揭發彌子瑕是個奸佞，但得不到排斥。我是衛國的大臣，既不能任用賢才，又不能清除奸佞，我死後不能停棺正堂，就停在側屋好了。」衛國國君聽到後，立即任用蘧伯玉，趕走彌子瑕。㉒受取　接受賄賂。㉓屢寢不報　虞詡的請求懲奸奏章，多次擱置，得不到回覆。㉔樊豐　安帝中常侍，他迫害太尉楊震事，見上卷安帝延光三年。㉕詡坐論輸左校　虞詡被判罪為輸作左校。左校，將作大匠部屬有左校令，掌左工徒。輸作左校，即送往左校做苦役。㉖傳考四獄　過了四次公堂，遭受苦刑。㉗自引　自裁；自殺。㉘伏歐刀　伏罪受刑。歐刀，刑刀。㉙以示遠近　以昭示遠近之人。㉚喑嗚　抽泣傷歎。㉛相率乞見　攜手求見順帝。㉜造事　指謀立順帝。㉝傾國　毀滅國家。㉞搆　陷害。㉟客星守羽林　有一顆新星徘徊在虛、危南的羽林星區。㊱塞　杜絕。㊲阿母　順帝另一保姆宋娥。㊳舉幡候中常侍高梵車　幡，招魂幡。候，等候，攔車呼冤。宮中權貴出行，清道戒嚴，禁止行人通行。漢代提倡孝道，送喪行人仍可靠邊通行。虞顗等一百餘人假冒送喪，靠近高梵座車喊冤。㊴左雄　字伯豪，南陽郡涅陽（在今河南南陽西南）人，官至司隸校尉。傳見《後漢書》卷六十一。㊵拱默　拱手沉默，形容小心謹慎，不敢言事的樣子。㊶樹

恩　廣結人緣。㊷白璧不可為二句　謂做人要圓滑，切不可做一塊清白的玉石，碌碌庸庸才有無限後福。㊸蹇蹇之節　敢於赴難的操守。蹇，難也。㊹喉舌之官　東漢稱尚書為喉舌之官，指其出納王命。

【校　記】①京兆　原無此二字。據章鈺校，甲十六行本、乙十一行本、孔天胤本皆有此二字，張敦仁《通鑑刊本識誤》、張瑛《通鑑校勘記》同，今據補。②即　據章鈺校，甲十六行本作「則」。③曰　原無此字。據章鈺校，甲十六行本、乙十一行本、孔天胤本皆有此字，張敦仁《通鑑刊本識誤》同，今據補。

【語　譯】孝順皇帝上

永建元年（丙寅　西元一二六年）

春，正月，漢順帝到東宮朝見太后，太后心裡才安定下來。○初二日甲寅，大赦天下。○十九日辛未，皇太后閻氏去世。○二十九日辛巳，太傅馮石、太尉劉熹因為阿附權貴被免職。司徒李郃被罷官。

二月初二日甲申，安葬安思皇后。○初四日丙戌，任命太常桓焉為太傅，大鴻臚京兆人朱寵為太尉，參錄尚書政事，長樂少府朱倀為司徒。○冊封尚書郭鎮為定潁侯。

隴西鍾羌反叛，校尉馬賢攻打叛羌，在臨洮交戰，官軍斬殺叛羌一千多人，羌族部眾全都投降，因此涼州再次安定。

六月十九日己亥，冊封濟南簡王劉錯的兒子劉顯為濟南王。

秋，七月二十一日庚午，任命衛尉來歷為車騎將軍。

八月，鮮卑入侵代郡，太守李超戰死。

司隸校尉虞詡赴任幾個月，就奏劾馮石、劉熹，罷免了他們。又彈劾中常侍程璜、陳秉、孟生、李閏等人，文武百官橫目怒視，說虞詡苛刻。三公彈劾上奏說：「虞詡在盛夏時囚禁了很多無辜的人，成為官吏和民眾的禍患。」虞詡上書自辯說：「法令，是民俗的堤防；刑罰，是民眾的轡繩。現在州說責任在郡，郡說責任在縣，互相推卸，百姓怨恨。以苟且因循為賢能，以盡忠職守為愚蠢。臣所舉發的貪贓枉法罪不只一種。三公府擔心被臣下奏劾，所以對臣加以誣陷。臣將追隨史魚死去，用屍體進諫！」漢順帝看了奏章，才沒有怪罪虞詡。

中常侍張防賣弄權勢，接受請託，收取賄賂。虞詡彈劾他，奏章屢次被擱置，得不到回覆。虞詡忍不住憤恨，就捆起自己到廷尉，上奏說：「過去孝安皇帝任用樊豐，搞亂了嫡傳世統，幾乎使國家滅亡。現在張防又玩弄權柄，國家的災禍將再次降臨。臣不能忍受與張防同在朝廷當官，自己捆綁下獄，讓皇帝知道臣的意願，不要讓臣重蹈楊震的下場！」奏章呈上，張防向漢順帝哭訴，虞詡被判罪，送到左校服苦役。張防要置虞詡於死地，兩天內，就過了四次公堂，遭受苦刑。獄吏勸虞詡自殺，虞詡說：「寧願伏罪受刑，以昭示遠近之人！抽泣自殺，又怎能辨別是非呢！」浮陽侯孫程、祝阿侯張賢攜手拜見皇帝，孫程說：「陛下開始與我們共創大業時，經常痛恨奸臣，知道他們毀滅國家。現在皇帝即位，卻又像先帝那樣做，怎樣能評價先帝的缺點！司隸校尉虞詡為皇上盡忠，反被拘禁；常侍張防的貪贓之罪明顯，反而陷害忠良的臣子。現在客星徘徊在羽林星區，表明宮中有奸臣，應當趕快逮捕張防下獄，以防止天變。」當時張防站在皇帝身後，孫程大聲斥責他說：「奸臣張防，怎麼不下殿！」張防不得已，快步退入東廂。孫程說：「陛下趕快逮捕張防，別讓他向保姆求情！」漢順帝詢問各位尚書，尚書賈朗一向和張防友善，指證虞詡有罪。漢順帝疑惑，對孫程說：「暫且出去，朕將想想這事。」於是，虞詡的兒子虞顗和一百多位門生，舉著招魂的幡旗，等候中常侍高梵的車子，磕頭流血，訴說冤枉。高梵入宮稟告，張防獲罪流放邊地，賈朗等六人有的被處死，有的被黜免，當天赦免並放出虞詡。孫程又上書說虞詡有大功，措辭非常急切。漢順帝醒悟，又徵召虞詡為議郎。過了幾天，升任尚書僕射。

虞詡上疏推薦議郎南陽人左雄說：「臣看到現在公卿以下的官員，大多拱手無言，以廣結人緣為賢能，以盡節操為愚蠢，甚至互相告誡：『清白的玉石不可做，碌碌庸庸多有後福。』臣發現議郎左雄，有人臣敢於赴難的操守，應當提升為尚書，必有匡輔王室的裨益。」於是任命左雄為尚書。

浮陽侯孫程等懷表上殿爭功，帝怒；有司劾奏「程等干亂悖逆❶，王國等皆與程黨，久留京都，益其驕恣。」帝乃免程等官，悉徙封遠縣。因遣十九侯就國，敕雒陽令促期發遣。

司徒掾周舉❷說朱倀曰：「朝廷❸在西鍾下時，非孫程等豈立！今忘其大德，錄其小過。如道路夭折❹，帝有殺功臣之譏。及今未去，宜急表之！」倀曰：「今詔指方怒，吾獨表此，必致罪譴❺。」舉曰：「明公❻年過八十，位為台輔，不於今時竭忠報國，惜身❼安寵❽，欲以何求！祿位雖全，必陷佞邪之譏，諫而獲罪，猶有忠貞之名。若舉言不足採，請從此辭！」倀乃表諫，帝果從之。

程徙封宜城侯❾，到國，怨恨恚懟❿，封還印綬符策，亡歸京師，往來山中。詔書追求，復故爵土，賜車馬、衣物，遣還國。

冬，十月丁亥⓫，司空陶敦免。

朔方以西，障塞⓬多壞，鮮卑因此數侵南匈奴。單于憂恐，上書乞修復障塞。庚寅⓭，詔：「黎陽營兵⓮出屯中山⓯北界，令緣邊郡增置步兵，列屯塞下，教習戰射。」

以廷尉張皓為司空。

班勇更立車師後部故王子加特奴為王。勇又使別校誅斬東且彌⑯王，亦更立其種人為王，於是車師六國悉平⑰。

勇遂發諸國兵擊匈奴，呼衍王亡走，其眾二萬餘人皆降。生得單于從兄，勇使加特奴手斬之，以結車師、匈奴之隙⑱。北單于自將萬餘騎入後部，至金且谷⑲。勇使假司馬曹俊救之，單于引去，俊追斬其貴人骨都侯。於是呼衍王遂徙居枯梧河⑳上，是後車師無復虜跡㉑。

【章　旨】以上為第四段，寫孫程爭功受貶謫，班勇大破北匈奴。

【注　釋】①干亂悖逆　擾亂政事，大逆不道。②周舉　字宣光，汝南汝陽（在今河南商水縣西南）人。傳見《後漢書》卷六十一。③朝廷　指順帝。④道路夭折　死於半道。⑤罪譴　得罪皇上而受責備。⑥明公　對宰相的尊稱。⑦惜身　珍愛自身。⑧安寵　固寵。指看重權位。⑨程徙封宜城侯　孫程原封浮陽侯，現徙封為宜城侯。浮陽，在今河北滄縣。宜城，在今河南宜城。⑩恚懟　忿恨不平。⑪丁亥　十月初九日。⑫障塞　哨卡亭障及要塞城堡。⑬庚寅　十月十二日。⑭黎陽營兵　東漢屯駐於黎陽（今河南浚縣）的常備兵。⑮中山　封國名，治所盧奴，在今河北定州。⑯東且彌　西域國名，王城在今新疆烏魯木齊。⑰車師六國悉平　以車師為首的六國，全都歸附中國。六國為前車師、後車師、東且彌、移支（在新疆巴里坤湖西北，居車師之東）、蒲類（在巴里坤湖南）、卑陸（在烏魯木齊東北阜康）。⑱以結車師匈奴之隙　班勇讓車師王加特奴親手殺死匈奴呼衍王堂兄，使車師與北匈奴結仇。⑲金且谷　地名，在今新疆奇臺境。⑳枯梧河　今地不詳。㉑是後車師無復虜跡　從此以後，車師國再也沒有北匈奴騎兵的蹤影。

【語　譯】浮陽侯孫程等人身懷奏章上殿爭功，漢順帝很生氣，有關官員上奏彈劾說：「孫程等人大逆不道，王國等人都與孫程結為同黨，久留京城，更加驕橫放肆。」漢順帝於是免去孫程等人的官職，都改封到僻遠的縣邑。趁機遣送十九侯去往自己的封國，下令洛陽令短期遣送。

司徒掾周舉勸朱倀說：「皇上在西鐘樓時，若非孫程等人怎能即位！現在忘記了他們的大德，計較他們的微小過失。如果他們死在半道，皇上就有殺害功臣的譏諷。趁他們還未離開，應該趕快上表救他們！」朱倀說：「現在皇帝正在氣頭上，我獨自上奏此事，必會導致受責備。」周舉說：「您年紀已過八十，位居宰輔，不在此時盡忠報國，而珍愛自身，貪戀恩寵，還想得到什麼！即使保全了高官厚祿，也必定會讓人譏諷為佞邪之輩，因為進諫而獲罪，仍有忠貞的名聲。如果認為我的話不值得採納，請允許我從此辭官！」朱倀於是上書勸諫，漢順帝果然聽從了。

孫程改封為宜城侯，到了封國，怨恨不平，把印綬封策歸還朝廷，逃歸京城，來往於山中。漢順帝下詔尋找他，恢復了原來的封爵和食邑，賜給車馬、衣物，派送回到封國。

冬，十月初九日丁亥，司空陶敦被免職。

朔方郡以西，大多數亭障要塞已經毀壞，鮮卑因此多次侵犯南匈奴。單于又擔心又恐懼，上書請求修繕亭障要塞。十月十二日庚寅，下詔：「黎陽營的軍隊屯兵駐紮中山郡北界，令沿邊各郡增設步兵，分別駐守關塞，教授學習作戰騎射。」

任命廷尉張皓為司空。

班勇另立車師後王國前國王的兒子加特奴為國王。班勇又派另外一支軍隊將領殺死東且彌王，也改立他們部落的人做國王，於是車師六國全都平定了。

班勇於是調動各國軍隊攻打匈奴，呼衍王逃走，他的部眾二萬多人全部投降。生擒了單于的堂兄，班勇讓加特奴親手殺死他，以此使車師和北匈奴結仇。北單于親自率領一萬多騎兵進入車師後王國，到達金且谷。班勇派假司馬曹俊去救援，單于率軍離去，曹俊追擊，殺死匈奴貴族骨都侯。於是，呼衍王遷移到枯梧河附近，此後車師後王國沒有再見到北匈奴騎兵的蹤跡。

二年（丁卯　西元一二七年）

春，正月，中郎將張國以南單于兵擊鮮卑❶其至鞬，破之。

二月，遼東鮮卑寇遼東玄菟，烏桓校尉❷耿曄發緣邊諸郡兵及烏桓出塞擊之，斬獲甚眾，鮮卑三萬人詣遼東降。

三月，旱。

初，帝母李氏瘞❸在雒陽北，帝初不知。至是，左右白之，帝乃發哀，親到瘞所，更以禮殯。六月乙酉❹，追諡為恭愍皇后，葬于恭陵❺之北。

西域城郭諸國皆服於漢，唯焉耆王元孟❻未降，班勇奏請攻之。於是遣敦煌太守張朗將河西四郡兵三千人配勇，因發諸國兵四萬餘人，分為兩道擊之。勇從南道，朗從北道，約期俱至焉耆。而朗先有罪，欲徼功自贖❼，遂先期至爵離關❽，遣司馬將兵前戰，獲首虜二千餘人。元孟懼誅，逆遣使乞降。張朗徑入❾焉耆，受降而還。朗得免誅，勇以後期徵，下獄，免❿。

秋，七月甲戌朔⓫，日有食之。

壬午⓬，太尉朱寵、司徒朱倀免。庚子⓭，以太常劉光為太尉、錄尚書事，光祿勳汝南許敬為司徒。光，矩之弟也⓮。敬仕於和、安之間，當竇、鄧、閻氏之盛，無所屈橈⑮。三家既敗，士大夫多染污者，獨無謗言及於敬，當世以此貴之。

初，南陽樊英⑯少有學行，名著海內，隱於壺山⑰之陽。州郡前後禮請，不應。公卿舉賢良、方正、有道，皆不行。安帝賜策書徵之⑱，不赴。是歲，帝復以策書、玄纁⑲，備禮徵英，英固辭疾篤。詔切責郡縣，駕載上道⑳。英不得已，到京，稱疾不肯起，彊輿入殿㉑，猶不能屈。帝使出就太醫養疾，月致羊酒。其後帝乃為英設壇㉒，令公車令導，尚書奉引，賜几、杖㉓，待以師傅之禮，延問得失，拜五官中郎將。數月，英稱疾篤，詔以為光祿大夫，賜告歸㉔，令在所送穀，以歲時致牛酒。英辭位不受，有詔譬旨，勿聽㉕。

英初被詔命，眾皆以為必不降志㉖。南郡王逸素與英善，因與其書㉗，多引古譬諭，勸使就聘㉘。英順逸議而至，及後應對無奇謀深策㉙，談者以為失望。河南張楷㉚與英俱徵，謂英曰：「天下有二道，出與處也㉛。吾前以子之出，能輔是君也，濟斯民也。而子始以不訾之身㉜，怒萬乘之主，及其享受爵祿，又不聞匡救之術，進退無所據㉝矣。」

【章　旨】以上為第五段，寫漢順帝對邊將賞罰錯位，張朗違背軍令冒進受賞，班勇守紀被罰。名士樊英徒有虛名，受朝廷徵召無嘉言奇策。

【注　釋】❶鮮卑　古族名，東胡的一支。秦漢時，游牧於今西喇木倫河與洮兒河之間，附屬於匈奴。北匈奴西遷後進入匈奴故地，勢力漸盛。❷烏桓校尉　官名，護烏桓校尉之省稱，主管安撫和防衛烏桓。❸瘞　埋葬。❹乙酉　六月十一日。❺恭陵　安帝劉祜陵，在洛陽東北。❻焉耆王元孟　焉耆，西域國名，王城在今新疆焉耆。其王元孟，和帝永元六年（西元九四年）為班超所立。❼欲徼功自贖　想獲功贖罪。❽爵離關　關名，在焉耆境內。❾徑入　長驅直入。❿勇以後期徵三句　班勇蒙受延誤日期的罪名，被徵還下獄，免職為庶人。胡三省對此評論說：「夏之政典曰：先時者殺無赦，不及時者殺無赦。張朗先期以邀功，法所必誅，則班勇非後期也。漢之用刑，不審厥衷，勇免之後，西域事去矣。」⓫甲戌朔　七月初一日。⓬壬午　七月初九日。⓭庚子　七月二十七日。⓮光二句　劉矩，桓帝時官至太尉。傳見《後漢書》卷七十六。據〈劉矩傳〉，劉光為劉矩之叔，非弟也。⓯無所屈橈　不肯屈服於權貴。⓰樊英　字季齊，南陽魯陽（今河南魯山縣）人，精通《易》學，著有章句，世稱樊氏學。傳見《後漢書》卷八十二上。⓱壺山　即今河南唐河縣西北大狐山。⓲賜策書徵之　皇帝下詔書徵召。⓳玄纁　黑色綢緞，指代幣帛。玄纁禮徵，即送上一份厚禮。⓴駕載上道　強行架上公車上道。㉑彊輿入殿　強行放到擔架上抬進宮中。㉒設壇　設立講壇。㉓賜几杖　賞賜給他几案、手杖。㉔賜告歸　准其帶著官銜歸家養病。㉕有詔譬旨二句　有詔書宣示加官旨意，不准辭職。㉖必不降志　一定不會改變志節。指堅決拒徵。㉗與其書　寫信給樊英。㉘勸使就聘　勸導樊英接受徵召。㉙應對無奇謀深策　回答皇帝對策，沒有什麼有益於國的內容。㉚張楷　字公超，河南梁縣（在今河南臨汝西）人，精通古文《尚書》、《嚴氏春秋》，作《尚書注》行於世。傳見《後漢書》卷三十六。㉛天下有二道二句　天下的為人之道有兩個基點，即如何出仕做官和如何避世隱退。㉜不訾之身　無價之身。㉝進退無所據　出仕與隱退都沒有原則。

【語　譯】二年（丁卯　西元一二七年）

春，正月，中郎將張國利用南匈奴單于軍隊攻打鮮卑其至鞬，打敗了鮮卑。

二月，遼東鮮卑人入侵遼東玄菟，烏桓校尉耿曄徵發沿邊各郡軍隊和烏桓人，出塞攻打鮮卑，殺死很多人，鮮卑部落三萬人前往遼東投降。

三月，發生旱災。

當初，漢順帝的母親李氏埋葬在洛陽城北，漢順帝最早不知道。到這時，身邊的人告訴了漢順帝，漢順帝才發喪，親自到埋葬的地點，改用皇后禮儀殯殮。六月十一日乙酉，追尊謚號為恭愍皇后，把她埋葬在恭陵的北面。

西域的城邦各國都歸順漢朝，只有焉耆國王元孟沒有降服，班勇上奏請求攻打他。於是派敦煌太守張朗率領河西四郡的三千名士兵配合班勇，趁機調動各國軍隊四萬多人，分為兩路進攻焉耆。班勇從南路，張朗從北路，約定日期一起到達焉耆。而張朗先前有罪，想獲功贖罪，於是比預定日期先到爵離關，派遣司馬率軍上前作戰，俘獲殺死二千多人。元孟擔心被殺，派使者請求歸降。張朗直接進入焉耆，接受投降後返回。張朗因功得以免受懲罰，班勇因比張朗後到焉耆，徵回下獄，免官。

秋，七月初一日甲戌，發生日蝕。

七月初九日壬午，太尉朱寵、司徒朱倀被免官。二十七日庚子，任命太常劉光為太尉、錄尚書事，任命光祿勳汝南人許敬為司徒。劉光，是劉矩的弟弟。許敬任職在和帝、安帝時，正當竇氏、鄧氏、閻氏勢盛，許敬無所屈從。三家外族敗落後，士大夫有很多受到牽連，只有許敬沒有任何誹謗牽連到他，世人因此崇敬他。

當初，南陽人樊英從小品學兼優，名聞天下，在壺山的南面隱居。州郡前後聘請他出來做官，他不答應。公卿推薦賢良、方正、有道，他都不去。漢安帝下詔書徵召他，他不前往。這一年，漢順帝再次用策書、黑色綢緞，備全禮物徵召樊英，樊英以病重為由堅決推卸。詔書嚴厲責備郡縣，郡縣強行把樊英架上公車上道。樊英不得已，到了京城，說是有病不肯起身，強行把他抬到宮殿，還是不能讓他屈從。漢順帝讓他出宮到太醫那裡治病，每月送去羔羊和美酒。後來皇帝為樊英設立講壇，命令公車令在前引路，尚書陪同，賜予几案、手杖，用師傅的禮節對待他，詢問國事得失，任命為五官中郎將。過了幾個月，樊英說病情加重，下詔任命為光祿大夫，准許帶著官銜回家養病，命令當地送給穀米，按季節送給牛肉和美酒。樊英辭官，不受所賜，有詔書說明聖旨，不准辭官。

樊英當初接受詔命，大家以為他一定不會改變志節。南郡人王逸向來與樊英相好，因而寫信給他，引用很多古時的事情進行說明，勸他接受聘任。樊英聽從王逸的建議到了京城，等到後來回答皇帝對策，沒有什麼奇謀深策，議論的人感到失望。河南人張楷和樊英一起接受徵召，對樊英說：「天下的為人之道有兩個基點，即如何出仕做官和如何避世隱退。我先前認為你出仕做官，能輔助君主，拯救民眾。而你開始時以無價之身，觸怒君主，等到享受了高官厚祿，又沒有聽到匡救國家的方法，出仕與隱退都沒有原則。」

臣光曰：「古之君子，邦有道則仕，邦無道則隱❶，隱非君子之所欲也。人莫己知而道不得行，羣邪共處而害將及身，故深藏以避之。王者舉逸民❷，揚仄陋❸，固為其有益於國家，非以徇世俗之耳目❹也。是故有道德足以尊主❺，智能足以庇民❻，被褐懷玉，深藏不市❼。則王者當盡禮以[1]致之❽，屈體以下之，虛心以訪之❾[2]，克己以從之❿，然後能利澤施于四表⓫，功烈格于上下⓬。蓋取其道，不取其人⓭，務其實，不務其名⓮也。

「其或禮備而不至，意勤而不起⓯，則姑內自循省，而不敢彊致其人，曰⓰：『豈吾德之薄而不足慕乎⓱？政之亂而不可輔乎⓲？羣小在朝而不敢進乎⓳？誠心不至而憂其言之不用乎⓴？何賢者之不我從也㉑？』苟其德已厚矣，政已治矣，羣小遠矣㉒，誠心至矣，彼將扣閽以③自售㉓，又安有勤求而不至者哉㉔！荀子㉕曰：『燿蟬㉖者，務在明其火㉗，振其木㉘而已。火不明，雖振其木，無益也。今人主有能明其德，則天下歸之，若蟬之歸明火也。』或者人主恥不能致㉙，乃至誘之以高位，脅之以嚴刑㉚。使彼誠君子邪㉛，則位非所貪，刑非所畏，終不可得而致也㉜。可致者㉝，皆貪位畏刑之人也，烏足貴哉㉞！

「若乃孝弟著於家庭㉟，行誼隆於鄉曲㊱，利不苟取，仕不苟進㊲，潔己安分，優游卒歲㊳，雖不足以尊主庇民，是亦清脩之吉士㊴也。王者當褒優安養，俾遂其志㊵。若孝昭之待韓福㊶，光武之遇周黨㊷，以勵廉恥，美風俗，斯亦可矣。固不當如范升之詆毀㊸，又不可如張楷之責望也。

「至於飾偽以邀譽㊹，釣奇以驚俗㊺，不食君祿而爭屠沽之利㊻，不受小官而規㊼卿相之位，名與實反㊽，心與迹違㊾，斯乃華士㊿、少正卯(51)之流，其得免於聖王之誅幸矣，尚何聘召之有哉！」

【章旨】以上為第六段，寫司馬光對浮華之士的批評。

【注釋】❶邦有道則仕二句　政治清明出來做官，政治混亂就隱退保身。語出《論語·衛靈公》，原文作：「邦有道則仕，邦無道則可卷而懷之。」卷而懷之，指把本領收藏起來。❷舉逸民　起用隱逸之士。語出《論語·堯曰》：「舉逸民，天下之民歸心焉。」❸揚仄陋　語出《尚書・堯典》：「明明揚仄陋。」明明，明察賢者。揚仄陋，舉薦卑微隱逸之人。仄，側傾，在下位的人。陋，隱也。❹徇世俗之耳目　追隨世俗的淺見輿論。❺有道德足以尊主　有道術德行足以使君主尊崇。❻智能足以庇民　智慧和才能，足以保護人民。❼被褐懷玉二句　賢者就像身穿粗短衣而懷揣美玉一樣，深藏不露，沒有好價錢則不肯出售。褐，粗短衣。❽王者當盡禮以致之　作為君王，應當用高規格的禮儀招致賢者。❾屈體以下之二句　委屈自己，處在賢者之下，虛懷若谷，察訪賢能之士。❿克己以從之　克制自己聽從賢者之言。⓫四表　全國四面八方。⓬功烈格于上下　功業能貫通天上地下。以上二句化用《尚書・堯典》「光被四表，格于上下」的典故。格，至；通達。⓭取其道二句　君王尊禮賢者，是為了取用他的治國之術，而不是為了取用這個人。⓮務其實二句　只要求實際，不追求虛名。⓯其或禮備而不至二句　意謂還有一些人，如果君王徵用的禮節齊備，心意誠摯，賢者仍然不肯出仕，那麼君王應該首先自我反省，而不應強迫徵召。其或，還有這樣一些人。⓰曰　反省的內容是……，自我反省說。⓱德之薄而不足慕乎　難道是品德太薄，而不足以使賢者仰慕嗎。⓲政之亂而不可輔乎　難道是政治混亂，而不值得賢者輔佐嗎。⓳羣小在朝而不敢進乎　難道是邪惡小人立於朝廷而使賢者不敢仕進嗎。⓴誠心不至句　難道是誠意不夠使賢者擔憂他們的主張得不到採納嗎。㉑何賢者之不我從也　為什麼賢者不跟從我呢。㉒羣小遠矣　群小已被排斥，遠離朝廷。㉓扣閽以自售　扣門來自我推薦。閽，看門人。㉔安有勤求而不至者哉　哪有辛勤尋找而不來的呢。㉕荀子　（約西元前三一三—前二三八年）名況，又名孫卿，戰國後期趙人，為楚國蘭陵令，為古代傑出的思想家，著有《荀子》傳於世。傳見《史記》卷七十四。㉖耀蟬　火光照蟬，捕而為食。㉗明其火　使火光明亮。㉘振其木　搖動樹枝。㉙人主恥不能致　君主對不能招來賢者感到羞恥。㉚誘之以高位二句　用高官厚祿引誘，用嚴刑威逼。脅，逼迫。㉛使彼誠君子邪　如果他果真是一個君子。君子，道德高尚的人。㉜位非所貪三句　高位不是他所貪圖的，刑罰不是他所畏懼的，最終還是得不到他。㉝可致者　指用厚祿和刑罰可招來的人。㉞烏足貴哉　哪能值得尊貴。㉟孝弟著於家庭　在家有孝敬父母和友愛兄弟的美德。㊱行誼隆於鄉曲　品行道義在鄉里廣為人傳頌。誼，通「義」。㊲利不苟取二句　不義之財不隨便謀求，不義之官不隨便仕進。㊳潔己安分二句　廉潔安分，從容終老天年。㊴吉士　良民。㊵王者當褒優安養二句　君王應當褒揚安撫他們，使他們實現志向。㊶孝昭之待韓福　韓福，涿郡的孝悌之士。《漢書・昭帝紀》載，元鳳元年（西元前八〇年）三月，賜郡國所選有行義之士涿郡韓福等五人回歸鄉里，令地方官按時給以生活補貼，讓他們成為鄉里楷模。㊷光武之遇周黨　周黨，太原處士，與會稽嚴光等被徵至京師，不願做官，光武帝不加罪而賜帛禮遣之。事見本書卷四十一光武建武五年。㊸范升之詆毀　范升，字辯卿，代郡（治所高柳，在今山西陽高）人，精通《論語》、

《孝經》、《梁丘易》、《老子》等。為光武帝博士，曾上疏彈劾周黨等不仕為狂傲虛偽，請致以罪，光武不納。傳見《後漢書》卷三十六。㊹飾偽以邀譽　掩飾偽善以求取榮譽。㊺釣奇以驚俗　以奇怪行為來驚世駭俗。㊻爭屠沽之利　爭奪屠夫酒販一樣的小利。㊼規　謀求。㊽名與實反　名不副實。㊾心與迹違　表裡不一。㊿華士　見於《韓非子》，西周初齊人，沽名釣譽為太公望所殺。(51)少正卯　春秋時魯人，講學與孔子唱對臺戲，孔子為魯司寇，上任七天就殺了少正卯。

【校記】①以　原作「而」。據章鈺校，甲十六行本、乙十一行本、孔天胤本皆作「以」，張敦仁《通鑑刊本識誤》同，今據改。②屈體以下之虛心以訪之　此二句原作「屈己以訪之」，今據甲十六行本、乙十一行本、孔天胤本校改。張敦仁《通鑑刊本識誤》與甲十六行本同。③以　原作「而」。據章鈺校，甲十六行本、乙十一行本、孔天胤本皆作「以」，今據改。

【語譯】司馬光說：「古代的君子，國家政治清明，就出來當官；國家政治暴虐，就隱退，隱退並非是君子所希望的。沒有人瞭解自己，正道又不能推行，與邪惡的人混在一起，災害就要降臨自身，所以深藏起來迴避。君主起用隱逸的賢民，舉薦卑微隱逸之人，為的是他們對國家有益，不是追隨世俗的淺見輿論。所以，有道術德行足以使君主尊崇，有智慧和才能足以保護民眾，賢者就像身穿粗衣而懷揣美玉一樣，深藏不露，沒有好價錢就不肯出售。那麼君主應當用高規格的禮儀招來他，委屈自己，處在他的下面，虛懷若谷，去尋訪他，克制自己聽從他，然後才能在天下四方普施恩澤，功業能貫穿天上地下，留傳萬古。這是要取用他的治國之道，而不是取用他這個人，是要求得實際才能，而不追求虛名。

「還有一些人，如果君王徵用的禮節齊備而賢才不應聘，心意誠摯而賢才不肯做官，聖王就應從內心反省自己，不必強迫徵召，反省說：『難道是我的品德太薄，而不足以使他仰慕嗎？是政治混亂而不值得他輔佐嗎？是小人立身朝廷而使他不敢仕進嗎？是誠意不夠而擔心他的主張不被採用嗎？為什麼賢士不跟從我呢？』如果君王品德深厚，政治清明，遠離小人，極為誠心，他們將會叩門自薦，又怎會辛勤尋找而不來呢！荀子說：『照蟬的人務必使火光明亮，搖動樹木。火光不亮，即使搖動樹木也無益。現在人主能修明德治，天下就會歸順，如同蟬撲明火。』有的君主對不能招來賢士而感到羞恥，甚至用高官加以誘惑，用嚴刑強迫。如果他果真是君子，高位不是他所貪圖的，刑罰不是他所畏懼的，君主最終還是得不到他。能夠招來的都是些貪圖官位、畏懼刑罰的人，這些人又怎麼值得尊貴呢！

「說起那些在家有孝敬父母和友愛兄弟的美德，品行道義在鄉里廣為人傳誦的人，不隨便謀求財利，不隨便出來當不義之官，廉潔安分，從容終老，雖未輔佐君主，保護民眾，但也是清修的良民。君主應當褒揚安撫，使他們實現志向。像漢昭帝對待韓福，光武帝對待周黨一樣，用來鼓勵廉恥之心，使風俗修美，這樣也可以了。固然不必像范升那樣去毀謗，又不可以像張楷那樣去抱怨。

「至於有些人以掩飾偽善來求取名譽，以奇怪行為來驚世駭俗，不接受國君的俸祿，卻去爭搶屠夫酒販一樣的小利，不接受小的官職，卻謀求卿相的地位，名不副實，表裡不一，這就是華士、少正卯之流，能夠避免聖王的誅殺，就算幸運了，還談什麼被徵聘啊！」

時又徵廣漢楊厚❶、江夏黃瓊❷。瓊，香之子也。厚既至，豫陳漢有三百五十年之戹❸以為戒，拜議郎。瓊將至，李固以書逆遺之❹曰：「君子謂伯夷隘，柳下惠不恭❺。不夷不惠，可否之間❻，聖賢居身之所珍也❼。誠欲枕山棲谷❽，擬迹巢、由❾，斯則可矣。若當輔政濟民，今其時也。自生民以來，善政少而亂俗多，必待堯、舜之君，此為士行其志終無時矣。嘗聞語曰：『嶢嶢者易缺，皦皦者易汙。』❿盛名之下，其實難副。近魯陽樊君被徵，初至，朝廷設壇席⓫，猶待神明，雖無大異，而言行所守，亦無所缺。而毀謗布流，應時折減⓬者，豈非觀聽望深，聲名太盛乎⓭！是故俗論皆言『處士純盜虛聲⓮』。願先生弘此遠謨⑮，令眾人歎服，一雪此言耳。」瓊至，拜議郎，稍遷尚書僕射。瓊昔隨父在臺閣⑯，習見故事，及後居職，達練官曹⑰，爭議朝堂，莫能抗奪⑱。數上疏言事，上頗采用之。

李固，郃之子也⑲[1]，少好學，常改易姓名，杖策驅驢，負笈從師⑳，不遠千里，遂究覽墳籍㉑，為世大儒。每到太學，密入公府，定省父母㉒，不令同業㉓諸生知其為郃子也。

三年（戊辰　西元一二八年）

春，正月丙子㉔，京師地震。

夏，六月，旱。

秋，七月丁酉㉕[2]，茂陵園寢災㉖。

九月，鮮卑寇漁陽㉗。

冬，十二月己亥㉘，太傅桓焉免。○車騎將軍來歷罷。○南單于拔死，弟休利立，為去特若尸逐就單于㉙。○帝悉召孫程等還京師。

【章旨】以上為第七段，寫楊厚、黃瓊徵起任議郎，名實相符。

【注　釋】❶楊厚　（西元七二—一五三年）字仲桓，廣漢郡新都縣（今四川新都）人，精通圖讖學，能預言。傳見《後漢書》卷三十上。❷黃瓊　（西元八六—一六四年）字世英，江夏郡安陸縣（在今湖北安陸北）人，章帝時魏郡太守黃香之子，官至司空。傳見《後漢書》卷六十一。❸三百五十年之戹　西漢建國至順帝永建二年，已歷三百三十三年（西元前二〇六—西元一二七年）。其時東漢政治已經腐敗，內憂外患嚴重，楊厚藉圖讖之學，說漢興三百五十年後有厄難，以警醒執政者。❹李固以書逆遺之　李固寫信派人在中途迎候，送到黃瓊手中。❺君子謂伯夷隘二句　君子曾認為伯夷心胸狹隘，而柳下惠傲慢。君子，指孟軻。語見《孟子·公孫丑》。伯夷，西周初賢士，本孤竹國君之子，因讓位而隱於首陽山。周武王滅紂，伯夷不食周粟，餓死於首陽山。傳見《史記》卷六十一。柳下惠，春秋時魯國賢人，事跡散見於《論語》、《孟子》等書。❻不夷不惠二句　不學伯夷，也不學柳下惠，處於二者之間。❼聖賢居身之所珍也　是聖賢立身最為珍視的。❽誠欲枕山棲谷　意謂真心想頭枕山峰，身臥山谷，歸隱山林。❾擬迹巢由　效法巢父、許由。擬，比擬；效法。巢父、許由，傳說中的聖賢，不當君王。❿嘗聞語曰三句　曾聽人說：「山太高則容易缺，玉太白則容易汙染。」嶢嶢，山高峻的樣子。皦皦，潔白的樣子。⓫設壇席　設立講壇。⓬毀謗布流二句　誹謗的流言廣為傳播，一時之間名聲一落千丈。⓭豈非觀聽望深二句　這難道不是眾人聽其名已久，對他期望過高，名聲太大嗎。⓮處士純盜虛聲　凡隱居之士，徒有虛名。⓯弘此遠謨　推行這深遠的謀劃。⓰瓊昔隨父在臺閣　瓊父黃香，和帝時曾一度為尚書令。瓊隨父在京，明習故事。⓱達練官曹　明習幹練官場之事。達，明。練，習。⓲莫能抗奪　沒有人能駁倒他的議論。⓳李固二句　李固（西元九三—一四六年），字子堅，漢中南鄭（今陝西漢中）人，安帝時司徒李郃之子。李固直言敢諫，為外戚梁冀所害。官至太尉。傳見《後漢書》卷六十三。⓴負笈從師　背著書箱求師。㉑墳籍　泛指古本祕籍。㉒密入公府二句　李固祕密地到三公府，按時向父母問安。定省，按時問安。㉓同業　同學。㉔丙子　正月初六。㉕丁酉　七月二十九日。㉖茂陵園寢災　西漢武帝陵茂陵墓園寢殿發生火災。㉗漁陽　郡名，治所在今北京市密雲西南。㉘己亥　十二月初四日。㉙去特若尸逐就單于　西元一二八—一四〇年在位。

【校　記】[1]也　原無此字。據章鈺校，甲十六行本、乙十一行本皆有此字，今據補。[2]丁酉　原無此二字。據章鈺校，甲十六行本、乙十一行本皆有此二字，張瑛《通鑑校勘記》同，今據補。

【語　譯】當時又徵召廣漢人楊厚、江夏人黃瓊。黃瓊，是黃香的兒子。楊厚到了以後，預先陳述漢朝三百五十年來的困境作為警惕，被任命為議郎。黃瓊快要到洛陽，李固派人在中途迎候，把寫的信送給黃瓊說：「君子認為伯夷狹隘，柳下惠傲慢。不學伯夷，也不學柳下惠，處於二者之間，是聖賢立身所珍視的。如果真心想歸隱山林，效法巢父、許由，這是可行的。如果要輔佐時政，救濟百姓，現在正當其時。自古以來，清明的政治少而紛亂的世俗多，如果賢良之人一定要等候有堯、舜這樣的君主，才推行自己的心志，將永遠沒有時機。曾經聽人說：『山太高則易缺，玉太白則易汙。』盛大的名聲之下，很難有實際的才能與之相匹配。近來魯陽人樊君剛剛被徵召，初到時，朝廷設置講壇，猶如對待神明，雖沒有大的才能，但言行操守也沒有缺失。而毀謗的流言廣為傳播，一時之間名聲一落千丈，這難道不是眾人聽其名已久，對他期望太高，名聲太大嗎！所以世俗的論調都說『隱士都是徒有虛名』。希望先生推行這深遠的謀劃，讓眾人歎服，消除這種說法。」黃瓊到了，被任命為議郎，逐漸升為尚書僕射。黃瓊過去跟隨父親在臺閣，經常見到舊日的典章，等到後來任職，對官場之事明習幹練，在朝堂上爭議，沒有人能駁倒他。多次上疏言事，漢順帝都接納了他的建議。

李固，是李郃的兒子，少時好學，常改變姓名，執鞭騎驢，背著書箱，向老師求學，不管路遙，終於通讀各種古本祕籍，成為當世大儒。每次到太學，偷偷進入三公府，按時向父母問安，不讓同學們知道他是李郃的兒子。

三年（戊辰　西元一二八年）

春，正月初六日丙子，京師發生地震。

夏，六月，發生旱災。

秋，七月二十九日丁酉，茂陵墓園寢殿發生火災。

九月，鮮卑侵犯漁陽郡。

冬，十二月初四日己亥，太傅桓焉被免職。○車騎將軍來歷被免職。○南匈奴單于拔去世，其弟休利即位，這就是去特若尸逐就單于。○漢順帝召孫程等人返回京師洛陽。

四年（己巳　西元一二九年）

春，正月丙寅❶，赦天下。○丙子❷，帝加元服❸。

夏，五月壬辰❹，詔曰：「海內頗❺有災異，朝廷修政，太官減膳，珍玩不御❻。而桂陽太守文礱，不惟❼竭忠宣暢本朝❽，而遠獻大珠以求幸媚，今封以還之！」○五州雨水。

秋，八月丁巳❾，太尉劉光、司空張皓免。

尚書僕射虞詡上言：「安定、北地、上郡，山川險阸❿，沃野千里，土宜畜牧，水可溉漕。頃遭元元之災⓫，眾羌內潰，郡縣兵荒，二十餘年。夫棄沃壤之饒，捐自然之財，不可謂利；離河山之阻，守無險之處，難以為固。今三郡未復⓬，園陵單外⓭。而公卿選懦⓮，容頭過身⓯，張解設難⓰，但計所費，不圖其安⓱。宜開聖聽，考行所長⓲。」九月，詔復安定、北地、上郡還舊土⓳。

癸酉⓴，以大鴻臚龐參為太尉、錄尚書事，太常王龔㉑為司空。

冬，十一月庚辰㉒，司徒許敬免。○鮮卑寇朔方㉓。

十二月乙卯㉔，以宗正弘農劉崎為司徒。

是歲，于寘王放前殺拘彌㉕王興，自立其子為拘彌王，而遣使者貢獻，敦煌太守徐由上求討之。帝赦于窴罪，令歸拘彌國，放前不肯。

五年（庚午　西元一三〇年）

夏，四月，京師旱。○京師及郡國十二蝗。

定遠侯班超之孫始尚帝姑陰城公主㉖。主驕淫無道㉗，始積忿怒，伏刃殺主㉘。

冬，十月乙亥㉙，始坐腰斬，同產㉚皆棄市。

【章旨】以上為第八段，寫漢順帝納虞詡之策，加固北疆邊防。班始怒殺所尚荒淫公主被腰斬。

【注釋】❶丙寅　正月初一日。❷丙子　正月十一日。❸帝加元服　順帝舉行加冠禮。是年順帝十五歲。❹壬辰　五月二十九日。❺頗　頻繁。❻珍玩不御　不用奇珍玩物。❼不惟　不思；不領會。❽宣暢本朝　宣示本朝因遇災而厲行節儉的旨意。❾丁巳　八月二十五日。❿險阨　險要。⓫頃遭元元之災　近年來百姓連遭災害。元元，黎民百姓。⓬三郡未復　指安定、北地、上郡等三郡治所內遷，境土至今未恢復原有舊界。⓭園陵單外　指西京諸陵孤懸於外，沒有屏障。⓮選懦　懦弱苟安。⓯容頭過身　不能將頭挺正高昂在身，而縮頭縮腦。形容膽小苟安的樣子。⓰張解設難　張口論辯，頭頭是道。⓱但計所費二句　只斤斤計較耗費，不考慮邊境的安定。⓲宜開聖聽二句　皇上應廣泛聽取意見，考慮實行長久之計。⓳還舊土　治所遷還原地。三郡移治在安帝永初五年。安定郡由美陽遷回臨涇，北地郡由池陽遷回靈武，上郡由衙縣遷回膚施。⓴癸酉　九月十二日。㉑王龔　字伯宗，山陽高平（今山東獨山湖東岸）人，官至司空。傳見《後漢書》卷五十六。㉒庚辰　十一月二十日。㉓朔方　郡名，治所臨戎，在今內蒙古磴口北。㉔乙卯　十二月二十五日。㉕拘彌　西域國名，王城寧彌，在今新疆于田東北。㉖陰城公主　清河王劉慶之女，順帝劉保之姑。㉗驕淫無道　驕淫無度。㉘伏刃殺主　懷揣利刃殺了公主。㉙乙亥　十月二十日。㉚同產　同胞兄弟姐妹。

【語譯】四年（己巳　西元一二九年）

春，正月初一日丙寅，大赦天下。〇十一日丙子，漢順帝舉行加冠禮。

夏，五月二十九日壬辰，漢順帝下詔書說：「全國發生許多災異，朝廷修整政事，太官減少膳食，不用奇珍玩物。而桂陽太守文礱不考慮竭盡忠誠、宣示本朝因遇災害而厲行節儉的旨意，卻從遠方貢獻寶珠，以求諂媚寵幸，現在將原物封好退回給他！」〇五個州降雨不止。

秋，八月二十五日丁巳，太尉劉光、司空張皓被免職。

尚書僕射虞詡上書說：「安定、北地、上郡，山川險要，沃野千里，土地適於畜牧，河水可以灌溉通漕。近年來百姓連遭災害，諸羌內部潰敗，郡縣兵荒馬亂，長達二十多年。拋棄肥沃土地，扔掉自然的財貨，不利於國家；離開了河山險阻的地利，防守無險之處，很難鞏固邊防。現在三個郡未能復原，西京諸陵孤懸於外。而公卿懦弱苟安，藏頭縮腦，張口論辯，提出種種疑問，只斤斤計較耗費，不考慮邊境的安全。請陛下廣泛聽取意見，考慮實施長久之計。」九月，下詔令安定、北地、上郡的郡治遷回原地。

九月十二日癸酉，任命大鴻臚龐參為太尉、錄尚書事，太常王龔為司空。

冬，十一月二十日庚辰，司徒許敬被免職。〇鮮卑人侵犯朔方郡。

十二月二十五日乙卯，任命宗正弘農人劉崎為司徒。

這一年，于窴王放前殺死拘彌王興，立自己的兒子為拘彌王，並且派使者進貢，敦煌太守徐由上書請求討伐。漢順帝赦免了于窴王的罪過，命令放前歸還拘彌國，放前不答應。

五年（庚午　西元一三〇年）

夏，四月，京師洛陽發生旱災。〇京師和十二個郡國發生蝗災。

定遠侯班超的孫子班始娶漢順帝的姑姑陰城公主。公主驕淫無度，班始久積憤恨，懷揣利刃殺死公主。冬，十月二十日乙亥，班始獲罪腰斬，同胞兄弟姐妹都被處決拋屍街市。

六年（辛未 西元一三一年）

春，二月庚午❶，河間孝王開薨，子政嗣。政傲很❷不奉法❸，帝以侍御史吳郡沈景有彊能，擢為河間相。景到國，謁王❹。王不正服❺，箕踞殿上❻。侍郎贊拜❼，景峙不為禮，問王所在❽。虎賁曰：「是非王邪！」❾景曰：「王不正服，常人何別❿！今相謁王，豈謁無禮者邪！」王慚而更服⓫，景然後拜。出，住宮門外，請王傅責之⓬曰：「前發京師，陛見受詔⓭，以王不恭，使相[1]檢督⓮。諸君空受爵祿，曾無訓導⓯之義！」因奏治其罪。詔書讓政⓰而詰責傅⓱。景因捕諸姦人，奏案其罪，殺戮尤惡⓲者數十人，出冤獄百餘人。政遂為改節⓳，悔過自脩。

帝以伊吾⓴膏腴之地，傍近西域，匈奴資之以為鈔暴㉑，三月辛亥㉒，復令開設屯田，如永元時事㉓，置伊吾司馬㉔一人。

初，安帝薄於藝文㉕，博士不復講習㉖，朋徒相視怠散㉗，學舍穨敝㉘，鞠為園蔬㉙，或牧兒、蕘豎㉚薪刈㉛其下。將作大匠翟酺㉜上疏請更[2]脩繕，誘進後學㉝，帝從之。秋，九月，繕起太學㉞，凡所造構二百四十房，千八百五十室。

護烏桓校尉耿曄遣兵擊鮮卑，破之。

護羌校尉韓皓㉟轉湟中屯田置兩河間㊱，以逼群羌。皓坐事徵，以張掖太守馬續㊲代為校尉。兩河間羌以屯田近之，恐必見圖，乃解仇詛盟㊳，各自儆備㊴。續上移屯[3]田還湟中㊵，羌意乃安。

帝欲立皇后，而貴人有寵者四人，莫知所建，議欲探籌㊶，以神定選㊷。尚書僕射㊸南郡胡廣㊹與尚書馮翊郭虔、史敞上疏諫曰：「竊見詔書，以立后事大，謙不自專，欲假之籌策，決疑靈神。篇籍所記，祖宗典故，未嘗有也。恃神任[4]筮㊺，既未必當賢；就值其人，猶非德選㊻。夫岐嶷形於自然㊼，俔天必有異表㊽，宜參良家㊾，簡求㊿有德，德同以年，年鈞以貌(51)，稽之典經，斷之聖慮(52)。」帝從之。

恭懷皇后弟子乘氏侯商之女(53)，選入掖庭為貴人，常特被引御(54)，從容辭曰(55)：「夫陽以博施為德(56)，陰以不專為義(57)。螽斯則百福之[5]所由興也(58)。願陛下思雲雨之均澤，小妾得免於罪。」帝由是賢之。

【章旨】以上為第九段，寫侍御史沈景訓導諸侯王。漢順帝重整太學，選賢士，立皇后。

【注釋】❶庚午　二月十七日。❷傲很　驕傲兇狠。❸不奉法　不守法。❹謁王　拜見河間王劉政。謁，拜見。❺王不正服　劉政不穿官服。正服，禮服；官服。❻箕踞殿上　兩腳伸直坐於殿上，這是一種不禮貌的行為。❼侍郎贊拜　掌司儀的侍郎呼王景之職名拜見河間王。⑧景峙不為禮二句 王景故意倨傲不拜禮河間王，詢問王在哪裡。⑨虎賁曰二句 虎賁郎指著河間王對王景說：「這不是王嗎！」⑩王不正服二句 大王不穿官服，與普通老百姓有什麼區別。⑪王慙而更服 河間王劉政自感慚愧而更換了服裝。⑫請王傅責之 請出河間王的師傅進行責備。⑬陛見受詔 在皇帝面前接受詔書。⑭檢督 考核督察。⑮訓導 教導。⑯讓政 斥責劉政。⑰詰責傅 追究王的師傅失職。⑱尤惡 大惡。⑲改節 改變作風。⑳伊吾 今新疆哈密地區。㉑匈奴資之以為鈔暴 北匈奴憑藉伊吾為侵擾中國的基地。鈔暴，擄掠侵擾。㉒辛亥 三月二十九日。㉓永元時事 明帝永元二年屯田伊吾。㉔伊吾司馬 主管武裝屯墾的官員。㉕薄於藝文 輕視學術。㉖博士不復講習 太學教官不再講經研習。㉗朋徒相視怠散 門徒學生一個比一個懶惰而散漫。㉘學舍穨敝 學校房舍倒塌損壞。㉙鞠為園蔬 校園變成菜園。鞠，育；生長。㉚蕘豎 樵夫。㉛薪刈 割草。㉜翟酺 字子超，廣漢雒縣（今四川廣漢）人，官至將作大匠。傳見《後漢書》卷四十八。㉝誘進後學 引導後學上進。㉞繕起太學 重修太學。㉟韓皓 右扶風太守，順帝永建四年代馬賢為護羌校尉，為東漢第十五任護羌校尉。㊱兩河間 指今青海貴德河曲地帶。這一段河曲，上段為賜支河，下段為逢留大河，史稱兩河。㊲馬續 順帝永建六年代韓皓為東漢第十六任護羌校尉。㊳解仇詛盟 羌人各部互相解除仇怨，結盟發誓。㊴儆備 戒備。㊵續上移屯田還湟中 馬續上奏，將屯田區轉移到湟中。湟中，湟水流域，在逢留大河之北。㊶探籌 抽籤。㊷以神定選 由神靈來決定皇后的人選。㊸尚書僕射 尚書令副手。㊹胡廣（西元九一—一七二年）字伯始，南郡華容（今湖北潛江市南）人，歷事安、順、沖、質、桓、靈六帝，為三公三十餘年，為人圓滑。傳見《後漢書》卷四十四。㊺恃神任筮 依靠神靈，信任卜卦。㊻就值其人二句 即使神卜趕巧選取了合適的人，也不可能是上好德行。㊼夫岐嶷形於自然 說到聰明智慧，自然見於外表。意謂人的聰明才智有生動的感受，不必問神。語出《詩經・生民》：「克岐克嶷。」鄭玄箋云：「岐岐然意有所知，其貌嶷嶷然有所識別也。」㊽俔天必有異表 天生的才德一定有與眾不同的外貌。典出《詩經・文王》：「文王嘉止，大邦有子。大邦有子，俔天之妹。」說文王聘太姒為妻，太姒才貌好比是上帝之妹。俔，譬。㊾宜參良家 除四貴人之外，應該選取良家女子。㊿簡求 選擇。(51)德同以年二句 品德相同，則考慮年齡大小；年齡又相當，則看容貌。(52)稽之典經二句 依據經典，再由皇上考慮決定。(53)恭懷皇后弟子句 恭懷皇后，和帝之母梁貴人，和帝即位追尊為恭懷皇后。乘氏侯商之女，即順帝皇后梁妠，其母，即梁商妻是恭懷皇后妹妹之女。其時梁妠為順帝所寵四貴人之一。(54)常特被引御 經常被順帝特別召見陪侍。(55)從容辭曰 很大方地推辭說。(56)夫陽以博施為德 作為男人要廣泛施恩才是美德。(57)陰以不專為義 作為婦人以不專寵才叫懂得大義。(58)螽斯則百福之所由興也 〈螽斯〉這篇詩所讚頌螽斯子孫繁衍，就是這個緣故。

螽斯，蝗類昆蟲。《詩經．螽斯》以螽斯起興，頌揚后妃子孫眾多。螽斯雌性不妒忌，雄性廣施雨露，故其子孫繁衍。

【校　記】①使相　原作「相使」。據章鈺校，乙十一行本、孔天胤本皆作「相使」，今據改。②更　原無此字。據章鈺校，甲十六行本、乙十一行本、孔天胤本皆有此字，今據補。③屯　原無此字。據章鈺校，甲十六行本、乙十一行本、孔天胤本皆有此字，今據補。④任　原作「卜」。據章鈺校，甲十一行本、乙十一行本、孔天胤本皆作「任」，張敦仁《通鑑刊本識誤》同，今據改。⑤之　原無此字。據章鈺校，甲十六行本、乙十一行本、孔天胤本皆有此字，今據補。

【語　譯】六年（辛未　西元一三一年）

春，二月十七日庚午，河間孝王劉開去世，兒子劉政繼位。劉政傲慢兇狠，不遵守法紀，漢順帝因為侍御史吳郡人沈景有很強的能力，提為河間相。沈景到了河間國，拜見劉政。劉政不穿官服，兩腿外伸坐在殿上。侍郎呼沈景之職名拜見河間王，沈景故意倨傲不拜禮，反問王在哪裡。虎賁衛士說：「這不就是大王嗎！」沈景說：「大王不穿官服，與一般平民百姓有什麼區別！現在封國相來拜見大王，怎麼能拜見一個無禮的人！」劉政自感慚愧而更換了衣服，沈景然後拜見。出宮，住在宮門外，請出河間王的師傅，責備說：「我前時從京城出發，在皇帝面前接受詔書，因為王不恭敬，使相加以考核督察。各位先生白白接受爵位俸祿，完全沒有做一點訓導義理的事情！」因此上奏治他們的罪。漢順帝下詔書斥責劉政並追究其師傅的失職。沈景於是逮捕了一些壞人，上奏治罪，殺死幾十個作惡太多的人，放出一百多個冤囚。於是劉政改變作風，悔過自新。

漢順帝因為伊吾的土地肥沃，靠近西域，匈奴憑藉伊吾作為侵擾中國的基地，三月二十九日辛亥，再度命令開墾屯田，像永元時代的做法，設立一名伊吾司馬。

當初，漢順帝輕視學術，博士不再講經研習，門徒學生們一個比一個懶惰散漫，學校房舍倒塌損壞，校園變為菜園，樵夫在校園裡割草。將作大匠翟酺上疏請求重新修繕，引導後學上進，漢順帝答應了。秋，九月，重修太學，共建造了二百四十棟房，一千八百五十間。

護烏桓校尉耿曄派兵攻打鮮卑，打敗了他們。

護羌校尉韓皓把湟中的屯田安排在兩河之間，用來威逼各羌族。韓皓因犯法徵回京城，任命張掖太守馬續接替韓皓為護羌校尉。兩河之間的羌族因為屯田靠近他們，害怕受到攻擊，於是相互解除仇怨，結盟發誓，各自戒備。馬續上書請把屯田移回湟中，羌人心裡才安定下來。

漢順帝想冊立皇后，而受寵的貴人有四個，不知該冊立誰，有人提議在神靈前抽籤，由神靈決定人選。尚書僕射南郡人胡廣和尚書馮翊人郭虔、史敞上書勸諫說：「臣等見到詔書，認為選皇后是件大事，皇上自謙不想專斷，想借助竹籌，由神靈決疑。書籍所載，祖宗典故，從未有過這種事情。依靠神明卜筮，最終未必能得到賢者；即使碰巧選取了合適的人，也不可能是上好德行。說到聰明智慧，自然見於外表，天生的才德一定會有與眾不同的外貌，應選取良家女子，物色有德行的女子，德行相同者則看年齡大小，年齡相當者則看容貌，依據典籍，再由聖上考慮決定。」漢順帝採納了。

恭懷皇后弟弟的兒子乘氏侯梁商的女兒，被選入後宮為貴人，經常被特殊召見陪侍，她很大方地推辭說：「作為男人要廣泛施恩才是美德，作為婦人以不專寵才叫懂得大義。〈螽斯〉這首詩所讚頌螽斯子孫繁衍，就是這個緣故，希望陛下考慮到雨露之恩布施均勻，臣妾得以免罪。」漢順帝因此認為她很賢惠。

陽嘉元年（壬申　西元一三二年）

春，正月乙巳❶，立貴人梁氏為皇后❷。○京師旱。

三月，揚州六郡❸妖賊章河等寇四十九縣，殺傷長吏。○庚寅❹，赦天下，改元。

夏，四月，梁商加位特進。頃之，拜執金吾。

冬，耿曄遣烏桓戎末廆❺[1]等鈔擊鮮卑，大獲而還。鮮卑復寇遼東屬國，耿曄移屯遼東無慮城❻以拒之。

尚書令左雄上疏曰：「昔宣帝以為吏數變易❼，則下不安業；久於其事，則民服教化❽。其有政治者❾，輒以璽書勉勵❿，增秩賜金⓫，公卿缺則以次用之⓬。是以吏稱其職，民安其業，漢世良吏，於茲為盛⓭。今典城百里，轉動無常⓮，各懷一切，莫慮長久⓯。謂殺害不辜為威風，聚斂整辦為賢能⓰；以治己安民為劣弱⓱，奉法循理為不治⓲。髡鉗之戮，生於睚眦⓳；覆尸之禍，成於喜怒⓴。視民如寇讎㉑，稅之如豺虎㉒。監司項背相望㉓，與同疾疢㉔，見非不舉，聞惡不察㉕。觀政於亭傳，責成於朞月㉖。言善不稱德，論功不據實㉗。虛誕者獲譽，拘檢者離毀㉘。或因罪而引高，或色斯而[2]求名㉙。州宰不覆㉚，競共辟召㉛，踴躍升騰㉜，超等踰匹㉝。或考奏捕案，而亡不受罪㉞，會赦行賂，復見洗滌㉟，朱紫同色，清濁不分㊱。故使姦猾枉濫㊲，輕忽去就㊳，拜除如流，缺動百數㊴。鄉官部吏㊵，職賤祿薄㊶，車馬衣服，一出於民㊷，廉者取足，貪者充家㊸。特選橫調㊹，紛紛不絕㊺，送迎煩費，損政傷民㊻。和氣未洽，災眚不消，咎皆在此㊼。臣愚以為守相、長吏惠和有顯效㊽者，可就增秩，勿移徙，非父母喪，不得去官㊾。其不從法禁㊿，不式王命(51)，錮之終身(52)，雖會赦令，不得齒列(53)。若被劾奏(54)，亡不就法[55]者，徙家邊郡，以懲其後[56]。其鄉部親民之吏[57]，皆用儒生清白任從政者[58]，寬其負筭[59]，增其秩祿。吏職滿歲，宰府州郡乃得辟舉。如此，威福之路塞[60]，虛偽之端絕，送迎之役損，賦斂之源息[61]，循理之吏得成其化，率土之民各寧其所矣。」帝感其言，復申無故去官之禁[62]，又下有司考吏治真偽，詳所施行[63]。而宦官不便，終不能行。

【章旨】以上為第十段，寫尚書令左雄進言，延長地方官的任期，少調動以省送往迎來之費，加大考核力度以清吏治。

【注釋】❶乙巳　正月二十八。❷立貴人梁氏為皇后　策立梁妠為皇后。是年梁妠二十六歲，順帝劉保十八歲。❸揚州六郡　為九江、丹陽、廬江、會稽、吳、豫章六郡。❹庚寅　三月十三日。❺戎末魔　烏桓大人名。❻無慮城　在今遼寧北鎮南。❼吏數變易　官吏調動頻繁。❽久於其事二句　官吏任職較久，人民才會接受教化。❾有政治者　有政績的官吏。❿輒以璽書勉勵　就用詔書嘉獎。⓫增秩賜金　提級增加俸祿，或賞賜黃金。⓬以次用之　依考課次序錄用。⓭漢世良吏二句　漢代優秀的官吏在這時最多。如尹翁歸、韓延壽、朱邑、龔遂、黃霸等。⓮轉動無常　經常調動。⓯各懷一切二句　各任地方官自有一套打算，不作長久考慮。⓰聚斂整辦為賢能　以搜刮民財、備辦貢物為賢能。⓱以治己安民為劣弱　以修身安民為劣弱無能。⓲奉法循理為不治　以奉法守制為無治理才能。⓳髡鉗之戮二句　髡鉗徒刑，起因於小怨小忿。髡，髡刑，剃光頭髮，受此刑者，五年徒刑。鉗，鐵鏈鎖頸，重於髡刑。睚眦，怒目而視，形容小怨小忿。⓴覆尸之禍二句　伏屍的殺頭慘禍，形成於一時的喜怒。㉑視民如寇讎　把民眾當強盜。㉒稅之如豺虎　苛捐雜稅像虎狼一樣兇暴。㉓監司項背相望　朝廷派出的督察人員一批接一批，後出發的可以望見前一批的脖子和脊背。㉔與同疾疢　全都害了狂熱病。疢，熱病。㉕見非不舉二句　發現錯誤並不檢舉，聽到邪惡也不糾正。㉖觀政於亭傳二句　考察只停留在驛傳，責其成效要求在一年之內。亭傳，接待欽差的驛傳。地方官整飾驛傳，安排好生活，督察欽差也就停留在驛傳瞭解地方政績。㉗言善不稱德二句　說地方官好，沒有具體的措施；誇地方官有功，說不出有什麼事實。德，德政措施。㉘虛誕者獲譽二句　虛誇的人獲得聲譽，拘謹實幹的人遭到誹謗。拘檢，拘謹實幹。㉙或因罪而引高二句　有的人因有罪將要敗露而引退以示清高，有的人看到上司臉色而辭官，求得名聲。色斯，變臉色。典出《論語・鄉黨》：「色斯舉矣。」㉚覆　按核；複查。㉛競共辟召　爭相辟舉引薦。㉜踴躍升騰　物價直線上漲，喻身價百倍。踴躍，翻跟斗，喻直線上升。㉝超等踰匹　超越等級，指破格提升。超等，超越正常提升的等次。踰匹，超過同輩。㉞或考奏捕案二句　有的一旦敗露，被上奏收審，通緝捉拿，他們就逃亡免罪。㉟會赦行賂二句　趕上大赦令頒布，或賄賂上司，就可把罪行洗刷得乾乾淨淨。㊱朱紫同色二句　紅色與紫色混同，清白跟汙濁不分。㊲姦猾枉濫　奸猾之人到處充斥。㊳輕忽去就　不在乎被免職和任職。輕忽，隨隨便便，滿不在乎。去，免職。就，任職。㊴拜除如流二句　任免像流水一樣，一個空缺出現會牽動幾百人輪轉調動。拜，任職。除，免職。㊵鄉官部吏　指地方鄉官，或各級政府部屬小吏。㊶職賤祿薄　職位低賤，俸祿微薄。㊷一出於民　全都出自於百姓。指各級大小官吏的車馬衣服，無不取之於民。㊸廉者取足二句　清廉的官吏只取夠個人的生活費用，貪婪的官吏還要滿足他的整個家族。㊹特選橫調　國家常賦之外，還要生出特別捐稅，橫加勒索。特、橫，皆臨時苛稅。選、調，徵收。㊺紛紛不絕　指盤剝民眾的花樣層出不窮，沒完沒了。㊻送迎煩費二句　送舊迎新的巨大費用，既損害政風又禍害民眾。㊼和氣未洽三句　協和氣氛未能融洽，災變不能消除，一切過錯的原因就在這裡。眚，災愆。㊽惠和有顯效　慈惠祥和，有明顯功績。㊾去官　辭職。㊿不從法禁　違法犯禁，不遵守朝廷命令。(51)不式王命　不遵守君命。式，效法；遵守。(52)錮之終身　一生禁錮，不得為官。(53)齒列　等列；同等。(54)劾奏　上奏彈劾。(55)亡不就法　棄官逃亡避開法律制裁。(56)徙家邊郡二句　把畏罪潛逃官吏的家屬充軍邊郡，以警告後來的人。(57)鄉部親民之吏　縣級以下的鄉官，直接與百姓接觸。(58)任從政者　任用勝任政事的人。(59)寬其負筭　減免他們的積欠和算賦。筭，同「算」。漢制成人每年每人向政府交納一算（一百二十錢）人頭稅，稱算賦。儒生未有俸祿，從事學業，故寬貸之。(60)威福之路塞　作威作福的道路被阻塞。(61)賦斂之源息　橫徵暴斂的源頭消失。(62)復申無故去官之禁　重申政府各級官吏不得無故辭職的禁令，以便考察。(63)又下有司二句　又下令主管單位制定考核各級官吏真偽的細則，認真執行。詳，認真。

【校　記】[1]戎末廆　原誤作「戎末魔」。據章鈺校，乙十一行本作「戎末廆」，張敦仁《通鑑刊本識誤》同，今據校正。按，司馬彪《續後漢書・天文志中》與乙十一行本同。范曄《後漢書》卷九十〈烏桓鮮卑傳〉作「戎朱廆」，「廆」字亦不誤。[2]而據章鈺校，甲十六行本、乙十一行本、孔天胤本皆作「以」。

【語譯】陽嘉元年（壬申　西元一三二年）

春，正月二十八日乙巳，冊封貴人梁氏為皇后。〇京師發生旱災。

三月，揚州六郡的妖賊章河等侵擾四十九個縣，殺傷長官。〇十三日庚寅，大赦天下，改元年號為陽嘉。

夏，四月，加位梁商為特進。不久，任命梁商為執金吾。

冬，耿曄派烏桓戎末廆等人攻襲鮮卑，大勝後返回。鮮卑再次侵擾遼東屬國，耿曄把屯防移到遼東無慮城，用以抵禦鮮卑。

尚書令左雄上疏說：「從前，漢宣帝認為官吏調動頻繁，百姓就不能安居樂業；官吏任職較久，人民才會服從教化。對有政績的官吏，皇上就用詔書獎勵他們，提級增加俸祿，或賞賜黃金，公卿有了缺額，就依據考課次序錄用。所以官吏稱職，人民安居樂業，漢代優秀的官吏在這時出現最多。現在治理一縣的地方官員變換無常，各任地方官自有一套打算，不作長久考慮。以殺害無辜者為威風，以搜刮民財、備辦貢物為賢能；以修身安民為無能，以奉法守制為無治理才能。髡鉗徒刑，起因於小怨小忿；伏屍殺頭的慘禍形成於一時喜怒。把民眾當強盜，苛捐雜稅像虎狼一樣兇暴。朝廷派出的監督人員一批接一批，後出發的可以望見前一批的脖子和脊背，全都害了狂熱病，發現錯誤不檢舉，聽到邪惡也不糾正。考察只停留在驛傳，責其成效要求在一年之內。說地方官好，沒有具體的德政措施；誇地方官有功，說不出有什麼事實。虛誇的人得到聲譽，拘謹實幹的人受到誹謗。有的因為有罪而引退，表示清高；有人看到上司臉色而辭職，求得名聲。州郡長官不審察，爭相辟舉引薦，使他們身價倍漲，往往破格升遷。有的一旦敗露，被上奏收審，通緝捉拿，他們就逃亡免罪，趕上大赦令頒布，或賄賂上司，就可以把罪行洗刷得乾乾淨淨，使紅色與紫色混同，清白與汙濁不分。因此奸猾小人到處充斥，不在乎免職和任職，任免如流水，一個空缺就會牽動幾百人輪轉調動。缺額動輒上百。地方鄉官，或各級政府部屬小吏，儘管職位低賤，俸祿微薄，他們的車馬衣服，全都出自於百姓，清廉的官吏只取夠個人的生活費用，貪婪的官吏還要滿足他的整個家族。國家常賦之外，還有特別捐稅，橫加勒索，沒完沒了；送舊迎新，費用浩大，既損害政風又禍害民眾。和諧的氣氛未能融洽，災害不能消除，一切過錯的原因就在這裡。臣下愚昧地認為郡守國相、長吏慈惠祥和，有明顯功績的，就可以依職增加俸祿，不要調動職位，不遇父母的喪事，不得離開官職。如果有誰違法犯禁，不遵守君命，終身禁錮，雖遇大赦，也不能與他人同樣安排。假若受到彈劾，就棄官逃亡避開法律制裁的人，就將他們的家屬充軍邊郡，以警告後來的人。在鄉間直接與百姓打交道的官吏，都任用清白而勝任政事的儒生，減免他們的積欠和算賦，增加俸祿。任職滿了一年，中央和地方可以舉薦。這樣，作威作福的道路被阻塞，虛假作偽的弊端被消除，辭舊迎新的消費減少，橫徵暴斂的源頭消失，守法講理的官吏得以完成教化，天下百姓各安其所。」漢順帝有感於他的話，重新申明政府各級官吏不得無故辭官的禁令，又下令有關部門制定考核各級官吏真偽的細則，認真執行。而宦官認為對其不利，從中作梗，所以計畫始終沒有施行。

雄又上言：「孔子曰『四十不惑』❶，禮稱彊仕❷。請自今孝廉年不滿四十不得察舉，皆先詣公府，諸生試家法❸，文吏課箋奏❹，副之端門❺，練其虛實❻，以觀異能❼，以美風俗❽。有不承科令者，正其罪法❾。若有茂材異行❿，自可不拘年齒⓫。」帝從之。

胡廣、郭虔、史敞上書駮之曰：「凡選舉因才，無拘定制⓬。六奇之策，不出經學⓭；鄭、阿之政，非必章奏⓮；甘、奇顯用，年乖彊仕⓯；終、賈揚聲，亦在弱冠⓰。前世以來，貢舉之制，莫或回革⓱。今以一臣之言，刬戾舊章⓲，便利未明，眾心不厭⑲。矯枉變常，政之所重⑳，而不訪台司㉑，不謀卿士㉒，若事下之後，議者剝異㉓，異之則朝失其便，同之則王言已行㉔。臣愚以為可宣下百官㉕，參其同異㉖，然後覽擇勝否㉗，詳采厥衷㉘。」帝不從。

辛卯㉙，初令「郡國舉孝廉，限年四十以上。諸生通章句，文吏能牋奏，乃得應選。其有茂才異行，若顏淵、子奇，不拘年齒。」

久之，廣陵所舉孝廉徐淑，年未四十，臺郎㉚詰之，對曰：「詔書曰：『有如顏回、子奇，不拘年齒。』是故本郡以臣充選。」郎不能屈㉛。左雄詰之曰：「昔[1]顏回聞一知十，孝廉聞一知幾邪？」淑無以對，乃罷卻之㉜，郡守坐免㉝。

袁宏論曰：「夫謀事作制㉞，以經世訓物㉟，必使可為也㊱。古者四十而仕，非謂彈冠之會必將是年也㊲，以為可仕之時在於彊盛，故舉其大限以為民衷。且顏淵、子奇，曠代一有㊳，而欲以斯為格㊴，豈不偏乎！」

然雄公直㊵精明，能審覈真偽㊶，決志行之㊷。頃之，胡廣出為濟陰太守，與諸郡守十餘人皆坐謬舉免黜㊸，唯汝南陳蕃㊹、潁川李膺、下邳陳球等三十餘人得拜郎中。自是牧、守畏慄㊺，莫敢輕舉。迄于永嘉㊻，察選清平，多得其人。

閏月庚子㊼，恭陵百丈廡災㊽。○上聞北海郎顗㊾精於陰陽之學。

【章　旨】以上為第十一段，寫左雄建言，舉薦孝廉，年齡限制在四十以上，並加以嚴格的科舉考試，朝廷得到了一批人才。

【注　釋】❶孔子曰四十不惑　孔子說「四十歲做事才不迷惑」。語見《論語·為政》。❷禮稱彊仕　語出《禮記·曲禮》，原文：「四十曰強而仕。」彊，通「強」。❸先詣公府二句　被舉薦的孝廉，先到三公府，接受所學師承的家法考試。家法，兩漢經學各有師承，一家之學稱家法。❹文吏課箋奏　出身公職的孝廉，則考試公文程式。❺副之端門　把副本送到皇宮端門。端門，皇宮正南門，尚書在此接受章奏。❻練其虛實　檢查他們功底的虛實。❼以觀異能　用以觀察他們的特殊才能。❽以美風俗　嚴格考試以促使政風善美。❾有不承科令者二句　有不接受這些法令的，依法定罪。❿茂材異行　優秀才幹與特長異能。⓫不拘年齒　不受年齡限制。⓬凡選舉因才二句　凡是選舉都要根據才能，不要局限於規定的制度。⓭六奇之策二句　指陳平六出奇計佐高祖定天下，這些都不從經學中來。⓮鄭阿之政二句　子產治鄭，選賢用能，晏子治東阿，請託不行，並非他們精於章奏。⓯甘奇顯用二句　秦甘羅、齊子奇大受重用，年齡不在強壯而仕的四十歲。戰國時秦甘羅十二歲為使於趙，完成使命，位為上卿。事詳《史記》卷七十一〈樗里子甘茂列傳〉。子奇年十八，齊君使治東阿，東阿大治。事載《說苑》。⓰終賈揚聲二句　終軍、賈誼顯揚聲名，也是剛剛成年。終軍，西漢武帝時人，年十八為諫大夫，出使南越，不辱君命。傳見《漢書》卷六十四下。賈誼，漢文帝時人，年十八為漢文帝博士。傳見《漢書》卷四十八。⓱莫或回革　沒有改變。⓲剗戾舊章　刪改扭轉傳統規章。剗，削；刪改。戾，通「捩」。扭轉。⓳便利未明二句　益處還未顯現，眾心不服。厭，滿。⓴矯枉變常二句　糾正違失和變革常規，是政治上的重大事情。㉑不訪台司　沒有徵求各政府部門意見。訪，訪問；徵求。與下文「謀」字為互文。㉒不謀卿士　沒有與公卿大臣協商。㉓若事下之後二句　若將左雄建言用詔書頒布，議論的人必將有反駁的不同意見。剝異，駁辯所持不同意見。剝，剖析。㉔異之則朝失其便二句　如果不同意反駁意見，則執行起來有困難，朝廷失去威望；如果同意反駁意見，則是反對左雄建言，可是左雄的建言已成皇帝命令。異之，指異於駁義，而同於左雄之言。同之，指同於駁義，而以左雄之言為非。㉕宣下百官　將左雄建言宣示文武百官討論。㉖參其同異　比較贊同與反駁兩方意見。㉗覽擇勝否　聽取好壞兩種意見之後作出選擇。㉘詳采厥衷　廣泛聽取意見後再權衡決定。㉙辛卯　十一月十八日。㉚臺郎　尚書郎。㉛屈　反駁對方使之屈服。㉜罷卻之　把徐淑罷黜，送還故鄉。㉝郡守坐免　廣陵郡守舉薦未依照新法被免職。㉞謀事作制　謀劃事業，建立制度。㉟經世訓物　治理世事，教化萬物。㊱必使可為也　一定要切實可行。㊲古者四

十而仕二句　古代四十歲做官，並不是規定做官一定要在這個年紀。四十而仕，指人到中年，精力旺盛，見解成熟，這只是方向性的指示，並非凡做官必須以四十為起點線。彈冠，指入仕做官。㊳曠代一有　絕代奇才，天下無雙。㊴格　標準。㊵公直　公正。㊶能審覈真偽　能明辨真偽。㊷決志行之　決心推行。㊸坐謬舉免黜　被指控推薦失誤而被免職罷黜。㊹陳蕃　陳蕃與下文李膺、陳球均為東漢末清流領袖，為桓、靈時大臣。㊺畏慄　畏懼戰慄。㊻永嘉　桓帝的第三個年號。㊼庚子　閏十二月二十八日。㊽恭陵百丈廡災　安帝劉祜恭陵寢殿的百丈走廊失火。㊾郎顗　字雅光，北海安丘（今山東安丘西南）人，精通《京氏易》，善說災異。傳見《後漢書》卷三十下。

【校　記】①昔　原無此字。據章鈺校，甲十六行本、乙十一行本皆有此字，張敦仁《通鑑刊本識誤》同，今據補。

【語　譯】左雄又上書說：「孔子說『四十而不惑』，《禮記》說四十歲的人強壯，可以當官。請從現在開始，孝廉不滿四十歲不得察舉，全部先到三公府報到，接受所學師承的家法考試，出身公職的孝廉，則考試公文程式，把副本送到宮廷正南門，檢查他們功底的虛實，觀察他們的特殊才能，使政風善美。有不接受法令的人，依法定罪。如果有優秀才幹與特長異能，當然可以不受年齡限制。」漢順帝聽從了。

胡廣、郭虔、史敞上書駁斥左雄說：「凡是選舉都要根據才能，不要局限於規定的制度。陳平六出奇計，不是出自於經書；子產治鄭國和晏子治東阿，並非他們精於章奏；甘羅、子奇大受重用，年齡不在四十；終軍、賈誼名聲顯揚之時，也是剛剛成年。從前代以來，貢舉制度，沒有改變。現在因為一個臣子的建議，刪改扭轉傳統規章制定，益處還未顯現，眾心不服。糾正違失和變革常規，是政治上的重要事情，卻不徵求各政府部門的意見，也不和公卿大臣商量，如果將左雄建言用詔書頒布，議論的人必將有反駁的不同意見，如果不同意反駁的不同意見，則執行起來就有困難，朝廷失去威望，如果同意反駁的不同意見，則是反對皇帝聖旨。臣愚昧地認為可以宣示百官，比較贊同的和反對的兩方意見，聽取好壞兩種意見之後作出選擇，廣泛聽取各種意見後再權衡決定。」漢順帝沒有聽從。

十一月十八日辛卯，漢順帝初次下令：「郡國推薦孝廉，年齡限定在四十歲以上。儒生要通達儒家經典，文官要通曉公文程式，才能接受推舉。如果有優秀才幹和特長異能，像顏淵、子奇一樣，不受年齡限制。」

過了好久，廣陵郡所推薦的孝廉徐淑年不滿四十，尚書郎責問徐淑，回答說：「詔書說：『有如顏回、子奇一樣的人，不限制年齡。』所以本郡選派我應徵。」尚書郎不能反駁徐淑使他屈服。左雄責問說：「過去顏回聞一知十，你這個孝廉聞一能知幾呢？」徐淑無法回答，於是把徐淑罷黜，送還故鄉，郡守被論罪免職。

袁宏評論說：「謀劃事業，建立制度，用於治理世事，教化萬物，一定要切實可行。古代四十歲入仕，不是說入仕一定要在這個年紀，而是認為入仕之時，在於精力強盛，所以提出大約的限度作為標準。況且顏淵、子奇是曠代奇才，卻想把這種人作為標準，難道不太片面了嗎！」

然而左雄公正精明，能明辨真假，決心推行。不久，胡廣外任濟陰太守，和十多個郡守都因推薦失誤而被指控，免官罷黜，只有汝南人陳蕃、潁川人李膺、下邳人陳球等三十多人被任命為郎中。從此，郡縣長官恐懼戰慄，沒有人敢輕易推薦。直到永嘉年間，選舉清廉公正，朝廷得到了很多人才。

閏十二月二十八日庚子，恭陵寢殿的百丈走廊失火。○漢順帝聽說北海人郎顗對陰陽之學很精通。

二年（癸酉　西元一三三年）

春，正月，詔公車徵顗，問以災異。顗上章曰：「三公上應台階，下同元首❶，政失其道，則寒陰反節❷。今之在位，競託高虛❸，納累鍾之奉❹，亡天下之憂❺。棲遲偃仰，寢疾自逸❻，被策文，得賜錢，即復起矣，何疾之易而愈之速❼？以此消伏❽災眚❾，興致升平，其可得乎？今選牧、守，委任三府❿，長吏不良，既咎州、郡⓫，州、郡有失，豈得不歸責舉者⓬！而陛下崇之彌優，自下慢事愈甚⓭，所謂『大網疏，小網數』⑭。三公非臣之仇，臣非狂夫之作⑮，所以發憤忘食，懇懇不已⑯者，誠念⑰朝廷，欲致興平。臣書不擇言⑱，死不敢恨！」因條便宜七事⑲：「一、園陵火災，宜念百姓之勞，罷繕脩之役⑳。二、立春以後陰寒失節㉑，宜采納良臣㉒，以助聖化㉓。三、今年少陽之歲㉔，春當旱，夏必有水，宜遵前典，惟節惟約。四、去年八月，熒惑出入軒轅㉕，宜簡出宮女，恣其姻嫁㉖。五、去年閏十月㉗，有白氣從西方天苑趨參左足，入玉井㉘。恐立秋以後，將有羌寇畔戾之患。宜豫宣[1]告諸郡，嚴為備禦。六、今月十四日乙卯，白虹貫日㉙，宜令中外官司㉚，並須㉛立秋然後考事㉜。七、漢興以來三百三十九歲㉝，於時三朞㉞，宜大蠲㉟法令，有所變更。王者隨天，譬猶自春徂㊱夏，改青服絳㊲也。自文帝省刑，適三百年㊳，而輕微之禁，漸已殷積㊴。王者之法，譬猶江、河㊵，當使易避而難犯也。」

二月，顗復上書薦黃瓊、李固，以為宜加擢用。又言：「自冬涉春，訖無嘉澤㊶，數有西風，反逆時節㊷。朝廷勞心㊸，廣為禱祈，薦祭山川㊹，暴龍移市㊺。臣聞皇天感物，不為偽動㊻，災變應人，要在責己㊼。若令雨可請降，水可攘止㊽，則歲無隔并㊾，太平可待。然而災害不息者，患不在此也。」書奏，特拜郎中，辭病不就。

三月，使匈奴中郎將趙稠遣從事將南匈奴兵出塞擊鮮卑，破之。

【章　旨】以上為第十二段，寫受徵士人郎顗上書言七事，皆有益於國。

【注　釋】❶三公上應台階二句　三公在天上象徵臺階，在人間與君王同體。台階，指天上的三台星，兩兩相對共六顆星。據胡三省注引《六符經》的解釋，上階是天子，中階是諸侯百官，下階是庶民。三階和平相處，則陰陽順適，風雨及時。元首，指國君。❷政失其道二句　政治失去規則，則天象冷熱也要反常。❸今之在位二句　現今在職的官員，爭相請託謀私利。高虛，尸位素餐，使高位虛設。❹納累鍾之奉　領取豐厚的俸祿。納，領取。累鍾，若干鍾，不只一鍾。鍾，六石四斗為一鍾。古代俸祿以粟米多寡為計量單位。秦漢官制用石來計量品秩，如二千石、一千石等等。奉，通「俸」。❺亡天下之憂　一點也不憂慮國家的事。亡，通「無」。❻棲遲偃仰二句　遊樂休息，裝病臥床，自我安樂。棲遲偃仰，語出《詩經・北山》。毛氏注曰：「棲遲，遊息也。偃仰，臥也。」寢疾，裝病臥床。❼何疾之易而愈之速　為什麼患病臥床時那麼容易，而痊癒又是那樣的快。❽消伏　消除。❾災眚　災害。❿今選牧守二句　現在州牧、郡守的人選，由三公負責。⓫長吏不良二句　州郡的主事官吏不稱職，既然責備州牧郡守。長吏，主事的官員。咎，責備；追究。⓬歸責舉者　追究不稱職官員的推薦者。⓭陛下崇之彌優二句　皇上對下寵愛越是寬容，而在下侍寵怠慢公事就愈發厲害。⓮所謂大網疏二句　這就是常說的，大網疏，小網密。此大網疏，指對三公寬；小網密，指對州牧郡守嚴。⓯狂夫之作　瘋子發作，橫亂傷人。⓰懇懇不已　懇切陳述不止。⓱誠念　實在是心繫；實在是想著。⓲書不擇言　筆下放肆，不知選擇溫和言詞。意即上書不知忌諱。⓳條便宜七事　條陳有益於國七件事。⓴罷繕脩之役　停止修繕陵園的勞作。㉑陰寒失節　寒冷反常。㉒采納良臣　選用優秀的官員。㉓以助聖化　用以輔助聖王教化。㉔少陽之歲　古代迷信的倒楣年歲，具體說法不詳。㉕熒惑出入軒轅　火星進出軒轅星區。㉖簡出宮女二句　挑選送出不宜留在皇宮的宮女，任其婚嫁。簡，選。恣，聽其自由。㉗閏十月　應為閏十二月，脫「二」字。㉘有白氣從西方二句　天苑、參、左足、玉井，皆天上星座名。此二句謂有一道白氣從西方天苑星區出現，迅速穿過參星區西南的左足星區，又進入玉井星區。㉙白虹貫日　一條白虹穿過太陽。《晉書・天文志》云：「凡白虹者，百殃之本，眾亂所基。」㉚中外官司　京師（中）及地方（外）所有審案法官。㉛並須　一律等到。㉜立秋然後考事　立秋之後才能審決案件。㉝漢興以來三百三十九歲　指西漢建立至順帝陽嘉二年，即西元前二〇六—西元一三三年，共三百三十九年。㉞於時三朞　在這三百三十九年中，已越過了三個循環期。㉟觸　刪改。㊱徂　往。㊲改青服絳　春天穿青色服，夏天穿絳色服，各隨時令。絳，紅色。㊳自文帝省刑二句　漢文帝十三年，至今順帝陽嘉二年，即西元前一六七—西元一三三年，整三百年。㊴輕微之禁二句　一次次的輕微過失，日漸積累而成大罪。意謂法律過寬，人們易犯，積小而成大罪。㊵江河　長江、黃河。法律如長江、黃河浩浩蕩蕩，使人望而生畏，則避開不輕易觸犯。㊶嘉澤　甘露；喜雨。㊷反逆時節　違反時節；氣候反常。春天應吹東風，卻颳西風。㊸朝廷勞心　朝廷憂心。㊹薦祭山川　祭祀山川百神。㊺暴龍移市　在烈日下舞龍求雨，同時轉移市場。《禮記》載，歲旱，魯穆公問於縣子。縣子曰：「為之徙市可也。」㊻皇天感物二句　上天感應萬物，但不會為虛偽的行為所誘惑。㊼災變應人二句　災難反映人事，關鍵在於責備自己。㊽水可攘止　水災可以用祈禱來避免。攘，通「禳」。祈禳。㊾歲無隔并　年年豐收。隔并，豐年與歉年相間。

【校　記】①宣　原無此字。據章鈺校，甲十六行本、乙十一行本、孔天胤本皆有此字，張敦仁《通鑑刊本識誤》同，今據補。

【語　譯】二年（癸酉　西元一三三年）

春，正月，漢順帝下詔命公車徵召郎顗，詢問災異的事情。郎顗上書說：「三公在天上與臺階相應，在人間與國君同體，政治失去規則，則天氣寒冷反常。現今在職的官員，爭相請託求得高位，領取豐厚的俸祿，卻從不憂國憂民。遊樂休息，稱病臥床，自我安樂，一接到新的策命，得到賞賜，隨即起身，為什麼患病臥床那麼容易，而痊癒又是那麼快呢？靠這些人來消除災害，得到太平盛世，怎麼可能實現呢？現在選擇州牧郡守，委任三公，長吏不稱職，既然責怪州郡長官，州郡長官有了過錯，難道不應當追究保舉他們的人！皇上對下寵愛越是寬容，在下恃寵怠慢公事就愈發厲害，這就是所說的『大網稀疏，小網細密』。三公不是臣的仇人，臣也不是瘋子發作，之所以要發憤忘食，懇切陳述不止，實在是想著朝廷，想要達到興旺太平。臣上書不知忌諱，死了也不遺憾！」因而逐條陳述了七件有益於國的大事：「一、園陵失火，應當念及百姓的勞苦，停止修繕陵園的勞作。二、立春以後，寒冷反常，應選用優秀的官員，用以輔助聖王教化。三、今年屬於少陽之年，春天當有旱災，夏天肯定有水災，應遵守前代的制度，力求節省。四、去年八月，火星出入軒轅星，應當挑選送出不宜在皇宮的宮女，任其婚嫁。五、去年閏十二月，有白氣從西方天苑星趨向參星左足，進入玉井星附近。恐怕立秋以後，將有羌族反叛的災禍。應預先通知各郡，嚴加防備。六、本月十四日乙卯，白虹穿越太陽，應令京師及地方所有審案法官，一律等到立秋之後才能審決案件。七、漢朝建立已三百三十九年，已經越過了三個循環期，應大修法令，有所更改。君王要順從天道，猶如從春天到夏天，把春天青色衣服改變成夏天絳色衣服。從文帝減省刑法至今已三百年，一次次的輕微過失，日漸累計而成大罪。君主的法令，猶如長江、黃河浩浩蕩蕩，應當使人容易躲避，不輕易觸犯。」

二月，郎顗再次上書推薦黃瓊、李固，認為應加提拔任用。又說：「從冬天到春天，始終沒有甘露，西風頻繁，違反時節。朝廷憂心，廣為祈禱，祭祀山川，在烈日下舞龍求雨，同時轉移市場。臣聽說蒼天感應萬物，不會為虛偽的行為所誘惑，災難反映人事，關鍵在於責備自己。如果雨水可以通過請求降下，水災可以通過祈禱來避免，那麼，年年豐收，和平的日子指日可待。然而，災害不停的原因，恐怕不在於此。」奏章呈上，郎顗被特別任命為郎中，郎顗假託有病，拒不就職。

三月，命令匈奴中郎將趙稠派從事官率領南匈奴軍隊出塞攻打鮮卑，打敗了他們。

初，帝之立也，乳母宋娥與其謀，帝封娥為山陽君，又封執金吾梁商子冀為襄邑侯。尚書令左雄上封事❶曰：「高皇[1]帝約，非劉氏不王，非有功不侯。孝安皇帝封江京、王聖等，遂致地震之異❷。永建二年封陰謀之功❸，又有日食之變。數術之士，咸歸咎於封爵。今青州饑虛，盜賊未息，誠不宜追錄小恩，虧失大典。」帝[2]不聽。

雄復諫曰：「臣聞人君莫不好忠正而惡讒諛❹，然而歷世之患，莫不以忠正得罪，讒諛蒙倖❺者，蓋聽忠難，從諛易也。夫刑罪❻，人情之所甚惡，貴寵❼，人情之所甚欲，是以時俗❽為忠者少，而習諛者多。故令人主數聞其美，稀知其過，迷而不悟，以至於危亡。臣伏見詔書顧念阿母舊德宿恩❾，欲特加顯賞。按尚書故事❿，無乳母爵邑之制，唯先帝時阿母王聖為野王君。聖造生讒賊廢立之禍⓫，生為天下所咀嚼⓬，死為海內所歡快。桀、紂⓭貴為天子，而庸僕羞與為比者，以其無義也；夷、齊⓮賤為匹夫，而王侯爭與為伍者，以其有德也。今阿母⓯躬蹈儉約，以身率下，羣僚蒸庶⓰，莫不向風⓱。而與王聖並同爵號，懼違本操，失其常願⓲。臣愚以為凡人之心，理不相遠，其所不安，古今一也。百姓深懲王聖傾覆之禍，民萌⓳之命危於累卵，常懼時世復有此類⓴，怵惕之念未離於心㉑，恐懼之言未絕於[3]口。乞如前議㉒，歲以千萬給奉阿母，內足以盡恩愛之歡，外可不為吏民所怪。梁冀之封，事非機急㉓，宜過災戹之運，然後平議㉔可否。」

於是冀父商讓還冀封，書十餘上，帝乃從之。

夏，四月己亥㉕，京師地震。五月庚子㉖，詔羣公卿士各直言厥咎㉗，仍各舉敦樸士一人。左雄復上疏曰：「先帝封野王君，漢陽地震㉘，今封山陽君㉙而京城復震，專政在陰，其災尤大㉚。臣前後瞽言㉛，封爵至重，王者可私人以財，不可以官，宜還阿母之封㉜，以塞災異。今冀已高讓㉝，山陽君亦宜崇其本節。」雄言切至，娥亦畏懼辭讓。而帝戀戀不能已，卒封之㉞。

是時，大司農劉據以職事被譴㉟，召詣尚書，傳呼促步㊱，又加以捶撲㊲。雄上言：「九卿位亞三事㊳，班在大臣，行有佩玉之節㊴，動有庠序之儀㊵[4]。孝明皇帝始有撲罰㊶，皆非古典。」帝納之。是後九卿無復捶撲者。

戊午㊷，司空王龔免。六月辛未㊸，以太常魯國孔扶為司空。

【章旨】以上為第十三段，寫左雄上奏彈劾漢順帝乳母宋娥貪權弄勢，不宜受封。

【注釋】❶上封事　上書密奏。漢制，臣下言非常事，越過尚書直呈皇上的密奏，稱上封事。❷致地震之異　招致地震的災異。安帝封江京、王聖為侯，導致地震。事見上卷安帝建光元年。❸永建二年封陰謀之功　陰謀之功，指孫程等擁立順帝之功，已在安帝延光四年順帝即位之初封侯。永建二年封陰謀之功，不見於史。❹惡讒諛　厭惡阿諛諂媚。❺蒙倖　蒙受寵幸。❻刑罪　犯罪服刑。❼貴寵　位高得寵。❽時俗　社會風氣。❾舊德宿恩　舊日的恩德。❿尚書故事　尚書主管檔案文書，其中沒有乳母封侯的先例。⓫聖造生讒賊廢立之禍　王聖造謠陷害致有廢立太子之禍。事見上卷安帝延光三年。讒賊，造謠而致禍害。⓬咀嚼　詛咒。咀，通「詛」。⓭桀紂　夏桀王、殷紂王。⓮夷齊　伯夷、叔齊。⓯阿母　保姆，指宋娥。⓰羣僚蒸庶　百官及眾庶百姓。蒸，眾。⓱向風　蔚然成風。⓲懼違本操二句　恐怕有違她的本心操守，失去平日的願望。⓳民萌　民眾。萌，氓；普通群眾。⓴常懼時世復有此類　百姓經常害怕顛覆大禍又要重演。㉑怵惕之念未離於心　恐懼心理未從懷中消失。㉒乞如前議　請求依照前議，對保姆宋娥不封侯而每年賞賜一千萬。前議，左雄先有上書。㉓事非機急　不是機要緊迫之事。㉔平議　廷議；討論。㉕己亥　四月二十九日。㉖庚子　五月初一日。㉗直言厥咎　直言政治得失。咎，指政治失誤。㉘先帝封野王君二句　先帝，指安帝。野王君，安帝乳母王聖封爵。安帝延光二年（西元一二三年）封王聖，當年京師及三個郡國發生地震，漢陽是三郡之一。㉙山陽君　順帝保姆宋娥封爵。㉚專政在陰二句　女人專權，災難更大。㉛瞽言　瞎說。此左雄謙虛之言，亦為臣下對君王的套話。㉜還阿母之封　收回保姆宋娥封爵。㉝冀已高讓　梁冀已經辭讓，表現了崇高的德行。㉞卒封之　最終封宋娥為山陽君。㉟以職事被譴　因辦事失職受到斥責。㊱傳呼促步　大聲吆喝催促快走。㊲捶撲　棍棒毆打。㊳三事　三公。㊴行有佩玉之節　行動有佩玉的禮節。古時各級政府官員的禮服皆有佩玉，行步時發出摩擦之聲。㊵動有庠序之儀　舉止有教養的儀態。庠序，學校。㊶孝明皇帝始有撲罰　從漢明帝起，大臣有過受捶打於朝堂之上。明帝是親手毆打。至是尚書催促，執事人可打大臣。至明有廷杖，往往當場斃命。㊷戊午　五月十九日。㊸辛未　六月初二日。

【校　記】 ①皇　原無此字。據章鈺校，甲十六行本、乙十一行本、孔天胤本皆有此字，今據補。②帝　原作「詔」。據章鈺校，甲十一行本、乙十一行本、孔天胤本皆作「帝」，張敦仁《通鑑刊本識誤》同，今據改。③於　據章鈺校，甲十六行本、乙十一行本皆作「乎」。④動有庠序之儀　「動」字下原有「則」字。據章鈺校，甲十六行本、乙十一行本皆無「則」字，今據刪。按，無「則」字，與上句句式一致。

【語　譯】 當初，漢順帝即位，乳母宋娥參與了謀劃，漢順帝封宋娥為山陽君，又封執金吾梁商的兒子梁冀為襄邑侯。尚書令左雄上密奏說：「高祖劉邦約定，不是劉氏不封王，無功不封侯。孝安皇帝封了江京、王聖等人，便招致了地震的災異。永建二年封贈暗中謀劃人的功勞，又有日蝕的變異。數術方士都歸罪於封贈爵位。現在青州饑荒貧困，盜賊沒有平息，實在不應該追記小恩，破壞國家重大典制。」漢順帝沒有聽從。

左雄再次勸諫說：「臣聽說國君沒有不喜歡忠正的人而厭惡阿諛諂媚的人，然而歷代的禍患，沒有不是忠正的人得罪，而阿諛諂媚的人卻蒙受寵幸，大概是聽信忠言困難，聽從讒言容易。犯罪服刑，人人所厭惡；位高得寵，人人所盼望，所以，社會風氣做正直盡忠的人少，習慣阿諛諂媚的人多。所以讓君主經常聽到自己的優點，很少知道自己的過錯，迷惑不悟，以至於危亡。臣恭敬地看到詔書中思念阿母舊日的恩德，想要給與特殊獎賞。根據尚書過去的慣例，沒有乳母封賜爵邑的制度，只有先帝時封阿母王聖為野王君。王聖造謠陷害導致了廢立太子的禍事，活著被天下人詛咒，死了使天下人高興。夏桀、商紂貴為天子，而奴僕都羞與為伍，因為這兩個暴君毫無道義；伯夷、叔齊是低賤的平民，而王侯都爭相為伍，因為伯夷、叔齊具有美德。現在乳母親身實行節儉，以身作則，群臣和百姓，莫不響應。而卻和王聖一樣封爵號，恐怕有違她的本心操守，失去平日的願望。臣愚昧地認為，凡是人心按理來說相差不遠，人們所不安的東西，古今相同。百姓對王聖造成的傾覆之禍深為警惕，民眾的命運危若累卵，時常害怕顛覆大禍又要重演，恐懼心理未從懷中消失，恐懼的言辭不絕於口。請求按照先前的議論，每年供給乳母一千萬錢，對內足以盡恩回報，對外也不會引起官民的抱怨。梁冀的封爵，不是機要緊迫的事情，應過了災異之運，然後討論是否可實行。」於是，梁冀的父親梁商推讓上還梁冀的封爵，十多次上書，漢順帝這才同意了。

夏，四月二十九日己亥，京城發生地震。五月初一日庚子，詔命公侯卿士各自直言政治得失，仍然各舉薦一名誠樸之士。左雄再次上奏說：「先帝封了野王君，漢陽地震，現在封山陽君，京城又地震，女人專權，災害更大。臣前後曾瞎說，封爵極為重要，君主可以私自給人財物，但不可以給人官職，應當收回保姆宋娥的封爵，以阻止災禍發生。現在梁冀已經辭讓，山陽君也應當尊崇她本來的節操。」左雄言辭深切，宋娥也害怕了，表示辭讓。而漢順帝戀戀不已，最終封宋娥為山陽君。

這時，大司農劉據因為辦事失職受到斥責，宣召他到尚書臺，傳呼的人大聲吆喝劉據快走，又加以棍棒毆打。左雄上書說：「九卿的地位僅次於三公，班位在大臣之列，行動有佩玉的禮節，舉止有教養的儀態。孝明皇帝時才有鞭打的刑罰，並非是古時典制。」漢順帝採納了。此後，九卿沒有再受到鞭打的了。

五月十九日戊午，司空王龔被免職。六月初二日辛未，任命太常魯國人孔扶為司空。

丁丑❶，雒陽宣德亭❷地坼，長八十五丈。帝引公卿所舉敦樸之士，使之對策，及特問以當世之敝，為政所宜。李固對曰：「前孝安皇帝變亂舊典，封爵阿母，因造妖孽❸，改亂嫡嗣❹，至令聖躬狼狽❺，親遇其艱。既拔自困殆❻，龍興即位❼，天下喁喁❽，屬望風政❾。積敝之後，易致中興❿，誠當沛然，思惟善道⓫。而論者猶云『方今之事，復同於前⓬』。臣伏在草澤⓭，痛心傷臆⓮！實以漢興以來三百餘年，賢聖相繼十有八主⓯，豈無阿乳之恩？豈忘貴爵之寵？然上畏天威，俯案經典⓰，知義不可，故不封也。今宋阿母雖有大功、勤謹之德，但加賞賜，足以酬其勞苦，至於裂土開國，實乖舊典⓱。聞阿母體性謙虛，必有遜讓。陛下宜許其辭國之高，使成萬安之福。夫妃、后之家所以少完全⓲者，豈天性當然？但以爵位尊顯，顓總權柄⓳，天道惡盈⓴，不知自損㉑，故致[1]顛仆。先帝寵遇閻氏，位號太疾，故其受禍曾不旋時㉒，老子曰：『其進銳者其退速也㉓。』今梁氏戚為椒房，禮所不臣㉔，尊以高爵，尚可然也。而子弟羣從㉕，榮顯兼加，永平、建初故事，殆不如此。宜令步兵校尉冀及諸侍中還居黃門之官㉖，使權去外戚，政歸國家，豈不休乎㉗！又，詔書所以禁侍中、尚書、中臣子弟㉘不得為吏、察孝廉者，以其秉威權，容請託故㉙也。而中常侍在日月之側㉚，聲勢振天下，子弟祿任，曾無限極㉛。雖外託謙默㉜，不干州郡㉝，而諂偽之徒，望風進舉㉞。今可為設常禁，同之中臣㉟。昔館陶公主㊱為子求郎，明帝不許，賜錢千萬，所以輕厚賜，重薄位者㊲，為官人失才，害及百姓也。竊聞長水司馬㊳武宣㊴、開陽城門侯㊵羊迪㊶等，無他功德，初拜便真㊷，此雖小失，而漸壞舊章。先聖法度，所宜堅守，故政教一跌㊸，百年不復。詩云：『上帝板板，下民卒癉』㊹，刺周王變祖法度，故使下民將盡病也。今陛下之有尚書，猶天之有北斗也。斗為天喉舌，尚書亦為陛下喉舌。斗斟酌元氣，運乎四時㊺；尚書出納王命，賦政四海㊻，權尊勢重，責之所歸，若不平心，災眚必至，誠宜審擇其人，以毗聖政㊼。今與陛下共理[2]天下者，外則公、卿、尚書，內則常侍、黃門，譬猶一門之內，一家之事，安則共其福慶，危則通其禍敗㊽。刺史、二千石，外統職事，內受法則㊾。夫表曲者景必邪㊿，源清者流必潔，猶叩樹本(51)，百枝皆動也。由此言之，本朝號令，豈可蹉跌(52)！天下之紀綱，當今之急務也。夫人君之有政，猶水之有隄防，隄防完全，雖遭雨水霖潦(53)，不能為變(54)。政教一立，蹔遭凶年(55)，不足為憂。誠今隄防穿漏，萬夫同力，不能復救；政教一壞，賢智馳騖(56)，不能復還。今隄防雖堅，漸有孔穴(57)。譬之一人之身，本朝(58)者，心腹也，州郡者，四支也，心腹痛則四支不舉。故臣之所憂，在腹心之疾，非四支之患也。苟堅隄防，務政教，先安心腹，整理本朝，雖有寇賊、水旱之變，不足介意也。誠令隄防壞漏，心腹有疾，雖無水旱之災，天下固可以憂矣。又宜罷退宦官，去其權重(59)，裁置常侍二人(60)，方直(61)有德者省事左右，小黃門五人，才智閒雅者(62)給事殿中。如此，則論者厭塞(63)，升平可致也！」

扶風功曹馬融對曰：「今科條品制(64)，四時禁令，所以承天順民者，備矣，悉矣，不可加矣。然而天猶有不平之效，民猶有咨嗟之怨(65)者，百姓屢聞恩澤之聲而未見惠和之實也。古之足民者，非能家贍而人足之，量其財用，為之制度(66)。故嫁娶之禮儉，則婚者以時矣(67)；喪祭[3]之禮約，則終者掩藏矣(68)；不奪其時(69)，則農夫利矣。夫妻子以累(70)其心，產業以重其志(71)，舍此(72)而為非者，有必不多矣。」

太史令南陽張衡(73)對曰：「自初舉孝廉，迄今二百歲矣(74)，皆先孝行(75)，行有餘力，始學文法(76)。辛卯詔書(77)，以能章句、奏案為限(78)，雖有至孝，猶不應科(79)，此棄本而取末。曾子(80)長於孝，然實魯鈍，文學不若游、夏(81)，政事不若冉、季(82)。今欲使一人兼之，苟外有可觀，內必有闕，則違選舉孝廉之志(83)矣。且郡國守相，剖符寧境(84)，為國大臣，一旦免黜十有餘人(85)，吏民罷(86)於送迎之役，新故交際，公私放濫，或臨政為百姓所便而以小過免之，是為奪民父母使嗟號也[87]。易不遠復[88]，論不憚改[89]，朋友交接且不宿過[90]，況於帝王，承天理物[91]，以天下為公者乎！中間以來[92]，妖星見於上[93]，震裂著於下[94]，天誡詳矣[95]，可為寒心。明者銷禍於未萌，今既見矣，脩政恐懼，則禍轉為福矣[96]。」

上覽眾對，以李固為第一，即時出阿母還舍[97]，諸常侍悉叩頭謝罪，朝廷肅然。以固為議郎，而阿母、宦者皆疾之，詐為飛章[98]以陷其罪。事從中下[99]，大司農南郡黃尚等請之於梁商[100]，僕射黃瓊復救明其事[101]。久乃得釋，出為洛令[102]，固棄官歸漢中。融博通經籍，美文辭，對奏，亦拜議郎。衡善屬文，通貫六藝[103]，雖才高於世，而無驕尚之情。善機巧，尤致思於天文、陰陽、曆筭，作渾天儀，著靈憲。性恬憺不慕當世[104]，所居之官輒積年不徙。

太尉龐參，在三公中最名忠直，數為左右所毀[105]。會所舉用忤帝旨[106]，司隸承風案之[107]。時當會茂才孝廉[108]，參以被奏，稱疾不會。廣漢上計掾段恭因會上疏[109]曰：「伏見道路行人、農夫、織婦皆曰：『太尉參竭忠盡節，徒以直道不能曲心[110]，孤立羣邪之間，自處中傷之地[111]。』夫以讒佞傷毀忠正，此天地之大禁，人主[4]之至誡[112]也。昔白起賜死，諸侯酣酒相賀[113]；季子來歸，魯人喜其紓難[114]。

夫國以賢治，君以忠安。今天下咸欣陛下有此忠賢，願卒寵任以安社稷。」書奏，詔即遣小黃門視參疾，太醫致羊酒(115)。後參夫人疾前妻子，投於井而殺之，雒陽令祝良奏參罪。秋，七月己未(116)，參竟以災異免。

八月己巳(117)，以大鴻臚施延為太尉。

鮮卑寇馬城(118)，代郡太守擊之，不克。頃之，其至鞬(119)[5]死，鮮卑由是抄盜差稀(120)。

【章旨】以上為第十四段，寫李固、馬融、張衡對策言時政，建言順帝裁減宦官，不得舉薦宦官子弟入仕，提倡孝悌之禮，重民生，使能養育妻子。

【注釋】❶丁丑　六月初八日。❷宣德亭　亭名，在洛陽南郊，平城門外。❸因造妖孽　指王聖興風作浪。❹改亂嫡嗣　指順帝劉保為皇太子被廢。❺聖躬狼狽　陛下陷於危境。❻拔自困殆　脫離困苦。❼龍興即位　如龍騰飛登上帝位。❽天下喁喁　全國人心嚮往。喁喁，眾魚口向上爭食，喻人心向慕。❾屬望風政　渴望善政蔚成風氣。❿積敝之後二句　政治衰敗之後，容易中興。⓫誠當沛然二句　真是應當放開胸襟，謀求善道。沛然，寬廣的樣子。⓬方今之事二句　謂順帝即位以來的政治，又與從前一模一樣。⓭伏在草澤　生活在鄉野。草澤，野草荒澤，喻鄉野。⓮痛心傷臆　痛徹心肺。⓯賢聖相繼十有八主　謂漢興三百餘年，已歷十八任皇帝。即：高、惠、文、景、武、昭、宣、元、成、哀、平、光武、明、章、和、殤、安、少帝，凡十八主。⓰上畏天威二句　上懼上天的威嚴，下考經典。⓱實乖舊典　實在是違背了舊日的典章制度。⓲少完全　很少保全。⓳顯總權柄　獨攬權力。⓴天道惡盈　天道厭惡盛滿。㉑自損　自我克制。㉒受禍曾不旋時　腳後跟還沒轉過來，已大禍臨頭。安帝建光元年閻氏始盛，延光四年受誅，不滿五年而敗，故云「受禍曾不旋時」，形容時間之速。㉓其進銳者其退速也　前進太猛，後退必速。㉔今梁氏戚為椒房二句　現在梁氏身為皇后，按禮制天子不把妻子的父母役使為臣屬。

椒房，皇后所居宮殿之稱。不臣，不得役使為臣。㉕羣從　眾多堂兄弟。㉖還居黃門之官　梁冀兄弟原為黃門侍郎。㉗豈不休乎　難道不是一件美事嗎。㉘侍中尚書中臣子弟　朝官子弟。㉙容請託故　容易請託主事官員作弊。㉚在日月之側　在皇帝皇后身邊。㉛曾無限極　前途無量。㉜外託謙默　表面上謙虛沉默，不作請託。㉝不干州郡　不干預州郡事務。㉞諂偽之徒二句　諂媚虛偽之徒，自會望風進舉。指州郡長官阿私宦官，進舉其子弟。㉟為設常禁二句　為中常侍子弟設禁令，可比照中朝百官子弟，也一律不得參與保薦推舉。㊱館陶公主　光武帝女劉紅夫，韓光之妻。她為子求郎，明帝不許。事見本書卷四十五明帝永平十八年。㊲輕厚賜二句　厚重的賞賜與低級的官位相比較，也是賞賜輕，官位重。㊳長水司馬　官名，長水校尉司馬之省稱。司馬，掌軍政。北軍五校尉各有司馬，秩千石。㊴武宣　人名。㊵開陽城門候　掌開陽城門的守衛官。京師城門各有候一人，秩六百石。㊶羊迪　人名。㊷初拜便真　漢制，初拜官稱守，歲滿為真。京師官千石至六百石，都要先守一歲，然後補真。㊸跌　損傷。㊹詩云三句　《詩經．板》說：「周厲王為政盡反先王及天之道，天下之民都遭殃。」板，反也。癉，病。㊺斗斟酌元氣二句　北斗控制元氣，運行四時。《後漢書．天文志》云：「斗為帝車，運乎中央，臨制四方。分陰陽，建四時，均五行，移節度，定諸紀，皆繫於斗。」這是古人的一種天道觀念，並感應於人間政治。㊻賦政四海　傳達到全國。賦，布。㊼以毗聖政　用以輔佐朝政。毗，輔。㊽安則共其福慶二句　平安則共享福慶，危難則同遭禍害。㊾刺史二千石三句　刺史、二千石，對外統攝政事，代表朝廷，對內接受朝廷法規約束。㊿表曲者景必邪　測表不正，日影必然歪斜。表，測日影的標竿。景，通「影」。(51)叩樹本　敲擊樹幹。(52)蹉跌　差錯。(53)雨水霖潦　連續雨澆水淹。(54)不能為變　不會成災。(55)蹔遭凶年　暫逢凶年。蹔，同「暫」。(56)賢智馳騖　賢人智士齊集奔走。(57)漸有孔穴　政治上逐漸有了漏洞。胡三省注云：「當此之時，不可以言漸矣，固特婉其辭耳。」(58)本朝　朝廷。(59)去其權重　削減他們的權力。(60)裁置常侍二人　裁減中常侍，只留二人。西漢中常侍宦官與士人雜用。東漢專用宦官，明帝時為四人，和帝時增至十人，又小黃門由十人增至二十人。和帝、順帝皆藉宦官之力從外戚手中奪權，於是日漸權重，手握王權，口含天憲，不再是深宮中的等閒皇家奴僕了。(61)方直　方正。(62)才智閒雅者　有聰明才智而風度翩翩的小黃門。(63)論者厭塞　批評政治的言論自然停止。(64)科條品制　法令規章。(65)咨嗟之怨　嗟歎抱怨。(66)為之制度　建立合理的制度。(67)嫁娶之禮儉二句　嫁娶禮儀節儉，那麼男女雙方就可以以時婚配。(68)喪祭之禮約二句　葬禮簡單，那麼送終的人可以及時掩埋死者了。(69)不奪其時　農忙時節不徵傜役。(70)累　牽掛。(71)產業以重其志　有家業就可以加重人民守法的意志。(72)舍此　指不丟棄產業與妻子。(73)張衡　（西元七八－一三九年）東漢天文學家、文學家，字平子，南陽西鄂（今河南召縣南）人，製渾天儀、地震儀，觀天測地。著有天文學著作《靈憲》。時任太史令，官至侍中。傳見《後漢書》卷五十九。74自初舉孝廉二句　漢武帝元光元年初舉孝廉，至順帝陽嘉二年，整二百年。即西元前一三四—西元一三三年。75先孝行　以孝行為根本，為優先位置。76始學文法　然後才學習文章法典。77辛卯詔書　指陽嘉元年（西元一三二年），即去年十一月十八日納左雄之言所下詔書。78以能章句奏案為限　以能讀通經書，會寫公文為標準。79不應科　不能入選應對。80曾子　孔子弟子曾參。81游夏　孔子弟子言偃子游、卜商子夏。82冉季　孔子弟子冉求子有、仲由子路。83志　本意；目的。84剖符寧境　謂守相為身負朝命的守土大臣。剖符，封疆大吏執符以示信。符分為二，一半留朝廷，一半為本官所執。85一旦免黜十有餘人　陽嘉元年因郡守觸犯新選舉法，所薦非實，一次免黜濟陰郡守胡廣等十餘人。一旦，一個早上；一下子。86罷　通「疲」。87是為奪民父母使嗟號也　因小過免黜老百姓歡迎的父母官，從而使人民哀號無已。88易不遠復　《易經》上說：「不要走得太遠才回頭。」語出《易經・復卦》：「不遠復，无祇悔。」89論不憚改　《論語》上說：「不要害怕改正過錯。」語出《論語・學而》，原文為：「過則勿憚改。」90朋友交接且不宿過　朋友相交尚且沒有隔夜不忘的仇恨。91承天理物　承受天命，治理萬物。92中間以來　近年以來。93妖星見於上　天上出現妖星。胡三省引《古今注》說：「是年四月壬寅，太白晝見。五月癸巳，又晝見。」94震裂著於下　地下發生裂地的大地震。指永建三年（西元一二八年）京師洛陽大地震。95天誡詳矣　上天警告是這樣明顯。96倚政恐懼二句　整頓政治，心懷恐懼，這樣才能轉禍為福。97出阿母還舍　讓保母宋娥出宮回到家中。98詐為飛章　偽造匿名信，誣陷李固。99事從中下　皇帝發出查辦的詔書，不經尚書，直接由皇宮中發出。100請之於梁商　請求時為執金吾的梁商營救。執金吾掌京師治安，有權過問。101僕射黃瓊復救明其事　尚書僕射黃瓊又上書營救，說明原委。102洛令　洛陽縣令。據《後漢書》李固本傳，「洛」，應為「雒」，廣漢郡雒縣令。在今四川廣漢。李固至半道棄官歸本郡。103六藝　儒家《六經》。104性恬憺不慕當世　性情恬淡，不羨慕當時世俗所看重的官爵財貨。105數為左右所毀　多次被皇帝身邊的人詆毀。106會所舉用忤帝旨　正巧他舉薦的人觸犯了皇帝的旨意。107承風案之　看準風向彈劾龐參。司隸校尉察舉百官，故可彈劾太尉之罪。108時當會茂才孝廉　當時正好要與所舉茂才、孝廉會見。109廣漢上計掾段恭句　廣漢郡的上計掾段恭藉朝會機會上奏。上計掾，掌郡國戶口財糧統計，每年隨郡國所舉茂才進京，受計（向朝廷報告一郡戶口及財賦）之日，公卿皆會於廷。110曲心　說違心的話，辦違心的事。111自處中傷之地　自己處於被中傷誣陷的位置上。112人主之至誡　信讒害忠，這是人主最大的警戒。113白起賜死二句　秦白起被賜死，諸侯國君舉杯慶賀。白起被范雎逼迫，有怨言，秦昭王賜死。事見本書卷五周赧王五十年。114季子來歸二句　姬友回歸魯國，魯人歡呼他拯救危難。季子，即姬友，又稱季友。慶父、叔牙及季友三人為春秋時魯桓公之子，魯莊公之弟。

莊公夫人哀姜不育，故無嫡子，而欲立庶子斑。慶父與哀姜私通，而叔牙黨慶父，欲立慶父為君，被莊公和季友鴆殺。莊公卒，季友立公子斑為魯君，慶父殺之，立公子開，是為魯閔公。季友出奔陳國。閔公二年，慶父又殺閔公欲自立。兩年之間，慶父連弒二君，魯國大亂，流言曰：「慶父不死，魯難未已。」此時季友歸國與魯大夫共逐慶父，才安定了魯國。事詳《左傳》。115太醫致羊酒　御醫視疾，又賞賜羔羊美酒。116己未　七月二十日。117己巳　八月初一日。118馬城　代郡屬縣，縣治在今河北懷安。119其至鞬　鮮卑大人之名。120差稀　稀少。

【校　記】1致　據章鈺校，甲十六行本、乙十一行本皆作「至」。2理　原無此字。據章鈺校，乙十一行本有此字，今據補。3祭　據章鈺校，甲十六行本、乙十一行本、孔天胤本皆作「制」。4人主　原作「人臣」。據章鈺校，甲十六行本、乙十一行本皆作「人主」，今據改。5鞬　原作「犍」。據章鈺校，甲十六行本、乙十一行本皆作「鞬」，今據改。按，胡三省注亦作「鞬」。

【語　譯】六月初八日丁丑，洛陽宣德亭地裂，長八十五丈。漢順帝召見公卿所舉薦的誠樸人士，讓他們對答策問，還有詢問當代的弊端和為政該做的事。李固對策說：「以前孝安皇帝改變舊制，給保姆封爵，因而造成妖禍，擾亂了嗣統，使得聖上至今陷入危境，身陷艱難。聖上從困苦中超脫出來，如龍騰飛登上帝位，天下百姓人心嚮往，渴望善政蔚然成風。政治衰敗之後，容易中興，真是應當放開胸懷，謀求善道。而議論的人卻說『現在的政治，又與以前一個樣』。臣身伏鄉野，心胸傷痛！如實說，漢朝創立三百多年來，相繼有十八位君主，哪一位沒有保姆的哺乳之恩？哪裡會忘記給她尊貴寵幸？然而，他們上畏天威，下考經典，知道不符合義理，所以不加封贈。現在，保姆宋娥雖擁有大功和勤謹的品德，只要加以賞賜，就足以酬報她的勤苦，至於分土建國，實在是違背了舊日的典章制度。聽說保姆宋氏性情謙虛，必會謙讓。陛下應當允許她辭去封國的高尚行為，使她享受萬安的福祥。后妃、皇后的娘家所以很少有保全的，難道是她們天性該當如此？只因爵位尊貴顯赫，獨攬權柄，天道厭惡滿溢，不知自我克制，所以導致敗亡。先皇帝寵幸閻氏，賞賜爵號太快，所以禍害迅速降臨。《老子》說：『前進太快，後退必速。』現在梁氏身為皇后，按禮制，皇帝不把皇后父母役使為臣子，崇以顯爵，還說得過去。但是，梁氏的眾多堂兄弟都位高名顯，即使按永平、建初時期的慣例，恐怕也不是這樣。應當命令步兵校尉梁冀和各侍中，回到黃門的職位去，使權力從外戚那裡剝離，政令歸於國家，這難道不是一件美事嗎！還有，詔書所以阻止侍中、尚書、中臣子弟不得擔任官吏、舉拔孝廉的原因，是因為他們把持政柄，容易請託主事官員作弊。而中常侍在皇帝皇后身邊，聲勢驚動天下，其子弟進仕求祿，前途無量。他們雖然外表謙虛沉默，不干涉州郡事務，但諂媚虛偽之徒自會望風推舉。現在為中常侍子弟設立禁令，與中朝百官子弟相同。過去，館陶公主為兒子要求當一名郎官，明帝不答應，賜給一千萬錢，之所以輕視厚重的賞賜，看重小小的官職，在於當官的人無才，就會害及百姓。臣聽說長水司馬武宣、開陽城門候羊迪等人，沒有特殊功業和品德，初次任職就給予實權，這雖然是小小的失誤，但逐漸破壞了舊有的制度。先聖的法度，應當堅守，所以政治教化一旦受損，百年難得恢復。《詩經》說：『周厲王為政盡反先王及上天之道，天下之民都遭殃』，譏諷周厲王變更祖先的法度，使天下的民眾都受到傷害。現在陛下擁有尚書，猶如上天擁有北斗。北斗是上天的喉舌，尚書也是陛下的喉舌。北斗控制元氣，在四時運行；尚書接受君王的命令，傳達到全國，權大勢重，責任所在，如果不能心地公正，災害必至，實在應謹慎地選拔人才，以輔佐朝政。現在和陛下共同治理天下的人，在外有公、卿、尚書，在內則有常侍、黃門，猶如一門之內，一家之事，平安則共享福慶，危難則同遭禍害。刺史、二千石對外統攝政事，對內接受朝廷法規約束。測表不正，日影必然歪斜，河源清澈則流水必然清潔，如同敲擊樹幹，所有的樹枝都搖晃。由此推斷，本朝的號令，豈能有差錯！天下的綱紀，是當今急務。國君擁有政令，猶如水有堤防，堤防完整，雖然連續雨澆水淹，也不能造成災害。政治教化一經確立，即使暫時遭到凶年，也不足為憂。如果讓堤防穿洞漏水，萬人同心協力，再也不能救治；政治教化一旦毀損，即使賢人智士齊集奔走，也不能再挽回。現在堤防雖堅，已逐漸有了漏洞。好比一個人的身軀，朝廷是心腹，州郡是四肢，心腹疼痛則四肢舉不起來。所以臣下所憂，在於心腹疾病，而不是四肢的憂慮。如果能夠加固堤防，從事政治教化，先安定心腹，整頓朝廷，雖有賊人侵犯和水災旱災發生，也不值得介意。如果堤防壞漏，心腹有病，雖然沒有水災旱災，天下實在令人憂心忡忡。另外，應當罷免宦官，削減他們的權力，只設立二名常侍，讓品德端正的人在身邊侍奉，設小黃門五名，讓有聰明才智而風度翩翩的人在宮中服務。這樣，批評政治的言論自然就會停止，可以達到太平！」

扶風功曹馬融對策說：「現在的法令規章，四時禁令，用來承順上天、順應民眾的，已經完備了，全面了，不能增加了。然而上天仍有不滿的反響，人民仍有嗟歎抱怨，這是因為百姓常聽到要施行善政的聲音，卻不見善政的實惠。古代使人民富足的辦法，不是靠贍養其家使家人富足，而是度量財貨用度，為民眾建立合理的制度。所以嫁娶的禮儀節儉，那麼男女雙方就可以以時婚配；喪祭禮儀簡單，那麼送終的人就可以及時掩埋死者了；不在農忙時節徵發徭役，那麼農夫就受利了。用妻子兒女來增添百姓的牽掛，用產業來加重百姓的守法意志，丟棄這些而為非所歹的人，即使有也一定不多。」

太史令南陽人張衡對策說：「自從開始舉孝廉，至今已二百年了，都首先看重孝行，行而有餘力，然後才學習文章法典。去年十一月十八日辛卯採納左雄之言而下的詔書，以讀通經書、會寫公文為標準，即使有最高孝行的人，也不能入選應對，這是棄本逐末。曾子長於孝道，但實在愚笨，文學不如子游、子夏，政務不如冉有、季路。現在卻想使一個人兼有這些品行，如果外表可觀的話，內在必有缺失，那麼就會違背舉孝廉的本意了。況且郡守國相接受朝廷任命，安寧州境，作為國家大臣，一下子就罷免了十多個人，使官吏和民眾疲於送舊迎新，新舊交接，公私混亂，有的人治政有利於百姓，卻因為小錯被免黜，這是奪取百姓的父母，使他們悲號無已。《易經》說不要走得太遠才回頭，《論語》說不要怕改正過錯。朋友的交往，尚且沒有隔夜不忘的仇恨，何況帝王承受天命，治理萬物，以天下為公呢！近年來，天上出現妖星，地上出現震裂，上天的警告是這樣明顯，令人擔心。明智的人將災禍消滅於還沒有萌發之前，現在已經出現災禍，整頓政治，心懷恐懼，這樣才能轉禍為福啊。」

漢順帝觀看了各人的奏對，以李固為第一，立即讓保姆宋娥出宮回到家中，諸常侍全都磕頭謝罪，朝廷法紀肅然。任用李固為議郎，但保姆和宦官都怨恨李固，偽造匿名信，用罪名誣陷他。查辦的詔書由宮中直接發出，大司農南郡人黃尚等向梁商請求營救，僕射黃瓊又上書營救，說明原委。李固很久才獲釋放，外任為雒縣令。李固棄官回到故鄉漢中。馬融博通經籍，文辭優美，參加了對奏，也被任命為議郎。張衡擅長作文，通貫《六經》，雖才華蓋世，但沒有驕狂的性情。通曉機械，尤其對天文、陰陽、曆算思考深邃，製作渾天儀，撰著《靈憲》。性情淡泊，不羨慕當時世俗所看重的官爵財貨，所任官職，多年沒有遷升。

太尉龐參在三公中忠心耿耿，多次被皇上身邊人詆毀。正好他所推薦的人觸犯了皇帝的旨意，司隸校尉看準風向彈劾他。當時正是朝廷會見茂才、孝廉之時，龐參因為受到奏劾，稱病沒有出席。廣漢上計掾段恭趁著朝會上奏說：「我聽見路上行人和農夫、織婦都說：『太尉龐參竭忠盡節，只是因為秉持公正原則，不肯昧心，孤立於一群邪奸小人中間，自己處於被中傷誣諂的位置上。』因為小人的中傷而毀滅忠正的臣子，這是天地的大忌，是人主最大的警戒。過去，秦國白起被賜自殺，諸侯舉杯相賀；季子回歸魯國，魯國人為他能紓解國難而喜悅。國家依賴賢臣達到治理，君主依靠忠臣才能平安。現在天下都因為陛下有這些忠臣賢士而高興，希望始終寵信並任用他們，使國家安定。」奏書呈上，詔命小黃門探視龐參的疾病，御醫為他看病，又賞賜羔羊和美酒。後來，龐參的夫人仇恨前妻生的兒子，把兒子投到井中淹死，洛陽令祝良上奏龐參罪過。秋，七月二十日己未，龐參最終因為災異被免職。

八月初一日己巳，任命大鴻臚施延為太尉。

鮮卑侵犯馬城，代郡太守迎擊，沒有取勝。不久，其至鞬去世，鮮卑因此侵犯搶掠稀少。

【研　析】本卷集中研析順帝的復辟與施政。

一、順帝復辟。延光四年（西元一二五年）十一月初四日以中常侍孫程等十九個宦官為核心，發動政變，誅殺閻黨宦官江京、劉安、陳達以及閻顯、閻崇、閻景兄弟，奪回政權，迎立廢太子濟陰王劉保即位，是為順帝。順帝得以復辟，原因有三。其一，劉保為和帝長子，法統當立，無其他和帝子可以代替。閻太后貪權立幼，迎立諸侯王子北鄉侯，既是嬰孩，又半歲而亡，毫無影響。其二，劉保被廢，仍封為王，未出宮，住在崇德大殿西廂鐘樓下，得到孫程等一大批忠於帝胄的宦官保護，這也是政變的中堅力量。其三，閻顯兄弟，庸懦才劣又暴戾貪婪。北鄉侯初立，自己立腳未穩就同黨爭權內訌，殺大將軍耿寶、安帝乳母王聖、中常侍樊豐等，削弱了自身力量，又極不得人心。閻氏外戚，根基不牢，在朝臣中很孤立，沒有呼應的人。閻氏太后性妒兇殘，殺劉保生母，在宮中也不得人心。閻太后臨朝，敗亡之速順理成章。

順帝一朝，政治昏暗。東漢政治以和安二帝為分水嶺。和帝之前光武、明帝、章章三朝為鼎盛期，政治較為開明。和帝、安帝兩朝維持表面的平穩，鄧太后掌權時期連年災害，內有西羌之亂，外有匈奴、烏桓擾邊，國家已呈衰敗跡象。順帝即位，外戚勢力抬頭，後期任用頑劣無比的梁冀為大將軍，國勢急劇走下坡路。司馬光批評順帝昏愚超過西漢成帝。王夫之《讀通鑑論》認為順帝為中上之君，但無忠良之臣，所以國勢不張。王夫之說：「帝之廢居西鍾下也，順以全生，群奸不忌，非不智也。安帝崩，不得上殿親臨，非號不食，非不仁也。孫程等拯之危亡之中而登天位，一上殿爭功，而免官就封，不使終持國政，非不斷也。諒虞詡之諫逐張防，聽李固之言出阿母，任左雄之策請吏治，非不明也。樊英、黃瓊、郎顗，公車接輪，納翟酺之說，廣拓學宮，非不知務也。」據此，順帝作為一國之君，還像一個君，只是沒有丙吉、宋璟、張九齡、韓琦、姚崇、杜黃裳這樣的大臣為輔，國是以不治。人才代代有，君不明，則臣不才。左雄、虞詡未盡其用，李固、張衡未得其用，梁冀之流放心以用，這就是順帝之昏。順帝不立，閻氏奸計得逞，東漢或許即行大亂。從粉碎閻黨角度說，順帝復辟，延緩了東漢政權。

二、順帝賞罰錯位。班勇開通了東漢第三次西域的交通，立下重大功勳。西元一二五年，班勇大破北匈奴，西域各城邦國都服於漢朝，唯有焉耆王未附。順帝派敦煌太守張朗將河西四郡兵入援班勇，約期分兩道攻擊。班勇從南道，張朗從北道。張朗想獨貪功勞，先期冒進，僥倖取勝，受賞。班勇按期到達，因無功，徵還下獄，罷官。軍事冒進，犯兵家大忌，張朗受班勇節制，冒進是不聽將令的行為，應當受罰，因僥倖有功卻受賞。班勇剋期，是紀律嚴明的表現，反而被判重罪，順帝判事不明，賞罰錯位。

三、樊英受徵。南陽樊英，海內知名，安帝賜策書徵召，樊英不就。順帝再次用策書徵召，樊英開始推辭，順帝詔令郡縣逼迫，樊英就徵。到了京師，順帝隆重接待，賜几杖，以師傅禮召見，問得失，拜五官中郎將。樊英如同竹筍，嘴尖皮厚腹中空，始終沒說出一句善言，出一條治國良策，自覺臉上無光，稱疾告歸。

順帝賜以光祿大夫品秩，帶薪回鄉，命令地方歲時致以牛酒。司馬光批評說，帝王徵召賢士，誠心敬重，像樊英這樣沒有真才實學的浮華之士，要用對待少正卯的方法加以誅辟，用以純正風俗。順帝重賞虛名之士，失重賢之旨。

四、班始忿殺公主。班超孫子班始尚清河王之女陰城公主，是順帝的姑姑。陰城公主放縱淫蕩，甚至把情夫帶回家，讓情夫睡在床上，逼班始藏在床下。班始不堪，怒殺公主。順帝將班始處以腰斬，量刑至此，也算得當。順帝將班始同胞兄弟姐妹全部處死，則是濫用刑法，逞專制淫威，不可謂明。

五、順帝求言。順帝徵召士人，問以災異。北海士人郎顗上書言七事，皆有益於國，又薦黃瓊、李固，以為宜加擢用。陽嘉二年六月初八日，洛陽宣德亭地裂，順帝召集公卿所舉薦的敦樸之士對策，問以當世政治的弊端，應當如何改進。李固、馬融、張衡對策，建言順帝裁減宦官，不得舉薦宦官子弟入仕，提倡孝悌之禮，重民生，使百姓能溫飽，養育妻子。順帝藉此，整肅了一番宮禁，及時遣阿母還舍，諸常侍磕頭謝罪，朝廷肅然。順帝欲有一番作為，這就是王夫之所說的中上之君，賢臣為輔，可以為善。由於東漢大權長期落入太后、宦官、群小之手，積重難返，順帝非大有為之君，整肅朝綱，曇花一現，很快又回到了帝權旁落的原生態中。等到梁冀當朝，順帝只是一個傀儡。

卷第五十二

漢紀四十四

起閼逢閹茂（甲戌　西元一三四年），盡旃蒙作噩（乙酉　西元一四五年），凡十二年。

【題　解】 本卷記事起西元一三四年，迄西元一四五年，凡十二年，當順帝陽嘉三年至沖帝永嘉元年，載順帝一朝後期史事。這一時期，權落梁皇后外戚梁氏。皇后父梁商為大將軍，梁商無治國之才，從事中郎李固勸說梁商讓賢，梁商不聽。梁商子梁冀為河南尹，初任方面即殘暴自恣，梁氏父子結納宦官曹節、曹騰等以固寵，挑起宦官內訌，興大獄，政治一片烏煙瘴氣。梁商戀權，尚無大惡，天時乾旱，還能勸順帝下詔求言。尚書令周舉、太史令張衡建言裁宮女，減御膳，皇上親賢遠佞，總政要，不信圖讖。李固反對用兵嶺南言七不可，建言選賢良任郡守，招撫叛亂。張喬等人到任，兵不血刃，嶺南安定。梁商死，順帝竟然任命頑劣無賴梁冀為大將軍，司馬光批評順帝昏庸甚於西漢成帝。皇甫規獻奏安羌之策，順帝不採納。八使巡風，御史張綱彈劾梁冀，梁冀深恨之，欲置之於死地。順帝崩，沖帝即位，梁太后感念李固，李固當政，罷貪殘，任賢才，清剿東南盜匪，梁冀冷眼，伺機反撲。

孝順皇帝下

陽嘉三年（甲戌 西元一三四年）

夏，四月，車師後部司馬率後王加特奴等[1]掩擊北匈奴於閶吾陸谷❶，大破之，獲單于母。

五月戊戌❷，詔以春夏連旱，赦天下。上親自露坐德陽殿❸東廂請雨。以尚書周舉❹才學優深，特加策問。舉對曰：「臣聞陰陽閉隔，則二氣否塞❺。陛下廢文帝、光武之法，而循亡秦奢侈之欲，內積怨女，外有曠夫❻。自枯旱以來，彌歷年歲❼，未聞陛下改過之效，徒勞至尊暴露風塵❽，誠無益也。陛下但務其華❾，不尋其實❿，猶緣木希魚⓫，卻行求前⓬。誠宜推信革政⓭，崇道變惑⓮，出後宮不御之女⓯，除太官重膳之費⓰。易傳曰：『陽感天不旋日。』⓱惟陛下留神裁察。」帝復召舉面問得失，舉對以「宜慎官人⓲，去貪汙，遠佞邪。」帝曰：「官貪汙佞邪者為誰乎⓳？」對曰：「臣從下州超備機密⓴，不足以別羣臣㉑。然公卿大臣數有直言者，忠貞也；阿諛苟容㉒者，佞邪也。」

太史令張衡亦上疏言：「前年京師地震土裂㉓。裂者，威分㉔；震者，民擾也㉕。竊懼聖思厭倦㉖，制不專己㉗，恩不忍割，與眾共威㉘。威不可分，德不可共㉙。願陛下思惟所以稽古率舊㉚，勿使[2]刑德八柄不由天子㉛。然後神望允塞㉜，災消不至矣。」

衡又以中興㉝之後，儒者爭學圖緯㉞，上疏言：「春秋元命包㉟有公輸班與墨翟，事見戰國。又言別有益州㊱，益州之置在於漢世。又劉向父子領校祕書㊲，閱定九流㊳，亦無讖錄。則知圖讖成於哀、平之際，皆虛偽之徒以要世取資㊴，欺罔較然㊵，莫之糾禁㊶。且律曆㊷、卦候㊸、九宮㊹、風角㊺，數有徵效㊻，世莫肯學，而競稱不占之書㊼，譬猶畫工惡圖犬馬而好作鬼魅㊽，誠以實事難形而虛偽不窮也㊾。宜收藏㊿圖讖，一禁絕之，則朱紫無所眩(51)，典籍無瑕玷(52)矣。」

秋，七月，鍾羌良封等復寇隴西、漢陽。詔拜前校尉馬賢為謁者，鎮撫諸種。

◯冬，十月，護羌校尉馬續(53)遣兵擊良封，破之。

十一月壬寅(54)，司徒劉崎、司空孔扶免，用周舉之言也。乙巳(55)，以大司農黃尚為司徒，光祿勳河東王卓為司空。◯耿貴人數為耿氏請，帝乃紹封耿寶子箕為牟平侯。

【章旨】以上為第一段，寫漢順帝因乾旱求言，尚書周舉、太史令張衡等建言裁宮女，減御膳，皇上親賢遠佞，總政要，不要信圖讖。

【注釋】❶閶吾陸谷　地名，今地不詳。❷戊戌　五月初四日。❸德陽殿　北宮正殿。❹周舉　（？—西元一四九年）字宣光，汝南汝陽（今河南商水縣西南）人，有直節。歷官司隸校尉、光祿大夫。傳見《後漢書》卷六十一。❺否塞　閉塞。❻內積怨女二句　宮內聚集宮女太多，不能婚配，則宮外光棍必多。❼彌歷年歲　已過了一整年。彌，滿。❽暴露風塵　暴露在烈日風塵之中。指露坐德陽殿。❾務其華　致力於表面文章；只求其表。❿尋其實　找出內在原因。⓫緣木希魚　爬上樹去希望得魚。語出《孟子・梁惠王上》：「緣木求魚。」⓬卻行求前　倒退著走，卻希望前進。語出《韓詩外傳》：「夫明鏡所以照形，往古所以知今。惡知往古之所以危亡，無異卻行而求逮於前人也。」⓭推信革政　推出誠信，革新政治。⓮崇道變惑　崇尚大道，消除民眾的疑惑。⓯出後宮不御之女　釋放後宮未被皇帝召幸過的宮女。⓰重膳之費　超過需要的山珍海味。⓱易傳曰二句　語出《易稽覽圖・中孚傳》：「陽感天不旋日，諸侯不旋時，大夫不過期。」鄭玄注：「陽者，天子，為善一日，天立應以善；為惡一日，天立應以惡。」皇帝所作所為，上天將立即回報，不過一天。⓲慎官人　慎重用人為官。⓳官貪汙佞邪者為誰乎　誰是貪官汙吏、奸佞小人。⓴臣從下州超備機密　周舉說，臣從外州破格升遷到機樞位置上。下州，外州對京師而言稱下州。超，越級升遷，即破格提拔。周舉原為冀州刺史，擢升為尚書。機密，代指樞密崗位。㉑不足以別羣臣　還不能完全鑑別群臣誰優誰劣。別，鑑別。㉒苟容　看眼色辦事。㉓前年京師地震土裂　前年，應為去年。陽嘉二年六月初八日，京師地震，宣德亭地裂長八十五丈。㉔裂者二句　地裂象徵權力分離。威，威權。㉕震者二句　地震象徵民眾騷動。㉖聖思厭倦　皇上思慮厭倦，不理朝政。㉗制不專己　自己不作裁斷。㉘恩不忍割二句　皇上不忍割捨恩愛，與眾人共享威權。㉙威不可分二句　威權不可分割，恩德不可共享。㉚稽古率舊　考求古制，遵循舊典。㉛勿使刑德八柄不由天子　不要使刑德八柄脫離天子之手。《周禮》載：天子控制臣子的刑殺與恩德共有八種手段：一是爵位，使臣下尊貴；二是俸祿，使臣下富有；三是賞賜，使臣下歡喜；四是安置，控制臣下的行動；五是生活，使臣下享福；六是剝奪，使臣下貧困；七是廢黜，使臣下不敢犯罪；八是誅殺，使臣下不敢叛逆。㉜神望允塞　八柄使天子的神聖威望永遠充實。㉝中興　指東漢興起。㉞圖緯　圖讖緯書之學，研究預言的神祕學術。㉟春秋元命包　漢代流行的一種預言書。㊱益州　有大小兩個範圍的益州。小益州為郡，漢武帝元封二年（西元前一〇九年）置益州郡，治所在今雲南晉寧東，轄今雲南中部地區；大益州為監察區，後為郡之上的行政建制，元封五年漢武帝置十三州刺史益州，轄今四川、雲南及貴州一部分地區。總之，州、郡益州皆為漢所置，而《春秋元命包》載之。㊲劉向父子領校祕書　西漢成帝、哀帝之時，劉向及其子劉歆校定皇室祕藏圖書，是中國學術史上的一件大事。劉向父子同傳，見《漢書》卷三十六。㊳閱定九流　校定九家學派圖書。見《漢書・藝文志》。九家為儒、道、陰陽、法、名、墨、縱橫、雜、農。㊴要世取資　欺世盜名以騙取錢財。㊵欺罔較然　欺詐的意圖十分明顯。㊶莫之糾

禁　政府卻沒把圖讖列入禁令。㊷律曆　曆法之學。㊸卦候　《易經》八卦之學。㊹九宮　陰陽星象之學。㊺風角　一種占卜之學。以占候四方、四隅的風向來預測吉凶。㊻徵效　應驗。㊼不占之書　指無法考察應驗的讖緯之學。㊽畫工惡圖犬馬句　一個拙劣的畫工，厭惡畫狗畫馬卻十分愛好畫鬼畫妖。㊾誠以實事難形句　真實原因是實在的事物難以惟妙惟肖，而虛假的鬼怪可以隨意塗抹。誠，真誠；實在是。不窮，永遠畫不完。㊿收藏　收斂。(51)朱紫無所眩　使紅色與紫色不再混淆。眩，眼花。(52)典籍無瑕玷　使儒家經典不再受到玷汙。(53)馬續　順帝永建六年（西元一三一年）為護羌校尉，為東漢第十六任。(54)壬寅　十一月十一日。(55)乙巳　十一月十四日。

【校　記】[1]等　原無此字。據章鈺校，甲十六行本、乙十一行本、孔天胤本皆有此字，今據補。[2]使　據章鈺校，甲十六行本、乙十一行本皆作「令」。

【語　譯】孝順皇帝下

陽嘉三年（甲戌　西元一三四年）

夏，四月，車師後部司馬率領後王國國王加特奴等在閶吾陸谷包抄北匈奴，把他們打得大敗，抓獲了單于的母親。

五月初四日戊戌，漢順帝下詔，因為春夏連續乾旱，大赦天下。漢順帝親自在德陽殿的東廂露天而坐，請求降雨。因為尚書周舉學識優秀，漢順帝特別詢問周舉。周舉回答：「我聽說陰陽閉塞，那麼天地二氣就不通暢。陛下廢棄了漢文帝、漢光武帝的法度，卻沿襲亡秦的奢欲，宮內聚集了太多宮女，宮外光棍很多。自從乾旱以來，已經過了一整年，沒有聽說陛下有改過表現，徒使陛下暴露在烈日風塵中，實在是沒有益處。陛下只求外表，不找出內在原因，如同上樹求魚，倒退著走卻希望前進。實在應該推出誠信來改革政務，尊崇大道，消除民眾的疑惑，釋放後宮中未被皇帝召幸過的女子，取消超出需要的山珍海味。《易傳》說：『皇帝所作所為，上天將立即回報，不超過一天。』希望陛下留心明斷。」漢順帝又召周舉，當面詢問得失，周舉回答「應當慎重用人為官，罷免貪官汙吏，遠離奸邪小人。」漢順帝說：「誰是貪官汙吏、佞邪小人？」周舉回答說：「我從外州超升備位機樞，不能完全鑑別文武百官誰優誰劣。但是，公卿大臣中多有直諫的，就是忠臣；阿諛奉承、看眼色行事的，就是佞邪小人。」

太史令張衡也上疏說：「前年京城地震土裂。土裂，象徵著權威分離；地震，象徵著民眾騷動。臣擔心聖上思慮厭倦，不理朝政，裁決不由自己決斷，不忍割捨恩愛，而與眾人共享威權。威權不可以分割，恩德不可以共享。希望陛下考求古制，遵循舊典，不要使刑德的八種大權脫離天子之手。這樣天子的神聖威望獲得充實，災禍就可消除。」

張衡又因為中興以來，儒生爭學圖讖緯書之學，便上疏說：「《春秋元命包》載有公輸班和墨翟，事情見於戰國。又說另外有益州，益州是在漢朝設立的。而且，劉向父子主持校訂宮中圖書，審閱評定九家學術，其中沒有讖錄。這就可知圖讖是在哀帝、平帝時形成的，都是虛妄的人用來欺世盜名以騙取錢財，欺詐明顯，政府卻沒有把它列入禁令。並且律曆、卦候、九宮、風角等不斷有應驗，世人不肯去學，卻爭相稱讚無法考察應驗的讖緯之學，猶如畫匠厭惡畫狗畫馬，卻喜歡畫鬼畫妖，實在是因為真實的事物難以惟妙惟肖，而虛偽的鬼怪可以隨意塗抹。應當收繳圖讖，一律禁絕，那麼紅色和紫色不再混淆，儒家典籍不再受到玷汙。」

秋，七月，鍾羌首領良封等人又侵犯隴西、漢陽。下詔任命前校尉馬賢為謁者，鎮撫各部落。〇冬，十月，護羌校尉馬續派兵攻打良封，打敗了他們。

十一月十一日壬寅，司徒劉崎、司空孔扶被免職，這是因為採用了周舉建議。十四日乙巳，任命大司農黃尚為司徒，光祿勳河東人王卓為司空。〇耿貴人多次為耿氏請託，漢順帝這才封耿寶的兒子耿箕為牟平侯。

四年（乙亥　西元一三五年）

春，北匈奴呼衍王侵車師後部。帝令敦煌太守發兵救之，不利。

二月丙子❶，初聽❷中官得以養子襲爵。初，帝之復位，宦官之力也，由是有寵，參與政事。御史張綱❸上書曰：「竊尋文、明二帝❹，德化尤盛，中官常侍，不過兩人，近倖賞賜，裁滿數金，惜費重民，故家給人足。而頃者以來，無功小人，皆有官爵，非愛民重器❺、承天順道者也。」書奏，不省。綱，皓之子也。

旱。◯謁者馬賢擊鍾羌，大破之。

夏，四月甲子❻，太尉施延免。戊寅❼，以執金吾梁商為大將軍，故太尉龐參為太尉。◯商稱疾不起且❽一年，帝使太常桓焉❾奉策就第即拜❿，商乃詣闕受命⓫。商少通經傳，謙恭好士，辟漢陽巨覽⓬、上黨陳龜⓭為掾屬，李固為從事中郎，楊倫⓮為長史。

李固以商柔和自守，不能有所整裁⓯，乃奏記⓰於商曰：「數年以來，災怪屢見。孔子曰：『智者見變思形，愚者覩怪諱名。』⓱天道無親，可為祗畏⓲。誠令王綱一整，道行忠立，明公踵伯成之高，全不朽之譽⓳，豈與此外戚凡輩耽榮好位者同日而論哉⓴！」商不能用。

秋，閏八月丁亥朔㉑，日有食之。

冬，十月，烏桓寇雲中。度遼將軍耿曄追擊，不利。十一月，烏桓圍曄於蘭池城㉒，發兵數千人救之，烏桓乃退。

十二月甲寅㉓[1]，京師地震。

【章旨】以上為第二段，寫御史張綱上奏順帝賞賜親信應有節度，從事中郎李固勸說梁商讓大將軍之位與賢者，皆未採納。

【注釋】❶丙子　二月十六日。❷初聽　首次允許。❸張綱　（西元九八—一四三年）字文紀，犍為武陽（今四川彭山縣）人，司空張皓之子。歷官侍御史、廣陵太守。傳見《後漢書》卷五十六。❹文明二帝　西漢文帝、東漢明帝。❺重器　重視官職爵位。❻甲子　四月初五日。❼戊寅　四月十九日。❽且　將近。❾桓焉　（?—西元一四三年）字叔元，經學世家桓榮之孫，為安帝師，官至太傅。傳見《後漢書》卷三十七。❿奉策就第即拜　桓焉帶著封拜梁商為大將軍的策文，到梁商家裡去宣讀。⓫商乃詣闕受命　漢制，封爵或任命三公，在金鑾殿上舉行隆重的儀式，受命人在謁者、光祿勳的贊禮下向皇帝三跪九叩首。典禮完成，就站到已封拜的官位上，聽皇帝講話。西漢只有衛青因立有大功，漢武帝派特使在軍中封拜衛青為大將軍。梁商因外戚而貴，不敢享受就第即拜的殊禮，趕緊起床到金鑾殿上受封。詣闕，指趕到殿上。⓬巨覽　人名。⓭陳龜　字叔珍，上黨泫氏（今山西高平）人，少有志節。桓帝時，終官度遼將軍，乞骸骨；復徵為尚書，彈劾梁冀不食而死。傳見《後漢書》卷五十一。⓮楊倫　字仲理，陳留東昏（今河南蘭考北）人，習古文《尚書》。楊倫前後三次徵起，皆以直諫不合辭官歸家，閉門授徒，卒於家。傳見《後漢書》卷七十九上。⓯整裁　整頓吏治，裁汰冗員。⓰奏記　公文報告。⓱孔子曰三句　此處所引「孔子曰」兩句話不見儒家典籍，乃緯書之語。意謂智慧的人，看見災變，就要思考它產生的原因；愚笨的人，看見怪異，忌諱提起，以視而不見來迴避。⓲祗畏　敬畏。⓳明公踵伯成之高二句　大將軍應當追隨伯成的高節而功成身退，保全美名。明公，對梁商的尊稱。踵，追隨；效法。伯成，《莊子》所載寓言人物，傳說他是虞舜時一位封國諸侯，夏朝建立，他辭位去當了農夫。高，高風亮節。⑳豈與此外戚凡輩句　這豈是那些貪戀榮華祿位的凡庸外戚能比擬的嗎。耽，嗜好；貪戀。㉑丁亥朔　閏八月初一日。㉒蘭池城　屬雲中郡，在今內蒙古托克托北。㉓甲寅　十二月三十日。

【校記】[1]甲寅　原誤作「丙寅」。是年十二月無丙寅。據章鈺校，甲十六行本、乙十一行本皆作「甲寅」，張敦仁《通鑑刊本識誤》同，今據校正。

【語　譯】四年（乙亥　西元一三五年）

春，北匈奴呼衍王侵犯車師後王國。漢順帝命令敦煌太守發兵援助，沒有獲勝。

二月十六日丙子，開始允許宦官養子承襲爵位。當初，漢順帝恢復皇位，宦官有功，由此受寵，參與政事。御史張綱上書說：「臣發現漢文帝、漢明帝在位時，道德教化尤為隆盛，設立的宦官常侍不過兩人，賞賜親信侍寵，才不過數萬錢，珍惜費用，重視生民，所以家給人足。可是近年來，無功績的小人都有官職爵位，這不是愛惜百姓、重視官職爵位、順應天心的做法。」奏章呈上，漢順帝不理睬。張綱，是張皓的兒子。

發生旱災。○謁者馬賢攻擊鍾羌人，大敗羌人。

夏，四月初五日甲子，太尉施延被免職。十九日戊寅，任命執金吾梁商為大將軍，前太尉龐參為太尉。○梁商稱病不上朝將近一年，漢順帝派太常桓焉帶著策文，到梁商府上任命，梁商這才到宮廷接受官職。梁商從小通達經傳，謙虛恭敬，喜好賢士，徵召漢陽人巨覽、上黨人陳龜做掾屬，李固為從事中郎，楊倫為長史。

李固因為梁商溫和保守，沒有能力整理朝綱決斷政務，於是向梁商上書說：「這些年來，災變怪異屢屢出現。孔子說：『智慧的人看到災變，就會思考它產生的原因；愚蠢的人看到怪異，就忌諱提起。』天道沒有親疏，可敬可畏。真要使朝綱整頓，大道運行，建立忠義，你就應當繼踵伯成的崇高德行而功成身退，成就不朽的名譽，難道要跟這些沉溺榮耀、貪圖官位的外戚凡輩相提並論嗎！」梁商不能採用。

秋，閏八月初一日丁亥，日蝕。

冬，十月，烏桓侵犯雲中，度遼將軍耿曄追擊，沒有獲勝。十一月，烏桓在蘭池城包圍了耿曄，朝廷派遣幾千人救援，烏桓才退兵。

十二月三十日甲寅，京師發生地震。

永和元年（丙子　西元一三六年）

春，正月己巳❶，改元，赦天下。

冬，十月丁亥❷，承福殿火。

十一月丙子❸，太尉龐參罷。

十二月，象林❹蠻夷反。

乙巳❺，以前司空王龔為太尉。龔疾宦官專權，上書極言其狀。諸黃門使客誣奏龔罪，上命龔亟自實❻。李固奏記於梁商曰：「王公以堅貞之操，橫為讒佞所構❼，眾人聞知，莫不歎慄❽。夫三公尊重，無詣理❾訴冤❿之義，纖微感概，輒引分決⓫。是以舊典⓬不有大罪，不至重問⓭。王公卒有他變⓮，則朝廷獲害賢之名，羣臣無救護之節矣。語曰：『善人在患，飢不及餐。』⓯斯其時也。」商即言之於帝，事乃得釋。

是歲，以執金吾梁冀為河南尹。冀性嗜酒，逸遊自恣⓰，居職多縱暴非法⓱。父商所親客雒陽令呂放以告商，商以讓冀。冀遣人於道刺殺放，而恐商知之，乃推疑放之怨仇，請以放弟禹為雒陽令，使捕之⓲，盡滅其宗親賓客百餘人。

武陵太守上書，以蠻夷率服，可比漢人，增其租賦。議者皆以為可。尚書令虞詡曰：「自古聖王不臣異俗⑲。先帝舊典⑳，貢賦[1]多少，所由來久矣，今猥㉑增之，必有怨叛。計其所得，不償所費，必有後悔。」帝不從。澧中、漊中蠻㉒各爭貢布非舊約，遂殺鄉吏，舉種反。

【章　旨】以上為第三段，寫梁冀為河南尹，初任方面，即殘暴違法。朝廷加徵賦稅，逼反蠻夷。

【注　釋】❶己巳　正月十五日。❷丁亥　十月初七日。❸丙子　十一月二十七日。❹象林　縣名，日南郡屬縣，在今越南南部。❺乙巳　十二月二十六日。❻上命龔亟自實　皇上命王龔立即去廷尉辯明真假。自實，自己訴說實情。❼構　陷害。❽歎慄　歎息恐懼。❾詣理　到廷尉府。❿訴冤　自我申辯。⓫纖微感概二句　即便是細小過失，也只好自殺了結。⓬舊典　原有的法令。⓭不至重問　指按照舊典，三公若無重罪，絕不審問。因審訊三公重獄，一般為自我辯誣，不進行審訊。重問，即重案審訊，指由多個大臣組成合議庭審訊的國家級大案。成帝時審理丞相薛宣、御史大夫翟方進，用五個二千石九卿會審，以示大臣獄重。⓮王公卒有他變　指王龔會突然自殺。卒，通「猝」。哀帝時，丞相王嘉被召廷尉對簿，王嘉以將相不對理陳冤而自殺，於是相沿成為故事。若王龔不願對簿公堂，只有自殺一條路了。⓯語曰三句　俗話說：好人在受罪，來不及去吃飯。喻當速救好人，連吃飯的功夫也沒有。⓰逸遊自恣　縱情遊樂。⓱居職多縱暴非法　在職多殘暴不法。⓲使捕之　使呂放之弟洛陽令呂禹捕殺仇家，株連仇家的宗族、親戚、賓客百餘人。⓳不臣異俗　不把風俗不同的少數民族當做自己的臣民。⓴先帝舊典　指東漢歷屆皇帝的慣例。漢興，令武陵諸蠻，大人每歲輸布一匹，兒童每人輸布二丈。㉑猥　猝然；突然。㉒澧中漊中蠻　居於澧水、漊水流域的蠻族。

【校　記】[1]賦　據章鈺校，甲十六行本、乙十一行本皆作「稅」。按，《後漢書》卷八十六〈南蠻西南夷列傳〉亦作「稅」。

【語　譯】永和元年（丙子　西元一三六年）

春，正月十五日己巳，改年號為永和，赦免天下。

冬，十月初七日丁亥，承福殿失火。

十一月二十七日丙子，太尉龐參被免職。

十二月，日南郡象林縣的蠻夷反叛。

十二月二十六日乙巳，任命前司空王龔為太尉。王龔憎恨宦官專權，上書極言宦官的罪狀。各黃門宦官誣奏王龔犯罪，漢順帝命令王龔立即到廷尉申訴實情。李固向梁商上書說：「王龔因為堅貞的操守，反而被小人謀陷，眾人聽了，無不歎息而恐懼。三公位尊職重，沒有親自前往廷尉府自辯申冤的道理，即便是細小的過失，也只好自殺了事。所以舊典規定，三公若沒有大罪，絕不審問。王龔如果突然發生意外，朝廷就會蒙受傷害賢臣的罪名，群臣也沒有了救護的節操。俗話說：『好人在患難中，為了救人即使肚子餓了也來不及去吃飯。』現在正是救人的時候。」梁商立即向漢順帝說明，事情才得以解決。

這一年，任命執金吾梁冀為河南尹。梁冀貪酒，縱情遊樂，在職多殘暴不法。父親梁商所親近的人洛陽令呂放稟告梁商，梁商因此責怪梁冀。梁冀派人在路上刺殺呂放，卻怕梁商知道此事，就推說懷疑是呂放的仇人所殺，請求派呂放的弟弟呂禹做洛陽令，要他抓獲兇犯，呂禹殺了仇人的宗族、親戚、賓客一百多人。

武陵太守上書，認為蠻夷都已降服，可以比照漢人增加他們的租賦。朝廷上討論此事的人都認為可以。尚書令虞詡說：「自古聖王不把風俗不同的民族當做自己的臣民。歷代先帝的舊制慣例，規定賦稅的數量，由來已久，現在突然增加，必然會造成怨恨和騷亂。計算所得到的，還無法補償所耗費的，一定會後悔。」漢順帝不聽從。澧中、漊中的蠻人都爭著譴責不按舊約徵收貢布，於是殺死鄉吏，舉族反叛。

二年（丁丑　西元一三七年）

春，武陵蠻二萬人圍充城❶，八千人寇夷道❷。

二月，廣漢屬國都尉擊破白馬羌。○帝遣武陵太守李進擊叛蠻，破平之。進乃簡選良吏，撫循蠻夷，郡境遂安。

三月乙卯❸[1]，司空王卓薨。丁丑❹，以光祿勳郭虔為司空。

夏，四月丙申❺，京師地震。

五月癸丑❻，山陽君宋娥坐構姦誣罔❼，收印綬，歸里舍。黃龍、楊佗、孟叔、李建、張賢、史汎、王道、李元、李剛等九侯坐與宋娥更相賂遺❽，求高官增邑❾，並遣就國，減租四分之一❿。

象林蠻區憐⓫等攻縣寺⓬，殺長吏。交趾刺史樊演發交趾、九真兵萬餘人救之。兵士憚遠役，秋，七月，二郡兵反，攻其府⓭。府雖擊破反者，而蠻勢轉盛。

冬，十月甲申⓮，上行幸長安。扶風田弱薦同郡法真⓯博通內外學⓰，隱居不仕，宜就加袞職⓱。帝虛心欲致之，前後四徵，終不屈。友人郭正稱之曰：「法真名可得聞，身難得而見。逃名而名我隨，避名而名我追⓲，可謂百世之師者矣！」

真，雄之子也。

丁卯⓳，京師地震。◯太尉王龔以中常侍張昉等專弄國權，欲奏誅之。宗親有以楊震行事⓴諫之者，龔乃止。

十二月乙亥㉑，上還自長安。

【章旨】以上為第四段，寫宋娥勢力倒臺，張昉等奸佞依然得勢。

【注釋】❶充城 縣名，縣治在今湖南張家界。❷夷道 縣名，縣治在今湖北宜都。❸乙卯 三月初八日。❹丁丑 三月三十日。❺丙申 四月十九日。❻癸丑 五月初六日。❼坐構姦誣罔 被指控結黨為奸和誣陷欺詐。❽更相賂遺 互相賄賂。❾求高官增邑 謀求高官，增加封邑戶口。❿減租四分之一 采邑租稅為封君的收入，今懲罰九侯，減少其采邑租稅收入的四分之一。⓫區憐 人名。⓬縣寺 縣衙。⓭攻其府 指交趾、九真二郡反者攻擊郡衙。⓮甲申 十月初十日。⓯法真 （西元一〇〇—一八八年）字高卿，安帝時青州刺史法雄之子，博學高行，終身不仕。傳見《後漢書》卷八十三〈隱逸傳〉。⓰內外學 東漢崇尚圖讖，以《六經》為外學，緯書為內學。內學有七緯，為《易緯》、《書緯》、《詩緯》、《禮緯》、《樂緯》、《孝經緯》、《春秋緯》。⓱袞職 指三公之位。⓲逃名而名我隨二句 逃避名聲，名聲隨著他；躲避名聲，名聲追趕他。⓳丁卯 十一月二十三日。⓴楊震行事 指安帝太尉楊震彈劾中常侍樊豐等，反為所害。事見本書卷五十安帝延光三年。㉑乙亥 十二月初二日。

【校記】①乙卯 原無此二字。據章鈺校，甲十六行本、乙十一行本皆有此二字，張敦仁《通鑑刊本識誤》、張瑛《通鑑校勘記》同，今據補。

【語譯】二年（丁丑 西元一三七年）

春，武陵蠻二萬人圍攻充城縣，八千人侵掠夷道縣。

二月，廣漢屬國都尉打敗白馬羌。〇漢順帝派武陵太守李進攻打叛亂的蠻族，打敗並平定了蠻族。李進又選擇良吏，安撫蠻夷，郡內終於安定。

三月初八日乙卯，司空王卓去世。三十日丁丑，任命光祿勳郭虔為司空。

夏，四月十九日丙申，京城洛陽發生地震。

五月初六日癸丑，山陽君宋娥犯了結黨為奸和誣陷欺詐罪，被沒收印綬，遣返鄉里。黃龍、楊佗、孟叔、李建、張賢、史汎、王道、李元、李剛等九侯犯有與宋娥互相賄賂，謀求高官、增加封邑戶口的罪行，一同遣回封國，減少采邑租稅的四分之一。

象林縣蠻區憐等人攻打縣衙，殺掉主管官吏。交阯刺史樊演調派交阯、九真的軍隊一萬多人去救援。士兵害怕遠征，秋，七月，兩郡士兵反叛，攻擊郡府。郡府雖然擊敗叛軍，但是，蠻人勢力逐漸強盛。冬，十月初十日甲申，漢順帝幸臨長安，扶風人田弱舉薦同郡人法真博通內學和外學，隱居不當官，應聘以高官。漢順帝虛心徵召，前後四次，始終不肯屈從。友人郭正稱讚他說：「法真的名聲可以聽到，卻難見到其人。逃避名聲，而名聲隨著他，躲避名聲，而名聲追趕他。可以說是百代之師了！」法真，是法雄的兒子。

十一月二十三日丁卯，京城洛陽發生地震。○太尉王龔因為中常侍張昉等人專斷朝政，想要上奏殺掉他們。宗親中有人用楊震的事情進諫，王龔才作罷。

十二月初二日乙亥，漢順帝從長安返回洛陽。

三年（戊寅　西元一三八年）

春，二月乙亥❶，京師及金城、隴西地震，二郡山崩。

夏，閏四月己酉❷，京師地震。

五月，吳郡❸丞羊珍反，攻郡府，太守王衡破斬之。

侍御史賈昌與州郡并力討區憐等[1]不尅，為所攻圍，歲餘，兵穀不繼。帝召公卿百官及四府❹掾屬問以方略，皆議遣大將，發荊、揚、兗、豫❺四萬人赴之。李固駁曰：「若荊、揚無事，發之可也。今二州盜賊磐結❻不散，武陵、南郡蠻夷未輯❼，長沙、桂陽❽數被徵發，如復擾動，必更生患，其不可一也。又，兖、豫之人卒被徵發，遠赴萬里，無有還期，詔書迫促，必致叛亡，其不可二也。南州❾水土溫暑，加有瘴氣❿，致死亡者十必四五，其不可三也。遠涉萬里，士卒疲勞，比至嶺南，不復堪鬭，其不可四也。軍行三十里為程⓫，而去日南九千餘里，三百日乃到，計人稟五升⓬，用米六十萬斛，不計將吏驢馬之食，但負甲自致⓭，費便若此，其不可五也。設軍所在，死亡必眾，既不足禦敵，當復更發，此為刻割心腹⓮以補四支，其不可六也。九真、日南相去千里，發其吏民猶尚不堪，何況乃苦四州之卒以赴萬里之艱哉！其不可七也。前中郎將尹就討益州叛羌，益州諺曰：『虜來尚可，尹來殺我。』後就徵還，以兵付刺史張喬，喬因其將吏，旬月⓯之間破殄⓰寇虜。此發將無益之效，州郡可任之驗⓱也。宜更選有勇略仁惠任將帥者，以為刺史、太守，悉使共住交趾。今日南兵單無穀⓲，守既不足，戰又不能，可一切徙其吏民，北依交趾，事靜之後，乃命歸本。還募蠻夷使自相攻，轉輸金帛⓳以為其資。有能反間⓴致頭首㉑者，許以封侯裂土之賞。故并州刺史長沙祝良性多勇決，又南陽張喬前在益州有破虜之功，皆可任用。昔太宗㉒就加魏尚㉓為雲中守，哀帝即拜龔舍㉔為泰山守，宜即拜良等，便道之官㉕。」四府悉從固議，即拜祝良為九真太守，張喬為交趾刺史。喬至，開示㉖慰誘㉗，並皆降散。良到九真，單車入賊中㉘，設方略㉙，招以威信㉚，降者數萬人，皆為良築起府寺㉛。由是嶺外復平。

【章旨】以上為第五段，寫李固反對朝廷用兵嶺南七不可，建議慎選刺吏、郡守，張喬等人到任，嶺南叛亂兵不血刃得以平息。

【注釋】❶乙亥　二月初三日。❷己酉　閏四月初八日。❸吳郡　郡名，治所吳縣，在今江蘇蘇州。❹四府　大將軍、太尉、司徒、司空四府。❺荊揚兗豫　州名，揚州轄今皖南、蘇南、江西、浙江、福建等地，治所歷陽，在今安徽和縣。荊州轄今兩湖及兩廣、貴州、河南等省一部分，治所漢壽，在今湖南常德東北。兗州轄今山東西南部，治所昌邑，在今山東金鄉西北。豫州轄豫東、皖北，治所譙，在今安徽亳州。❻磐結　如磐石之堅，樹根之結。❼未輯　未安定。❽長沙桂陽　兩郡名。長沙郡治所臨湘，在今湖南長沙。桂陽郡治所郴縣，在今湖南郴州。❾南州　東漢南部州郡，當即五嶺以南之地。❿瘴氣　南方生於夏季的溼熱毒氣。⓫程　一站路；一日程途。大軍運行，日程三十里。⓬稟五升　每日給糧五升。古升小，人日耗五升。稟，給也。⓭負甲自致　指大軍自己攜帶兵甲到達。⓮心腹　喻內地、本土。下文的四支，喻邊地。⓯旬月　一月。⓰破殄　擊敗消滅。益州刺史張喬破益州羌，事見本書卷四十九安帝元初二年至卷五十元初五年。⓱州郡可任之驗　州郡長官可堪大任的明證。驗，顯明的證據。賢明州郡長官足可勝任，張喬就是明證。⓲兵單無穀　兵力單薄而又缺糧。⓳金帛　金銀綢緞。⓴反間　深入隱蔽於敵人之中做策反間諜。㉑致頭首　殺死諸蠻首領。㉒太宗　漢文帝廟號。㉓魏尚　文帝時雲中太守，因在一次報功中殺敵首級差了六顆被治罪。漢文帝知道後赦罪復任為雲中太守。事見本書卷十四文帝十四年。㉔龔舍　楚人，哀帝兩次徵起，皆病免，不久，哀帝遣使拜為泰山太守。傳見《漢書》卷七十二。㉕便道之官　從小道赴任。因九真、交趾兩郡城被圍，大道不通，故從小道赴任。㉖開示　開誠布公宣示政策。㉗慰誘　安撫誘導。㉘單車入賊中　單獨乘車進入蠻營中，不帶兵將以示誠心。㉙設方略　講說利弊，指示出路。㉚招以威信　宣示政府的威望和信譽。㉛皆為良築起府寺　大家都替祝良重建郡府官舍。

【校記】1等 原無此字。據章鈺校，甲十六行本、乙十一行本、孔天胤本皆有此字，張敦仁《通鑑刊本識誤》同，今據補。

【語譯】三年（戊寅 西元一三八年）

春，二月初三日乙亥，京城和金城、隴西地震，兩個郡發生山崩。

夏，閏四月初八日己酉，京師地震。

五月，吳郡丞羊珍叛亂，進攻郡府，太守王衡打敗叛軍，殺死羊珍。

侍御史賈昌和州郡合力討伐區憐等不能取勝，反被包圍，一年多後，兵力和糧食都供應不上。漢順帝召集公卿百官和四府幕僚，詢問策略，全都主張派大將，徵發荊、揚、兗、豫四州的四萬人前去救援。李固駁斥說：「如果荊州、揚州沒有亂事，可以徵發。現在二州的盜賊盤據不散，武陵、南郡的蠻夷沒有平定，長沙、桂陽一再被徵發，如果再驚動他們，必然又會發生禍亂，這是不可以的第一個原因。還有，兗州、豫州的百姓突然被徵發，遠赴萬里，沒有回來的日期，詔書催得急，必然導致叛亂逃亡，這是不可以的第二個原因。南方水溫土溼，加上有溼熱毒氣，會導致十人中必然有四、五個人死亡，這是不可以的第三個原因。遠涉萬里，士兵疲勞，等到達嶺南，不能再打仗了，這是不可以的第四個原因。軍隊走三十里為一日程途，京城到日南郡有九千多里，三百天才到，估計每人每天供給五升米，要用六十萬斛米，這還不包括將士、官吏的驢、馬糧草，僅僅大軍自己攜帶兵甲到達，費用便有如此之多，這是不可以的第五個原因。軍隊戰鬥過的地方，死亡一定很多，既然不能夠抗敵，就要重新調發，這是割捨心腹來增補四肢，這是不可以的第六個原因。九真、日南相距一千里路，徵發他們的官吏、民眾還不能承受，何況勞苦四州的士兵以赴萬里艱險！這是不可以的第七個原因。前中郎將尹就征討益州羌族叛軍，益州俗語說：『叛軍來了還可，尹就來了殺我。』後來召回尹就，把軍隊交給刺史張喬，張喬依靠將士，一個月就消滅了敵寇。這就是朝廷派將發兵沒有效果，而賢明的州郡長官足可勝任的證明。應該再選派勇略仁厚能勝任將帥的人，任命為刺史、太守，命他們一同駐守交趾。現在日南兵力單薄而又缺糧，既不能守，又不能戰，可以遷移所有的官吏、民眾，向北依靠交趾，等事情平定以後，再令其回到本郡。還可以召募蠻夷，使他們互相攻擊，送給金銀綢緞作為資助。有人能夠深入隱藏於敵人之中做策反間諜，殺死諸蠻首領的，答應給予封侯、賜地的獎賞。前并州刺史長沙人祝良勇敢果斷，還有南陽人張喬以前在益州有攻破敵虜的功勞，都可以任用。從前漢文帝就地任命魏尚為雲中郡太守，漢哀帝立刻任命龔舍為泰山郡太守，應馬上任命祝良等人，從小道赴任。」四府完全同意李固的建議，立即任命祝良為九真太守，張喬為交趾刺史。張喬到職，開誠布公宣示政策，安撫誘導，叛人都歸降或解散。祝良到了九真，單獨乘車進入蠻營中，說明利害，指示出路，宣示朝廷的威望和信譽來招降安撫，有幾萬人歸降，大家還共同替祝良修築郡府官舍。於是，嶺外重新平定。

秋，八月己未❶，司徒黃尚免。九月己酉❷，以光祿勳長沙劉壽為司徒。丙戌❸，令大將軍、三公舉剛毅、武猛、謀謨任將帥者各二人，特進、卿、校尉各一人。

初，尚書令左雄薦冀州刺史周舉為尚書，既而雄為司隸校尉，舉故冀州刺史馮直任將帥。直嘗坐臧受罪❹，舉以此劾奏雄❺。雄曰：「詔書使我選武猛，不使我選清高。」舉曰：「詔書使君選武猛，不使君選貪污也！」雄曰：「進君，適所以自伐❻也。」舉曰：「昔趙宣子❼任韓厥❽為司馬，厥以軍法戮宣子僕❾。宣子謂諸大夫曰：『可賀我矣！吾選厥也任其事❿。』今君不以舉之不才誤升諸朝，不敢阿君以為君羞[11]，不寤君之意與宣子殊也。」雄悅，謝曰：「吾嘗事馮直之父，又與直善，今宣光以此奏吾，是吾之過也。」天下益以此賢之[12]。

是時，宦官競賣恩勢[13]，唯大長秋良賀清儉退厚[14]。及詔舉武猛，賀獨無所薦。帝問其故，對曰：「臣生自草茅[15]，長於宮掖，既無知人之明，又未嘗交加士類[16]。昔衛鞅因景監以見，有識知其不終[17]。今得臣舉者，匪榮伊辱[18]，是以不敢。」帝由是賞之。

冬，十月，燒當羌那離等三千餘騎寇金城，校尉馬賢擊破之。

十二月戊戌朔[19]，日有食之。

大將軍商以小黃門南陽曹節[20]等用事於中，遣子冀、不疑與為交友。而宦官忌其寵，反欲陷之。中常侍張逵、蘧政、楊定等與左右連謀，共譖商及中常侍曹騰[21]、孟賁，云：「欲徵諸王子，圖議廢立，請收商等案罪。」帝曰：「大將軍父子我所親，騰、賁我所愛，必無是，但汝曹共妒之耳！」逵等知言不用，懼迫[22]，遂出，矯詔收縛騰、賁於省中。帝聞，震怒，敕宦者李歙急呼騰、賁釋之，收逵等下獄。

【章　旨】以上為第六段，寫司隸校尉左雄、尚書周舉公忠廉直，而大將軍梁商與其子梁冀勾結宦官曹節、曹騰等人固寵，挑起宦官內訌而興大獄。

【注　釋】❶己未　八月二十日。❷己酉　九月庚午朔，無己酉。疑記載有誤。❸丙戌　九月十七日。❹坐臧受罪　被控貪汙受刑。❺舉以此劾奏雄　周舉因此彈劾左雄舉薦非人。❻自伐　自找禍害。❼趙宣子　春秋時晉卿，即趙衰之子趙盾。❽韓厥　晉大夫，至晉景公時置六卿，韓厥亦為晉六卿之一。❾厥以軍法戮宣子僕　秦、晉戰於河曲，趙宣子率領中軍，舉韓厥為司馬，韓厥殺了趙宣子的趕車夫。大家都替韓厥捏一把汗，認為將受趙宣子的責罰。想不到趙宣子卻對大家說：「你們應向我祝賀，我選用了一個非常稱職的人。」❿任其事　勝任其職。⓫不敢阿君以為君羞　我絕不阿附你，使你蒙羞。⓬賢之　以左雄為賢而更加敬重，因左雄聞過則改。賢，作動詞用，敬重。⓭宦官競賣恩勢　宦官仗恃皇帝寵信而爭相挾勢賣恩。賣恩，送人情，結黨營私。⓮清儉退厚　清正節儉，淡泊謙讓。⓯生自草茅　出生在貧困的鄉間。草茅，指代鄉野。⓰交加士類　結交有學問的士子。⓱衛鞅因景監以見二句　衛鞅，即商鞅。衛鞅入秦，請託秦孝公的寵幸宦官景監推薦，才得到晉見和重用。商鞅變法，用刑太酷，秦趙良認為他不得善終。事見本書卷二周顯王三十一年。⓲今得臣舉者二句　良賀謂，如今士人得到我的推薦，不僅不以為榮，反而使他感到羞辱。⓳戊戌朔　十二月初一日。⓴曹節　字漢豐，南陽新野（在今河南新野）人，桓帝時為中常侍，靈帝時以定策封長安鄉侯，擅權亂政。傳見《後漢書》卷七十八〈宦者傳〉。㉑曹騰　即曹操祖父，奉事安、順、桓、靈四帝的大宦官，封費亭侯。傳亦見〈宦者傳〉。㉒懼迫　恐懼大禍臨頭。

【語　譯】秋，八月二十日己未，司徒黃尚被免職。九月己酉日，任命光祿勳長沙人劉壽為司徒。

九月十七日丙戌，命令大將軍、三公推薦剛毅、武猛、有謀略，能擔當將帥的各二人，推薦特進、卿、校尉各一人。

當初，尚書令左雄舉薦冀州刺史周舉為尚書，不久，左雄任司隸校尉，推薦前冀州刺史馮直擔任將帥。馮直曾經被指控貪汙受刑，周舉因此彈劾左雄推薦失誤。左雄說：「詔書讓我推薦武猛，沒有讓我推薦清高。」周舉說：「詔書讓你推薦武猛，不是讓你推薦貪汙！」左雄說：「我推薦你，沒想到是自找禍害。」周舉說：「過去趙宣子任命韓厥為司馬，韓厥以軍法殺掉趙宣子的車夫。趙宣子對各大夫說：『你們可以祝賀我了！

我選拔的韓厥非常稱職。』現在，你把我這個沒有才能的人錯薦到中央，我絕不敢阿附你，使你蒙受羞辱，想不到你的心意和趙宣子不同。」左雄很高興，道歉說：「我曾經侍奉過馮直的父親，又與馮直友善，現在宣光以此上告我，是我的過失。」天下人因此更為敬重左雄。

這時，宦官依仗皇帝寵幸而爭相挾勢賣恩，只有大長秋良賀清正節儉，淡泊謙讓。等到詔書命令推薦武猛，只有良賀沒有推薦。漢順帝問他原因，回答說：「臣生在貧窮的鄉閭，長在宮廷，既無知人之明，也不曾結交有學問的士子。過去衛鞅是通過景監才得以晉見秦君，有見識的人知道衛鞅不能善終。現今若得到臣推薦的人，不僅不會引以為榮，反而會使他蒙受羞辱，所以才不敢推薦。」漢順帝因此獎賞了他。

冬，十月，燒當羌那離等三千多騎兵侵犯金城，校尉馬賢打敗了羌人。

十二月初一日戊戌，發生日蝕。

大將軍梁商因為小黃門南陽人曹節等人在朝中掌權，派兒子梁冀、梁不疑與他們結為朋友。宦官對曹節受寵很妒恨，反而想陷害他。中常侍張逵、蘧政、楊定等人和身邊親信一起謀劃，共同毀謗梁商和中常侍曹騰、孟賁，說：「梁氏想徵召各王子，圖謀廢除皇帝，請求收捕梁商等人，審查他們的罪行。」漢順帝說：「大將軍父子是我親近的人，曹騰、孟賁是朕所愛惜的人，一定沒有叛亂之事，只是你們這些人一起忌恨他們而已！」張逵等人知道說的話不被採用，害怕大禍臨頭，於是出宮，偽造詔書，在宮中收捕曹騰、孟賁。漢順帝聽到了，大怒，命令宦官李歙趕緊傳命釋放曹騰、孟賁，收捕張逵等人下獄。

四年（己卯　西元一三九年）

春，正月庚辰❶，逵等伏誅，事連弘農太守張鳳、安平相楊皓，皆坐死，辭所連染❷，延及❸在位大臣。商懼多侵枉❹，乃上疏曰：「春秋之義❺，功在元帥❻，罪止首惡❼。大獄一起，無辜者眾，死囚久繫，纖微成大❽，非所以順迎和氣，平政成化❾也。宜早訖竟❿，以止逮捕之煩。」帝納之，罪止坐者。

二月，帝以商少子虎賁中郎將不疑為步兵校尉。商上書辭曰：「不疑童孺，猥⓫處成人之位。昔晏平仲辭邶殿以守[1]其富⓬，公儀休不受魚飧以定其位⓭，臣雖不才，亦願固福祿於聖世。」上乃以不疑為侍中、奉車都尉。

三月乙亥⓮，京師地震。

燒當羌那離等復反。夏，四月癸卯⓯，護羌校尉馬賢⓰討斬之，獲首虜千二百餘級。○戊午⓱，赦天下。

五月戊辰⓲，封故濟北惠王壽子安為濟北王⓳。

秋，八月，太原旱⓴。

【章旨】以上為第七段，寫梁商諫止大獄蔓延。

【注釋】❶庚辰　正月十三日。❷辭所連染　口供牽引。❸延及　株連。❹侵枉　侵害和冤枉。❺春秋之義　《春秋》所書大義。這裡《春秋》指《左傳》、《公羊傳》。❻功在元帥　西元前五八九年齊晉鞌之戰，晉軍統帥郤克戰勝歸來，范文子（晉大夫，士燮）歸功元帥。事詳《左傳》成公二年。❼罪止首惡　西元前六五八年晉獻公借道虞國收滅虢國下陽，《春秋》書作：「虞師晉師滅下陽。」《公羊傳》解釋認為虞公弱小之國，借道大國以伐鄰，是為首惡，故書於晉國之上。事詳《公羊傳》僖公二年。❽纖微成大　細小的過失也會變成大案件。❾順迎和氣二句　時當正月，應頒行恩惠以迎接春天的和氣，使政治平和，教化民眾。⑩宜早訖竟　應盡早結案。⑪猥　乃；竟然。⑫晏平仲辭邶殿以守其富　晏平仲，齊景公時國相晏嬰。齊大夫慶封亂政，被逐出齊國，齊景公將邶殿的六十個單位的土地賞賜給晏平仲，晏子相辭不受，他認為財富過多，隨即滅亡，不受邶殿，不是厭惡財富，正是為了守財富。事詳《左傳》襄公二十八年。邶殿，地名，在今山東昌邑西北郊。⑬公儀休不受魚飧句　公儀休，春秋時魯相。他愛吃魚，有人送他魚，他拒辭不受。公儀休說：「我當國相，有條件吃魚，我若接受魚的賄賂而被免職，那時沒人送魚，反而沒條件吃魚了。」事詳《史記》卷一百二十〈循吏列傳〉。⑭乙亥　三月初九日。⑮癸卯　四月初八日。⑯護羌校尉馬賢　順帝永和元年（西元一三六年）馬賢第二次被授職為護羌校尉，此是東漢第十七任護羌校尉。⑰戊午　四月二十三日。⑱戊辰　五月初三日。⑲安為濟北王　濟北王劉壽，章帝子，三傳至劉多，去年劉多死，無子，今以劉壽庶子劉安紹封。⑳太原旱　太原郡旱。太原郡轄今山西晉中地區，治所晉陽，在今山西太原西南郊。

【校　記】①守　原作「安」。據章鈺校，甲十六行本、乙十一行本、孔天胤本皆作「守」，今從改。

【語　譯】四年（己卯　西元一三九年）

春，正月十三日庚辰，張逵等人被殺，事情牽連到弘農太守張鳳、安平國相楊皓，他們都獲罪處死，口供牽連到在位的大臣。梁商擔心造成過多侵害和冤枉，於是上疏說：「《春秋》所書大義，功績歸於元帥，罪過只在元兇。大獄一興，無辜受冤的人就多了，死囚長久地拘押，細小的過失，也會變成大案件，這不是順應春天的和氣，使政治平和、完善教化的辦法。應當早日結案，以停止逮捕過多。」漢順帝採納了，只追究當事人的罪行。

二月，漢順帝任命梁商的小兒子虎賁中郎將梁不疑為步兵校尉。梁商上書推辭說：「梁不疑是個孩子，竟然擔任成人的職位。從前晏平仲推辭邶殿以守護他的富貴，公儀休不接受贈魚以安定他的高位，臣雖然沒有才能，也希望在聖主之世固守自己的福祿。」漢順帝就任命梁不疑為侍中、奉車都尉。

三月初九日乙亥，京城洛陽發生地震。

燒當羌那離等人再次叛亂。夏，四月初八日癸卯，護羌校尉馬賢去征討他們，殺死那離，又殺敵人一千二百多人。〇二十三日戊午，大赦天下。

五月初三日戊辰，冊封前濟北惠王劉壽的兒子劉安為濟北王。

秋，八月，太原郡發生旱災。

五年（庚辰　西元一四〇年）

春，二月戊申❶，京師地震。

南匈奴句龍王吾斯、車紐等反，寇西河❷，招誘右賢王合兵圍美稷❸，殺朔方、代郡❹長吏。夏，五月，度遼將軍馬續與中郎將梁並❺等發邊兵及羌、胡合二萬餘人掩擊，破之。吾斯等復更屯聚，攻沒城邑。天子遣使責讓單于。單于本不預謀，乃脫帽避帳，詣並謝罪❻。並以病徵❼，五原太守陳龜代為中郎將。龜以單于不能制下❽，逼迫單于及其弟左賢王皆令自殺。龜又欲徙單于近親❾於內郡，而降者遂更狐疑。龜坐下獄，免。

大將軍商上表曰：「匈奴寇畔，自知罪極。窮鳥困獸，皆知救死，況種類繁熾，不可單盡❿。今轉運日增，三軍疲苦，虛內給外，非中國之利。度遼將軍馬續素有謀謨⓫，且典邊日久，深曉兵要，每得續書，與臣策合。宜令續深溝高壘⓬，以恩信招降⓭，宣示購賞⓮，明為期約⓯。如此，則醜類⓰可服，國家無事矣。」

帝從之，乃詔續招降畔虜。

商又移書續等曰：「中國安寧，忘戰日久。良騎野合⑰[1]，交鋒接矢⑱，決勝當時⑲，戎狄之所長而中國之所短也。彊弩乘城⑳，堅營固守㉑，以待其衰㉒，中國之所長而戎狄之所短也。宜務先所長以觀其變㉓，設購開賞，宣示反悔㉔，勿貪小功以亂大謀㉕。」於是右賢王部抑鞮等萬三千口皆詣續降。

己丑晦㉖，日有食之。

初，那離等既平，朝廷以來機為并州刺史，劉秉為涼州刺史。機等天性虐刻㉗，多所擾發㉘。且凍、傅難種羌遂反，攻金城㉙，與雜種羌、胡大寇三輔㉚，殺害長吏。機等並坐徵，於是拜馬賢為征西將軍，以騎都尉耿叔為副，將左右羽林五校士㉛及諸州郡兵十萬人屯漢陽㉜。

九月，令扶風、漢陽築隴道塢㉝三百所，置屯兵。○辛未㉞，太尉王龔以老病罷。○且凍羌寇武都，燒隴關㉟。○壬午㊱，以太常桓焉㊲為太尉。

匈奴句龍王吾斯等立車紐為單于，東引烏桓，西收羌、胡等數萬人攻破京兆虎牙營㊳，殺上郡都尉及軍司馬，遂寇掠并、涼、幽、冀四州。乃徙西河治離石㊴，上郡治夏陽㊵，朔方治五原㊶。十二月，遣使匈奴中郎將張耽將幽州、烏桓諸郡營兵擊車紐等，戰於馬邑㊷，斬首三千級，獲生口甚眾。車紐乞降，而吾斯猶率其部曲與烏桓寇鈔。

【章旨】以上為第八段，寫梁商主張以恩德信譽招降北方匈奴。

【注釋】❶戊申　二月十七日。❷西河　郡名，轄今河曲內蒙古、陝西、山西三省交會地帶，跨黃河兩岸。治所平定，在今內蒙古東勝境。東漢永和五年（西元一四〇年）移治離石，在今山西離石。❸美稷　縣名，南單于庭，縣治在今內蒙古準噶爾旗西北。❹朔方代郡　朔方郡在內蒙古西北部，治所臨戎，在今內蒙古磴口北。代郡治所高柳，在今山西陽高。❺中郎將梁並　使匈奴中郎將梁並。❻脫帽避帳二句　南匈奴單于脫下官帽，離開王帳，到使匈奴中郎將梁並處請罪。❼並以病徵　梁並因病徵還京師。❽制下　控制下屬。❾單于近親　單于的皇親近族。❿單盡　消滅乾淨。單，通「殫」。亦盡也。⓫素有謀謨　向來有謀略。⓬深溝高壘　深挖壕溝，加固營壘。⓭以恩信招降　用恩德信譽招撫降敵。⓮宣示購賞　明確頒布獎賞條例。⓯明為期約　明確投降日期。⓰醜類　這裡指反叛的匈奴。⓱野合　曠野交戰。⓲交鋒接矢　短兵相接。⓳決勝當時　拼命戰鬥，立即決出勝負。⓴彊弩乘城　用強弓登城而守。㉑堅營固守　築造堅固營壘死守。㉒以待其衰　等待敵人士氣低落，尋找戰機。㉓宜務先所長而觀其變　中國軍隊應當首先發揮自己的優勢，即堅營固守以觀察形勢的變化。㉔設購開賞二句　設立獎賞，宣講政策，使敵人產生後悔歸降。㉕勿貪小功以亂大謀　不要貪圖小利而擾亂了長久安邊的大謀。㉖己丑晦　五月三十日。㉗虐刻　暴虐殘忍。㉘擾發　侵擾徵調。㉙金城　縣名，金城郡屬縣，在今甘肅蘭州西固城。㉚三輔　關中地區。㉛左右羽林五校士　左右羽林軍及北軍五校禁衛軍。五校，即屯騎、越騎、步兵、長水、射聲五校尉。㉜漢陽　郡名，治所冀縣，在今甘肅甘谷縣。㉝令扶風漢陽築隴道塢　在扶風與漢陽兩郡的隴山通道上步步設防，修建塢壁城堡。㉞辛未　九月十四日。㉟隴關　即大震關，在今甘肅張家川縣西南隴山上。㊱壬午　九月二十五日。㊲桓焉　字叔元，明經篤行，為順帝師，官至太尉。傳見《後漢書》卷三十七。㊳京兆虎牙營　駐防長安的虎牙士。㊴徙西河治離石　西河郡治所從平定移治離石縣。㊵上郡治夏陽　上郡治所膚施，今移治左馮翊的夏陽縣。夏陽在今陝西韓城南。㊶朔方治五原　朔方郡治從臨戎移治五原縣。五原，在今內蒙古包頭西。㊷馬邑　縣名，縣治在今山西朔州。秦漢時為北方重要邊塞。

【校　記】①野合　原作「夜合」。據章鈺校，甲十六行本、乙十一行本、孔天胤本皆作「野合」，張敦仁《通鑑刊本識誤》同。按，「野合」義長，今從改。

【語　譯】五年（庚辰　西元一四〇年）

春，二月十七日戊申，京師發生地震。

南匈奴句龍王吾斯、車紐等人叛亂，侵入西河郡，誘使右賢王聯合兵力圍攻美稷，殺死朔方、代郡的官吏。夏，五月，度遼將軍馬續和中郎將梁並等人調發邊境軍隊和羌人、胡人共二萬多人突襲，擊敗了他們。吾斯等人又重新聚合在一起，攻佔城池。漢順帝派遣使者質問南匈奴單于。單于本來沒有參與謀劃，就脫下帽子，離開帳幕，到梁並軍營請罪。梁並因為生病被徵還京師，五原太守陳龜代行中郎將職。陳龜因為單于不能控制下屬，逼迫單于和他的弟弟左賢王都自殺。陳龜又打算把單于的皇親近族遷到關內的郡縣，使得投降的人更加猜疑不安。陳龜被論罪下獄，免官。

大將軍梁商上書說：「匈奴反叛作亂，自知罪大惡極。窮困的鳥獸都知道挽救死亡，何況匈奴種族繁盛，不會消滅乾淨。而今軍資糧米轉運日增，三軍疲勞困苦，使國內空乏來供應邊防，不利於中國。度遼將軍馬續向來有謀略，並長期主持邊防，精通用兵打仗的要害，臣每次收到馬續的書信，總是和臣的策略相合。應當命馬續深溝高壘，利用恩德信譽招降敵人，明確頒布懸賞條例，明示投降日期。這樣，敵人就可以順服，國家就無事了。」漢順帝聽從了，於是下詔命令馬續招降叛敵。

梁商又寫信給馬續等人說：「中國安定，久無戰事。精銳騎兵曠野交戰，短兵相接，頃刻之間決定勝負，這是匈奴的長處，卻是中國的短處。強弓守城，堅營固守，以等待敵人士氣低落，這是中國的長處，卻是匈奴的短處。應該先發揮我們的長處，觀察形勢的變化，設立懸賞，宣講政策，使敵人後悔而歸降，不要貪圖小利而擾亂了長久安邊的大謀。」於是，右賢王的部下抑鞮等一萬三千人都到馬續軍營投降。

五月最後一天三十日己丑，發生日蝕。

當初，那離等人被平定後，朝廷任命來機為并州刺史，劉秉為涼州刺史。來機等人本性暴虐殘忍，常常騷擾徵調。且凍、傅難種羌族於是反叛，攻打金城，聯合各部落的羌人、胡人大肆侵入三輔，殺死官吏。來機等人一起都被論罪徵回，於是任命馬賢為征西將軍，騎都尉耿叔為副職，率領左右羽林五校士和各州郡軍隊共十萬人駐紮在漢陽郡。

九月，命令扶風郡和漢陽郡在兩郡之間的隴山通道上建築三百所塢壁城堡，駐紮防務軍隊。〇十四日辛未，太尉王龔因為年老多病而免職。〇且凍羌侵擾武都，焚毀隴關。〇二十五日壬午，任命太常桓焉為太尉。

匈奴句龍王吾斯等人立車紐為單于，向東聯合烏桓，向西收攏羌族、胡族等幾萬人攻破京兆虎牙營，殺害上郡都尉和軍司馬，於是侵掠并、涼、幽、冀四州。朝廷於是就把西河的治所遷到離石，上郡的治所遷到夏陽，朔方的治所遷到五原。十二月，派出使匈奴中郎將張耽率領幽州、烏桓各郡軍隊攻打車紐等人，戰於馬邑，殺死三千人，俘獲許多人口。車紐請求投降，而吾斯仍然率領他的部眾和烏桓四處侵掠。

初，上命馬賢討西羌，大將軍商以為賢老，不如太中大夫宋漢❶，帝不從。漢，由之子也。賢到軍，稽留不進❷。武都太守馬融上疏曰：「今雜種諸羌轉相鈔盜❸，宜及其未并❹，亟遣深入，破其支黨❺，而馬賢等處處留滯❻。羌、胡百里望塵，千里聽聲❼。今逃匿避回，漏出其後❽，則必侵寇三輔，為民大害。臣願請賢所不可用關東兵五千❾，裁假部隊之號❿，盡力率厲⓫，埋根行首，以先吏士⓬，三旬之中，必克破之。臣又聞吳起為將，暑不張蓋，寒不披裘。今賢野次垂幕⓭，珍肴雜遝⓮，兒子侍妾⓯，事與古反⓰。臣懼賢等專守一城，言攻於西而羌出於東，且其將士將不堪命⑰，必有高克潰叛之變⑱也。」安定人皇甫規⑲亦見賢不恤⑳軍事，審㉑其必敗，上書言狀，朝廷皆不從。

【章旨】以上為第九段，寫馬賢不懂軍事而任護羌校尉。

【注釋】❶宋漢　字仲和，曾官西河太守，永建元年（西元一二六年）為東平相、度遼將軍，以威恩著稱。遷太僕，拜太中大夫。傳見《後漢書》卷二十六。❷稽留不進　遲留不向前推進。❸轉相鈔盜　多股羌人，輾轉輪番搶掠諸縣。❹未并　沒有會合統一。❺支黨　從屬部落。❻處處留滯　進軍遲緩，走走停停。❼羌胡百里望塵二句　羌人、匈奴人在百里之外就看到了政府軍的塵土，在千里之外就聽到了動靜。形容政府軍行進遲緩，機密全失。❽逃匿避回二句　逃避躲藏，迂迴繞到政府軍後方。❾臣願請句　馬融請求把馬賢認為不可使用的關東兵五千人歸他統率。這五千人是從關東各郡臨時徵發的民兵。❿裁假部隊之號　臨時編擬一個部隊番號。裁假，僅僅借用，臨時編擬。裁，通「才」。⓫盡力率厲　全力鼓勵。厲，通「礪」。⓬埋根行首二句　前進不退，以為全軍先鋒。埋根，《後漢書．馬融傳》李賢注：「言不退。」行首，進行在前頭，即做先鋒。⓭野次垂幕　駐紮野外，設置帳幕。⓮珍肴雜遝　山珍海味擺列一大堆。⓯兒子侍妾　妻妾兒女在側。⓰事與古反　言今馬賢為將驕淫奢侈與古之吳起同士卒共甘苦，行事相反。⓱且其將士將不堪命　將要發生將士不聽命令的局勢。且，將要。不堪命，不能忍受，無法接受馬賢的貽誤軍機的將令。⓲高克潰叛之變　高克，春秋時鄭文公將，率軍禦狄人，貪財而玩忽使命，滯留河上成天遊蕩，結果全軍潰散。⓳皇甫規　字威明，安定朝那（在今甘肅平涼西北）人，東漢安羌名將。傳見《後漢書》卷五十五。⓴恤　考慮。㉑審　洞悉。

【語譯】當初，漢順帝命令馬賢討伐西羌，大將軍梁商認為馬賢已經老了，不如太中大夫宋漢，漢順帝沒有聽從梁商建議。宋漢，是宋由的兒子。馬賢到軍營，逗留不進。武都太守馬融上疏說：「現在各部落羌人輾轉輪番搶掠諸縣，應當乘他們還沒有合併，快速發兵深入，打敗這些從屬部落，而馬賢等人處處滯留。羌人和胡人可以在百里之外看到政府軍的塵土，千里之外就聽到了動靜。現在逃避躲藏，繞到馬賢軍隊的後方，必然會侵擾三輔，成為百姓的大害。臣希望得到馬賢認為不可用的五千關東兵，臨時編擬一個部隊番號，願全力鼓勵，前進不退，做全軍先鋒，三十天之內，必能攻破敵兵。臣又聽說吳起作將領時，熱天不撐傘，冷天不披裘衣。現在馬賢駐紮野外，設置帷幕，山珍美餚擺了一大堆，妻妾兒女在側，事事與古代名將相反。臣怕馬賢等人專守一個城池，聲稱攻擊西部，而羌人從東方跑出，將要發生將士不聽從命令的局勢，必將爆發類似於高克全軍潰散的變亂。」安定人皇甫規也發現馬賢不懂軍事，洞悉他必定失敗，上書說明情況，朝廷一概不聽。

六年（辛巳　西元一四一年）

春，正月丙子❶，征西將軍馬賢與且凍羌戰于射姑山❷，賢軍敗，賢及二子皆沒，東、西羌❸遂大合。閏月，鞏唐羌寇隴西，遂及三輔，燒園陵，殺掠吏民。

二月丁巳❹，有星孛于營室❺。

三月上巳❻，大將軍商大會賓客，讌于雒水❼。酒闌❽，繼以薤露之歌❾。從事中郎❿周舉聞之，歎曰：「此所謂哀樂失時⓫，非其所也，殃將及乎⓬！」

武都太守趙沖⓭追擊鞏唐羌，斬首四百餘級，降二千餘人。詔沖督河西四郡兵為節度。

安定上計掾皇甫規上疏曰：「臣比年以來，數陳便宜⓮。羌戎未動，策其將反，馬賢始出，知其必敗，誤中之言，在可考校⓯。臣每惟賢等擁眾四年，未有成功，縣師之費⑯，且百億計，出於平民，回入姦吏⑰。故江湖之人，羣為盜賊，青、徐荒饑⑱，襁負流散⑲。夫羌戎潰叛，不由承平⑳，皆因邊將失於綏御㉑，乘常守安則加侵暴㉒，苟競小利則致大害㉓，微勝則虛張首級㉔，軍敗則隱匿不言。軍士勞怨，困於猾吏㉕，進不得快戰以徼功㉖，退不得溫飽以全命㉗，餓死溝渠，暴骨中原㉘。徒見王師之出，不聞振旅之聲㉙。酋豪泣血，驚懼生變㉚，是以安不能久，叛則經年㉛，臣所以搏手扣心而增歎㉜者也！願假臣兩營、二郡屯列坐食之兵㉝五千，出其不意，與趙沖共相首尾。土地山谷，臣所曉習，兵勢巧便㉞，臣已更之㉟。可不煩方寸之印㊱，尺帛之賜，高可以滌患㊲，下可以納降㊳。若謂臣年少官輕，不足用者，凡諸敗將，非官爵之不高，年齒之不邁㊴。臣不勝至誠㊵，沒死自陳㊶。」帝不能用。

【章　旨】以上為第十段，寫皇甫規上奏安羌之策，順帝不予採用。

【注　釋】❶丙子　正月二十一日。❷射姑山　在今甘肅慶陽北。❸東西羌　內附羌人居於安定、北地、上郡、西河等郡者稱東羌。金城塞外以及居於隴西、漢陽、金城等邊郡的羌人稱西羌。❹丁巳　二月初三日。❺有星孛于營室　在營室星區出現孛星。《晉書・天文志》：「營室二星，天子之宮也，又為軍糧之府及土功事。」❻上巳　古代以農曆三月上旬的巳日為上巳節，宮人及百姓皆到河邊洗沐祈禱消災。順帝永和六年上巳為癸巳日，三月初九日。後來以三月三日為上巳節。❼讌于雒水　在洛水之濱大宴賓客。❽酒闌　行酒令到了高潮。❾繼以䪥露之歌　接著唱〈薤露歌〉。䪥，一種開紫色花的小草。〈薤露歌〉情調哀傷，用作挽歌。其詞曰：「薤上露，何易晞。露晞明朝還復落，人死一去何時歸。」譯意：薤草上的露水喲，太陽一出就曬乾。露水曬乾明朝又出現，只是人死不再還。❿從事中郎　官名，大將軍府掾屬，參決謀議。⓫哀樂失時　演奏哀樂不是時候。祈福節突然唱起哀樂，是人們一種壓抑感情的突發，所以周舉為之歎息。⓬殃將及乎　難道將有禍事發生嗎。《左傳》莊公二十年，鄭伯聞王子頹舞樂，對虢叔曰：「哀樂失時，殃咎必至。」⓭武都太守趙沖　《後漢書‧西羌傳》作「武威太守」。胡三省注：「沖以追羌之功，詔督河西四郡兵，則武威太守為是。武都西北接漢陽，東北接扶風，南接漢中，無緣遠督河西四郡兵。」⓮便宜　便利國家的建議。⓯考校　驗證。⓰縣師之費　出征軍費。⓱回入姦吏　出征軍費輾轉回到了奸吏手中。⓲青徐荒饑　青州、徐州鬧饑荒。青州，轄今山東半島。徐州，轄今蘇北地區。青徐二州為人口稠密地區。⓳襁負流散　人民拖兒帶女流散。襁，背嬰兒的背帶。襁負，背負嬰兒。⓴不由承平　羌人叛亂，並不是因為太平無事而起。承平，太平。㉑綏御　安撫治理。㉒乘常守安則加侵暴　羌人平常安分時，地方官則侵擾暴虐。㉓苟競小利則致大害　羌人叛亂仍不加安撫，為了貪圖小利而進剿，終於釀成大禍。㉔微勝則虛張首級　偶有小勝，就虛報斬敵首級浮誇戰功。㉕困於猾吏　受奸猾官員壓制。㉖快戰以徼功　速戰以立戰功。㉗全命　活命。㉘暴骨中原　拋屍原野。㉙振旅之聲　捷報消息。㉚酋豪泣血二句　羌人酋長哭乾眼淚，繼而泣血，驚恐懼怕而產生變亂。㉛安不能久二句　保持安定不能持久，而叛亂起來一年又一年。㉜搏手扣心而增歎　擊手捶胸，無限悲痛。㉝假臣兩營二郡句　此句意謂從雍營、虎牙營、安定、隴西的地方軍中撥付五千人給我統領。假，借；撥付。兩營，指扶風雍營、京兆虎牙營。二郡，指安定、隴西兩郡。屯列坐食之兵，擔任留守未出征的預備隊。㉞兵勢巧便　指掌握形勢，運用兵隊作戰的經驗、謀略。㉟更之　對軍事有實踐經驗。更，經。㊱不煩方寸之印　不需頒印封官。不煩，不勞。㊲滌患　根除禍亂。㊳納降　接受羌人投降。㊴年齒之不邁　年紀不老。㊵不勝至誠　萬分誠懇。㊶沒死自陳　冒著死罪，陳述我的心懷。

【語　譯】六年（辛巳　西元一四一年）

春，正月二十一日丙子，征西將軍馬賢和且凍羌在射姑山交戰，馬賢的軍隊戰敗，馬賢和兩個兒子都死掉，東西羌人於是合為一體。閏月，鞏唐羌侵入隴西，於是到達三輔，焚毀園陵，殺害並搶掠官吏百姓。

二月初三日丁巳，在營室星區出現孛星。

三月初九日上巳，大將軍梁商盛會賓客，在洛水之濱設宴。酒興正濃，接著又唱〈薤露之歌〉。從事中郎將周舉聽到了，歎息說：「這哀樂演奏得不是時候，也不是地方，災禍快要降臨了！」

武都太守趙沖追擊鞏唐羌，殺死四百多人，降服了二千多人。下詔命令趙沖督導河西四郡的軍隊，負責調度。

安定上計掾皇甫規上疏說：「臣近年來，多次陳述便利國家的建議。羌人還未行動時，臣就預料到將要反叛，馬賢一出兵，就知道必定失敗，不幸言中的事情，是可以驗證的。臣每次想到馬賢等人統軍四年，沒有功業，出師遠征的耗費近百億，全部出自百姓，返回來落到貪官奸吏手中。所以江湖上的人，成群結為盜賊，青州、徐州發生饑荒，百姓背負嬰兒四處流散。羌戎的叛亂，並不是因為太平無事而引起的，都是因為邊將失於安撫管理，羌人平常安分時，地方官就對百姓侵擾施暴；羌人叛亂，仍不加安撫，為了貪圖小利而進剿，終於釀成大禍；偶有小勝，就虛報斬敵首級浮誇戰功；一旦戰敗就隱瞞實情不向外說。軍士勞苦怨恨，受到狡猾官員的壓制，進不能速戰以立功，退不能保證溫飽以活命，餓死溝渠，暴骨荒野。只看到王師出兵，沒有聽到捷報的消息。夷狄首領悲傷得哭出血來，驚恐懼怕而產生變亂，所以保持安定的時間不會長久，叛亂卻一年又一年，這就是臣為何擊手捶胸，無限悲歎的原因了！希望撥給臣兩營、二個郡中擔任留守未出征的預備軍五千名，出其不意，和趙沖相為首尾。羌人的地理形勢，臣向來熟知，掌握形勢，運兵作戰，臣也有實踐經驗。可以不必頒發印綬和賞賜布帛，戰後最好的結果是清除災患，最差的結局也可以接受他們歸降。如果以為臣年輕官小，不值得任用，凡是戰敗的將領都不是官爵不高、年齡不大的。臣萬分誠懇，冒死陳述。」漢順帝沒能採用。

庚子❶，司空郭虔免。丙午❷，以太僕趙戒為司空。

夏，使匈奴中郎將張耽、度遼將軍馬續率鮮卑到穀城❸，擊烏桓於通天山❹，大破之。〇鞏唐羌寇北地。北地太守賈福與趙沖擊之，不利。

秋，八月，乘氏忠侯梁商病篤，敕子冀等曰：「吾生無以輔益朝廷，死何可耗費帑藏❺！衣衾、飯含❻、玉匣❼、珠貝之屬，何益朽骨！百僚勞擾❽，紛華❾道路，祇增塵垢❿耳，宜皆辭之。」丙辰⓫，薨，帝親臨喪⓬。諸子欲從其誨，朝廷不聽，賜以東園祕器⓭、銀鏤、黃腸⓮、玉匣。及葬，賜輕車、介士⓯，中宮親送⓰。帝至宣陽亭⓱[1]，瞻望車騎⓲。壬戌⓳，以河南尹、乘氏侯梁冀為大將軍，冀弟侍中不疑為河南尹。

臣光曰：「成帝不能選任賢俊，委政舅家，可謂闇⓴矣，猶知王立㉑之不材，棄而不用。順帝援大柄，授之后族，梁冀頑嚚㉒凶暴，著於平昔，而使之繼父之位，終於悖逆㉓，蕩覆漢室，校㉔於成帝，闇又甚焉。」

初，梁商病篤，帝親臨幸，問以遺言。對曰：「臣從事中郎周舉，清高忠正，可重任也。」由是拜舉諫議大夫。

九月，諸羌寇武威。〇辛亥晦㉕，日有食之。

冬，十月癸丑㉖，以羌寇充斥，涼部震恐，復徙安定居扶風，北地居馮翊㉗。

十一月庚子㉘，以執金吾張喬行車騎將軍事，將兵萬五千人屯三輔。

荊州盜賊起，彌年㉙不定，以大將軍從事中郎李固為荊州刺史。固到，遣吏勞問境內，赦寇盜前釁㉚，與之更始㉛。於是賊帥夏密等率其魁黨六百餘人自縛歸首，固皆原㉜之，遣還，使[2]自相招集，開示威法㉝，半歲間，餘類悉降，州內清平。奏南陽太守高賜等臧穢㉞，賜等重賂大將軍梁冀，冀為之千里移檄㉟，而固持之愈急㊱，冀遂徙固為泰山㊲太守。時泰山盜賊屯聚歷年，郡兵常千人追討，不能制。固到，悉罷遣歸農，但選留任戰者㊳百餘人，以恩信招誘之，未滿歲，賊皆弭散㊴。

【章旨】以上為第十一段，寫漢順帝任用頑劣愚昧的梁冀為大將軍，司馬光認為漢順帝比漢成帝更加昏庸。李固外任地方，盜賊平息，社會和諧。

【注釋】❶庚子　三月十六日。❷丙午　三月二十二日。❸穀城　在今山西臨縣。❹通天山　即石樓山，在今山西石樓。❺帑藏　國家庫藏。❻飯含　古代葬禮，給死者口裡塞上玉石、珍珠、貝幣，供死者在地下為飲食之費，稱飯含。含於死者之口的物品，大夫飯以玉，含以貝；士人飯以珠，含以貝。貝，用貝殼做的錢幣。❼玉匣　金線穿玉片織成的金縷玉衣。❽百僚勞擾　指給大臣舉行隆重國葬，百官送葬，勞苦煩擾。❾紛華　喧譁。❿祇增塵垢　只會增加我的汙點。⓫丙辰　八月初四日。⓬臨喪　弔喪。⓭東園祕器　東園府所做葬器。東園，少府屬官，專為皇家製作葬器。⓮銀鏤黃腸　東園祕器棺槨，棺用白銀雕花稱銀鏤，槨用黃心柏木稱黃腸。⓯賜輕車介士　詔賜朝廷派出兵車及甲士送葬。此仿效宣帝時霍光葬禮。⓰中宮親送　皇后梁妠親自送葬。梁妠，梁商之女。⓱帝至宣陽亭　順帝劉保送喪到宣陽亭。宣陽亭在洛陽正南門宣陽門外。⓲瞻望車騎　順帝劉保在亭上遙望喪葬車騎遠遠離去。⓳壬戌　八月初十日。⓴闇　昏庸。㉑王立　成帝舅，王鳳之弟，不成材器，成帝摒棄不用。事見本書卷三十二成帝元延元年。㉒頑嚚　頑劣愚昧。㉓悖逆　指梁冀弒殺質帝。㉔校　考核；比較。

㉕辛亥晦　九月三十日。㉖癸丑　十月初二。㉗復徙安定居扶風二句　安帝永初五年（西元一一一年）安定郡治所從臨涇移治扶風美陽，北地郡治所從富平移治左馮翊池陽，順帝永建四年（西元一二九年）移還本治，今又內遷安定治美陽，北地治池陽。㉘庚子　十一月二十日。㉙彌年　連年。㉚前釁　先前過愆。㉛更始　重新做人。㉜原　赦免。㉝使自相招集二句　李固讓夏密等回去互相招集舊部，宣講朝廷威信和法令。㉞臧穢　貪汙醜事。臧，通「贓」。㉟千里移檄　傳檄千里。檄，緊急軍情文書。梁冀為了替貪官高賜說情，動用緊急情報傳驛送信。㊱持之愈急　抓住不放，追查更緊。㊲泰山　郡名，治所奉高，在今山東泰安東。㊳任戰者　有戰鬥力的士兵；勝任作戰的士兵。㊴弭散　消散。

【校　記】①帝至宣陽亭　據章鈺校，甲十六行本、乙十一行本皆作「帝幸宣陽亭」。「至」字孔天胤本亦作「幸」。②使　原無此字。據章鈺校，甲十六行本、乙十一行本、孔天胤本皆有此字，張敦仁《通鑑刊本識誤》同，今據補。

【語　譯】三月十六日庚子，司空郭虔被免職。二十二日丙午，任命太僕趙戒為司空。

夏，派使匈奴中郎將張耽、度遼將軍馬續率領鮮卑人到穀城，在通天山進攻烏桓，把他們打得大敗。〇鞏唐羌侵擾北地郡。北地郡太守賈福和趙沖迎擊，沒有獲勝。

秋，八月，乘氏忠侯梁商病得很重，告誡兒子梁冀等人說：「我活著對朝廷沒有幫助，死後怎麼可以耗費國家庫藏！衣被、口中含物、玉匣、珠寶貝幣之類，對屍骨有什麼益處！百官送葬，勞苦煩擾，在道路上喧譁，只會增加我的汙點，應該都加以謝絕。」初四日丙辰，梁商去世，漢順帝親自弔喪。梁商的兒子們想聽從梁商的教誨，朝廷不答應，賜予東園葬器、銀鏤、黃腸、玉匣。等到下葬，詔賜朝廷派出兵車及甲士送葬，梁皇后親自送喪。漢順帝到宣陽亭，遙望送葬的車隊遠遠離去。初十日壬戌，任命河南尹、乘氏侯梁冀為大將軍，梁冀的弟弟侍中梁不疑為河南尹。

司馬光說：「漢成帝不能選用賢才，把政務託付給舅父，可謂昏庸，但還知道王立無才，棄而不用。漢順帝把大權交給皇后家族，梁冀頑劣愚昧，兇惡殘忍，平時已很昭然，卻要讓他繼承父親的地位，終於導致反叛，大逆不道，顛覆漢朝，漢順帝與漢成帝相比，更加昏庸。」

當初，梁商病重，漢順帝親自探望，問梁商有何遺言。梁商回答說：「臣的從事中郎周舉，清高忠正，可以重用。」因此，任命周舉為諫議大夫。

九月，羌族各部侵入武威。○最後一天三十日辛亥，發生日蝕。

冬，十月初二日癸丑，由於羌人到處橫行霸道，涼州驚恐，再次遷徙安定治所到扶風，北地治所到馮翊。

十一月二十日庚子，任命執金吾張喬代理車騎將軍，率軍一萬五千人屯駐三輔。

荊州盜賊興起，數年不能平定，任命大將軍從事中郎李固為荊州刺史。李固到任，派官吏慰問境內民眾，赦免盜賊以前的罪過，讓他們重新做人。於是盜賊首領夏密等人率領他的頭領六百多人，捆綁自己，歸降自首，李固全都寬恕他們，遣送回鄉，讓他們相互招集舊部，宣講朝廷威信法令，半年時間，殘餘的同黨全部歸降，州內清靜太平。李固彈劾南陽太守高賜等人貪贓的醜事，高賜等人重賂大將軍梁冀，梁冀為高賜等人說情，傳檄千里，而李固抓住不放，追查更急，梁冀就把李固調為泰山郡太守。當時泰山的盜賊聚集多年，郡中常派上千人的部隊追擊討伐，不能制伏。李固到任，把郡兵全部遣散務農，只選留有戰鬥力的士兵一百多人，用恩德和誠信招降誘導盜賊，不到一年，盜賊全部消散。

漢安元年（壬午　西元一四二年）

春，正月癸巳❶，赦天下，改元。

秋，八月，南匈奴句龍吾斯與薁鞬臺耆等復反，寇掠并部❷。

丁卯❸，遣侍中河內杜喬、周舉、守光祿大夫周栩、馮羨、魏郡欒巴、張綱、郭遵、劉班分行州郡❹，表賢良，顯忠勤，其貪污有罪者，刺史、二千石驛馬上之❺，墨綬以下便輒收舉❻。喬等受命之部❼，張綱獨埋其車輪於雒陽都亭❽，曰：

「豺狼當路，安問狐狸⑨！」遂劾奏：「大將軍冀、河南尹不疑以外戚蒙恩，居阿衡之任⑩，而專肆貪叨⑪，縱恣無極⑫，多樹諂諛以害忠良，誠天威所不赦，大辟所宜加也[1]。謹條其無君之心十五事⑬，斯皆臣子所切齒者也。」書御⑭，京師震竦⑮。時皇后寵方盛，諸梁姻戚[2]滿朝⑯，帝雖知綱言直⑰，不能用也。杜喬至兗州，表奏泰山太守李固政為天下第一，上徵固為將作大匠。八使所劾奏，多梁冀及宦者親黨，互為請救⑱，事皆寢遏⑲。侍御史河南种暠⑳疾之，復行案舉㉑。廷尉吳雄、將作大匠李固亦上言：「八使所糾，宜急誅罰。」帝乃更下八使奏章，令考正其罪㉒。

梁冀恨張綱，思有以中傷㉓之。時廣陵㉔賊張嬰寇亂揚、徐間積十餘年，二千石不能制㉕，冀乃以綱為廣陵太守。前太守率多求兵馬，綱獨請[3]單車之職㉖。既到，徑詣嬰壘門㉗。嬰大驚，遽走閉壘㉘。綱於門外罷遣吏兵㉙[4]，獨留所親者十餘人㉚，以書喻嬰㉛，請與相見。嬰見綱至誠，乃出拜謁㉜。綱延置上坐㉝，譬之曰：「前後二千石多肆貪暴㉞，故致公等懷憤相聚㉟。二千石信有罪㊱矣，然為之者又非義也㊲。今主上仁聖，欲以恩[5]德服叛，故遣太守來，思以爵祿相榮㊳，不願以刑罰相加，今誠轉禍為福之時也。若聞義不服㊴，天子赫然震怒，荊、揚、兗、豫大兵雲合㊵，身首橫分㊶，血嗣俱絕㊷。二者利害，公其深計㊸之。」嬰聞，泣下曰：「荒裔愚民㊹，不能自通朝廷，不堪侵枉㊺，遂復相聚偷生，若魚游釜中㊻，知其不可久，且以喘息須臾㊼間耳。今聞明府㊽之言，乃嬰等更生之辰㊾也。」乃辭還營。明日，將所部萬餘人與妻子面縛歸降㊿。綱單車入嬰壘，大會(51)，置酒為樂，散遣部眾，任從所之(52)，親為卜居宅(53)，相田疇(54)，子弟[6]欲為吏者，皆引召之，人情悅服，南州晏然。朝廷論功當封，梁冀遏(55)之。在郡一歲，卒，張嬰等五百餘人為之制服行喪(56)，送到犍為，負土成墳(57)。詔拜其子續為郎中，賜錢百萬。

【章旨】以上為第十二段，寫漢順帝委派八使巡風，張綱彈劾梁冀，梁冀懷恨，想藉盜賊之手殺害張綱，任命張綱為廣陵太守，張綱到任，十餘年為亂的盜匪請降。

【注釋】❶癸巳　正月十四日。❷并部　并州部。❸丁卯　八月二十一日。❹分行州郡　順帝派出杜喬、周舉等八使分部巡查州郡政治。此為順帝時一大政治事件，史稱八使巡風。❺驛馬上之　對郡國守相二千石高官失職貪汙，派驛馬快速上奏。❻墨綬以下便輒收舉　縣令以下贓官八使就立即收案舉劾。墨綬，縣令、縣長印綬為黑色。收舉，收案舉劾。❼受命之部　接受使命各到所分之部巡察。❽雒陽都亭　洛陽京師的近郊驛亭。❾豺狼當路二句　豺狼在道，哪有功夫去找狐狸。豺狼，指梁冀兄弟。狐狸，指地方貪官。❿居阿衡之任　居宰相之位。阿衡，商朝官名，為宰相之職。伊尹為商賢相，任阿衡，因此阿衡又為伊尹的代稱。⓫專肆貪叨　一味貪汙。⓬縱恣無極　恣情縱欲沒有邊際。⓭條其無君之心十五事　一條一條羅列了十五件目無君上的違法大事。⓮書御　奏章進呈皇帝。⓯京師震竦　此事震動了京城。⓰諸梁姻戚滿朝　梁家宗室親友布滿朝廷。⓱言直　切中要害。⓲互為請救　皇親和宦官交互營救。⓳事皆寢遏　所彈劾的事全被擱置。寢，奏章已達皇帝被留中。遏，奏章被尚書阻截。⓴种暠　（西元一〇三—一六三年）字景伯，河南郡洛陽人，桓帝時官至司徒。傳見《後漢書》卷五十六。㉑復行案舉　再次彈劾。㉒考正其罪　調查定罪。考，覆核。㉓中傷　陷害。㉔廣陵　郡名，治所廣陵，在今江蘇揚州。㉕二千石不能制　廣陵太守無法控制局面。㉖單車之職　單車上任，不請兵相隨。㉗徑詣嬰壘門　直接前往張嬰的軍營壘門。㉘遽走閉壘　急匆匆跑進軍營關閉壘門拒守。㉙綱於門外罷遣吏兵　張綱在張嬰軍壘門外令隨從官員及士兵退回去。㉚獨留所親者十餘人　只留下十幾個親信隨員。㉛以書喻嬰　寫信開導張嬰。㉜乃出拜謁　於是出營門拜見。㉝綱延置上坐　張綱請張嬰到郡府，安排在首席的貴賓座位上。㉞多肆貪暴　從前太守多數都十分貪心兇暴。㉟懷憤相聚　胸懷憤恨而聚合起事。㊱二千石信有罪　郡守確實有罪。㊲然為之者又非義也　但是你們的做法也不合大義。㊳思以爵祿相榮　我考慮的是讓你們立功贖罪，把爵位官祿送給你們。㊴若聞義不服　如果明白了大義仍不歸服，後果就要自負。義，指朝廷的恩德政策。㊵雲合　會合。㊶橫分　切斷。這裡是謂身首異處。㊷血嗣俱絕　子孫全都滅絕，無人祭祀。祭祀用牲，故子孫祭祀稱血嗣。㊸深計　深切考慮。㊹荒裔愚民　荒野愚民。㊺不堪侵枉　忍受不了貪官汙吏的迫害誣枉。㊻魚游釜中　魚游鍋中，喻朝不保夕。㊼喘息須臾　得到片刻的喘息，喻活一天算一天。㊽明府　英明的府君。太守的尊稱。㊾更生之辰　獲得新生的日子。㊿面縛歸降　當面捆綁，向張綱投降。(51)大會　舉行盛大宴會。(52)任從所之　任憑各人投奔。(53)卜居宅　選擇住宅。(54)相田疇　安置田畝。相，尋找；量度。(55)遏　阻止。(56)制服行喪　製作喪服穿在身上。即守喪。(57)負土成墳　運土壘墳。

【校　記】①多樹諂諛三句　原無此三句。據章鈺校，甲十六行本、乙十一行本、孔天胤本皆有此三句，張敦仁《通鑑刊本識誤》、張瑛《通鑑校勘記》同，今據補。②戚　據章鈺校，甲十六行本、乙十一行本皆作「族」。③請　原無此字。據章鈺校，甲十六行本、乙十一行本皆有此字，今據補。④綱於門外罷遣吏兵　原無「外」字，「兵」作「民」。據章鈺校，甲十六行本、乙十一行本、孔天胤本皆有「外」字，「民」作「兵」，張敦仁《通鑑刊本識誤》同，今據增改。⑤恩　據章鈺校，甲十六行本、乙十一行本皆作「文」，張敦仁《通鑑刊本識誤》同。⑥弟　原作「孫」。據章鈺校，甲十六行本、乙十一行本、孔天胤本皆作「弟」，張敦仁《通鑑刊本識誤》同，今據改。

【語　譯】漢安元年（壬午　西元一四二年）

春，正月十四日癸巳，大赦天下，改元。

秋，八月，南匈奴句龍吾斯和薁鞬臺耆等人再次叛亂，搶劫并州部。

八月二十一日丁卯，派遣侍中河內人杜喬、周舉、守光祿大夫周栩、馮羨、魏郡人欒巴、張綱、郭遵、劉班分別巡行州郡，表彰賢良人才，顯揚忠誠勤勞的人，對於犯有貪汙罪的刺史、二千石，派驛馬快速上奏，縣級以下的贓官就立即收案舉劾。杜喬等人接受命令前往各部，只有張綱把車子停在洛陽的近郊驛亭，說：「豺狼在道，哪有功夫去找狐狸！」於是上書彈劾：「大將軍梁冀、河南尹梁不疑憑藉外戚關係，蒙受恩德，居宰相之位，卻一味貪汙，恣情縱欲沒有限度，大量任用諂諛之人，陷害忠良，實在是上天所不赦，應該處以死刑。我一一羅列出他們目無國君的十五件事，這都是大臣子民所痛恨的。」奏章呈上，京城驚動。當時梁皇后正受寵幸，梁氏親戚布滿朝廷，漢順帝雖然知道張綱的言辭切中要害，卻不能採納。杜喬到了兗州，上表推薦泰山太守李固的政績為天下第一，漢順帝徵召李固為將作大匠。八位使臣所進奏彈劾的人多是梁冀和宦官的親朋黨羽，皇親和宦官互相拜託救助，所彈劾的事全被擱置。侍御史河南人种暠深惡痛絕，再次上書彈劾。廷尉吳雄、將作大匠李固也上言：「八位使臣所糾舉的官員，應趕快懲罰。」漢順帝才出示八位使臣的奏章，命令有關部門考查問罪。

梁冀懷恨張綱，想要加害張綱。當時廣陵賊人張嬰侵擾揚州、徐州長達十幾年，廣陵太守無法控制，梁冀就任命張綱為廣陵太守。以前的太守大多要求增派軍隊，唯有張綱請求單車上任。張綱到任，就直接前往張嬰的軍營壘門。張嬰大驚，急匆匆跑進軍營關閉壘門。張綱在門外遣散隨從官員和士兵，只留下十幾個親信，寫信開導張嬰，請求相見。張嬰見到張綱極為誠懇，於是出營門拜見。張綱請張嬰到郡府，安排在首席的貴賓座位上，向他說明：「前前後後的郡守大多肆意貪心暴虐，使你們憤怒而聚眾起兵。郡守確有罪責，但你們的作為也不合大義。現在皇帝仁愛聖明，想用恩德使叛逆歸服，所以派太守來，想把爵位官祿送給你們，不願施加刑罰，這正是轉禍為福的時機。如果你們聽聞了大義還不順服，天子一旦震怒，荊、揚、兗、豫的大軍四面雲集，你們將身首異處，子孫滅絕。這二種後果的利害關係，你們要深加考慮。」張嬰聽後，流淚說：「我們這些荒野愚民，自己不能上通朝廷，忍受不了迫害冤枉，於是聚集在一起，苟且偷生，好像魚游釜中，知道日子不會長久，只是獲得片刻的喘息罷了。今日聽到英明的太守的話，正是我們重獲新生的時候。」於是告辭回營。第二天，率領一萬多部眾，帶著妻子兒女，當面捆綁，向張綱投降。張綱單獨乘車進入張嬰軍營，舉行盛大宴會，飲酒為樂，遣散部眾，隨各人所奔，親自為他們選擇住宅，安置田畝，有子弟想做小吏的，都召來任命，人人心悅誠服，南方的州郡安定下來。朝廷評論功績，應封贈張綱，梁冀從中阻撓。張綱在郡中任職一年，去世，張嬰等五百多人為他製作喪服，辦理喪事，把靈柩送到犍為郡，背土壘墳。漢順帝下詔任命張綱的兒子張續為郎中，賜錢一百萬。

是時二千石長吏有能政者❶，有雒陽令❷渤海[1]任峻❸、冀州刺史京兆蘇章❹、膠東相陳留吳祐❺。雒陽令自王渙之後，皆不稱職。峻能選用文武吏，各盡其用，發姦不旋踵❻，民間不畏吏，其威禁猛於渙❼，而文理政教❽不如也。章為冀州刺史，有故人為清河太守，章行部，欲案其姦贓❾，乃請太守為設酒肴❿，陳平生之好甚歡⓫。太守喜曰：「人皆有一天，我獨有二天⓬！」章曰：「今夕蘇孺文與故人飲者，私恩⓭也；明日冀州刺史案事⓮者，公法⓯也。」遂舉正其罪⓰，州境肅然。後以摧折權豪忤旨⓱坐免⓲。時天下日敝⓳，民多愁苦，論者日夜稱章⓴，朝廷遂不能復用㉑也。祐為膠東㉒相，政崇仁簡，民不忍欺。嗇夫㉓孫性㉔私賦民錢，市衣以進其父㉕。父得而怒曰：「有君如是，何忍欺之！」促歸伏罪㉖。性慙懼詣閤㉗，持衣自首。祐屏左右㉘問其故，性具談父言。祐曰：「掾以親故受污穢之名，所謂『觀過斯知仁矣㉙。』」使歸謝其父，還以衣遺㉚之。

冬，十月辛未㉛，太尉桓焉、司徒劉壽免。○罕羌邑落五千餘戶詣趙沖降，唯燒何種據參䜌㉜未下。○甲戌㉝，罷張喬軍屯。

十一月壬午㉞，以司隸校尉下邳㉟趙峻為太尉，大司農胡廣為司徒。

【章旨】以上為第十三段，寫蘇章懲貪，鐵面無私。吳祐仁厚清廉，民不欺詐。

【注釋】❶二千石長吏有能政者　在二千石郡守中有治政能力的人。❷雒陽令　洛陽縣令，治京師之民，亦為二千石。❸任峻　人名，與三國時任峻別為一人。此任峻，渤海人；三國時任峻，中牟人。❹京兆蘇章　字孺文，扶風郡平陵（今陝西咸陽西）人。此稱京兆，泛言之，平陵在京兆地區。傳見《後漢書》卷三十一。❺吳祐　字季英，陳留長垣（今河南長垣）人。傳見《後漢書》卷六十四。❻發姦不旋踵　舉發奸人只在一轉身之間。即捉奸能立即破案。旋踵，轉過腳後跟。❼其威禁猛於渙　任峻的威嚴禁令超過了王渙。❽文理政教　推行文化教育。❾案其姦臧　立案追查他的貪贓罪。❿乃請太守為設酒肴　於是請清河太守作客，擺下豐盛的宴會。⓫陳平生之好甚歡　暢敘平生的友情，十分歡好。⓬二天　有兩個天。第二層天，指故友蘇章必能掩蓋自己的過惡。⓭私恩　私交。⓮案事　調查案件。⓯公法　國法。⓰遂舉正其罪　蘇章終於揭發了友人清河太守的過惡，辦了他的罪。遂，竟；終於。⓱摧折權豪忤旨　打擊權貴豪門違反了聖旨。⓲坐免　以罪免職。⓳天下日敝　全國政治一天天腐敗。⓴論者日夜稱章　論政的人天天讚賞蘇章。㉑朝廷遂不能復用　朝廷終於沒有再任用。㉒膠東　侯國名，屬北海國，治所在今山東平度。㉓嗇夫　鄉官名，掌一鄉的獄事，徵賦稅。㉔孫性　人名。㉕私賦民錢二句　私自向鄉民攤派，斂錢買衣送給父親。㉖促歸伏罪　孫性之父催促孫性回膠東自首請罪。㉗性慙懼詣閤　孫性十分慚愧恐懼，來到膠東相府。㉘屏左右　讓左右之人迴避。㉙觀過斯知仁矣　仔細考察某人所犯的過失，就知道他是什麼樣的人。語出《論語・里仁》孔子之言。㉚遺　贈送。㉛辛未　十月二十六日。㉜參䜌　縣名，縣治在今甘肅慶陽西北。㉝甲戌　十月二十九日。㉞壬午 十一月七日。㉟下邳 縣名，縣治在今江蘇邳州南。

【校 記】①渤海 原無此二字。據章鈺校，甲十六行本、乙十一行本、孔天胤本皆有此二字，張敦仁《通鑑刊本識誤》同，今據補。

【語 譯】這時二千石官員中有治政能力的有洛陽令渤海人任峻、冀州刺史京兆人蘇章、膠東國相陳留人吳祐。擔任洛陽令的官員自從王渙以後，都不稱職。任峻能夠選派文武官員，各盡其才，揭發奸人只在轉身之間，民眾不再害怕官吏，任峻的威嚴禁令比王渙勇猛，但推行文化教育不如王渙。蘇章做冀州刺史，有位老朋友做清河太守，蘇章到任，想要立案追查他貪汙的事，於是請清河太守作客，擺下豐盛的宴會，暢敘平生的友情，十分歡好。清河太守高興地說：「別人只有一個天，我卻有兩個天！」蘇章說：「今天晚上我和老友飲酒，是私交；明天冀州刺史調查案件，是國法。」蘇章終於揭發了清河太守的過惡將其治罪，全州肅然。後來蘇章因為打擊權貴豪門違反了聖旨，被論罪免官。當時全國政治日益腐敗，民多怨苦，論政的人每天都在讚賞蘇章，但朝廷終究沒有再任用蘇章。吳祐做膠東國相，為政崇尚仁愛簡約，民眾不忍心欺詐吳祐。嗇夫孫性私自向民眾收稅斂錢，買衣服送給父親。孫性的父親得到衣服，卻生氣地說：「你有這樣好的長官，怎麼忍心欺騙他！」催促孫性去認罪。孫性羞愧恐懼地來到相府，拿著衣服自首。吳祐屏退左右，詢問緣故，孫性把父親的話詳細敘說了。吳祐說：「你為了父親而不惜敗壞自己的名聲，正是所謂『考察一個人所犯的過失，就知道這是個什麼樣的人。』」吳祐命令孫性回去向父親謝罪，又把衣服贈送給了孫性。

冬，十月二十六日辛未，太尉桓焉、司徒劉壽被免職。○罕羌部落五千多戶前往趙沖那裡投降，只有燒何種佔據參䜌縣不肯投降。○二十九日甲戌，罷除張喬掌管的軍屯。

十一月初七日壬午，任命司隸校尉下邳人趙峻為太尉，大司農胡廣為司徒。

二年（癸未 西元一四三年）

夏，四月庚戌❶，護羌校尉趙沖❷與漢陽太守張貢擊燒當羌❸於參繇，破之。

六月丙寅❹，立南匈奴守義王兜樓儲為呼蘭若尸逐就單于❺。時兜樓儲在京師，上親臨軒授璽綬❻，引上殿，賜車馬、器服、金帛甚厚。詔太常、大鴻臚與諸國侍子於廣陽門外祖會❼，饗賜❽，作樂、角抵、百戲❾。

冬，閏十月，趙沖擊燒當羌於阿陽❿，破之。

十一月，使匈奴中郎將扶風馬寔遣人刺殺句龍吾斯。

涼州自九月以來，地百八十震，山谷坼裂⓫，壞敗城寺⓬，民壓死者甚眾。

尚書令黃瓊以前左雄所上孝廉之選，專用儒學文吏，於取士之義猶有所遺，乃奏增孝悌及能從政者[1]為四科⓭，帝從之。

建康元年⓮（甲申　西元一四四年）

春，護羌從事⓯馬玄為諸羌所誘，將羌眾亡出塞，領護羌校尉⓰衛琚追擊玄等，斬首八百餘級。趙沖復追叛羌到建威鸇陰河⓱，軍度竟⓲，所將降胡六百餘人叛走。沖將數百人追之，遇羌伏兵，與戰而歿⓳。沖雖死，而前後多所斬獲，羌遂[2]衰耗。詔封沖子為義陽亭侯。

夏，四月，使匈奴中郎將馬寔擊南匈奴左部⓴，破之。於是，胡、羌、烏桓悉詣寔降。

辛巳㉑，立皇子炳為太子，改元，赦天下。太子居承光宮，帝使侍御史种暠監太子家㉒。中常侍高梵從中單駕出迎太子㉓，時太傅杜喬等疑不欲從而未決，暠乃手劍當車曰：「太子，國之儲副，人命所係㉔。今常侍來，無詔信㉕，何以知非姦邪？今日有死而已！」梵辭屈㉖，不敢對，馳還奏之。詔報㉗，太子乃得去。喬退而歎息，愧暠臨事不惑㉘，帝亦嘉其持重，稱善者良久。

揚、徐盜賊羣起，盤互連歲㉙。秋，八月，九江㉚范容、周生等寇掠城邑，屯據歷陽㉛，為江、淮巨患。遣御史中丞馮緄㉜督州兵討之。

庚午㉝，帝崩㉞于玉堂前殿。太子即皇帝位，年二歲，尊皇后曰皇太后。太后臨朝㉟，丁丑㊱，以太尉趙峻為太傅，大司農李固為太尉，參錄尚書事㊲。九月丙午㊳，葬孝順皇帝于憲陵㊴，廟曰敬宗。○是日，京師及太原、鴈門地震。

庚戌㊵，詔舉賢良方正之士，策問之。皇甫規對曰：「伏惟孝順皇帝初勤王政，紀綱四方，幾以獲安㊶。後遭姦偽，威分近習㊷，受賂賣爵，賓客交錯，天下擾擾，從亂如歸㊸，官民並竭㊹，上下窮虛㊺。陛下體兼乾坤㊻，聰哲純茂㊼。

攝政之初，拔用忠貞，其餘維綱(48)，多所改正，遠近翕然(49)，望見太平。而災異不息，寇賊縱橫，殆以姦臣權重之所致也。其常侍尤無狀(50)者，宜亟黜遣(51)，披埽凶黨(52)，收入財賄，以塞痛怨(53)，以答天誡(54)。大將軍冀、河南尹不疑，亦宜增脩謙節，輔以儒術，省去遊娛不急之務(55)，割減廬第無益之飾(56)。夫君者，舟也；民者，水也(57)；羣臣，乘舟者也；將軍兄弟，操楫者也(58)。若能平志畢力(59)，以度元元，所謂福也。如其怠弛，將淪波濤(60)，可不慎乎！夫德不稱祿(61)，猶鑿墉之址[3]以益其高(62)，豈量力審功，安固之道哉！凡諸宿猾(63)、酒徒、戲客，皆宜貶斥，以懲不軌。令冀等深思得賢之福，失人之累(64)。」梁冀忿之，以規為下第，拜郎中。託疾，免歸。州郡承冀旨，幾陷死者再三，遂沈廢於家(65)，積十餘年(66)。

揚州刺史尹耀、九江太守鄧顯討范容等於歷陽，敗歿。

冬，十月，日南蠻夷復反，攻燒縣邑。交趾刺史九江夏方招誘降之。

十一月，九江盜賊徐鳳、馬勉等[4]攻燒城邑，鳳稱無上將軍，勉稱皇帝，築營於當塗山(67)中，建年號，置百官。

十二月，九江賊黃虎等攻合肥(68)。

是歲，羣盜發憲陵(69)。

【章　旨】以上為第十四段，寫順帝駕崩，沖帝即位，詔舉賢良對策，皇甫規藉對策譏刺梁冀非治國之才，被列為下第，禁錮鄉里十餘年。

【注　釋】❶庚戌　四月初八日。❷護羌校尉趙沖　漢安元年以武威太守趙沖為護羌校尉，係東漢第十八任護羌校尉。❸燒當羌　羌人有燒當、燒何兩種，胡三省注認為此謂燒何羌，「當」應作「何」。❹丙寅　六月二十五日。❺呼蘭若尸逐就單于　西元一四三—一四七年在位。❻上親臨軒授璽綬　順帝劉保親自在殿前主持封授單于儀式，頒發玉璽王印。軒，殿前堂陛之間，近檐之處兩邊有檻楯，如車之軒，故亦稱軒。臨軒，當即殿前。❼於廣陽門外祖會　在廣陽門外給欒提兜樓儲餞行。❽饗賜　賜宴。❾作樂角抵百戲　在宴會上作樂、觀看摔交角力和各種節目。❿阿陽　縣名，縣治在今甘肅靜寧。⓫山谷坼裂　即山坼谷裂，山崩谷裂。⓬壞敗城寺　震塌城牆官舍。⓭四科　入選孝廉的四種人，即儒生、文吏、孝悌、能從政者。⓮建康元年　是年四月改元。⓯護羌從事　官名，助理護羌校尉參議軍事。⓰領護羌校尉　代理護羌校尉。⓱建威鸇陰河　建威，縣名，在威都縣北，屬武都郡。此「建威」為「武威」之誤。鸇陰河，在武威東南，入河之口有鸇陰縣，即今甘肅靖遠。⓲軍度竟　全軍剛渡河完畢。⓳與戰而歿　與對方交戰陣亡。⓴南匈奴左部　即句龍吾斯的殘餘部眾。㉑辛巳　四月十五日。㉒監太子家　官名，太子宮總管。㉓高梵從中單駕出迎太子　高梵從皇宮中乘一輛車出宮迎接太子進宮。㉔人命所係　天下人民生命的寄託。㉕無詔信　沒有詔書符信。㉖辭屈　理短。㉗詔報　順帝發出正式詔書通令杜喬、种暠。㉘愧暠臨事不惑　杜喬慚愧自己不如种暠遇事不糊塗。㉙盤互連歲　一股股的起事民眾互相呼應，盤結在一起有了好幾年。㉚九江　郡名，治所陰陵，在今安徽定遠西北。㉛歷陽　縣名，縣治在今安徽和縣。㉜馮緄　字鴻卿，巴郡宕渠（在今四川渠縣東北）人，官至廷尉。傳見《後漢書》卷三十八。㉝庚午　八月初六日。㉞帝崩　順帝劉保死，年三十歲。㉟太后臨朝　梁太后梁妠臨朝稱制，政權落入大將軍梁冀之手。㊱丁丑　八月十三日。㊲參錄尚書事　參決尚書事務。即太傅趙峻、太尉李固共同執掌政權。東漢三公加「錄尚書事」才有實權。㊳丙午　九月十二日。㊴憲陵　順帝陵，在洛陽西十五里。㊵庚戌　九月十六日。㊶幾以獲安　國家差不多出現太平景象。㊷威分近習　威權旁落左右親近人之手。㊸從亂如歸　人民投奔叛亂，如同歸家。㊹官民並竭　官吏和民眾都走投無路。即官民矛盾尖銳，嚴重對立。㊺上下窮虛　國家與民眾都財窮力盡。㊻陛下體兼乾坤　指皇太后梁妠以慈母之身君臨天下。㊼聰哲純茂　聰明聖潔，品性純潔。㊽維綱　法令規章。㊾翕然　和睦團結。㊿無狀　不成體統，無善行。(51)宜亟黜遣　應立即淘汰。(52)披掃凶黨　兇人奸黨一起掃除。(53)收入財賄二句　沒收奸人的財富，用以平息民眾的怨憤。(54)以答天誡　並用以回答上天的警告。(55)省去遊娛不急之務　裁除遊樂的不急需開支。(56)割減廬第無益之飾　削減個人居宅無益的豪華裝飾。(57)君者四句　《孔子家語》載孔子云：「君者，舟也；民者，水也。水可載舟，亦以覆舟。君以此思危。則危可知也。」皇甫規之言即本此。(58)操檝者也　持槳划船的人。檝，同「楫」。槳也。(59)平志畢力　意志堅定，全力以赴。(60)將淪波濤　國家之舟將要沉沒於波濤之中。(61)德不稱祿　品德與祿位不相稱。即才德不稱職。(62)猶鑿墉之址以益其高　好比是挖牆腳來壘高牆頭。墉，城牆。址，同「趾」。根基。(63)宿猾　老奸巨猾之徒。(64)令冀等深思二句　責令梁冀等深刻反省得賢才的福氣，反之誤交朋友就要受拖累。(65)沈廢於家　被埋沒禁錮在家中。(66)積十餘年　皇甫規被禁錮在家累計達十餘年。順帝建康元年（西元一四四年）被禁錮，至桓帝延熹二年（西元一五九年）梁冀伏誅復出，共十六年。(67)當塗山　當塗縣之山。當塗縣屬九江郡，縣治在今安徽淮南市東北。(68)合肥　縣名，屬九江郡，縣治在今安徽合肥。(69)羣盜發憲陵　一群強盜發掘了順帝的憲陵。

【校　記】[1]者　原無此字。據章鈺校，甲十六行本、乙十一行本、孔天胤本皆有此字，今據補。[2]遂　據章鈺校，甲十六行本、乙十一行本皆作「由是」。[3]址　原作「趾」。據章鈺校，甲十六行本作「址」，今據改。[4]等　原無此字。據章鈺校，甲十六行本、乙十一行本、孔天胤本皆有此字，今據補。

【語　譯】二年（癸未　西元一四三年）

夏，四月初八日庚戌，護羌校尉趙沖和漢陽太守張貢，在參䜌攻擊燒當羌，打敗了他們。

六月二十五日丙寅，立南匈奴守義王兜樓儲為呼蘭若尸逐就單于。當時，兜樓儲在京城，漢順帝親自在殿前主持儀式授予璽綬，請上正殿，賜給許多車馬、器服、金錢、布帛。漢順帝下詔命令太常、大鴻臚和各國的侍子在廣陽門外給兜樓儲餞行，賜宴，在宴會上演奏音樂、觀看摔交角力和各種節目。

冬，閏十月，趙沖在阿陽縣攻打燒當羌，打敗了燒當羌。

十一月，使匈奴中郎將扶風人馬寔派人刺殺句龍王吾斯。

自九月以來，涼州發生了一百八十次地震，山崩谷裂，毀壞了城牆官舍，被壓死的百姓很多。

尚書令黃瓊因為從前左雄呈上的舉孝廉辦法，專門選用儒學文吏，這對於舉拔人才仍有疏漏，於是上奏，請加孝悌與從政兩項，共為四科，漢順帝接受了。

建康元年（甲申　西元一四四年）

春，護羌從事馬玄受羌人引誘，率領羌民逃到塞外，兼領護羌校尉的衛琚追擊馬玄等人，殺了八百多人。趙沖又追擊背叛的羌人到達武威鸇陰河，軍隊剛剛渡河完畢，所率領的歸降的六百多名胡人叛逃。趙沖率領幾百人追擊，遭遇羌人伏兵，與對方交戰陣亡。趙沖雖死，但他前後斬殺和俘虜的羌人很多，羌人於是衰弱了。漢順帝下詔封趙沖的兒子為義陽亭侯。

夏，四月，委派使匈奴中郎將馬寔進攻南匈奴左部，打敗了他們。於是，胡人、羌人、烏桓人都向馬寔歸降。

四月十五日辛巳，立皇子劉炳為太子，改元，大赦天下。太子劉炳住在承光宮，漢順帝派侍御史种暠做太子宮總管。中常侍高梵從皇宮中乘一輛車子出宮迎接太子進宮，當時，太傅杜喬等有懷疑，不想讓高梵把太子接走，但沒有決定，种暠於是手持利劍擋著車子說：「太子是國家的儲君，是天下百姓命運的寄託。現在常侍來，沒有詔書符信，怎麼知道不是奸賊？今天只有一死罷了！」高梵理屈，不敢回答，飛奔回去報告。漢順帝發出正式詔書通報杜喬、种暠，太子才得以進宮。杜喬退朝後歎息，慚愧自己不如种暠臨陣不糊塗，漢順帝也嘉勉种暠做事穩重，稱讚了許久。

揚州、徐州的盜賊蜂起，彼此互相呼應，盤結在一起有好幾年了。秋，八月，九江人范容、周生等人侵掠城邑，屯兵據守歷陽縣，成為江淮的大禍。朝廷派御史中丞馮緄督率州中軍隊討伐叛賊。

八月初六日庚午，漢順帝在玉堂前殿去世。太子即皇帝位，年僅二歲，尊稱梁皇后為皇太后。梁太后臨朝聽政，十三日丁丑，任命太尉趙峻為太傅，大司農李固為太尉，參決尚書事務。

九月十二日丙午，在憲陵埋葬孝順皇帝，廟號敬宗。○這一天，京師和太原、雁門發生地震。

九月十六日庚戌，下詔舉薦賢良方正的人才，策問政事。皇甫規對策說：「臣考慮到先皇順帝開始理政時，建立綱紀，國家差不多出現太平景象。後來遇到奸賊的包圍，威權落到身邊親近人之手。他們收受賄賂，賣官鬻爵，交結賓客，天下騷亂，民眾投奔叛亂如同歸家，官吏和民眾都走投無路，國家和民眾都財窮力盡。陛下以慈母之身，君臨天下，聰明聖潔，品行純潔。臨朝聽政初期，選拔忠正堅貞之士，繁瑣的法令規章，很多都被改革修正，遠近和睦團結，看見了太平局面。然而災害怪異現象不斷出現，盜賊縱橫，這恐怕是奸臣權勢太強盛所導致的。那些尤為無善行的常侍，應該立即淘汰，兇人奸黨一起掃除，沒收奸人的財富，用以平息民眾的怨憤，以回答上天的警告。大將軍梁冀、河南尹梁不疑，也應加強修養謙遜的節操，並學習儒術，裁除遊樂的不急需開支，削減個人居宅無益的豪華裝飾。君王是船，人民是水，群臣是乘船的人，梁氏將軍兄弟是划槳的人。如果意志堅定，全力以赴，為民謀取平安，這就是福氣。如果放鬆怠慢，會被波濤吞沒，能不慎重嗎！品德與爵祿不相稱，猶如挖牆腳來增加牆的高度，這怎麼是根據力量，明察役事，加固牆頭的辦法呢！老奸巨猾、酒肉朋友、無聊的賓客，應該一律貶斥，以懲罰違法的人。責令梁冀等人深刻反省得賢才的福氣和誤交朋友所受的拖累。」梁冀忿恨他，把皇甫規列為下等，任命為郎中。皇甫規藉口有病，免職回家。州郡官員承奉梁冀的意旨，多次差點置皇甫規於死地，皇甫規終於被埋沒禁錮在家，長達十幾年。

揚州刺史尹耀、九江太守鄧顯等人在歷陽討伐范容等人，戰敗身亡。

冬，十月，日南郡蠻夷再次背叛，攻打並焚燒縣城。交趾刺史九江人夏方招撫誘降了他們。

十一月，九江盜賊徐鳳、馬勉等攻打並焚燒城邑，徐鳳自稱無上將軍，馬勉稱皇帝，在當塗山中建造營壘，建立年號，設立百官。

十二月，九江賊人黃虎等攻打合肥。

這一年，一群強盜發掘了憲陵。

孝沖皇帝❶

永嘉元年（乙酉　西元一四五年）

春，正月戊戌❷，帝崩于玉堂前殿。梁太后以揚、徐盜賊方盛，欲須所徵諸王侯到乃發喪。太尉李固曰：「帝雖幼少，猶天下之父。今日崩亡，人神感動，豈有人子❸反共掩匿乎！昔秦皇沙丘之謀及近日北鄉之事，皆祕不發喪，此天下大忌，不可之甚者也！」太后從之，即暮發喪。

徵清河王蒜及渤海孝王鴻之子纘皆至京師❹。蒜父曰清河恭王延平，延平及鴻皆樂安夷王寵之子，千乘貞王伉❺之孫也。清河王為人嚴重，動止有法度❻，公卿皆歸心❼焉。李固謂大將軍冀曰：「今當立帝，宜擇長年，高明有德，任親政事者❽，願將軍審詳大計❾。察周、霍之立文、宣❿，戒鄧、閻之利幼弱⓫。」冀不從，與太后定策禁中。丙辰⓬，冀持節以王青蓋車迎纘入南宮。丁巳⓭，封為建平侯，其日即皇帝位，年八歲。蒜罷歸國。

將卜山陵⓮，李固曰：「今處處寇賊，軍興費廣，新創憲陵，賦發非一⓯。帝尚幼小，可起陵於憲陵[1]塋內⓰，依康陵制度⓱。」太后從之。己未⓲，葬孝沖皇帝於懷陵。

太后委政宰輔，李固所言，太后多從之，黃門[2]宦官為惡者一皆斥遣，天下咸望治平，而梁冀深忌疾之。

初，順帝時所除官多不以次⑲，及固在事，奏免百餘人。此等既怨，又希望冀旨⑳，遂共作飛章㉑誣奏固曰：「太尉李固，因公假私，依正行邪㉒，離間近戚㉓，自隆支黨㉔。大行在殯，路人掩涕㉕，固獨胡粉飾貌㉖，搔頭弄姿，槃旋偃仰，從容冶步㉗，曾無慘怛傷悴之心㉘。山陵未成，違矯舊政㉙，善則稱己，過則歸君，斥逐近臣，不得侍送㉚。作威作福，莫固之甚矣！夫子罪莫大於累父，臣惡莫深於毀君㉛，固之過釁，事合誅辟㉜。」書奏，冀以白太后，使下其書，太后不聽。

廣陵賊張嬰復聚眾數千人反，據廣陵。

二月乙酉㉝，赦天下。

西羌叛亂積年，費用八十餘億。諸將多斷盜牢稟㉞，私自潤入，皆以珍寶貨賂左右㉟。上下放縱㊱，不恤軍事，士卒不得其死者，白骨相望於野。左馮翊梁並以恩信招誘叛羌，離湳、狐奴等五萬餘戶皆詣並降，隴右㊲復平。

太后以徐、揚盜賊益熾，博求將帥。三公舉涿令北海滕撫㊳有文武才，詔拜撫九江都尉，與中郎將趙序助馮緄，合州郡兵數萬人共討之。又廣開賞募，錢、邑各有差㊴。又議遣太尉李固，未及行。三月，撫等進擊眾賊，大破之，斬馬勉、范容、周生等千五百級。徐鳳以餘眾燒東城縣㊵。夏，五月，下邳㊶人謝安應募，率其宗親設伏擊鳳，斬之。封安為平鄉侯。拜滕撫中郎將，督揚、徐二州事。

丙辰[42]，詔曰：「孝殤皇帝即位踰年，君臣禮成。孝安皇帝承襲統業，而前世遂令恭陵在康陵之上[43]，先後相踰[44]，失其次序，今其正之。」

六月，鮮卑寇代郡。

秋，廬江[45]盜賊攻尋陽[46]，又攻盱台[47]。滕撫遣司馬王章擊破之。

九月庚戌[48]，太傅趙峻薨。

滕撫進擊張嬰。冬，十一月丙午[49]，破嬰，斬獲千餘人。丁未[50]，中郎將趙序坐畏懦、詐增首級[51]，棄市。

歷陽[52]賊華孟自稱黑帝，攻殺九江太守楊岑。滕撫進擊，破之，斬孟等三千八百級，虜獲七百餘人。於是東南悉平，振旅而還。以撫為左馮翊。

永昌[53]太守劉君世鑄黃金為文蛇，以獻大將軍冀。益州刺史种暠糾發逮捕，馳傳上言，冀由是恨暠。會巴郡[54]人服直聚黨數百人，自稱天王，暠與太守應承討捕，不克，吏民多被傷害。冀因此陷之，傳逮暠、承。李固上疏曰：「臣伏聞討捕所傷，本非暠、承之意，實由縣吏懼法畏罪，迫逐深苦[55]，致此不詳[56]。比盜賊羣起，處處未絕。暠、承以首舉大姦而相隨受罪[57]，臣恐沮傷州縣糾發之意，更共飾匿[58]，莫復盡心。」太后省奏，乃赦暠、承罪，免官而已。金蛇輸司農[59]，冀從大司農杜喬借觀之，喬不肯與。冀小女死，令公卿會喪，喬獨不往。冀由是銜[60]之。

【章旨】以上為第十五段，寫沖帝即位不足半年而亡，質帝即位，梁太后臨朝，李固當政，罷貪殘，任用賢才，清剿東南盜賊，梁冀懷恨，伺機反撲。

【注釋】❶孝沖皇帝　名炳，順帝劉保之子，虞貴人所生。二歲即位，只在位五個月即夭逝，故諡為沖帝。胡三省注引《伏侯古今注》曰：「炳之字曰明。」❷戊戌　正月初六日。❸人子　當作人臣。❹徵清河王蒜句　劉蒜與劉纘，堂兄弟，均樂安王劉寵之孫。劉蒜父劉延平，與劉纘父劉鴻為親兄弟。劉延平繼嗣清河王，故劉蒜為清河王。劉鴻為千乘王，劉纘即帝位後，劉鴻徙封渤海王，故此稱纘為渤海孝王鴻之子。劉蒜、劉纘兄弟二人同時被徵，因在諸侯王入繼大統問題上朝廷大臣與大將軍梁冀意見不統一。❺千乘貞王伉　千乘王劉伉，劉寵之父，章帝之子，建初四年封千乘王，死後諡為貞王。劉寵繼嗣後，和帝永元七年改千乘國曰樂安國。❻動止有法度　行為舉止有規矩。❼公卿皆歸心　滿朝公卿大臣一致主張立清河王劉蒜為帝。歸心，傾心；一致贊成。❽任親政事者　能親自勝任朝政。❾審詳大計　深思熟慮國家大計。審，同「詳」。仔細。❿周霍之立文宣　指周勃立文帝，霍光立宣帝。⓫鄧閻之利幼弱　指鄧綏皇太后立殤帝劉隆及安帝劉祜，閻姬皇太后立北鄉侯，立幼以貪權，貽害國家，鄧、閻兩外戚亦受禍，希望梁冀引以為戒。⓬丙辰　正月二十四日。⓭丁巳　正月二十五日。⓮卜山陵　為沖帝劉炳選擇墓地。⓯賦發非一　不是一處徵收賦稅。⓰可起陵於憲陵塋內　謂沖帝陵可在順帝陵墓旁建造。⓱依康陵制度　依照康陵規模及前例安葬沖帝。康陵，殤帝陵，建於和帝慎陵墓園內。⓲己未　正月二十七日。⓳除官多不以次　升官大多不是依資歷逐級升遷，受左右小人影響，將無能奸佞之輩越級提升。⓴又希望冀旨　又為了迎合討好梁冀的心意。㉑飛章　匿名信。㉒依正行邪　表面上正人君子，實際行為是個奸邪之人。㉓離間近戚　挑撥皇室宗親與皇帝的感情。㉔自隆支黨　自己壯大私黨。㉕大行在殯二句　先帝出殯安葬之時，路上行人掩面哭泣。大行，皇帝死諱稱大行。㉖固獨胡粉飾貌　李固卻在臉上塗抹進口化妝品。胡粉，產於龜茲國的化妝品。㉗槃旋偃仰二句　左顧右盼，俯仰做作，行為妖冶。

從容，舒緩俯仰的樣子。治步，修治儀容，行步中儀。㉘曾無慘怛傷悴之心　絲毫沒有一點憂傷悲痛的感情。㉙山陵未成二句　先帝山陵還未建成，李固就改變了舊有的規章制度。㉚侍送　侍奉在君側，君死為君送葬。㉛夫子罪莫大於累父二句　說到兒子的罪過沒有比連累父母更大的了，臣下的罪惡沒有比詆毀君王更大的了。㉜固之過釁二句　李固的罪過，應當誅殺。過釁，過錯；罪惡。合，應當。誅辟，誅殺。㉝乙酉　二月二十四日。㉞斷盜牢稟　剋扣軍糧。斷盜，裁割；剋扣。牢、稟，義同，即廩食。㉟私自潤入二句　指各級將領層層中飽私囊，然後又用金銀財寶賄賂長官左右。㊱上下放縱　上上下下肆無忌憚，層層包庇。㊲隴右　地區名，隴山之西稱隴右，當今甘肅東部地區，在隴山之西黃河之東。㊳滕撫　字叔輔，北海國劇縣（在今山東昌樂西）人，官至左馮翊。傳見《後漢書》卷三十八。㊴錢邑各有差　懸賞的錢和封爵采邑按功勞大小定有等級。㊵東城縣　縣治在今安徽定遠東南。㊶下邳　縣名，縣治在今江蘇邳州南。㊷丙辰　五月二十六日。㊸前世遂令句　前世，指安帝。康陵，即殤帝陵。安帝即位，葬殤帝，未給殤帝建陵，而葬於和帝慎陵園內。恭陵，即安帝陵。安帝繼殤帝為大統，單獨有陵，故規模體制在康陵之上。㊹先後相踰　後輩超過了先輩。殤帝為東漢第五任皇帝，在先；安帝為東漢第六任皇帝，在後，而後帝之陵反而超過了先帝之陵。㊺廬江　郡名，治所舒縣，在今安徽廬江縣西南。㊻尋陽　縣名，縣治在今湖北黃梅西南。㊼盱台　縣名，屬下邳國，縣治在今江蘇盱眙北。㊽庚戌　九月二十二日。㊾丙午　十一月十九日。㊿丁未　十一月二十日。(51)詐增首級　虛報斬敵人數。(52)歷陽　縣名，屬九江郡，縣治在今安徽和縣。(53)永昌　郡名，治所不韋，在今雲南保山市東北。(54)巴郡　郡名，治所江州，在今重慶市。(55)迫逐深苦　強迫人民作戰，陷入深深的痛苦之中。(56)致此不詳　造成官民受損傷的局面，原來是縣吏不瞭解形勢造成的。詳，審也，審知敵人形勢。(57)暠承以首舉大姦句　种暠、應承因出頭揭發了大奸而立即受到懲處。首舉大姦，語意雙關，既指公開賊情，又指种暠揭發梁冀收受黃金文蛇事件。(58)更共飾匿　互相隱瞞。(59)金蛇輸司農　金蛇收歸國庫，由大司農收藏。(60)銜　恨。

【校　記】①憲陵　原誤作「建陵」。據章鈺校，甲十六行本、乙十一行本皆作「憲陵」，當是。憲陵為順帝陵。②黃門　原無此二字。據章鈺校，甲十六行本、乙十一行本、孔天胤本皆有此二字，今據補。

【語　譯】孝沖皇帝

永嘉元年（乙酉　西元一四五年）

春，正月初六日戊戌，漢沖帝在玉堂前殿去世。梁太后因為揚州、徐州盜賊正嚴重，想等到徵召的各王侯到了再發喪。太尉李固說：「皇帝年齡雖小，但仍是天下的君父。今天去世，人神感動，豈有當人臣的共同隱藏君父的死期呢！從前，秦始皇死後的沙丘陰謀和近時北鄉侯的事情，都是祕不發喪，這是天下大忌，絕對不可以！」梁太后同意了，當晚就發喪。

徵召清河王劉蒜和渤海孝王劉鴻的兒子劉纘到京城。劉蒜的父親是清河恭王劉延平，劉延平和劉鴻都是樂安夷王劉寵的兒子，千乘貞王劉伉的孫子。清河王為人莊嚴穩重，行為舉止有規矩，公卿大臣都一致贊成立他為皇帝。李固對大將軍梁冀說：「現在選立皇帝，應當選擇年紀稍長，高明有德行，能親自處理朝政的人，希望將軍深思熟慮國家大計。想想周勃立文帝、霍光立宣帝，預防像鄧氏、閻氏一樣推立幼弱，以利於自己。」梁冀不聽從，和太后在宮中決定了國家立君大事。正月二十四日丙辰，梁冀持節用王侯乘坐的青蓋車迎接劉纘到南宮。二十五日丁巳，封劉纘為建平侯，當天即皇帝位，年僅八歲。劉蒜被遣返回到封國。

將要為漢沖帝劉炳選擇陵地，李固說：「現在處處是盜賊，調動軍隊，耗費巨大，剛剛建造憲陵，不是一處徵收賦稅。皇帝年紀還小，可以在憲陵陵園中造陵，依照康陵的規模及前例安葬沖帝。」梁太后採納了李固的建議。正月二十七日己未，把孝沖皇帝葬在懷陵。

梁太后讓宰臣管理政事，李固的進言，梁太后大多聽從，黃門宦者中作惡的一概驅逐，天下都嚮往太平，但梁冀對李固深惡痛絕。

當初，漢順帝時任命官員，多不依舊制按次序逐級升遷，等到李固當政，上奏罷免一百多人。這些人都怨恨李固，又為了迎合梁冀的心意，於是共同捏造匿名信誣告李固說：「太尉李固，假公濟私，表面上是正人君子，實際行為卻是個奸邪小人，挑撥皇室宗親與皇帝的感情，自己壯大私黨。先帝出殯安葬時，路上的行人掩面哭泣，只有李固塗脂抹粉，搔首弄姿，左顧右盼，俯仰做作，行為妖冶，絲毫沒有一點憂傷悲痛的感情。先帝山陵還沒有造成，李固就改變舊有的規章制度，好的就說自己所為，過失就歸於君主，驅逐親近的臣子，不能侍奉在君側，不能為君送葬。作威作福，沒有人超過李固！兒子的罪，沒有比連累父母更大的了，臣子的罪惡，沒有比損傷君主更嚴重的，李固的過惡，理應誅殺。」奏章呈上，梁冀面見梁太后，要求辦理此事，梁太后沒有聽從。

廣陵郡賊人張嬰再次聚集幾千人反叛，佔據廣陵。

二月二十四日乙酉，大赦天下。

西羌連年叛亂，耗費八十多億。各將領大多剋扣軍糧，層層中飽私囊，都拿珍寶賄賂長官左右親近。上下放縱，不理軍務，士卒死亡不得其所，白骨相望，遍布原野。左馮翊梁並用恩德、信譽招誘叛變的羌人，離湳、狐奴等五萬多戶都向梁並歸降，隴右再次平定。

梁太后因為徐州、揚州盜賊日益猖狂，朝廷廣求將帥。三公舉薦涿縣縣令北海人滕撫有文才武略，下詔任命滕撫為九江都尉，和中郎將趙序輔助馮緄，集合州郡數萬軍隊共同征討叛賊。又廣設賞招募，懸賞的金錢和封爵采邑按功勞大小各有等級。又議論派遣太尉李固前往，還未來得及動身。三月，滕撫等人進擊眾賊，把敵人打得大敗，殺死馬勉、范容、周生等一千五百多人。徐鳳帶領殘部燒毀東城縣。夏，五月，下邳人謝安接受召募，率領他的宗族，設下埋伏攻擊徐鳳，斬殺了徐鳳。冊封謝安為平鄉侯。任命滕撫為中郎將，督導揚、徐二州軍事。

五月二十六日丙辰，下詔說：「孝殤皇帝在位已超過一年，君臣名分已定。孝安皇帝繼承大統，而過去竟使恭陵排在康陵之上，後輩超過了先輩，次序顛倒，現今應當改正。」

六月，鮮卑侵犯代郡。

秋，廬江盜賊攻打尋陽，又攻打盱台。滕撫派司馬王章打敗了他們。

九月二十二日庚戌，太傅趙峻去世。

滕撫進擊張嬰。冬，十一月十九日丙午，打敗了張嬰，殺死和俘虜了一千多人。二十日丁未，中郎將趙序因為畏懼怯懦和謊報斬敵人數，被判處死刑。

歷陽盜賊華孟自稱黑帝，殺死九江太守楊岑。滕撫進擊，打敗了他，殺死華孟等三千八百人，俘虜七百多人。於是東南全部安定，凱旋而歸。任命滕撫為左馮翊。

永昌太守劉君世用黃金鑄造文蛇，進呈給大將軍梁冀。益州刺史种暠揭發並逮捕了劉君世，利用驛傳向朝廷報告，梁冀由此懷恨种暠。適逢巴郡人服直聚集幾百人，自稱天王，种暠和太守應承前往討伐，沒有獲勝，官吏和民眾多受傷害。梁冀藉此陷害种暠，通過驛傳抓獲种暠和應承。李固上書說：「臣聽說討伐所造成的官民的損傷，本不是种暠、應承之意造成的，實在是由於縣裡的官吏害怕法令，怕承擔罪責，逼迫人民作戰，使人民陷入深深的痛苦之中，官民受損傷的局面，原來是縣裡的官吏不瞭解形勢造成的。等到盜賊群起，到處沒有平息。种暠、應承因為首先揭發奸惡而立即受到罪罰，臣擔心這樣會挫傷州縣揭發賊情的誠意，以後會互相隱瞞，不肯再盡忠心。」梁太后看了奏章，於是赦免了种暠、應承，只免官而已。金蛇收歸國庫，由大司農收藏，梁冀想從大司農杜喬那裡借來觀看，杜喬不同意。梁冀的小女兒死了，命令公卿會喪，只有杜喬不去。梁冀因此仇恨杜喬。

【研　析】本卷研析順帝後期政治，釋例三條，從正反兩個方面看出，東漢政治昏暗，順帝心明志衰，國家不振，無可救藥。

一、招撫嶺南。侍御史賈昌與嶺南州郡聯兵征討南人部落反叛，一年多沒有攻克，反而官軍被圍困。順帝詔公卿大臣與四府合議征討方略，一致主張大發兵征討。議郎李固獨持異議，陳述了七條不可大發兵的理由，只要州郡長官稱職，無須征討，就可招撫。四府一致採納李固建議，朝廷調任長沙人并州刺史祝良為九真太守，南陽人張喬為交趾刺史。兩人到任，張喬開誠布公，宣慰誘導，交趾叛亂的少數民族部落，大多投降，一部分解散。祝良乘單車直接進入少數民族叛軍大營，陳說利害前途，展示政府威望和信譽，叛軍感悟，紛紛向官軍投降。叛亂投降的有幾萬人。五嶺地區，秩序全部恢復。事實生動證明，少數民族地區的反叛，是貪官汙吏的盤剝暴行引起的反抗。只要有一個清廉的官吏，百姓視之如父母。祝良不是以暴易暴，用大軍征討，而是單車宣慰，就這一點誠信就感動了九真的叛眾，不僅放下武器，還自動修建郡府官舍。

二、皇甫規獻策安羌。皇甫規，字威明。張奐，字然明。段熲，字紀明。三人的字都有一個「明」字，都是涼州人，又三人都是安羌名將，故三人合傳，史稱涼州三明。傳見《後漢書》卷六十五，東漢西羌之禍，國家被困擾一百餘年，最後為三明所安撫。征西將軍馬賢，既不懂軍事，又無愛民之心，征討四年，耗費數十億錢財，還為禍一方。皇甫規，安定朝那人。朝那，在今甘肅平涼西北。這是夷漢混雜的地區，皇甫規自幼生於斯地，熟悉邊地風土民情，胸藏韜略，他上書朝廷獻安羌之策，請兵五千，不要軍餉，不要高官，只為效忠國家，安定社會。當時皇甫規為安定郡上計掾，人微言輕，順帝竟然不採納。

皇甫規在上書中指出禍亂原因，是地方貪官暴吏逼使民反，而征討之將剋剝兵士，不愛民，也不愛兵，虛誇戰功，諱言失敗，所以長年無功。

三、八使巡風。順帝漢安元年（西元一四二年）八月，順帝派遣侍中杜喬、周舉，守光祿大夫周栩、馮羨、欒巴、張綱、郭遵、劉班八人，分行州郡，舉薦賢良，表彰盡忠勤勞的官吏，平反冤獄，懲治貪黷，史稱八使巡風。張綱，廷尉張皓之子。張皓，犍為武陽人。武陽縣舊治在今四川彭山縣東。張皓是西漢名相張良第六代孫。張皓、張綱繼承了祖上剛強、正義的傳統，父子皆為東漢名臣，不畏權勢，護持大義。張綱字文紀，少明經學，史稱「雖為公子，而實厲布衣之節」。司徒府徵辟，張綱以對策高第為侍御史，極端不滿漢順帝寵信宦官，發願說：「穢惡滿朝，不能奮身出命埽國家之難，雖生吾不願也。」八使巡風，唯張綱最年輕，官位最低，其他七位都是碩學大儒，多歷顯位。張綱抓住這樣一次難得的機會要幹一番大事業，他在洛陽都亭大使出行與朝廷送行的祖道地點，即上路的地點，把車輪埋在地下，表示不去地方拍蒼蠅，要留在京師抓大象。張綱說：「豺狼當道，安問狐狸！」豺狼即指大將軍梁冀。張綱要拉皇帝下馬，氣勢如虹，誓死如歸，彈劾大將軍梁冀、河南尹梁不疑。這件事震動了京城。當時梁皇后正得到寵愛，梁氏姻親黨羽滿朝，漢順帝不受理張綱的奏書，也不治張綱的罪，張綱忠誠，所言都是事實，這一點順帝心裡還算明白。

梁冀不滿，利用手中職權，公報私仇。廣陵大盜張嬰聚眾數萬人，殺刺史二千石，寇亂揚州、徐州十多年，官軍征討不能取勝。梁冀點名要尚書省委派張綱任廣陵太守，意在借刀殺人。張綱受命，沒有推辭，單車上任，不帶軍隊，他以個人的膽識毅力和智慧，勸降張嬰，一方安靜。後來張綱離任，張嬰復叛。所謂盜賊橫行，都是官逼民反，黎民百姓要求很低，他們只要一個像張綱這樣的清官，讓他們能生存下去。貪官惡吏，不讓人民生存，人民只能拿起刀槍棍棒，在死中求活。八使巡風，其他各使，未見史載一個字的政績，只不過是走了一番過場。張綱的壯烈行為，也只是走了一個過場。東漢政權，已不可能自上而下改革了，除了走向滅亡，沒有別的藥方可救。

卷第五十三

漢紀四十五

起柔兆閹茂（丙戌 西元一四六年），盡柔兆涒灘（丙申 西元一五六年），
凡十一年。

【題解】本卷記事起西元一四六年，迄西元一五六年，凡十一年。當質帝本初元年至桓帝永壽二年，載桓帝一朝前期史事。桓帝以諸侯入繼大統，受制於外戚梁氏，不甘於傀儡地位，而與宦官結盟，結果皇權不落於外戚之手，則落於宦官之手。宦官濁流為朝官士大夫看不起，宦官心靈受辱，則橫暴變本加厲。皇帝愈是貼近宦官，必然愈是疏遠朝官士大夫。外戚失勢，朝官士大夫被疏遠，二者合流對抗宦官，其勢必然把皇權更加推入宦官懷抱。於是皇帝、宦官、外戚、朝官士大夫，相互的權力之爭陷入惡性循環。桓靈時期，宦官專權達於鼎盛，東漢政權進入了黑暗期。桓帝初期，不學無術的外戚梁冀，為了一句「跋扈將軍」就隨意毒殺質帝，此時外戚勢力最為囂張，名臣李固、杜喬皆為梁冀害死。梁冀目空一切，大起宅第，擴建範圍，僭越制度，自掘墳墓。太學生劉陶上奏桓帝納諫親賢，建言召李膺入朝治事，桓帝不聽。三十二個郡國大鬧蝗災。崔寔〈政論〉倡言治亂邦要用重典。司馬光認為寬嚴相濟，才是治國常典。鮮卑檀石槐興起，侵擾北疆。

孝質皇帝❶

本初元年（丙戌　西元一四六年）

夏，四月庚辰❷，令郡、國舉明經❸詣太學，自大將軍以下皆遣子受業，歲滿課試❹，拜官有差。又千石、六百石、四府掾屬、三署郎、四姓小侯先能通經者，各令隨家法，其高第者上名牒，當以次賞進❺。自是游學增盛，至三萬餘生。

五月庚寅❻，徙樂安王鴻為勃海王。○海水溢，漂沒民居。

六月丁巳❼，赦天下。

帝少而聰慧，嘗因朝會目梁冀曰：「此跋扈❽將軍也！」冀聞，深惡之。閏月甲申❾，冀使左右置毒於煮餅❿而進之。帝苦煩甚⓫[1]，使促召太尉李固。固入前，問帝得患所由。帝尚能言，曰：「食煮餅，今腹中悶，得水尚可活。」時冀亦在側，曰：「恐吐，不可飲水。」語未絕而崩。固伏尸號哭⓬，推舉侍醫⓭。冀慮其事泄，大惡⓮之。

將議立嗣，固與司徒胡廣、司空趙戒先與冀書曰：「天下不幸，頻年⓯之間，國祚三絕⓰。今當立帝，天下重器⓱，誠知太后垂心⓲，將軍勞慮，詳擇其人，務存聖明。然愚情眷眷⓳，竊獨有懷⓴。遠尋㉑先世廢立㉒舊儀，近見㉓國家踐祚㉔前事，未嘗不詢訪公卿，廣求羣議，令上應天心，下合眾望。傳曰㉕：『以天下與人易，為天下得人難。』昔昌邑之立，昏亂日滋，霍光憂愧發憤㉖，悔之折骨㉗。自非博陸忠勇，延年奮發，大漢之祀，幾將傾矣㉘。至憂至重，可不熟慮！悠悠萬事，唯此為大㉙，國之興衰，在此一舉。」冀得書，乃召三公、中二千石、列侯，大議所立。固、廣、戒及大鴻臚杜喬皆以為清河王蒜明德著聞㉚，又屬最尊親㉛，宜立為嗣，朝臣[2]莫不歸心。而中常侍曹騰嘗謁㉜蒜，蒜不為禮，宦者由此惡之。

初，平原王翼既貶歸河間㉝，其父請分蠡吾縣㉞以侯之，順帝許之。翼卒，子志嗣。梁太后欲以女弟妻志，徵到夏門亭㉟。會帝崩，梁冀欲立志。眾論既異，憤憤不得意，而未有以相奪㊱。曹騰等聞之，夜往說冀曰：「將軍累世有椒房之親㊲，秉攝萬機㊳，賓客縱橫，多有過差。清河王嚴明，若果立，則將軍受禍不久矣！不如立蠡吾侯，富貴可長保也。」冀然其言。明日，重會公卿，冀意氣凶凶㊴，言辭激切㊵，自胡廣、趙戒以下莫不懾憚㊶，皆曰：「惟大將軍令！」獨李固、杜喬堅守本議。冀厲聲㊷曰：「罷會㊸！」固猶望眾心可立，復以書勸冀㊹，冀愈激怒。丁亥㊺，冀說太后，先策免固㊻。戊子㊼，以司徒胡廣為太尉，司空趙戒為司徒，與大將軍冀參錄尚書事。太僕袁湯為司空。湯，安之孫也。庚寅㊽，使大將軍冀持節以王青蓋車迎蠡吾侯志入南宮，其日即皇帝位，時年十五。太后猶臨朝政。

秋，七月乙卯(49)，葬孝質皇帝於靜陵(50)。

大將軍掾朱穆奏記勸戒梁冀曰：「明年丁亥之歲，刑德合於乾位(51)，易經龍戰之會(52)，陽道將勝，陰道將負。願將軍專心公朝(53)，割除私欲，廣求賢能，斥遠佞惡，為皇帝置師傅，得小心忠篤敦禮之士，將軍與之俱入(54)，參勸講授(55)，師賢法古(56)，此猶倚(57)南山、坐平原也，誰能傾(58)之！議郎大夫之位，本以式序(59)儒術高行之士(60)，今多非其人，九卿之中亦有乖其任者，惟將軍察焉。」又薦种暠、欒巴等，冀不能用。穆，暉之孫(61)也。

九月戊戌(62)，追尊河間孝王為孝穆皇，夫人趙氏曰孝穆后，廟曰清廟，陵曰樂成陵(63)；蠡吾先侯曰孝崇皇，廟曰烈廟，陵曰博陵(64)。皆置令、丞，使司徒持節奉策書璽綬，祠以太牢(65)。

冬，十月甲午(66)，尊帝母匽氏(67)為博園貴人。

滕撫性方直，不交權勢，為宦官所惡。論討賊功當封，太尉胡廣承旨奏黜之，卒於家。

【章　旨】以上為第一段，寫梁冀毒死質帝，違逆公卿迎立蠡吾侯劉志即位，是為桓帝。太尉李固被罷免。

【注　釋】❶孝質皇帝　名纘，章帝曾孫，渤海王劉鴻之子，諸侯王入繼大統，年八歲即位。西元一四五－一四六年在位。質帝在位一年零三個月，為梁冀所弒。胡三省注引《伏侯古今注》曰：「纘之字曰繼。」❷庚辰　四月二十五日。❸明經　精通經學的大儒。❹歲滿課試　學習一年以後進行考試。《漢書・儒林傳》：太學生員，「一歲皆輒課，能通一藝以上，補文學掌故缺；其高第可以為郎中，太常籍奏。」這裡指在太學專辦官員子弟班，由郡國舉薦明經大儒為教師。❺當以次賞進　按排名順序給以賞賜。以上三句謂：千石至六百石的中級官、四府（大將軍、太尉、司徒、司空）部屬官員、三署郎、四姓小侯等已能通曉經書，讓他們各自繼承家法，考試成績好的列入名錄，按排名順序給以賞賜。三署郎，五官郎及左、右中郎。四姓小侯，即外戚子弟，初為樊、郭、陰、馬四姓，明帝永平六年（西元六六年）初設四姓小侯講官，後又有竇家、閻家，至此許多外家早已衰落，而今有外戚梁氏興起，仍沿用四姓小侯之名。❻庚寅　五月初六日。❼丁巳　六月初三日。❽跋扈　蠻橫。❾甲申　閏六月初一日。❿煮餅　湯餅。⓫帝苦煩甚　質帝口乾澀苦，胸中十分煩悶。⓬伏尸號哭　伏在質帝屍上號哭。⓭推舉侍醫　追查值班太醫救護不力之罪。推舉，推為追查，舉為彈劾。⓮大惡　深切痛恨。⓯頻年　連年。⓰國祚三絕　皇帝位統，三次斷絕。順帝、沖帝、質帝三帝駕崩，前後僅三年。⓱重器　指帝位。⓲垂心　深切關心。⓳眷眷　深切思念。⓴竊獨有懷　獨有所感。㉑遠尋　查考遠古的歷史。㉒先世廢立　古代君王的廢立。㉓近見　看看近代的歷史。㉔國家踐祚　指漢代各次國君即位。㉕傳曰　古書上說。傳，指古書。傳曰下引文意謂：「把天下送給別人十分容易，為天下選得人才十分困難。」據胡三省注，此為《孟子》之言。㉖憂愧發憤　憂愁慚愧而奮發有為。㉗悔之折骨　即折骨之悔，後悔到極點。㉘大漢之祀二句　大漢政權差點傾覆在昌邑王手裡。西漢昭帝逝世，無子，大將軍霍光徵昌邑王劉賀入繼大統，因昌邑王昏亂，霍光與大司農田延年等廢昌邑王劉賀而改立宣帝。事見本書卷二十四昭帝元平元年。㉙悠悠萬事二句　國家之事千頭萬緒，只有選擇皇帝即位這才是最大的事。㉚明德著聞　聖明的德行久已著聞。㉛最尊親　清河王劉蒜與質帝為堂兄弟，同為樂安王劉寵之孫。蒜為兄，是最尊；又同出一祖，是最親。㉜謁　晉見。㉝平原王翼既貶歸河間　平原王劉翼，本是河間王劉開之子，與安帝劉祜為堂兄弟。鄧綏皇太后以劉翼為平原王劉勝繼嗣，而劉勝為和帝之子。劉祜疑心鄧太后要罷黜自己改立劉翼，於是懷恨劉翼。鄧太后死，劉祜立即貶劉翼為都鄉侯，逐回河間。事見本書卷五十安帝建光元年。㉞蠡吾

縣　縣治在今河北博野。㉟夏門亭　在洛陽北門外。㊱相奪　駁斥對方，奪回主動權。此指梁冀不欲立劉蒜而志欲立劉志，但找不出理由來駁斥公卿眾臣。㊲累世有椒房之親　幾代都為皇親。椒房，皇后所居之房。和帝之母章帝梁貴人，梁竦之女，和帝即位尊為恭懷皇后。順帝梁皇后梁妠，梁商之女，為恭懷皇后內姪孫。兩梁皇后皆出自梁氏一門血親，故稱累世椒房。㊳秉攝萬機　手握萬機之權，即掌管國政。㊴意氣凶凶　氣勢凶凶。㊵言辭激切　言語偏激強硬。㊶懾憚　懾服恐懼。㊷厲聲　大聲嚴厲。㊸罷會　散會。指終止廷議。㊹固猶望眾心可立二句　李固以眾心屬於清河王劉蒜，猶望可以立為帝，於是在廷議終止後又寫信勸說梁冀。胡三省對此評論說，李固不能揭發梁冀逆弒質帝的大惡使之受國法懲治，即使事不成，也是為國盡忠壯烈而死；李固做不到這一點，卻又低頭周旋其間，想通過立長君來治梁冀之罪，結果免不了被梁冀害死，可以說是李固忠心有餘而才能不及，故事終不成。㊺丁亥　閏六月初四日。㊻策免固　下詔罷了李固的官。㊼戊子　閏六月初五日。㊽庚寅　閏六月初七日。㊾乙卯　七月初二日。㊿靜陵　質帝陵，在洛陽東南。(51)明年丁亥之歲二句　明年是丁亥年，刑罰與恩德相會在北方。乾位，北方之位。按陰陽家的說法，干支紀年，該年有丁、壬出現時，恩德在北方；該年有亥、卯出現時，刑罰在北方；而明年為丁亥，是刑罰與恩德相會於北方。這意味著國家政治是以德治還是以刑治，將是誰戰勝誰，明年是關鍵年。這是朱穆假為此說勸梁冀施德政。(52)易經龍戰之會　語出《易經・坤卦・上六・爻辭》「龍戰於野」，預示陽道將獲得勝利，陰道將失敗。在朝廷上，公卿為陽道，外戚依女寵專權為陰道。(53)專心公朝　專心朝政。(54)將軍與之俱入　謂大將軍梁冀與所選為帝講學的師傅一同入宮，陪同皇帝聽講。(55)參勸講授　陪同皇帝聽講，並努力配合師傅給皇帝灌輸知識。(56)師賢法古　師與法為互文，謂效法古代先賢。(57)倚　背靠。(58)傾　傾陷；推倒。(59)式序　安置。(60)儒術高行之士　精通儒學、品行高尚的士人。(61)穆二句　朱穆（西元一〇〇—一六三年），字公叔，章帝時尚書令朱暉之孫。穆為人剛直，敢直諫。桓帝時官至冀州刺史、尚書。與朱暉同傳，見《後漢書》卷四十三。(62)戊戌　九月癸丑朔，無戊戌。戊戌，應為八月十五日。(63)樂成陵　河間王劉開之王陵，在今河北獻縣。(64)博陵　蠡吾侯劉翼之陵，在今河北博陵。(65)太牢　牛羊豬各一頭。(66)甲午　十月十二日。(67)匽氏　桓帝劉志之母，姓匽，名明，蠡吾侯劉志的小妾。故只尊為博園貴人。

【校　記】①甚　原作「盛」。據章鈺校，乙十六行本、乙十一行本皆作「甚」，張敦仁《通鑑刊本識誤》同。按，「甚」字於義較長，今從改。②臣　原誤作「廷」。據章鈺校，乙十六行本、乙十一行本、孔天胤本皆作「臣」，張敦仁《通鑑刊本識誤》同。按，「臣」字是，今據各本校正。

【語　譯】孝質皇帝

本初元年（丙戌　西元一四六年）

夏，四月二十五日庚辰，命令郡、國推薦明通經學的大儒到太學，從大將軍以下都把子弟送至學校讀書，學滿一年考試，按等級授予官職。另外千石、六百石、四府屬官、三署郎、四姓小侯中已經通曉經書的，下令他們各自繼承家學，考試成績好的列入名錄，按照排名順序給以賞賜。從此，學風昌盛，有三萬多太學生。

五月初六日庚寅，徙封樂安王劉鴻為勃海王。○海水倒溢，淹沒民宅。

六月初三日丁巳，赦免天下。

漢質帝少年聰慧，曾經在朝會時看著梁冀說：「這位是跋扈將軍！」梁冀聽了，對漢質帝深為憎恨。閏六月初一日甲申，梁冀派漢質帝左右近侍在湯餅裡下毒，送給漢質帝吃。漢質帝吃後口乾澀苦，胸中十分煩悶，派人趕快召見太尉李固。李固進宮來到漢質帝前，問漢質帝得病的原因。當時漢質帝還能說話，說：「吃了湯餅，現在肚子脹，喝水還能活命。」當時梁冀也在旁邊，說：「擔心會吐，不能喝水。」話還未說完，漢質帝就死了。李固伏屍痛哭，追查彈劾值班的御醫。梁冀顧慮事情洩露，深恨李固。

將要商量繼位的人選，李固和司徒胡廣、司空趙戒先給梁冀寫信說：「天下不幸，數年之間，三個皇帝相繼死去。現在應該立皇帝，這是國家最重大的事情，深知太后深切關心，將軍勞神思慮，謹慎地選擇繼位的人，力求聖明。然而，我們心裡深切思念，獨有所感。查考古代君王的廢立，近看漢代至此的國君即位，沒有不訪問公卿大臣，廣泛徵求群臣意見，使立嗣上應天心，下合眾望。古書上說：『把天下送給別人容易，為天下選得人才困難。』從前，昌邑王被立為帝，昏亂日益滋長，霍光憂愁慚愧而奮發有為，悔恨得錐心折骨。如果不是博陸侯霍光忠正勇猛，延年奮發有為，大漢國統，幾乎要斷絕了。立君是一件最令人憂心，最重要的事情，怎能不深思熟慮！國家之事千頭萬緒，只有這才是最大的事，國家興衰，就在此一舉。」梁冀獲得書信後，召集三公、中二千石、列侯，議論立帝大事。李固、胡廣、趙戒以及大鴻臚杜喬等人都認為清河王劉蒜以有聖明的德行而著聞，是質帝的同父兄長，最為親貴，應該立他為嗣，朝臣沒有不心服的。但是，中常侍曹騰曾經晉見劉蒜，劉蒜對曹騰毫不客氣，宦官因此憎恨劉蒜。

當初，平原王劉翼被貶回河間，劉翼的父親河間孝王劉開請求劃分蠡吾縣給劉翼，使劉翼為侯，漢順帝接受了。劉翼去世，兒子劉志嗣位。梁太后想把妹妹嫁給劉志，把劉志召到夏門亭。正遇到漢質帝去世，梁冀想擁立劉志。與眾人的意見不同，憤然不樂，又找不到理由駁斥公卿眾臣。曹騰等人聽說此事，夜間前往勸梁冀說：「將軍幾代為皇親國戚，掌管國政，門客眾多，有不少過失。清河王嚴肅端正，如果繼位，那麼不久大將軍將大禍臨頭了！不如立蠡吾侯，可以長保富貴。」梁冀認為曹騰的話有道理。第二天，再次會集公卿，梁冀氣勢凶凶，言辭偏激強硬，自胡廣、趙戒以下的官員沒有不懾服恐懼的，都說：「唯大將軍令是從！」只有李固、杜喬堅持原議。梁冀大聲嚴厲地說：「散會！」李固仍然認為劉蒜是眾望所歸，再次寫信勸說梁冀，梁冀更加憤怒。閏六月初四日丁亥，梁冀說服了梁太后，先下詔免去李固的官職。初五日戊子，任命司徒胡廣為太尉，司空趙戒為司徒，與大將軍梁冀共同掌管宮廷機要。太僕袁湯為司空。袁湯，是袁安的孫子。初七日庚寅，命令大將軍梁冀持節，以王侯的青蓋車迎接蠡吾侯劉志入皇宮，當天皇帝即位，年僅十五歲。梁太后仍然臨朝聽政。

秋，七月初二日乙卯，把漢質帝葬於靜陵。

大將軍屬官朱穆致書勸誡梁冀說：「明年是丁亥年，刑罰和恩德都在北方，《易經》記載龍戰之會，陽道將獲得勝利，陰道將失敗。希望將軍專心朝政，割除私欲，廣求賢能，遠斥奸邪，為皇帝設置師傅，選擇小心謹慎、敦厚禮義的人擔當，將軍與他一起進宮，參加講授學習，效法古代先賢，這如同背靠南山、穩坐平原，誰能顛覆！議郎、諫議大夫等言官的職位，本來就是用來安置那些精通儒術、志行高尚的士人的，現在多非其人，九卿之中也有不能勝任的，請將軍明察。」又舉薦种暠、欒巴等人，梁冀沒有採用。朱穆，是朱暉的孫子。

九月戊戌日，追尊河間孝王為孝穆皇，夫人趙氏為孝穆后，祭廟稱為清廟，陵墓稱為樂成陵；蠡吾先侯稱為孝崇皇，祭廟稱烈廟，陵墓稱博陵。這些陵寢全都設立令、丞，派司徒持節，攜帶詔書、印信，以太牢之禮祭祀。

冬，十月十二日甲午，尊漢桓帝生母匽氏為博園貴人。

滕撫性格剛直，不巴結權貴，被宦官仇恨。按照討賊戰功應當封侯，但太尉胡廣奉承旨意，上書黜免，滕撫死在家中。

孝桓皇帝❶上之上

建和元年（丁亥　西元一四七年）

春，正月辛亥朔❷，日有食之。○戊午❸，赦天下。

三月，龍[1]見譙❹。

夏，四月庚寅❺，京師地震。○立阜陵王代兄勃遒亭侯便為阜陵王❻。

六月，太尉胡廣罷，光祿勳杜喬為太尉。自李固之廢，朝野[2]喪氣，羣臣側足而立❼，唯喬正色無所回橈❽，由是朝野皆倚望焉。

秋，七月，渤海孝王鴻薨，無子，太后立帝弟蠡吾侯悝為渤海王，以奉鴻祀。

詔以定策功，益封梁冀萬三千戶，封冀弟不疑為潁陽侯，蒙為西平侯，冀子胤為襄邑侯，胡廣為安樂侯，趙戒為廚亭侯，袁湯為安國侯。又封中常侍劉廣等皆為列侯。

杜喬諫曰：「古之明君皆以用賢賞罰為務。失國之主，其朝豈無貞幹之臣⑨，典誥之篇⑩哉？患得賢不用其謀，韜書不施其教⑪，聞善不信其義，聽讒不審其理⑫也。陛下自藩臣即位，天人屬心⑬，不急忠賢之禮而先左右之封⑭，梁氏一門，宦者微孽⑮，並⑯帶無功之紱⑰，裂勞臣之土⑱，其為乖濫⑲，胡可勝言⑳！夫有功不賞，為善失其望，姦回不詰㉑，為惡肆其凶。故陳資斧而人靡畏㉒，班爵位而物無勸㉓。苟遂斯道，豈伊傷政為亂而已，喪身亡國，可不慎哉！」書奏，不省。

八月乙未㉔，立皇后梁氏㉕。梁冀欲以厚禮迎之，杜喬據執舊典㉖，不聽。冀屬喬舉汜宮為尚書，喬以宮為臧罪，不用。由是日忤㉗於冀。九月丁卯㉘，京師地震，喬以災異策免。冬，十月，以司徒趙戒為太尉，司空袁湯為司徒，前太尉胡廣為司空。

宦者唐衡、左悺等[3]共譖㉙杜喬於帝曰：「陛下前當即位，喬與李固抗議㉚，以為不堪奉漢宗祀。」帝亦怨之。

十一月，清河劉文與南郡妖賊劉鮪交通，妄言清河王當統天下，欲共立蒜。事覺，文等遂劫清河相謝暠曰：「當立王為天子，以暠為公。」暠罵之，文刺殺暠。於是捕文、鮪，誅之。有司劾奏蒜，坐貶爵為尉氏侯，徙桂陽㉛，自殺。

梁冀因誣李固、杜喬，云與文、鮪等交通，請逮按罪。太后素知喬忠，不許。冀遂收固下獄。門生渤海㉜王調貫械上書㉝，證固之枉，河內㉞趙承等數十人亦要鈇鑕㉟詣闕通訴，太后詔赦之。及出獄，京師市里皆稱萬歲。冀聞之，大驚，畏固名德終為己害，乃更據奏前事㊱。大將軍長史吳祐㊲傷固之枉，與冀爭之。冀怒，不從。從事中郎馬融主為冀作章表，融時在坐，祐謂融曰：「李公之罪，成於卿手。李公若誅，卿何面目視天下人！」冀怒，起，入室，祐亦徑去。固遂死於獄中。臨命，與胡廣、趙戒書曰：「固受國厚恩，是以竭其股肱㊳，不顧死亡，志欲扶持王室，比隆文、宣㊴。何圖㊵一朝梁氏㊶迷謬㊷，公等曲從㊸，以吉為凶，成事為敗㊹乎！漢家衰微，從此始矣。公等受主厚祿，顛而不扶㊺，傾覆大事，後之良史豈有所私！固身已矣，於義得矣，夫復何言！」廣、戒得書悲慚㊻，皆長歎流涕而已。

冀使人脅㊼杜喬曰：「早從宜㊽，妻子可得全。」喬不肯。明日，冀遣騎至其門，不聞哭者，遂白太后收繫之，亦死獄中。

冀暴固、喬尸㊾於城北四衢㊿，令：「有敢臨者(51)加其罪。」固弟子汝南(52)郭亮尚未冠(53)，左提章鉞，右秉鈇鑕(54)，詣闕上書，乞收固尸，不報(55)；與南陽董班俱往臨哭，守喪不去。夏門亭長呵之曰：「卿曹何等腐生(56)！公犯詔書，欲干試有司乎(57)！」亮曰：「義之所動，豈知性命！何為以死相懼邪！」太后聞之，皆赦不誅。杜喬故掾陳留楊匡號泣星行(58)，到雒陽，著故赤幘(59)，託(60)為夏門亭吏，守護尸喪，積十二日。都官從事(61)執之以聞，太后赦之。匡因詣闕上書，并乞李、杜二公骸骨，使得歸葬，太后許之。匡送喬喪還家，葬訖，行服(62)，遂與郭亮、董班皆隱匿，終身不仕。

梁冀出吳祐為河間相。祐自免歸，卒於家。

冀以劉鮪之亂，思朱穆之言，於是請种暠為從事中郎，薦欒巴(63)為議郎，舉穆高第(64)，為侍御史。

是歲，南單于兜樓儲死，伊陵尸逐就單于(65)車兒立。

【章旨】以上為第二段，寫梁冀藉擁立桓帝之功，排除政敵，害死李固、杜喬，朝廷奸邪結熾，正義喪盡。

【注釋】❶孝桓皇帝　名志，章帝曾孫，蠡吾侯劉翼之子，東漢第十一任皇帝，西元一四七—一六七年在位。胡三省注引《伏侯古今注》：「志之字曰意。」❷辛亥朔　正月初一日。❸戊午　正月初八日。❹譙　縣名，縣治在今安徽亳州。❺庚寅　四月十一日。❻便為阜陵王　阜陵王劉延，光武帝子，傳國五世至劉代，代死無子，國絕。今以劉代之兄劉便親紹封。據《後漢書》卷四十二〈光武十王傳〉，勃遒亭侯劉便親，此作「勃遒亭侯劉便」，當從《後漢書》。❼側足而立　側身站立，即不敢正面站立，形容危懼的樣子。❽回橈　屈服。❾貞幹之臣　國家楨榦之臣。貞，通「楨」。幹，通「榦」。楨榦，築牆的夾板器具，喻國之棟樑。❿典誥之篇　典策詔誥，指治國的法令規章彙編。⓫韜書不施其教　亡國之君即使得到了好的法令規章，也不得施行。韜書，指國家藏有典策詔令。⓬聽讒不審其理　亡國之君聽到讒言也分辨不出好壞。不審其理，不察讒言之所以為讒的道理。⓭屬心　歸心。⓮不急忠賢之禮句　不把徵召禮用賢能作為當務之急，而把封爵左右放在第一位。⓯微孽　卑微小人。⓰並　梁氏與宦官。⓱帶無功之紱　佩帶上無功而得封侯拜官的印綬。⓲裂勞臣之土　取得應歸功臣的采邑土地。裂，裂地分封。勞臣之土，應歸於功臣的爵土，今卻被梁氏與宦官所取得。⓳乖濫　乖張錯亂。⓴胡可勝言　怎麼能說得盡。胡，曷。㉑姦回不詰　邪曲不受懲處。㉒陳資斧而人靡畏　把砍頭的利斧放在面前也無人畏懼。資，利。㉓班爵位而物無勸　頒布封爵官位卻沒人動心。班，通「頒」。物，人物。㉔乙未　八月十八日。㉕立皇后梁氏　指桓帝立梁女瑩為皇后。梁女瑩，皇太后梁妠及大將軍梁冀的妹妹。㉖舊典　據胡注引《漢書舊儀》載，漢制，聘皇后，黃金萬斤。呂后為惠帝娶魯元公主女，超典制為聘二萬斤。還有其他種種禮儀規格。梁冀欲仿效惠帝納后故事，杜喬不同意。㉗忤　冒犯。㉘丁卯　九月二十一日。㉙譖　誣陷；說壞話。㉚抗議　對抗眾人之議，即反對。㉛桂陽　郡名，治所郴縣，在今湖南郴州。㉜渤海　郡名，治所南皮，在今河北南皮北。㉝貫械上書　頸戴刑具到宮門上書。㉞河內　郡名，治所懷縣，在今河南武陟西南。㉟要鈇鑕　腰掛刀斧，並帶上側刀砧板。要，通「腰」。鈇鑕，腰斬刑具。貫械與要鈇鑕，均表示死諫。㊱乃更據奏前事　於是再次提出劉文、劉鮪謀反事件株連李固。更，再次；重又。㊲吳祐　字季英，陳留長垣（在今河南長垣東北）人，因為替李固說話，被梁冀出為河間相。傳見《後漢書》卷六十四。㊳竭其股肱　盡一個大臣的忠貞職責。㊴比隆文宣　文，指漢文帝，宣，指漢宣帝，兩帝均以漢宗室的身分被群臣迎立為帝，中興漢朝。今迎立諸侯王入繼大統，亦欲使東漢的中興之業上比文帝、宣帝。㊵何圖　怎能想到。㊶一朝梁氏　指梁太后及大將軍梁冀等一門梁氏。㊷迷謬　愚昧而專橫。㊸曲從　曲意隨從。㊹成事為敗　功敗垂成。指立劉蒜為帝事。㊺顛而不扶　國家危亡而不扶持。㊻悲慚　悲哀慚愧。㊼脅　威逼。㊽早從宜　及早安排自己的歸宿。即令杜喬自殺。㊾暴固喬尸　把李固、杜喬露屍街頭以示眾。㊿城北四衢　在洛陽城北面四通路口的夏門亭。(51)臨者　弔喪的人。(52)汝南　郡名，治所平輿，在今河南平輿西北。(53)未冠　未加冠，即年未滿二十，未成人。(54)左提章鉞二句　左手拿著奏章及大斧，右手拿著腰斬刑具側刀及砧板。(55)不報　不通報。(56)腐生　迂腐儒生；書呆子。(57)公犯詔書二句　公然冒犯詔書，想以身試法嗎。公，明目張膽。(58)號泣星行　楊匡號啕大哭，日夜兼行從陳留趕到洛陽。星行，夜行。(59)著故赤幘　楊匡穿戴上原來當部屬時的官服。赤幘，紅色頭巾。這裡指官服。(60)託　冒充。(61)都官從事　官名，司隸校尉的部屬，掌京都官監察，劾舉不法。㊷行服　穿孝服。㊸欒巴　字叔元，魏郡內黃（在今河南內黃西北）人，順帝時八使巡風之一。傳見《後漢書》卷五十七。㊹舉穆高第　薦舉朱穆為大將軍府掾治行高第。㊺尸逐就單于　全稱為去持若尸逐就單于，西元一二八－一四〇年在位。

【校　記】①龍　據章鈺校，乙十六行本「龍」上有「黃」字。②朝野　據章鈺校，乙十六行本、乙十一行本皆作「內外」，張敦仁《通鑑刊本識誤》同。③等　原無此字。據章鈺校，乙十六行本、乙十一行本、孔天胤本皆有此字，張敦仁《通鑑刊本識誤》同，今據補。

【語　譯】孝桓皇帝上之上

建和元年（丁亥　西元一四七年）

春，正月初一日辛亥，發生日蝕。〇初八日戊午，大赦天下。

三月，譙縣出現了龍。

夏，四月十一日庚寅，京師洛陽發生地震。〇冊封阜陵王劉代的哥哥勃遒亭侯劉便為阜陵王。

六月，太尉胡廣被免職，任命光祿勳杜喬為太尉。自從李固被罷免，朝廷內外喪氣，群臣人人自危，只有杜喬端正嚴肅，不肯屈服，因而朝野都寄望於他。

秋，七月，渤海孝王劉鴻去世，沒有兒子，梁太后立漢桓帝的弟弟蠡吾侯劉悝為渤海王，以奉祀劉鴻。下詔因為梁冀定策擁立漢桓帝的功績，增封梁冀食邑一萬三千戶，封梁冀的弟弟梁不疑為潁陽侯，梁蒙為西平侯，梁冀的兒子梁胤為襄邑侯，胡廣為安樂侯，趙戒為廚亭侯，袁湯為安國侯。又封中常侍劉廣等人皆為列侯。

杜喬勸諫說：「古代的明君都致力於重用賢才、賞罰分明。亡國的君主，在他當政時朝廷上難道就沒有棟樑之臣和治理國家的法令規章嗎？值得憂慮的是即使有賢能，也不採用他們的謀略，即使有好的法令規章，也不得施行，聽到忠信的建議不能採用，聽到讒言也不能分辨好壞。陛下從藩臣登上皇位，天下歸心，不把召禮忠賢作為當務之急，反而把分封左右親近放在首位，梁氏家族，卑微的宦官，都佩帶上了無功而得封侯拜官的印綬，分裂佔據本應歸於功臣的食邑土地，這種乖張錯亂，怎麼能說得盡！有功不賞，行善的人失去希望，奸邪不受懲處，作惡者更加猖狂。所以，把砍頭的利斧放在面前而沒有人害怕，頒布封爵官位而沒有人動心。這樣下去，豈只是傷害政務、造成混亂而已，還會喪身亡國，能不謹慎嗎！」奏章呈上，漢桓帝不理睬。

八月十八日乙未，冊立梁女瑩為皇后。梁冀準備用厚禮迎接，杜喬根據舊規，不聽從。梁冀又囑咐杜喬推薦汜宮任尚書，杜喬認為汜宮有貪贓罪，不予推薦。於是，杜喬日益冒犯梁冀。九月二十一日丁卯，京城洛陽地震，杜喬因災異而被下詔免職。冬，十月，任命司徒趙戒為太尉，司空袁湯為司徒，前太尉胡廣為司空。

宦官唐衡、左悺等一起向漢桓帝誣陷杜喬，說：「陛下在即位之前，杜喬和李固反對大家的意見，認為您不配奉祀漢室宗廟。」漢桓帝於是也怨恨杜喬。

十一月，清河人劉文與南郡民賊劉鮪結交，妄言清河王該統治天下，準備共同擁戴劉蒜。事情洩露，劉文等人就劫持了清河國相謝暠，說：「應當立清河王為天子，請你為三公。」謝暠大罵他們，劉文殺了謝暠。於是，朝廷抓獲劉文、劉鮪，處死。主管官員彈劾劉蒜，被論罪貶爵為尉氏侯，流放到桂陽，劉蒜自殺。

梁冀趁機誣告李固、杜喬，說他們與劉文、劉鮪等交往，請逮捕治罪。梁太后向來知道杜喬忠厚，不同意。梁冀於是把李固逮捕下獄。李固的門生渤海人王調頸戴刑具到宮門上書，證明李固冤枉，河內人趙承等數十人也腰掛刑具到宮門控訴，梁太后下詔赦免李固。等到李固出獄時，京城的街市里巷皆呼萬歲。梁冀聽說這種情況，大驚，害怕李固的聲譽終將危及自己，於是再次以舊案誣奏李固。大將軍長史吳祐痛惜李固蒙冤，與梁冀抗爭。梁冀很生氣，不聽。從事中郎馬融專為梁冀寫文作書，當時馬融恰好在座，吳祐對馬融說：「李固的罪狀，由你一手寫成。如果李固被殺，看你有什麼臉見天下人！」梁冀大怒，起身，走進內室，吳祐也離去。李固最終死在獄中。臨死時，李固給胡廣、趙戒寫信說：「我蒙受朝廷的厚恩，所以竭盡一個大臣的忠貞職責，不顧生死，立志扶持漢室，希望能像漢文帝、漢宣帝時那樣實現中興大業。怎能想到梁氏一門愚昧而專橫，而你們曲意隨從，以吉為凶，功敗垂成！漢室的衰微，由此開始了。你們受君主的厚祿，國家危亡而不扶持，此等傾覆大事，後世的良史豈能隱瞞！我生命到此結束了，在道義上卻有所獲，還有什麼可說呢！」胡廣、趙戒看了信悲痛慚愧，都流淚長歎不已。

梁冀派人威逼杜喬說：「及早安排自己的歸宿，可以保全妻子兒女。」杜喬不肯。第二天，梁冀派遣騎兵到杜家，未聽見哭聲，於是報告梁太后逮捕杜喬，杜喬也死於獄中。

梁冀把李固、杜喬暴屍於城北的街口，下令說：「有敢弔喪的加罪懲治。」李固的弟子汝南人郭亮還未行冠禮，左手拿著奏章和大斧，右手拿著側刀和砧板，前往宮門上書，請求為李固收屍，沒有通報；郭亮和南陽人董班都到現場哭喪，守喪不離去。夏門亭長呵斥他們說：「你們真是迂腐的書呆子！公然冒犯詔書，想以身試法嗎！」郭亮說：「被大義所感召，哪裡還顧得上性命！為何以死來恐嚇我們！」梁太后得知消息，將郭亮、董班赦免不殺。杜喬的舊屬陳留人楊匡號啕大哭，日夜兼程地趕到洛陽，戴著原來當部屬時的紅色頭巾，冒充夏門亭官吏，守護屍體，長達十二天。都官從事把楊匡抓了起來，報告了梁太后，梁太后赦免了楊匡。楊匡趁機到宮門上書，並請求為李固和杜喬收屍，讓他們葬回鄉里，梁太后同意了。楊匡護送杜喬靈柩回鄉，葬畢，守完喪服禮，就與郭亮、董班都隱居起來，終身不仕。

梁冀外任吳祐為河間相。吳祐辭職回家，死於家中。

梁冀因劉鮪作亂，想起朱穆當初的建議，於是任用种暠為從事中郎，推舉欒巴為議郎，推薦朱穆為大將軍府掾治行高第，擔任侍御史。

這一年，南單于兜樓儲去世，伊陵尸逐就單于車兒即位。

二年（戊子　西元一四八年）

春，正月甲子❶，帝加元服❷。庚午❸，赦天下。

三月戊辰❹，帝從皇太后幸大將軍冀府。◯白馬羌寇廣漢屬國❺，殺長吏，益州刺史率板楯蠻討破之。

夏，四月丙子❻，封帝弟顧為平原王，奉孝崇皇祀❼，尊孝崇皇夫人馬氏❽[1]為孝崇園貴人。

五月癸丑❾，北宮掖庭中德陽殿及左掖門火，車駕移幸南宮。

六月，改清河為甘陵❿。立安平孝王得子經侯理為甘陵王⓫，奉孝德皇⓬祀。

秋，七月，京師大水。

三年（己丑　西元一四九年）

夏，四月丁卯晦⓭，日有食之。

秋，八月乙丑⓮，有星孛于天市⓯。◯京師大水。

九月己卯⓰，地震。庚寅⓱，地又震。◯郡國五山崩。

冬，十月，太尉趙戒免，以司徒袁湯為太尉，大司農河內張歆為司徒。

是歲，前朗陵侯相荀淑卒。淑少博學有高行⓲，當世名賢李固、李膺⓳等[2]皆師宗之⓴。在朗陵㉑，涖事明治，稱為神君。有子八人：儉、緄、靖、燾、汪、爽、肅、專，並有名稱㉒，時人謂之八龍。所居里舊名西豪㉓，潁陰令渤海苑康㉔

以為昔高陽氏㉕有才子八人，更命其里曰高陽里。

膺性簡亢㉖，無所交接㉗，唯以淑為師，以同郡陳寔㉘為友。荀爽嘗就謁膺，因為其御。既還，喜曰：「今日乃得御李君矣！」其見慕如此。

陳寔出於單微㉙，為郡西門亭長㉚。同郡鍾皓㉛以篤行稱，前後九辟公府，年輩遠在寔前，引與為友。皓為郡功曹㉜，辟司徒府，臨辭，太守問：「誰可代卿者？」皓曰：「明府欲必得其人，西門亭長陳寔可。」寔聞之曰：「鍾君似不察人，不知何獨識我？」太守遂以寔為功曹。時中常侍山陽[3]侯覽㉝託太守高倫用吏，倫教署為文學掾㉞。寔知非其人，懷檄請見㉟，言曰：「此人不宜用，而侯常侍不可違，寔乞從外署㊱，不足以塵明德㊲。」倫從之。於是鄉論怪其非舉，寔終無所言。倫後被徵為尚書，郡中士大夫送至綸氏㊳，倫謂眾人曰：「吾前為侯常侍用吏，陳君密持教還而於外白署，比㊴聞議者以此少㊵之，此咎由故人㊶畏憚彊禦㊷，陳君可謂『善則稱君，過則稱己㊸』者也。」寔固自引愆㊹，聞者方歎息，由是天下服其德。後為太丘㊺長，修德清靜㊻，百姓以安。鄰縣民歸附者，寔輒訓導譬解發遣㊼，各令還本。司官行部㊽，吏慮民有訟㊾者，白欲禁之。寔曰：「訟以求直㊿，禁之，理將何申！其勿有所拘。」司官聞而歎息曰：「陳君所言若是，豈有冤於人乎！」亦竟無訟者。以沛相[51]賦斂違法[52]，解印綬去[53]，吏民追思之。

鍾皓素與荀淑齊名，李膺常歎曰：「荀君清識難尚[54]，鍾君至德可師[55]。」皓兄子瑾母[56]，膺之姑也。瑾好學慕古，有退讓風，與膺同年，俱有聲名，膺祖太尉脩常言：「瑾似我家性[57]，『邦有道，不廢；邦無道，免於刑戮[58]。』」復以膺妹妻之。膺謂瑾曰：「孟子以為『人無是非之心，非人也[59]』，弟於是何太無皁白[60]邪！」瑾嘗以膺言白皓。皓曰：「元禮祖、父在位[61]，諸宗並盛，故得然乎！昔國子好招人過[62]，以致怨惡，今豈其時邪！必欲保身全家，爾道為貴。」

【章旨】以上為第三段，寫李膺、陳寔、鍾皓等名士風采。

【注釋】❶甲子　正月十九日。❷帝加元服　桓帝劉志行加冠禮。當年劉志十七歲。❸庚午　正月二十五日。❹戊辰　三月二十四日。❺廣漢屬國　安帝時以蜀郡北部都尉為廣漢屬國都尉。治所陰平，在今甘肅文縣。❻丙子　四月初三日。❼春孝崇皇祀　封劉顧為平原王，侍奉孝崇皇帝的香火祭祀。桓帝即位，追尊其父蠡吾侯劉翼為孝崇皇。仿效漢高祖尊其父太公為「太上皇」故事，只稱「皇」，去「帝」字。❽馬氏　劉翼夫人馬氏，即劉顧之母。❾癸丑　五月十日。❿改清河為甘陵　甘陵，清河王章帝子劉慶的王陵，在清河。桓帝害死清河王劉蒜後，仍對「清河」之名心存餘悸，於是以劉慶墓名為封國名。⓫立安平孝王得句　安平王劉得，河間王劉開之子，桓帝劉志叔父。經侯劉理，與桓帝為從兄弟，今立為甘陵王，奉劉慶之祀。⓬孝德皇　劉慶子劉祜入嗣大統為安帝，尊劉慶為孝德皇。⓭丁卯晦　四月三十日。⓮乙丑　八月三十日。⓯有星孛于天市　在天市星區出現孛星。⓰己卯　九月十四日。⓱庚寅　九月二十五日。⓲高行　高尚德行。⓳李膺　（西元一〇九—

一六八年）字元禮，潁川襄城（今河南襄城）人，東漢黨人領袖八俊之一，歷官河南尹、司隸校尉、長樂少府。傳見《後漢書》卷六十七。⑳皆師宗之　李固、李膺等都把荀淑尊為師長。㉑朗陵　侯國縣名，縣治在今河南確山縣南。㉒並有名稱　都有名於世。㉓西豪　里名，屬潁陰縣（在今河南許昌）。㉔苑康　字仲真，渤海重合縣（在今河北樂陵西）人，東漢黨人領袖八及之一，官至泰山太守。傳見《後漢書》卷六十七。㉕高陽氏　傳說的五帝之一顓頊的號。高陽氏有賢子八人，曰蒼舒、隤敳、檮戭、大臨、尨降、庭堅、仲容、叔達。㉖簡亢　耿直嚴正。亢，心性高傲。㉗無所交接　不與達官貴人交往。㉘陳寔（西元一〇四—一八七年）字仲弓，潁川許縣（在今河南許昌東）人，有高行，只做過聞喜、太丘兩任縣長，朝廷多次徵召欲拜陳寔為三公，堅辭不就，隱終於家。傳見《後漢書》卷六十二。㉙單微　寒微；貧賤。單，孤也；薄也。㉚為郡西門亭長　陳寔曾任潁川郡（治所陽翟，今河南禹州）西門亭長。㉛鍾皓　字季明，潁川長社（在今河南長葛東北）人，以詩律教授門徒千餘人。鍾皓長於陳寔，兩人為忘年交，與陳寔同傳。㉜郡功曹　官名，助郡太守掌人事。㉝侯覽　（？—西元一七二年）山陽防東（在今山東單縣東北）人，桓、靈帝時大宦官，傾陷黨人的骨幹人物，官至長樂太僕。傳見《後漢書》卷七十八。㉞文學掾　郡太守屬官，掌郡學教育。㉟懷檄請見　陳寔懷揣高倫所下手令進見高倫。檄，通告，此指高倫所下署某人為文學掾的手令，陳寔祕密送還。㊱寔乞從外署　陳寔請求將某人由郡功曹選用。外署，即由郡功曹正式選用。外與內相對。內，指由郡太守下令選用，即今之所用走後門，令從內出。㊲塵明德　使清明之德沾上灰塵。此明德指高倫。㊳綸氏　縣名，縣治在今河南登封西南。㊴比　等到。㊵少　輕視；看不起。㊶故人　高倫自稱。漢代尊長者在門生故吏面前多自稱故人。㊷彊禦　強梁；惡霸。此指中常侍侯覽。㊸善則稱君二句　把善行歸於尊長，把過錯歸於自己。語出《禮記·坊記》。㊹寔固自引愆　但是陳寔仍堅持自己承擔過失。㊺太丘　縣名，縣治在今河南永城西北。㊻修德清靜　廣施恩德，清靜無為。㊼發遣　送回原籍。㊽司官行部　上級主管官員到地方巡察。㊾訟　控訴。這裡指百姓向巡察官訴冤。㊿訟以求直　控訴是為了求得公平。(51)沛相　沛國相。太丘縣屬沛國。沛國治所相縣，在今河南永城東、安徽濉溪縣西兩省交界處。(52)賦斂違法　沛國相加收苛稅違反法規。(53)解印綬去　太丘長陳寔拒絕向人民加收苛稅，掛印辭官而去。(54)荀君清識難尚　荀淑的清高品德和卓越見識，難以追蹤。(55)鍾君至德可師　鍾皓的高尚品德可以作為榜樣。(56)皓兄子瑾母　鍾瑾之母為鍾皓之嫂。(57)瑾似我家性　李膺說，鍾瑾很像我家家人的品性。(58)邦有道四句　國家清平，鍾瑾將會做官不被廢棄；國家昏暗，也不會受刑誅。此四句語出《論語·公冶長》孔子評南容之言，孔子並將姪女嫁給南容。李膺引此語評價鍾瑾，亦以李膺之妹嫁鍾瑾。(59)人無是非之心二句　語見《孟子·公孫丑上》。(60)太無皁白　簡直是黑白不分。皁，黑色。(61)元禮祖父在位　元禮，李膺字。李膺祖李脩為太尉，父李益為趙國相。[62]國子好招人過　國子，國武子，即春秋時齊國大夫國佐，性情直率，好言人之過。周王室卿士單朝曾評論國佐說：「在國家政治昏亂時，毫無保留地揭發別人的過失，將是怨恨的根本。」不久，國佐在齊國被誅殺。

【校　記】[1]馬氏　原無此二字。據章鈺校，乙十六行本、乙十一行本、孔天胤本皆有此二字，張瑛《通鑑校勘記》同，今據補。[2]等　原無此字。據章鈺校，乙十六行本、乙十一行本、孔天胤本皆有此字，今據補。[3]山陽　原無此二字。據章鈺校，乙十六行本、乙十一行本、孔天胤本皆有此二字，張敦仁《通鑑刊本識誤》、張瑛《通鑑校勘記》同，今據補。

【語　譯】二年（戊子　西元一四八年）

春，正月十九日甲子，漢桓帝行加冠禮。二十五日庚午，大赦天下。

三月二十四日戊辰，漢桓帝隨梁太后臨幸大將軍梁冀的府第。○白馬羌侵擾廣漢屬國，殺死地方官吏，益州刺史率領板楯蠻出兵討伐，打敗了他們。

夏，四月初三日丙子，冊封漢桓帝的弟弟劉顧為平原王，奉祀孝崇皇，尊孝崇皇夫人馬氏為孝崇園貴人。

五月初十日癸丑，北宮掖庭的德陽殿和左掖門失火，漢桓帝遷住南宮。

六月，清河國改名為甘陵國。封安平孝王劉得的兒子經侯劉理為甘陵王，奉祀孝德皇。

秋，七月，京師發大水。

三年（己丑　西元一四九年）

夏，四月最後一天三十日丁卯，發生日蝕。

秋，八月三十日乙丑，在天市星區出現孛星。○京師洛陽發大水。

九月十四日己卯，發生地震。二十五日庚寅，再次發生地震。○五個郡、侯國發生山崩。

冬，十月，太尉趙戒被免職，任命司徒袁湯為太尉，大司農河內人張歆為司徒。

這一年，前朗陵國相荀淑去世。荀淑年輕時學問淵博，品德高尚，當代有名的賢才李固、李膺等都尊他為師長。荀淑在朗陵國，治事公正，被稱為神君。荀淑有八個兒子：荀儉、荀緄、荀靖、荀燾、荀汪、荀爽、荀肅、荀專，都有名於世，時人稱之為八龍。他們所居住的鄉里舊名西豪，潁陰縣令渤海人苑康認為過去高陽氏有才子八人，就改名西豪里為高陽里。

李膺本性耿直嚴正，不與達官貴人交往，只以荀淑為師，以同郡人陳寔為朋友。荀爽曾經前往拜訪李膺，順便給他駕車。回來後，高興地說：「今天有幸為李君駕車！」李膺就是如此受人仰慕。

陳寔出身寒微，擔任潁川郡西門亭長。同郡人鍾皓以高尚的品行受人稱讚，前後九次被公府徵召，輩分遠在陳寔之上，卻與陳寔做朋友。鍾皓擔任郡功曹，被徵召到司徒府，臨行時，太守問：「誰可以接替你的職務？」鍾皓說：「您如果一定要得到合適人選，西門亭長陳寔就可以。」陳寔聽到此事說：「鍾君似乎不怎麼觀察人，不知為何偏偏賞識我？」太守於是任命陳寔為功曹。當時，中常侍山陽侯覽託太守高倫安排一個人做官，高倫就安排這個人為文學掾。陳寔知道用非其人，於是揣著高倫所下手令進見高倫，對高倫說：「這個人不宜任用，但不可得罪侯常侍，請求由郡功曹選用，你太守清明之德就可以不沾灰塵了。」高倫接受了。於是，眾人責備陳寔用人不當，陳寔始終沒有說什麼。後來高倫被徵召為尚書，郡中士大夫把他送到綸氏縣，高倫對眾人說：「我先前為侯常侍安派官吏，陳寔暗中退還我的任命書，而對外卻說是由他簽署委任的，近來聽到一些議論紛紛的人拿這事輕視陳寔，這個過錯是因為我害怕惡霸造成的，而陳君可以稱得上是『把善行歸於別人，把過錯歸於自己』的人。」陳寔仍堅持是自己的錯誤，大家聽到此事，開始感歎不已，於是人人敬佩陳寔的德行。陳寔後來為太丘縣長，廣施恩德，清靜無為，百姓安定。鄰縣有人前來歸順，陳寔就加以訓導，送回本縣。上級主管官員到地方巡視，縣吏害怕有人向巡察官訴冤，就向陳寔稟報想加以禁止。陳寔說：「訴訟為的是求得公平，如果禁止，公理將如何申辯！不要有所禁限。」上級官員聽了而歎息說：「如果像陳君說的這般，哪裡會有受冤的人！」最終也沒有上訴的人。由於沛國相加收苛稅違反法律，陳寔就棄官而去，官民都追念他。

鍾皓向來與荀淑齊名。李膺常慨歎說：「荀淑的清高品德和卓越見識難以追蹤，鍾皓的高尚品德可以作為榜樣。」鍾皓哥哥的兒子鍾瑾的母親，是李膺的姑媽。鍾瑾好學，仰慕古人，有退讓風格，與李膺同歲，都有名聲。李膺的祖父太尉李脩常說：「鍾瑾很像我家人的品性，『國家清平，做官不會被廢棄；國家昏暗，也不會受到刑誅。』」他還把李膺的妹妹嫁給他。李膺對鍾瑾說：「孟子認為『人如果沒有是非之心，他就不是個人』，你簡直是黑白不分！」鍾瑾曾經把李膺的這番話告訴鍾皓。鍾皓說：「李膺的祖父、父親在位時，各宗族旺盛，所以他才會如此！過去，齊國大夫國武子喜歡揭發別人的過失，因而被人怨恨，現在哪是他那個時代！如果想保全家人，你的處世之道最為可貴。」

和平元年（庚寅　西元一五〇年）

春，正月甲子❶，赦天下，改元。○乙丑❷，太后詔歸政於帝，始罷稱制。

二月甲寅❸，太后梁氏崩。

三月，車駕徙幸北宮。

甲午❹，葬順烈皇后❺。增封大將軍冀萬戶，并前合三萬戶，封冀妻孫壽為襄城君，兼食陽翟租❻，歲入五千萬，加賜赤紱，比長公主❼。壽善為妖態❽以蠱惑❾冀，冀甚寵憚之。冀愛監奴❿秦宮，官至太倉令，得出入壽所，威權大震，刺史、二千石皆謁辭⓫之。冀與壽對街為宅⓬，殫極土木⓭，互相誇競，金玉珍怪，充積藏室⓮。又廣開園圃，採土築山，十里九阪⓯，深林絕澗，有若自然⓰，奇禽馴獸飛走其間。冀、壽共乘輦車⓱，遊觀第內，多從倡伎⓲，酣謳竟路⓳，或連日繼夜以騁娛恣⑳。客到門不得通，皆請謝門者㉑，門者累千金。又多拓林苑，周遍近縣。起兔苑於河南城西，經亙㉒數十里，移檄所在調發生兔，刻其毛㉓以為識，人有犯者，罪至死刑。嘗有西域賈胡不知禁忌，誤殺一兔，轉相告言，坐死者十餘人。又起別第於城西，以納姦亡㉔。或取良人悉為奴婢，至數千口，名曰自賣人。冀用壽言，多斥奪諸梁在位者㉕，外以示謙讓，而實崇孫氏㉖。孫氏宗親冒名㉗為侍中、卿、校、郡守、長吏者十餘人，皆貪饕凶淫㉘。各使私客籍屬縣富人㉙，被以他罪，閉獄掠拷㉚，使出錢自贖，貲物㉛少者至於死。又[1]扶風㉜人士孫奮㉝，居富而性吝，冀以馬乘遺之㉞，從貸錢五千萬，奮以三千萬與之。冀大怒，乃告郡縣，認奮母為其守藏婢㉟，云盜白珠十斛、紫金千斤以叛㊱，遂收考奮兄弟死於獄中，悉沒其貲財億七千餘萬。冀又遣客周流四方，遠至塞外，廣求異物，而使人復乘勢㊲橫暴，妻略婦女㊳，毆擊吏卒㊴，所在怨毒㊵。

侍御史朱穆自以冀故吏，奏記㊶諫曰：「明將軍地有申伯之尊㊷，位為羣公㊸之首，一日行善，天下歸仁，終朝為惡，四海傾覆。頃者官民俱匱㊹，加以水蟲為害㊺，京師諸官費用增多，詔書發調，或至十倍，各言官無見財㊻，皆當出民，搒掠㊼割剝㊽，彊令充足。公賦㊾既重，私斂㊿又深，牧守長吏多非德選，貪聚無厭(51)，遇民如虜(52)，或絕命於箠楚(53)之下，或自賊(54)於迫切之求。又掠奪百姓，皆託之尊府(55)，遂令將軍結怨天下，吏民酸毒(56)，道路歎嗟(57)。昔永和之末(58)，綱紀少弛(59)，頗失人望，四五歲耳，而財空戶散，下有離心，馬勉之徒乘敝而起，荊、揚之間幾成大患。幸賴順烈皇后初政清靜，內外同力，僅乃討定。今百姓戚戚(60)，困於永和，內非仁愛之心可得容忍，外非守國之計所宜久安也。夫將相大臣，均體元首(61)，共輿而馳，同舟而濟，輿傾舟覆(62)，患實共之。豈可以去明即昧(63)，履危自安(64)，主孤時困而莫之卹(65)乎！宜時易宰守非其人者(66)，減省第宅園池之費，拒絕郡國諸所奉送(67)，內以自明，外解人惑(68)，使挾姦之吏無所依託(69)，司察之臣(70)得盡耳目(71)。憲度既張(72)，遠邇清壹(73)，則將軍身尊事顯，德燿無窮(74)矣！」冀不納。冀雖專朝縱橫(75)，而猶交結左右宦官，任其子弟、賓客[2]為州郡要職，欲以自固恩寵(76)。穆又奏記極諫(77)，冀終不悟，報書云：「如此，僕亦無一可邪！」然素重穆，亦不甚罪也。

冀遣書詣樂安太守陳蕃，有所請託，不得通。使者詐稱(78)他客求謁蕃，蕃怒，笞殺之。坐左轉脩武令(79)。

時皇子有疾，下郡縣市珍藥(80)。而冀遣客齎書詣京兆(81)，并貨牛黃(82)。京兆尹南陽延篤83發書收客，曰：「大將軍椒房外家，而皇子有疾，必應陳進醫方，豈當使客千里求利乎！」遂殺之。冀慚而不得言。有司承旨求其事，篤以病免。

夏，五月庚辰84，尊博園匽貴人曰孝崇后，宮曰永樂，置太僕、少府以下，皆如長樂宮故事。分鉅鹿85九縣為后湯沐邑。

秋，七月，梓潼86山崩。

【章旨】以上為第四段，寫梁冀專權自恣，勾結宦官同惡相濟，大起宅第，擴建苑囿。

【注釋】❶甲子 正月初一日。❷乙丑 正月初二日。❸甲寅 二月二十二日。❹甲午 四月初三日。❺順烈皇后 即梁太后梁妠。❻兼食陽翟租 襄城、陽翟二縣皆屬潁川郡。孫壽本封襄城君，同時兼收陽翟縣田租。❼加賜赤紱二句 漢制，諸公主儀服同三公王侯，印帶為紫色，長公主儀服同諸侯王，印帶為赤色。今以梁冀妻孫壽儀服與長公主同。❽妖態 妖豔狐媚之態。史載孫壽善於作愁眉、啼妝、墮馬髻、折腰步、齲齒笑。❾蠱惑 迷惑。❿監奴 奴僕總管。⓫謁辭 晉見、辭行。⓬對街為宅 在街道兩側相對為宅。⓭殫極土木 極盡土木建築之能事。殫，盡；頂點。⓮充積藏室 裝滿祕藏的房舍。⓯十里九阪 十里，言梁冀私宅花園之廣。九阪，言園內假山曲折之多。⓰深林絕澗二句 幽深的樹林，山澗懸絕，好像天然生成。《後漢書》梁冀本傳載，梁園「採土築山，十里九坂，以象二崤，深林絕澗，有若自然，奇禽馴獸，飛走其間。」⓱輦車 人力車。⓲多從倡伎 眾多歌伎樂隊相隨從。⓳酣謳竟路 整個路途都有歌伎演唱。⓴騁娛恣 縱情娛樂。㉑請謝門者 賄賂門房。謝，送禮；賄賂。㉒經亙 縱橫。㉓刻其毛 在兔毛上做標記。㉔姦亡 作奸犯法之徒以及逃亡犯。㉕斥奪諸梁在位者 梁冀免掉一些梁家宗室的在位官員，假示謙讓。㉖實崇孫氏 骨子裡是扶植孫氏宗族。㉗冒名 指攀附孫氏。㉘貪饕凶淫 貪婪、殘忍、兇惡、荒淫。㉙各使私客籍屬縣富人 梁冀、孫壽各自派人到地方縣邑編造富人名冊。籍，立名冊上報。㉚閉獄掠拷 逮捕關在監獄中，然後苦刑拷打。㉛貲物 財物。㉜扶風 關中三輔之一右扶風。東漢時治所槐里，在今陝西興平。㉝士孫奮 人名。士孫，複姓。㉞冀以馬乘遺之 梁冀送給士孫奮一輛馬車。㉟認奮母為其守藏婢 指定士孫奮的母親是梁冀家的庫房婢女。㊱叛　背叛主人而逃亡。㊲乘勢　仗勢。㊳妻略婦女　姦淫搶掠婦女。㊴毆擊吏卒　毆打地方官員及士兵。㊵所在怨毒　所到之處，遭人民刻骨怨恨。㊶奏記　下級給上級的署名文書。㊷地有申伯之尊　申伯，中國伯爵，周宣王舅。這裡喻梁冀地位為國舅。㊸羣公　三公。㊹匱　困乏。㊺水蟲為害　水災、蝗災。㊻見財　庫存財物。見，通「現」。現有。㊼搒掠　拷打強索。㊽割剝　榨取，如同割肉剝皮。㊾公賦　國家徵賦。㊿私斂　地方官員個人盤剝。51厭飽；滿足。52遇民如虜　地方官對待人民如同對待強盜。53箠楚　拷打。54自賊　自殺。55尊府　指大將軍梁冀府。56酸毒　酸苦怨恨。57道路歎嗟　人民歎息哀號於路途。58永和之末　順帝永和末年。永和，順帝年號之一（西元一三六—一四一年）。59綱紀少弛　國家法紀鬆弛。60戚戚　悲哀。61均體元首　大臣與皇帝同為一體。均體，一體。元首，指皇帝。62輿傾舟覆　車翻船沉。喻國家敗亡。63豈可以去明即昧　怎能離開光明而靠近黑暗。即，就。64履危自安　怎能踏上危險之途而求得身體的安全。65卹　考慮；關懷。66時易宰守非其人者　及時撤換不稱職的郡縣長官。67諸所奉送　各種名目的進獻。68內以自明二句　對內表明品德高潔，對外消除人民的疑惑。69使挾姦之吏無所依託　使仗勢為惡之徒沒有依靠。70司察之臣　主管監察的官員。71得盡耳目　得以盡其職守，為國耳目。72憲度既張　法令制度得以貫徹。張，張大；貫徹。73遠邇清壹　遠近清平。74德燿無窮　功德的光輝永遠照耀。75專朝縱橫　專權自恣。76自固恩寵　鞏固自己受恩寵的地位。77極諫　極力勸諫。78詐稱　冒充。79坐左轉脩武令　陳蕃被控降職為脩武縣令。左轉，貶遷。脩武，屬河內郡，縣治在今河南獲嘉。80市珍藥　購買珍貴藥物。81京兆　指京兆尹延篤，長安市長。82貨牛黃　購買牛黃。牛黃，牛膽囊中所凝成的塊狀物，為名貴中藥。83延篤　（？—西元一六七年）字叔堅，南陽犨縣（在今河南葉縣西北）人，博通經傳及百家之言。傳見《後漢書》卷六十四。84庚辰　五月十九日。85鉅鹿　縣名，縣治在今河北平鄉西南。86梓潼　縣名，屬廣漢郡，縣治在今四川梓潼。

【校記】1又　據章鈺校，乙十六行本、乙十一行本、孔天胤本皆作「徙」，熊羅宿《胡刻資治通鑑校字記》同。2賓客　據章鈺校，乙十六行本、乙十一行本、孔天胤本此二字下皆有「以」字。

【語譯】和平元年（庚寅　西元一五〇年）

春，正月初一日甲子，大赦天下，改元。〇初二日乙丑，梁太后下詔歸政給漢桓帝，開始停止臨朝稱制。

二月二十二日甲寅，太后梁氏去世。

三月，漢桓帝移往北宮。

四月初三日甲午，安葬順烈皇后，增封大將軍梁冀一萬戶，連同以前的共三萬戶，冊封梁冀的妻子孫壽為襄城君，兼收陽翟縣的租稅，每年收入五千萬，特賜紅色的印帶，與長公主相同。孫壽善於以嬌豔狐媚之態迷惑梁冀，梁冀對她又寵又怕。梁冀寵愛奴僕總管秦宮，讓秦宮任太倉令，可以出入孫壽的住宅，權威大震，刺史和二千石官員都要對秦宮晉見、辭行。梁冀與孫壽在街道兩側相對建宅，極盡土木建築之能事，相互誇耀競爭，金玉珍奇，裝滿了祕藏室。又廣開園圃，挖土建造假山，宏偉曲折，十里九阪，幽深的樹林，山澗懸絕，好似天然生成，奇禽馴獸飛走其間。梁冀和孫壽一同乘坐人力車，在府第園內遊覽，倡伎相伴，整個路途都有歌伎演唱，有時夜以繼日地縱情娛樂。客人拜訪，不得通報，都要先賄賂門房，看門人都累積了很多錢財。梁冀又開拓許多林苑，遍及鄰近各縣。在河南城西築兔苑，縱橫數十里，傳令地方政府供應活兔，在兔毛上做記號，如有誰傷害兔子，罪至死刑。曾經有西域胡商不知道禁忌，誤殺了一隻兔，互相牽連指控，有十幾個人被處死刑。又在城西修築宅第，收容作奸犯科之徒及逃亡犯。或者抓良民充當奴婢，多達幾千人，稱為自賣人。梁冀採用孫壽的主意，罷免很多梁家宗室的在位官員，對外表示謙讓，實際上是扶植孫家宗室。孫氏宗親冒名為侍中、卿、校、郡守、長吏的有十多人，個個貪婪荒淫。各自派人編造縣邑富人名冊，找個罪名，下獄拷問，讓他們出錢自贖，財物出得少的，就被活活打死。有個扶風人士孫奮，富有而吝嗇，梁冀贈給他一輛馬車，而向他借五千萬錢，士孫奮只給了三千萬錢。梁冀大怒，就向郡縣告狀，指認士孫奮的母親是他家庫房的婢女，說她偷竊了白珠十斛、紫金千斤，背叛主人而逃走，於是收拷士孫奮兄弟，殺死在獄中，共沒收他們的資產一億七千多萬。梁冀又派人周遊四方，遠至塞外，廣求珍奇異寶，而那些被派出的人又乘勢施暴，姦淫搶掠婦女，毆打地方官員和士兵，所到之處，遭人民刻骨怨恨。

侍御史朱穆自以為是梁冀的舊屬，上書勸諫說：「大將軍的地位像申伯那樣尊貴，位為群公之首，如果一天行善，天下歸仁，一朝為惡，天下顛覆。最近，國家和人民都很貧窮，加以碰到水災蟲害，京城各府的費用增多，朝廷徵調，有時高達平日的十倍，而各自都說官府沒有現錢，全部應當由百姓承擔，拷打榨取，強迫人民繳足。國家賦稅已經很深重，地方官吏私下斂取又多，州牧郡守長官大多不是按德行選任的，貪得無厭，對待民眾如同對待強盜，有的人被拷打而死，有的人迫於追索而自殺。還有，地方官吏掠奪百姓，都託辭說是大將軍的命令，於是使天下人都仇恨將軍，官吏和百姓都酸苦怨恨，怨聲載道。過去永和末年，國家的法紀鬆弛，大失人心，只四五年時間，國庫空虛，人民流亡，下屬離心離德，馬勉等人趁機造反，在荊州、揚州一帶幾乎造成大災。幸虧順烈皇后當初清靜無為治理政務，朝廷內外同力，才平定了叛賊。現在百姓哀戚，超過永和年間，對內沒有仁愛之心，豈能得到人民的容忍？對外沒有保家衛國的方略，豈能長治久安？大臣與皇帝同為一體，同車而馳，同舟共濟，車翻船沉，患難與共。怎麼可以離開光明而靠近黑暗，踏上危險之途而只求自身的安全？君主孤單，時局艱難，怎能不予以關心！應及時換掉不稱職的郡縣長官，減少宅第園池的費用，拒收郡國各種名目的進獻，對內表明品德高潔，對外消除人民的疑惑，使仗勢為惡的官吏無所依靠，主管監察的臣子得以盡職。法令制度得以貫徹，遠近清平，那麼將軍就會身分尊貴，地位顯赫，功德的光輝永遠照耀了！」梁冀沒有採納。梁冀雖然專權自恣，卻還要交結皇帝身邊的宦官，任用他們的子弟、賓客擔任州郡要職，想依賴宦官鞏固自己受恩寵的地位。朱穆又上奏極力勸諫，梁冀終不悔悟，回書說：「這樣一來，我一無是處了！」然而，梁冀一向看重朱穆，也沒有嚴厲處治他。

梁冀送信給樂安太守陳蕃，託他辦事，沒有疏通。信使就冒充其他客人請見陳蕃，陳蕃大怒，用鞭子打死信使。陳蕃被論罪，貶為脩武縣令。

當時皇子有病，下令郡縣購買珍貴藥物。梁冀派門客攜帶書信往見京兆尹，要求同時收購牛黃。京兆尹南陽人延篤下令逮捕梁氏門客，說：「大將軍是皇后家裡的人，皇子有病，必該推薦名醫，怎能派人到千里之外謀求私利！」於是殺了他。梁冀理虧，不好說話。有關官吏承旨追究此事，延篤因生病而被免職。

夏，五月十九日庚辰，尊奉博園匽貴人為孝崇皇后，宮稱永樂，設立太僕、少府以下屬吏，都比照長樂宮慣例。劃分鉅鹿郡的九個縣為孝崇皇后的湯沐邑。

秋，七月，梓潼縣山崩。

元嘉元年（辛卯　西元一五一年）

春，正月朔❶，羣臣朝賀[1]，大將軍冀帶劍入省❷。尚書蜀郡張陵❸呵叱令出，敕❹虎賁、羽林❺奪劍。冀跪謝，陵不應，即劾奏冀，請廷尉論罪❻。有詔以一歲俸贖❼，百僚肅然。河南尹不疑嘗舉陵孝廉，乃謂陵曰：「昔舉君，適所以自罰也。」陵曰：「明府不以陵不肖，誤見擢序，今申公憲，以報私恩❽。」不疑有愧色。

癸酉❾，赦天下，改元。

梁不疑好經書，喜待士，梁冀疾之，轉不疑為光祿勳❿，以其子胤為河南尹。胤年十六，容貌甚陋⓫，不勝冠帶⓬，道路見者莫不蚩笑⓭。不疑自恥兄弟有隙，遂讓位歸第，與弟蒙閉門自守。冀不欲令與賓客交通，陰使人變服⓮至門，記往來者。南郡太守馬融、江夏太守田明初除⓯，過謁不疑⓰。冀諷有司奏融在郡貪濁，及以他事陷明，皆髡笞⓱徙朔方⓲。融自刺不殊⓳，明遂死於路。

夏，四月己丑⓴，上微行㉑，幸河南尹梁胤府舍。是日，大風拔樹，晝昏。尚書楊秉㉒上疏曰：「臣聞天不言語，以災異譴告。王者至尊，出入有常，警蹕㉓而行，靜室㉔而止，自非郊廟之事，則鑾旗不駕㉕。故諸侯入諸臣之家，春秋尚列其誡㉖。況於以先王法服㉗而私出槃游㉘，降亂尊卑㉙，等威無序㉚，侍衛守空宮，璽紱㉛委女妾！設有非常之變㉜，任章之謀㉝，上負先帝，下悔靡㉞及。」帝不納。秉，震之子也。

京師旱，任城、梁國㉟饑，民相食。○司徒張歆罷，以光祿勳吳雄為司徒。

北匈奴呼衍王寇伊吾，敗伊吾司馬毛愷，攻伊吾屯城。詔敦煌太守馬達將兵救之，至蒲類海㊱，呼衍王引去。

秋，七月，武陵蠻反。

冬，十月，司空胡廣致仕㊲。

【章旨】以上為第五段，寫尚書張陵廷責梁冀。漢桓帝私幸梁冀之子河南尹梁胤府第。

【注釋】❶正月朔　正月初一日。❷冀帶劍入省　梁冀帶劍入禁中。❸張陵　字處沖，蜀郡成都人，官至尚書。傳見《後漢書》卷三十六。❹敕　下令。❺虎賁羽林　此指值班警衛虎賁郎、羽林郎。❻論罪　治罪。❼以一歲俸贖　利用一年的俸祿來贖罪。❽今申公憲二句　今天我申張國法，正是報答你當初推薦我的個人恩情。❾癸酉　正月十六日。❿光祿勳　九卿之一，掌宮廷禁衛。⓫容貌甚陋　容貌十分醜陋。⓬不勝冠帶　不適合穿戴官服。⓭蚩笑　啞然失笑。⓮變服　改換服裝。⓯初除　剛接受任命。⓰過謁不疑　因過其門而晉見梁不疑。⓱髡笞　處以髡刑，即剃光頭髮，同時杖罰。⓲徙朔方　充軍朔方郡。朔方郡治所臨戎，在今內蒙古磴口北。⓳不殊　不死。馬融自殺未遂。⓴己丑　四月初三日。㉑微行　祕密出行。㉒楊秉　（西元八二—一六五年）字叔節，安帝時太尉楊震之中子，精通歐陽《尚書》兼《京氏易》，官至太尉。傳見《後漢書》卷五十四。㉓警蹕　禁止人行，即戒嚴。㉔靜室　清宮。㉕自非郊廟之事二句　皇帝除非祭天或祭宗廟，此外鑾駕從不起行。郊，在南郊祭天。廟，祭祀宗廟。鑾旗，天子之旗。㉖春秋尚列其誡　《春秋》還記載為戒鑑。春秋時陳靈公如夏徵舒之家，為夏徵舒所弒；齊莊公如崔杼之家，亦為崔杼所弒。《春秋》及《左傳》載其事。㉗先王法服　先王穿用的禮服。㉘槃游　轉遊；樂遊。㉙降亂尊卑　降低了皇帝身分，使尊卑淆亂。㉚等威無序　使等級威儀失去了次序。㉛璽紱　天子印綬。㉜非常之變　意外事變。㉝任章之謀　任章，宣帝時代郡太守任宣之子。任宣參與霍禹謀反被誅，任章逃亡到渭城（今陝西咸陽），深夜混入皇家祭廟，冒充衛士，手執鐵戟，站立門口欲刺殺宣帝，幸被發覺，誅死。㉞靡　莫。㉟任城梁國　兩封國名，任城國治所在今山東濟寧，梁國治所睢陽，在今河南商丘。㊱蒲類海　今新疆巴里坤湖。㊲致仕　退休。

【校記】1賀　原作「會」。據章鈺校，乙十六行本、乙十一行本、孔天胤本皆作「賀」，今據改。

【語譯】元嘉元年（辛卯　西元一五一年）

春，正月初一日，群臣朝賀，大將軍梁冀帶劍進入禁中。尚書蜀郡人張陵呵責梁冀，讓他退出，下令虎賁武士、羽林武士奪下梁冀的劍。梁冀跪下請罪，張陵不理，立即劾奏梁冀，請廷尉治罪。下詔罰梁冀一年的俸祿贖罪，百官肅然。河南尹梁不疑曾經推薦張陵為孝廉，便對張陵說：「我當初推薦你，正是自找懲罰。」張陵說：「你不認為我不才，謬加提拔任用，今天我申張王法，用來報答你當初推薦我的個人恩情。」梁不疑面有愧色。

正月十六日癸酉，大赦天下，改元。

梁不疑好讀經書，喜歡接待士人，梁冀討厭他，把梁不疑調任光祿勳，任命他的兒子梁胤為河南尹。梁胤年十六歲，容貌很醜，不適合穿官服，路上看見的人沒有不啞然失笑的。梁不疑認為兄弟鬧矛盾是恥辱的事，於是辭官回家，和弟弟梁蒙閉門修養。梁冀不想讓梁不疑與賓客來往，暗中派人改裝，到梁不疑家門，記下往來的客人。南郡太守馬融、江夏太守田明剛接受任命，路過梁不疑家而拜訪他。梁冀暗示主管官員誣奏馬融在郡內貪汙，並用其他事誣害田明，兩人都被剃光頭髮，同時杖罰，充軍到朔方郡。馬融自殺未成，田明死在路上。

夏，四月初三日己丑，漢桓帝祕密出行，幸臨河南尹梁胤的府第。這一天，大風吹起大樹，白天昏暗，尚書楊秉上疏說：「臣聽說上天不說話，用災異譴責警告人間。君王至尊，進出都有規章制度，清道戒嚴而行動，清宮而止宿，如果除非祭天或祭祀宗廟，此外鑾駕從不起行。所以，諸侯進入臣子家中，《春秋》還記載為戒鑑。何況穿著先王穿用的禮服，私自外出遊樂，降低了皇帝身分，使尊卑混淆，等級威儀失去了次序，侍衛守著空蕩蕩的皇宮，天子璽印和綬帶委託給後宮！萬一發生意外事變，出現任章之謀，對上有負於先帝，對下則追悔莫及。」漢桓帝沒有採納。楊秉，是楊震的兒子。

京師發生旱災，任城、梁國發生饑荒，人吃人。○司徒張歆被免職，任命光祿勳吳雄為司徒。

北匈奴呼衍王侵入伊吾，擊敗伊吾司馬毛愷，攻佔伊吾屯城。詔令敦煌太守馬達率兵救助，到了蒲類海，呼衍王率兵離去。

秋，七月，武陵蠻叛亂。

冬，十月，司空胡廣退休。

十一月辛巳❶，京師地震。詔百官舉獨行之士。涿郡❷舉崔寔❸，詣公車，稱病，不對策，退而論世事，名曰政論。其辭曰：「凡天下所以不治者，常由人主承平日久，俗漸敝而不悟，政寖衰❹而不改，習亂安危，怢不自覩❺。或荒耽耆欲❻，不恤萬機；或耳蔽箴誨❼，厭偽忽真❽；或猶豫歧路❾，莫適所從❿；或見信之佐，括囊守祿⓫；或疏遠之臣，言以賤廢⓬。是以王綱縱弛於上⓭，智士鬱伊於下⓮，悲夫！

「自漢興以來，三百五十餘歲⓯矣，政令垢翫，上下怠懈，百姓囂然⓰，咸復思中興之救矣！且濟時拯世之術，在於補綻決壞⑰，枝拄邪傾⑱，隨形裁割⑲，要措斯世於安寧之域⑳而已。故聖人執權㉑，遭時定制㉒，步驟之差，各有云設㉓。不彊人以不能，背急切而慕所聞㉔也。蓋孔子對葉公㉕以來遠㉖，哀公以臨人㉗，景公以節禮㉘，非其不同，所急異務也㉙。俗人㉚拘文牽古㉛，不達權制㉜，奇偉所聞，簡忽所見㉝，烏可與論國家之大事哉！故言事者雖合聖聽㉞，輒見掎奪㉟。何者？其頑士㊱闇於時權㊲，安習所見，不知樂成，況可慮始，苟云率由舊章㊳而已。其達者或矜名妒能㊴，恥策非己㊵，舞筆奮辭以破其義㊶。寡不勝眾，遂見擯棄㊷，雖稷、契㊸復存，猶將困焉㊹。斯賢智之論所以常憤鬱而不伸者也。

「凡為天下者，自非上德，嚴之則治，寬之則亂。何以明其然也？近孝宣皇帝明於君人之道，審於為政之理，故嚴刑峻法，破姦軌之膽㊺，海內清肅，天下密如㊻，筭計見效，優於孝文㊼。及元帝即位，多行寬政，卒以墮損㊽，威權始奪㊾，遂為漢室基禍之主㊿。政道得失，於斯可鑒(51)。昔孔子作春秋，褒齊桓，懿(52)晉文，歎管仲之功，夫豈不美文、武(53)之道哉？誠達權救敝(54)之理也。故[1]聖人能與世推移(55)，而俗士苦不知變，以為結繩之約(56)，可復治亂秦之緒(57)，干戚之舞(58)，足以解平城之圍。夫熊經鳥伸(59)，雖延曆(60)之術，非傷寒之理(61)；呼吸吐納，雖度紀之道，非續骨之膏[62]。蓋為國之法，有似治[2]身[63]，平則致養，疾則攻焉[64]。夫刑罰者，治亂之藥石也；德教者，興平之粱肉也。夫以德教除殘[65]，是以粱肉治[3]疾也；以刑罰治平，是以藥石供養也。方今承百王之敝[66]，值厄運之會[67]，自數世以來，政多恩貸[68]，馭委其轡，馬駘其銜[69]，四牡橫奔，皇路險傾[70]，方將拑勒鞬輈以救之[71]，豈暇鳴和鑾，調節奏哉[72]！昔文帝雖除肉刑，當斬右趾者棄市，笞者往往至死[73]。是文帝以嚴致平，非以寬致平也。」寔，瑗[74]之子也。山陽仲長統[75]嘗見其書，歎曰：「凡為人主，宜寫一通，置之坐側。」

臣光曰：「漢家之法已嚴矣，而崔寔猶病其寬，何哉？蓋衰世[76]之君，率多柔懦，凡愚之佐[77]，唯知姑息[78]。是以權幸之臣[79]有罪不坐，豪猾之民犯法不誅，仁恩所施，止於目前，姦宄得志，紀綱不立。故崔寔之論，以矯一時之枉，非百世之通義也。孔子曰：『政寬則民慢[80]，慢則糾之以猛；猛則民殘[81]，殘則施之以寬。寬以濟猛，猛以濟寬，政是以和[82]。』斯不易之常道矣！」

閏月庚午[83]，任城節王崇[84]薨，無子，國絕。◯以太常黃瓊為司空。

帝欲褒崇梁冀，使中朝[85]二千石以上會議其禮。特進胡廣、太常羊溥、司隸校尉祝恬、太中大夫邊韶等咸稱冀之勳德宜比周公，錫[86]之山川、土田、附庸[87]。

黃瓊獨曰：「冀前以親迎之勞，增邑萬三千戶，又其子胤亦加封賞。今諸侯以戶邑為制，不以里數為限，冀可比鄧禹，合食四縣[88]。」朝廷從之。於是有司奏：「冀入朝不趨[89]，劍履上殿[90]，謁讚不名[91]，禮儀比蕭何；悉以定陶、陽成餘戶增封為四縣[92]，比鄧禹；賞賜金錢、奴婢、綵帛、車馬、衣服、甲第，比霍光；以殊元勳[93]。每朝會，與三公絕席[94]。十日一入，平尚書事[95]。宣布天下，為萬世法。」冀猶以所奏禮薄，意不悅。

【章旨】以上為第六段，寫崔寔〈政論〉，認為治國要不斷革新，以合時變，治亂要用重刑。司馬光評論，單說用刑，認為一味用重刑只是矯枉，要寬嚴相濟才是永恆的治國之道。

【注釋】❶辛巳　十一月二十八日。❷涿郡　郡名，治所涿縣，在今河北涿州。❸崔寔　字子真，一名台，字元始，涿郡安平（在今河北石家莊東）人，東漢著名政論家，著有〈政論〉行於世。傳見《後漢書》卷五十二。❹政寖衰　政治日漸衰敗。❺習亂安危二句　習慣了亂與危，安於現狀，麻木不知警惕。怢，忘忽。不自覩，看不見；分不清。❻荒耽耆欲　沉溺個人欲望。耆，通「嗜」。❼耳蔽箴誨　耳朵被遮蔽，聽不進任何規勸。箴，規勸。❽厭偽忽真　喜歡聽假話，輕忽真話。厭，滿足。❾猶豫岐路　徘徊在十字路口。喻有的人君在正邪之間搖擺不定。❿莫適所從　不明是非正邪，不知所從。⓫見信之佐二句　親信大臣，閉口不言，只求保持祿位。括囊，把口袋結起來，喻閉起嘴巴。⓬疏遠之臣二句　疏遠的臣下，說一點真實情況，只因地位卑賤而不被採納。廢，指建言不被採納。⓭王綱縱弛於上　國家法紀從上面先行破壞。縱弛，鬆弛；瓦解。⓮智士鬱伊於下　才智之士在下受抑制。鬱伊，委屈不申的樣子。⓯三百五十餘歲　此從西漢開國之年（西元前二〇六年）始至桓帝元嘉元年（西元一五一年），總計三百五十七年。⓰囂然　號呼的樣子。即怨聲載道。⓱補綻決壞　縫補裂壞。綻，衣縫。⓲枝拄邪傾　將傾斜的房屋加以支撐。邪，通「斜」。⓳隨形裁割　補衣支屋要隨形狀裁製用料，喻治政要根據實際情況採取措施。⑳措斯世於安寧之域　把當前社會安置在和平安寧的境界。措，安置；治理。㉑執權　當權。㉒遭時定制　依據所遇到的時勢，頒定制度，不循舊章。㉓步驟之差二句　步驟差異，即不同的實踐，則各有不同的理論。㉔背急切而慕所聞　違背當前急需要辦的事，而去追求遙遠無邊的理想。慕，追慕；尋求。所聞，指理想境界。㉕葉公　葉縣縣令，名高，春秋時楚大夫。公，古人對縣令之尊稱。㉖來遠　召來遠人。孔子回答葉公說，好的政治就是能召來遠人。㉗臨人　治理人民。孔子回答魯哀公說，好的政治就是用好的官吏去治理人民。㉘節禮　簡化禮儀。孔子回答齊景公說，好的政治就是減少繁瑣禮儀。㉙非其不同二句　孔子回答不同，並不是他的政治主張不同，而是針對不同的情勢提出所要急切辦理的不同的要務。㉚俗人　迂腐之人。㉛拘文牽古　墨守條文，受古制約束。㉜不達權制　不懂權變改制。㉝奇偉所聞二句　說一點新鮮事物感到奇怪驚歎，眼前所見的現實變化漠然處之。簡忽，輕視。㉞合聖聽　皇帝喜歡。㉟輒見掎奪　每每被奸邪之人在背後掣附改變了皇上的想法。掎，從背後牽制。奪，轉變了皇帝的想法。㊱頑士　保守分子。㊲闇於時權　不懂時勢權變。㊳率由舊章　因循守舊。㊴矜名妒能　自誇自己的聲名而妒嫉賢能。㊵恥策非己　懊恨好的策謀不是出自自己之手，因而加以反對。㊶舞筆奮辭以破其義　飛舞筆墨，振振有詞，用來曲解不是出於自己之手的善策嘉謀。㊷寡不勝眾二句　智士之謀因寡不敵眾終於被拋棄。㊸稷契　周朝始祖后稷，商朝始祖契。㊹猶將困焉　也將受困，束手無策。㊺破姦軌之膽　使奸邪之人嚇破了膽。軌，內奸。㊻密如　肅然清靜。㊼筭計見效二句　宣帝時政令的設計規劃，能見到實效，超過了孝文帝。筭，同「算」。㊽墮損　衰敗。㊾威權始奪　國家權威開始轉移。㊿基禍之主　指漢元帝是造成西漢衰亡禍患的君主。(51)鑒　借鑑。(52)懿　讚美。(53)文武　指周文王、周武王。(54)達權救敝　通達權變以拯救時弊。(55)與世推移　隨著時世的變化而變化。(56)結繩之約　用結繩記事的簡約方法。(57)亂秦之緒　指亂秦之世，千頭萬緒。(58)干戚之舞　手執兵器的軍樂之舞。干，盾牌。戚，鉞；大斧。《禮記》記載，周時用朱紅色的木盾和玉石製的大斧作為舞蹈器具的軍樂舞，名叫〈大武〉，是歌頌武王伐紂的勝利。《書經》記載，大禹舞干戚於兩階，有苗歸服。(59)熊經鳥伸　喻運動鍛鍊。像熊那樣緣樹而運動四肢，像鳥那樣展翅高空而伸足。熊經，指熊善攀樹，懸吊樹上而投下。(60)延曆　延年。指做熊經鳥伸的運動能延年益壽。(61)非傷寒之理　不是治療傷寒重病的辦法。謂運動可健身而延年，但不是治病的辦法。(62)呼吸吐納三句　作深呼吸運動，可以強健身體，但不是連接斷骨的藥物。度紀，延年；健身。膏，濃藥。(63)治身　調養身體。(64)平則致養二句　平時注意營養，有了疾病就用藥物治療。攻，指用藥攻疾。(65)以德教除殘　用恩義道德剷除殘暴。(66)承百王之敝　承受歷代君王遺留下來的積敝。(67)值戹運之會　又正當艱難時勢之時。(68)恩貸　指法紀寬鬆，使犯罪之人多蒙赦免。(69)馭委其轡二句　政治過寬，如同趕車人丟掉了轡繩，馬兒脫去了口勒。委，棄。駘，脫。(70)四牡橫奔二句　拉車的四匹雄馬橫衝直闖，而道路又狹窄傾斜。皇路，大路。(71)方將拑勒鞿輈以救之　謂四馬橫奔之時，也正是應當緊急地勒馬剎車以救難的時候。拑勒，以木銜馬口。拑，馬轡。鞿輈，束住車轅，今語謂之剎車。(72)豈暇鳴和鑾二句　怎麼能慢條斯理，調節鈴鐺的節奏。和、鑾，分別掛於車、馬上的鈴鐺，馬動車行，則和、鑾齊鳴應和。(73)文帝雖除肉刑三句　表面上寬刑，實際上是加重了懲處，當斬右趾的判死刑，判笞刑的被活活打死。事詳本書卷十五文帝十三年、景帝元年。(74)瑗　崔瑗。事見本書卷五十一安帝延光四年。(75)仲長統　字公理，山陽高平（在今山東獨山湖東岸）人，東漢末政論家，著有《昌言》行於世。傳見《後漢書》卷四十九。(76)衰世　末世。(77)凡愚之佐　衰世的輔佐大臣，多為凡庸之輩。(78)姑息　得過且過。(79)權幸之臣　指當權的奸臣。(80)民慢　人民輕視法紀。(81)民殘　人民受到殘害。(82)和　和諧；穩定。(83)庚午　閏十二月十八日。(84)任城節王崇　任城王劉崇，光武帝子東平王劉蒼之孫，死諡節王。章帝元和元年分東平國為任城國，以封劉蒼少子劉尚。劉尚死，以其姪劉崇嗣封，今又絕祀。(85)中朝　指外朝三公、九卿。(86)錫　賞賜。胡廣等提議以山川、土田、附庸賜梁冀，即要求封梁冀為諸侯王，效法西漢尊王莽故事。(87)附庸　指附著於田土上的人民。(88)合食四縣　前後所封，總計食邑四縣。東漢初功臣受封，最重者食邑四縣。(89)入朝不趨　大臣上殿，要趨迎皇帝，今梁冀可以徐行。趨，小步快走。(90)劍履上殿　可以帶劍穿鞋上殿。(91)謁讚不名　謁者唱名朝拜時，不呼梁冀之名，而只稱大將軍。讚，通「贊」。(92)增封為四縣　梁冀初封襄邑縣，襲封乘氏縣，今又增定陶縣、陽成縣，合為四縣。(93)以殊元勳　加梁冀特殊之禮，不同於一般大臣。元勳，三公大臣。(94)絕席　另坐專席，示高於三公。(95)平尚書事　處理尚書重要事務。平，平議；處理。

【校　記】[1]故　原無此字。據章鈺校，乙十六行本、乙十一行本、孔天胤本皆有此字，張敦仁《通鑑刊本識誤》同，今據補。[2]治　原作「理」。據章鈺校，乙十六行本、乙十一行本皆作「治」，今據改。[3]治　原作「養」。據章鈺校，乙十六行本、乙十一行本皆作「治」，張敦仁《通鑑刊本識誤》、張瑛《通鑑校勘記》同，今據改。

【語　譯】十一月二十八日辛巳，京城洛陽地震。詔令百官推舉特立獨行的高明之人。涿郡推薦崔寔，送到公車署，推託有病，不應對策，回鄉議論國事，寫了〈政論〉。文中說：「大凡天下之所以得不到治理，常是由於君主過了許久太平日子，風俗漸漸衰弱而不能察覺，政務衰敗而不改革，習慣了混亂與危局，安於現狀，熟視無睹。有的人君荒淫沉溺，不理國政；有的人君耳朵閉塞，聽不進規勸，喜好聽假話，輕忽真實的話；

有的人君在十字路口徘徊不定，不知所從；有的人君連他的親信近臣都閉口不言，只求保持祿位；疏遠的臣僚，說一點實情，卻因為地位低下，而不被採納。因此，國家法紀從上面開始破壞，才智之士在下面受到委屈壓制，真可悲呀！

「自從漢朝建立以來，有三百五十多年了，政令荒弛，上下鬆懈，人民怨聲載道，都再次盼望中興的到來，以拯救國家危局！況且，救世之道在於彌補裂縫，支撐傾斜，要根據實際情況採取相應措施，把當前社會安置在和平安寧的境界。所以聖明的人當權，因時制宜，頒定制度，不同的實踐，各有不同的道理。不強求人所不能，不放棄緊急的事而去追求遙遠無邊的理想。孔子回答葉公說，好的政治就是能召來遠人；回答魯哀公說，好的政治就是要用好的官吏去治理人民；回答齊景公說，好的政治就是要簡化繁瑣禮儀。孔子的回答不同，並不是他的政治主張不同，而是針對不同的形勢提出所要急切辦理的不同的要務。迂腐的人墨守條文，受古制約束，不懂權變改制，對傳聞感到奇怪驚歎，對眼前所見的現實變化漠然處之，又怎可以與之談論國家大事！所以，上書的人雖能合乎皇上的心意，但往往被奸佞之臣在背後掣附改變了皇上的想法。這是什麼原因呢？那些頑固保守的人，不懂時勢權變，安於現狀，因循守舊，不樂於成就事業，更何況考慮創新，只是苟且偷安，照章辦事罷了。那些通達之士自誇自己的名聲、妒忌賢能，懊恨好的策謀不是出於自己之手，於是舞文弄墨，振振有詞，來曲解不是出於自己之手的善策嘉謀。使得智士之謀寡不敵眾，終於被拋棄，即使后稷、契還活著，也束手無策，這就是賢才智士的議論之所以遭壓抑而得不到伸展的緣故。

「大凡治理天下，並不是非有很高的德教，一般情況是嚴格就能治平，寬鬆就會動亂。何以證明是這樣呢？近世孝宣皇帝通曉馭民之道，洞曉為政之理，所以使用嚴刑峻法，令奸惡小人喪膽，全國肅然清靜，天下太平，政令的設計規劃能見到實效，超過了孝文帝。等到元帝即位，大多實施寬鬆的政令，最終使朝政衰敗，國家的權威開始轉移，終於成為漢室衰亡禍患的君主。政治的得失，由此可以借鑑。從前，孔子作《春秋》，表彰齊桓公，讚美晉文公，感慨管仲的功勳，孔子難道不崇拜周文王、周武王的治道嗎？實在是為了通達權變以拯救時弊。所以聖人能夠隨著時世的變化改變策略，而庸俗的人不知道變通，認為用上古結繩記事的方法，可以再次治理秦末的千頭萬緒，用上古干戚之舞，就可以除去漢高祖的平城之圍。像熊、鳥那樣運動鍛鍊，雖可延年益壽，但不是治癒傷寒重病的辦法；作深呼吸運動，雖然強身健體，但不是接骨的藥物。治國如同調養身體，平常注意調養，有了疾病就用藥物治療。刑罰是治理混亂的藥石；德教是達到太平的穀物肉類。企圖用道德教化剷除殘暴，等於用白米肥肉治病；用刑罰治理太平，等於用藥石養身。現在，承襲歷代帝王遺留下來的積弊，正值艱難之時，自近幾代以來，法紀寬鬆，政治過寬，如同趕車人丟棄了轡繩，馬兒脫掉了口勒，拉車的四匹馬橫奔之時，而道路又狹窄傾斜，這正是應當緊急勒馬剎車救難的時候，怎麼還有閒暇慢條斯理，調節鈴鐺的節奏！過去漢文帝雖然廢除了肉刑，但應當砍斷右趾的犯人卻處以死刑，判笞刑的往往鞭打至死。這是漢文帝以嚴刑實現太平，而不是用寬政達到太平。」崔寔，是崔瑗的兒子。山陽人仲長統看到他的文章，感歎說：「凡是做君主的，應抄寫一通，放在坐側。」

司馬光說：「漢朝的法令已經夠嚴厲了，而崔寔還患其太寬，為什麼呢？因為末世的君主，大多軟弱怯懦，凡庸的輔佐大臣，只知道姑息縱容。因此專權受寵的臣子有罪也不被懲治，強橫狡猾的小民犯了法也不殺頭，施行的仁義厚恩，只限於眼前，奸人得志，規章法令癱瘓。所以崔寔的議論，可以矯正一時的弊端，但不是百世治國的通則。孔子說：『政令寬鬆則人民輕視法紀，人民輕視法紀則用嚴刑峻法糾正；政令太嚴格則人民受殘害，人民忍受不了兇殘壓迫政府就要放寬。用寬鬆來補救嚴厲，用嚴厲來補救寬鬆，政務才能和順。』這才是永恆治國的常道啊！」

閏十二月十八日庚午，任城節王劉崇去世，沒有兒子，撤除封國。〇任命太常黃瓊為司空。

漢桓帝想崇揚梁冀，讓朝廷二千石以上官員共議禮制。特進胡廣、太常羊溥、司隸校尉祝恬、太中大夫邊韶等人都認為梁冀的功勳大德可同周公相比，應賜給山川、土田、附庸。只有黃瓊一人說：「梁冀以前因迎立皇帝的功績，增加食邑一萬三千戶，另外他的兒子梁胤也給以封賞。現在諸侯以戶邑為制，不以里數為限，梁冀可比照鄧禹，總計食邑四縣。」朝廷採納了。於是，有關部門上奏：「梁冀入朝不必小步快走，佩劍和穿鞋上殿，謁者唱名朝拜時不呼梁冀姓名而只稱大將軍，禮儀比照蕭何；全部把定陶、陽成兩縣的餘戶都封給他，合計四縣，比照鄧禹；賞給金錢、奴婢、綵帛、車馬、衣服、甲第，比照霍光；加梁冀特殊之禮，以區別於一般三公大臣。每次朝會，與三公不同座。每十天入朝一次，處置尚書事務。向天下宣布，作為萬世法則。」梁冀還是認為所奏議的禮儀太低，心中不樂。

二年（壬辰　西元一五二年）

春，正月，西域長史王敬為于窴所殺。初，西域長史趙評在于窴病癰死❶，評子迎喪，道經拘彌。拘彌王成國與于窴王建素有隙，謂評子曰：「于窴王令胡醫持毒藥著創中，故致死耳。」評子信之。還，以告敦煌太守馬達。會敬代為長史，馬達令敬隱覈❷于窴事。敬先過拘彌，成國復說云：「于窴國人欲以我為王，今可因此罪誅建，于窴必服矣。」敬貪立功名，前到于窴，設供具❸，請建而陰圖❹之。或以敬謀告建，建不信，曰：「我無罪，王長史何為欲殺我？」旦日，建從官屬數十人詣敬，坐定，建起行酒，敬叱左右執之。吏士並無殺建意，官屬悉得突走❺。時成國主簿秦牧隨敬在會，持刀出，曰：「大事已定，何為復疑！」即前斬建。于窴侯、將輸僰等遂會兵❻攻敬，敬持建頭上樓宣告曰：「天子使我誅建耳！」輸僰不聽，上樓斬敬，縣首於市。輸僰自立為王，國人殺之，而立建子安國。馬達聞王敬死，欲將諸郡兵出塞擊于窴。帝不聽，徵達還，而以宋亮代為敦煌太守。亮到，開募于窴，令自斬輸僰⑦。時輸僰死已經月，乃斷死人頭送敦煌而不言其狀，亮後知其詐，而竟不能討也。

丙辰⑧，京師地震。

夏，四月甲辰⑨，孝崇皇后匽氏崩，以帝弟平原王石為喪主，斂送制度比恭懷皇后。五月辛卯⑩，葬于博陵。

秋，七月庚辰⑪，日有食之。

冬，十月乙亥⑫，京師地震。

十一月，司空黃瓊免。十二月，以特進趙戒為司空。

【章　旨】以上為第七段，寫西域長史王敬貪求功名，人為製造了于窴國的動亂，也搭上了自己的性命。

【注　釋】❶病癰死　生瘡潰爛而死。❷隱覈　暗中查核。❸設供具　設宴。❹陰圖　暗中謀害。❺突走　突圍逃走。❻會兵　合兵。❼開募于窴二句　開于窴自新之路，招募人員，讓他們自己殺死輸僰以贖罪立功。開，開示；指示。募，懸賞。❽丙辰　正月壬午朔，無丙辰日，疑記載有誤。❾甲辰　四月辛亥朔，無甲辰。甲辰，五月二十五日。❿辛卯　五月十二日。⓫庚辰　七月初二日。⓬乙亥　十月二十八日。

【語　譯】二年（壬辰　西元一五二年）

春，正月，西域長史王敬被于窴殺害。起初，西域長史趙評在于窴生瘡潰爛而死，趙評的兒子前往迎喪，路經拘彌王國。拘彌王成國與于窴王建一向有積怨，對趙評的兒子說：「于窴王讓胡醫把毒藥放在你父親的瘡口上，所以致使你父親死亡。」趙評的兒子相信了。回來後，把這事告訴了敦煌太守馬達。適逢王敬代理長史，馬達命令王敬暗中查核這件事。王敬先經過拘彌國，成國又對他說：「于寘國人想讓我為王，現在可以用這一罪名誅殺于寘國王建，于寘一定屈服。」王敬貪圖建立功名，前行到于寘，擺設酒席，邀請于寘王建，暗中布下埋伏想殺害他。有人把王敬的陰謀告訴了于寘王建，于寘王建不相信，說：「我沒有罪，王長史為什麼要想殺我？」第二天，于寘王建帶領幾十名屬官前往王敬那裡，賓主坐定，建起身敬酒，王敬喝令身邊衛士逮捕他。吏士都沒有殺于寘王建的意圖，建的屬官都得以突圍逃走。當時，成國的主簿秦牧隨王敬在席上，拿著刀出來，說道：「大事已定，為什麼又遲疑不決了！」立即上前殺了于寘王建。于寘的輔國侯、大將輸僰等於是合兵進攻王敬，王敬拿著于寘王建的頭顱上樓宣布：「天子派我來誅殺于寘王建！」輸僰不聽從，上樓殺死王敬，把王敬的頭掛在街市。輸僰自立為王，于寘國的民眾殺死輸僰，而立于寘王建的兒子安國為王。馬達聽說王敬死了，想率領各郡軍隊出塞攻擊于寘。漢桓帝不允許，召馬達返回，而任命宋亮接替敦煌太守。宋亮到職，開于寘王自新之路，招募人員，讓他們自己殺死輸僰以贖罪立功。當時輸僰已經死了一個月了，于寘王就砍了輸僰的人頭送至敦煌，而不說明誅殺的經過。宋亮後來才知道其中有詐，但最終也無法追究。

永興元年（癸巳　西元一五三年）

正月丙辰日，京師洛陽發生地震。

夏，四月甲辰日，孝崇皇后匽氏去世，任命漢桓帝的弟弟平原王劉石主持喪事，葬禮比照恭懷皇后。五月十二日辛卯，葬皇后於博陵。

秋，七月初二日庚辰，發生日蝕。

冬，十月二十八日乙亥，京師洛陽發生地震。

十一月，司空黃瓊被免職。十二月，任命特進趙戒為司空。

春，三月丁亥❶，帝幸鴻池❷。

夏，五月[1]丙申❸，赦天下，改元。○丁酉❹，濟南悼王廣❺薨，無子，國除。

秋，七月，郡、國三十二蝗，河水溢。百姓饑窮流冗❻者數十萬戶，冀州尤甚。詔以侍御史朱穆為冀州刺史。冀部令長聞穆濟河，解印綬去者四十餘人。及到，奏劾諸郡貪汙者，有至自殺，或死獄中。宦者趙忠喪父，歸葬安平，僭為玉匣❼。穆下郡案驗，吏畏其嚴，遂發墓剖棺，陳尸出之。帝聞，大怒，徵穆詣廷尉，輸作左校❽。太學書生潁川劉陶❾等數千人詣闕上書訟穆曰：「伏見弛刑徒❿朱穆，處公憂國，拜州之日，志清姦惡。誠以常侍貴寵，父子兄弟布在州郡，競為虎狼，噬食小民，故穆張理天綱⓫，補綴漏目⓬，羅取殘禍⓭，以塞天意⓮。由是內官⓯咸共恚疾，謗讟煩興⓰，讒隙仍作⓱，極其刑謫⓲，輸作左校。天下有識，皆以穆同勤禹、稷而被共、鯀之戾⓳，若死者有知，則唐帝怒於崇山，重華忿於蒼墓矣⓴！當今中官近習㉑，竊持國柄㉒，手握王爵，口銜天憲㉓，運賞則使餓隸富於季孫㉔，呼噏㉕則令伊、顏化為桀、跖㉖。而穆獨亢然㉗不顧身害，非惡榮而好辱，惡生而好死也，徒感王綱之不攝㉘，懼天綱之久失，故竭心懷憂，為上深計。臣願黥首繫趾㉙，代穆輸作。」帝覽其奏，乃赦之。

冬，十月，太尉袁湯免，以太常胡廣為太尉。司徒吳雄、司空趙戒免，以太僕黃瓊為司徒，光祿勳房植為司空。

武陵蠻詹山㉚等反，武陵太守汝南應奉㉛招降之。

車師後部王阿羅多與戊部侯㉜嚴皓不相得，忿戾而反，攻圍屯田，殺傷吏士。後部侯炭遮領餘民畔阿羅多，詣漢吏降。阿羅多迫急，從百餘騎亡入北匈奴。敦煌太守宋亮上立後故王軍就質子卑君㉝為王。後阿羅多復從匈奴中還，與卑君爭國，頗收其國人。戊校尉閻詳[2]慮其招引北虜，將亂西域，乃開信告示，許復為王，阿羅多乃詣詳降。於是更立阿羅多為王，將卑君還敦煌，以後部人三百帳㉞與之。

【章旨】以上為第八段，寫三十二郡國大蝗災。冀州刺史朱穆懲治宦官趙忠越禮葬父。敦煌太守宋亮撫定車師後王。

【注釋】❶丁亥　三月十二日。❷鴻池　池名，在洛陽東。❸丙申　五月二十二日。❹丁酉　五月二十三日。❺濟南悼王廣　濟南王劉廣，劉顯之子，死諡悼王。濟南國為光武帝子劉康封國。劉顯為劉康庶孫，順帝永建元年紹封。❻流宂　流散。❼僭為玉匣　玉匣即金縷玉衣，諸侯王葬禮可用，今宦者用以葬其父，是為僭制。❽輸作左校　判處在左校營做苦工。將作大匠有左校令，專掌囚徒做苦工。❾劉陶　一名偉，字子奇，潁川潁陰（在今河南許昌）人，經學家。靈帝時官至侍御史，以直諫犯顏死獄中。傳見《後漢書》卷五十七。❿弛刑徒　減刑罰做苦工的罪徒。⓫張理天綱　申張國法。⓬補綴漏目　補好法紀的破網，意謂嚴厲執法，絕不使奸惡漏網。目，網眼。⑬羅取殘禍　搜捕殘賊禍首。⑭以塞天意　以順天意。⑮內官　中官；宦官。⑯謗讟煩興　誹謗之言頻繁興起。⑰讒隙仍作　鑽空子說壞話接連不斷。⑱極其刑讁　最後使用刑罰懲治。⑲禹稷而被共鯀之戾　謂朱穆如同禹、稷之賢而遭受如同共、鯀的懲治。禹，大禹，夏朝開國之主。稷，后稷，周朝始祖。共，共工。鯀，禹父名姒鯀。在堯舜時代，禹、稷為賢人；共工、姒鯀為乖戾奸兇之人，二人後來受到虞舜的懲處。⑳若死者有知三句　謂如果人死後仍有知覺，那麼唐堯會在崇山發怒，虞舜會在蒼梧墓中忿恨。唐帝，傳說的古帝王堯，號陶唐，所以此稱唐帝。崇山，山名，在今湖南張家界，傳說堯死葬崇山。重華，傳說的古帝王虞舜之名。虞舜繼堯為帝。蒼墓，指虞舜的墓地，在湖南寧遠，傳說舜死葬於蒼梧之野。堯、舜兩人為傳說的五帝之一，傳見《史記》卷一〈五帝本紀〉。㉑近習　皇帝左右親信。㉒竊持國柄　指中官近習是竊國大盜。國柄，國家政權。㉓口銜天憲　王法銜在中官近習的口中。天憲，國法。㉔季孫　魯大夫季孫氏，三桓之一，富於魯公室。㉕呼噏　吹口氣。㉖令伊顏化為桀跖　使伊尹（商王朝賢明宰相）、顏淵（孔子高徒）變成夏桀王和盜跖（傳說中戰國時大盜）。㉗亢然　昂首直立的樣子。㉘不攝　不振。㉙黥首繫趾　臉上刺字，腳帶鐵鐐。㉚詹山　人名。㉛應奉　字世叔，汝南南頓（在今河南項城北）人，官至司隸校尉。傳見《後漢書》卷四十八。㉜戊部候　官名，西域戊、己兩校尉各有部候，負責戒備事務。戊部候居車師後部金滿城，在今新疆奇臺西北。㉝後故王軍就質子卑君　安帝延光四年（西元一二五年），班勇斬後部王軍就，其子卑君入質在敦煌。「後」應為「後部」。㉞三百帳　三百戶。帳，游牧人帳廬。

【校　記】①五月　原作「四月」。張敦仁《通鑑刊本識誤》作「五月」，與《後漢書》卷七〈桓帝紀〉相合，今據改。②閻詳　原作「嚴詳」。據章鈺校，乙十六行本、乙十一行本皆作「閻詳」，張瑛《通鑑校勘記》同，今據改。按，當作「閻詳」，《後漢書》卷八十八〈西域傳〉即作「閻詳」。

【語　譯】永興元年（癸巳　西元一五三年）

春，三月十二日丁亥，漢桓帝巡幸鴻池。

夏，五月二十二日丙申，大赦天下，改元。〇二十三日丁酉，濟南悼王劉廣去世，沒有兒子，撤除封國。

秋，七月，三十二個郡、國蝗蟲成災，河水氾濫。百姓因為飢餓貧困而流亡的有幾十萬戶，冀州尤為嚴重。漢桓帝下詔任命侍御史朱穆為冀州刺史。冀州的縣城長官聽說朱穆渡黃河前來，有四十多人棄官離去。

等到朱穆到任，上奏彈劾各郡的貪官汙吏，有的畏罪自殺，有的死在獄中。宦官趙忠的父親死了，歸葬安平，僭越禮制使用玉匣。朱穆下令郡守追查，官吏畏懼朱穆的威嚴，於是掘墓開棺，把屍首拖出來。漢桓帝聽說此事，大怒，召朱穆到廷尉，判罪送到左校營做苦工。太學學生潁川人劉陶等幾千人到宮門上書，為朱穆申辯說：「我們看到減刑罰做苦工的罪徒朱穆，處事公正，憂國憂民，任命冀州刺史之時，立志廓清奸邪。實在是因為宦官常侍深受寵愛，父子兄弟分布在州郡，爭相如狼似虎，吞噬小民。所以朱穆申張國法，修補法紀的漏洞，搜捕殘賊禍首，以順天意。因此，宦官都一起仇恨朱穆，誹謗頻繁興起，讒言接連不斷，最後使用刑罰懲治，送到左校營做苦工。天下有識之士，都認為朱穆如同勤勞的大禹、后稷，卻遭受共工、鯀的懲治，如果死後的人還有知覺，那麼，唐堯會在崇山發怒，虞舜會在蒼梧墓中忿恨！當今宦官近臣，竊奪國家權柄，手上掌管封王賜爵的大權，嘴裡說的就是王法，行賞可使飢餓的奴隸比季孫還富有，他們吹口氣，可使伊尹、顏淵變成夏桀、盜跖。只有朱穆昂首直立，不顧本身的利害，不是他討厭榮耀而喜愛受辱，不想活著而樂於去死，只是有感於王法不振，憂心朝綱久亂，所以竭盡心力，為皇帝作長期的打算。我們願意臉上刺字，腳帶鐵鐐，代替朱穆做苦工。」漢桓帝看過他們的奏章，才赦免了朱穆。

冬，十月，太尉袁湯免職，任命太常胡廣為太尉。司徒吳雄、司空趙戒被免職，任命太僕黃瓊為司徒，光祿勳房植為司空。

武陵蠻首領詹山等人叛亂，武陵太守汝南人應奉招降了他們。

車師後部王國國王阿羅多與戊部候嚴皓不和，憤怒起兵反叛，圍攻屯田，殺傷官吏和士卒。阿羅多的屬下後部候炭遮率領餘眾背叛阿羅多，前往漢朝投降。阿羅多處境窘迫，帶著一百多騎兵逃入北匈奴。敦煌太守宋亮上書，請立車師後部王國的前國王軍就送到漢朝當人質的兒子卑君為王。後來阿羅多又從匈奴回來，與卑君搶奪王位，召集了很多國人。戊校尉閻詳擔心阿羅多招引北匈奴，會騷擾西域，就開誠布公，同意讓阿羅多再稱王，阿羅多才向閻詳歸降。於是，再立阿羅多為王，把卑君送回敦煌，撥出後部王國的三百戶歸他統治。

二年（甲午　西元一五四年）

春，正月甲午❶，赦天下。

二月辛丑❷，復聽刺史、二千石行三年喪。○癸卯❸，京師地震。

夏，蝗。○東海朐山❹崩。

乙卯❺，封乳母馬惠子初為列侯。

秋，九月丁卯朔❻，日有食之。○太尉胡廣免，以司徒黃瓊為太尉。閏月❼，以光祿勳尹頌為司徒。

冬，十一月甲辰❽，帝校獵❾上林苑❿，遂至函谷關⓫。○泰山、琅邪⓬賊公孫舉、東郭竇等反，殺長吏。

永壽元年（乙未　西元一五五年）

春，正月戊申⓭，赦天下，改元。

二月，司隸、冀州饑，人相食。

太學生劉陶上疏陳事曰：「夫天之與帝，帝之與民，猶頭之與足，相須⓮而行也。陛下目不視鳴條之事⓯，耳不聞檀車之聲⓰，天災不有痛於肌膚，震食不即損於聖體⓱，故蔑⓲三光之謬⓳，輕上天之怒。伏念高祖之起，始自布衣，合散扶傷⑳，克成帝業，勤亦至矣，流福遺祚㉑，至於陛下。陛下既不能增明烈考之軌㉒，而忽高祖之勤㉓，妄假利器，委授國柄㉔，使羣醜㉕刑隸㉖，芟刈小民㉗，虎豹窟於麑場，豺狼乳於春囿㉘，貨殖者㉙為窮冤之魂，貧餒者作飢寒之鬼，死者悲於窀穸㉚，生者戚於朝野㉛，是愚臣所為咨嗟長懷歎息者也！且秦之將亡，正諫㉜者誅，諛進㉝者賞，嘉言結於忠舌㉞，國命出於讒口㉟。擅閻樂於咸陽㊱，授趙高以車府㊲，權去己而不知，威離身而不顧。古今一揆㊳，成敗同勢。願陛下遠覽彊秦之傾，近察哀、平㊴之變，得失昭然，禍福可見。臣又聞危非仁不扶，亂非智不救㊵。竊見故冀州刺史南陽朱穆、前烏桓校尉臣同郡李膺，皆履正清平㊶，貞高絕俗㊷，斯實中興之良佐，國家之柱臣也，宜還本朝，夾輔王室㊸。臣敢吐不時之義㊹於諱言之朝㊺，猶冰霜見日，必至消滅。臣始悲天下之可悲㊻，今天下亦悲臣之愚惑也。」書奏，不省。

夏，南陽大水。○司空房植免，以太常韓縯為司空。○巴郡、益州郡山崩。

秋，南匈奴左薁鞬臺耆、且渠伯德等反，寇美稷，東羌復舉種應之。安定屬國都尉敦煌張奐㊼初到職，壁中唯有二百許人，聞之，即勒兵而出。軍吏以為力不敵，叩頭爭止之。奐不聽，遂進屯長城㊽，收集兵士，遣將王衛招誘東羌，因據龜茲縣㊾，使南匈奴不得交通。東羌諸豪遂相率與奐共擊薁鞬等，破之。伯德惶恐，將其眾降，郡界以寧。羌豪遺奐馬二十匹，金鐻㊿八枚。奐於諸羌前以酒酹地(51)曰：「使馬如羊，不以入廄，使金如粟，不以入懷。」悉以還之。前此八都尉率好財貨，為羌所患苦，及奐正身潔己，無不悅服，威化大行。

【章　旨】以上為第九段，寫太學生劉陶上疏漢桓帝訥諫親賢，召還李膺入朝治事，漢桓帝不聽。安定屬國都尉張奐安定東羌，打敗犯邊的南匈奴。

【注　釋】❶甲午　正月二十四日。❷辛丑　二月初二日。❸癸卯　二月初四日。❹朐山　山名，其山在東海郡朐縣境內，在今江蘇連雲港市南。❺乙卯　二月十六日。❻丁卯朔　九月初一日。❼閏月　閏九月。❽甲辰　十一月初九日。❾校獵　圍獵。❿上林苑　東漢上林苑在洛陽西。⓫函谷關　關名，在今河南靈寶東北。⓬泰山琅邪　兩郡名。泰山郡治所奉高，在今山東泰安東。琅邪郡治所開陽，在今山東臨沂北。⓭戊申　正月十四日。⓮相須　相輔相成，互為依靠。⓯鳴條之事　鳴條，山名，在今山西運城西。夏朝末主桀王敗沒於鳴條，被商湯王俘虜，流放而死。⓰檀車之聲　戰車廝殺之聲。此指商紂王敗亡之事。《詩經．大明》：「牧野洋洋，檀車煌煌。」檀車，兵車。⓱天災不有痛於肌膚二句　天災沒有肌膚之痛，地震、日蝕沒有立即損傷聖體。天災，指水災、旱災、蟲災。震食，指地震、日蝕。⓲蔑　輕視。⓳三光之謬　日、月、星變異。⓴合散扶傷　聚合流散之民，扶助傷殘之民。㉑流福遺祚　把帝王的福分流傳下來。㉒增明烈考之軌　發揚光大祖宗的事業。㉓忽高祖之勤　忽視漢高祖創業的艱辛。勤，勤勞；艱辛。㉔妄假利器二句　錯誤地把國家政權交給別人。妄，錯謬。假、授，交出。利器、國柄，皆指政權。㉕羣醜　奸宄之人。㉖刑隸　指宦官。㉗芟刈小民　宰割百姓。㉘虎豹窟於麑場二句　虎豹在鹿場中掘洞，豺狼在花園中養育幼崽。麑，鹿崽。乳，養哺。㉙貨殖者　增殖財富的富人。㉚死者悲於窀穸　已死的人在漫漫長夜中悲號。窀穸，長夜。窀，厚。穸，夜。又，窀穸也指墳墓。㉛生者戚於朝野　活著的人，無論在朝在野，無不愁苦。戚，憂戚。㉜正諫　直言進諫。㉝諛進　阿諛奉承，說假話。㉞嘉言結於忠舌　善言止於忠貞之口。㉟國命出於讒口國家命運繫於奸佞人之口。㊱擅閻樂於咸陽　閻樂，趙高女婿，為咸陽市長，殺秦二世的罪魁。意為讓閻樂在咸陽首都專橫。㊲授趙高以車府　任命趙高為中車府令，掌握了宮門。㊳一揆　一理。㊴哀平　西漢哀帝、平帝。㊵臣又聞危非仁不扶二句　臣又聽說，危急之勢，只有仁愛才能扶持；敗亂之局，只有智士才能拯救。㊶履正清平　行為端正，潔身自愛。㊷貞高絕俗　高尚忠貞，超越凡俗。㊸宜還本朝二句　應該回到政府任職，輔佐皇室。㊹不時之義　不合時宜的大義。㊺諱言之朝　忌諱直言之朝。㊻臣始悲天下之可悲　臣先前感到國家將傾而天下之人皆痲木可悲可歎。㊼張奐　（西元一〇四—一八一年）字然明，敦煌淵泉（今甘肅安西縣東）人，東漢安羌名將，官至大司農、太常。傳見《後漢書》卷六十五。㊽長城　陝北蒙恬所築長城。㊾龜茲縣　上郡屬國都尉治所，因安置內附龜茲人而得名，在今陝西榆林北。㊿金鏤　金器，形制不詳。(51)以酒酹地　以酒灑地而發誓。酹，灑酒地上以示祭天地。

【語譯】二年（甲午　西元一五四年）

春，正月二十四日甲午，大赦天下。

二月初二日辛丑，再次允許刺史、二千石的官吏守喪三年。〇初四日癸卯，京師洛陽發生地震。

夏，發生蝗災。〇東海郡朐山崩塌。

二月十六日乙卯，冊封乳母馬惠的兒子初為列侯。

秋，九月初一日丁卯，發生日蝕。〇太尉胡廣被免職，任命司徒黃瓊為太尉。閏九月，任命光祿勳尹頌為司徒。

冬，十一月初九日甲辰，漢桓帝在上林苑打獵，於是到達函谷關。〇泰山、琅邪的賊人公孫舉、東郭竇等人叛亂，殺死地方官員。

永壽元年（乙未　西元一五五年）

春，正月十四日戊申，大赦天下，改元。

二月，司隸、冀州發生饑荒，人吃人。

太學生劉陶上疏陳事說：「上天與皇帝，皇帝與百姓，猶如頭和腳，必須相互依靠才能行動。皇帝的眼睛看不見鳴條戰事，耳朵聽不見戰車廝殺的聲音，對天災沒有肌膚之痛，地震和日蝕沒有損傷聖體，所以輕視日月星的變異，輕視上天的震怒。臣想到高祖的興起，由一介布衣起家，收聚流散與扶助傷殘的民眾，完成了帝業，艱苦勤勞達到極點，把帝王的福分一代代流傳下來，傳到了陛下。陛下既不能發揚光大祖宗的事業，又忽視了高祖創業的艱辛，錯誤地把國家政權交給別人，把權柄委授他人，使奸兇小人和宦官之流宰割百姓，讓虎豹在鹿場營窟，讓豺狼在花園中乳養幼崽，增殖財富的商賈被逼殺成為窮苦的冤魂之鬼，貧困凍餓之人死於飢寒成為惡鬼，死者在漫漫長夜中悲號，活著的人，無論在朝在野，無不愁苦，這就是愚臣所以久懷嗟歎的原因！秦朝將亡時，直言進諫的人被誅殺，阿諛奉承的人受賞賜；善言止於忠貞之口，國家命運繫於奸佞之人。皇上縱容閻樂在咸陽專橫，任命趙高為中車府令，大權旁落卻毫無知覺，君威離身而不聞不問。古今道理相同，成敗形勢一樣。希望陛下遠看強秦的顛覆，近觀哀帝、平帝的變亂，得失明顯。臣又聽說，危急之勢，只有仁政才能扶持；敗亂之局，只有智士才能拯救。臣私下認為前冀州刺史南陽人朱穆、前烏桓校尉、臣的同郡人李膺都品行端正、潔身自好，高尚忠貞、超越凡俗，實在是中興的良臣和國家的支柱，應返回朝廷，輔佐皇室。臣竟敢在忌諱直言之朝，說些不合時宜的大義，猶如冰霜見到太陽，肯定會被消滅。臣以前感到天下之人的麻木實在可悲可歎，而現在天下的人也會認為臣的愚昧實在可悲。」奏書呈上，漢桓帝不理。

夏，南陽郡發生大水。〇司空房植被免職，任命太常韓縯為司空。〇巴郡、益州郡發生山崩。

秋，南匈奴左薁鞬臺耆、且渠伯德等人叛變，侵佔美稷，東羌的各部落都再次響應。安定屬國都尉敦煌人張奐剛到任，軍營中只有二百多人，張奐得到情報後，馬上率軍出戰。軍吏認為寡不敵眾，爭相磕頭阻止。張奐不聽，於是進兵屯駐於長城，徵召士卒，派遣將領王衛招降東羌，趁機佔據了龜茲縣，使南匈奴無法內外溝通。東羌各部首領於是相率歸降，與張奐共同攻擊左薁鞬等人，打敗了南匈奴。且渠伯德惶恐不安，率領部眾歸降，郡境得以安寧。東羌首領送給張奐二十匹馬、八枚金鐻。張奐在羌人面前灑酒地上，說：「即使馬匹像羊一樣多，也不能私入馬廄，即使黃金像粟一樣多，也不能私入懷中。」把全部贈品還給東羌。以前的八任都尉都喜好財貨，使羌人深感愁苦，等到張奐潔身自愛，羌人無不心悅誠服，威名教化於是廣為推行。

二年（丙申　西元一五六年）

春，三月，蜀郡屬國❶夷反。

初，鮮卑檀石槐❷勇健有智略，部落畏服。乃施法禁，平曲直，無敢犯者，遂推以為大人。檀石槐立庭於彈汗山[1]歠仇水上，去高柳北三百餘里，兵馬甚盛，東、西部大人皆歸焉。因南抄緣邊，北拒丁零❸，東卻夫餘❹，西擊烏孫，盡據匈奴故地，東西萬四千餘里。

秋，七月，檀石槐寇雲中❺。以故烏桓校尉李膺為度遼將軍。膺到邊，羌、胡皆望風畏服，先所掠男女，悉詣塞下送還之。

公孫舉、東郭竇❻等聚眾至三萬人，寇青、兗、徐三州❼，破壞郡縣，連年討之，不能克。尚書選能治劇❽者，以司徒掾潁川韓韶為嬴❾長。賊聞其賢，相戒不入嬴境。餘縣流民萬餘戶入縣界，韶開倉賑之，主者❿爭謂不可，韶曰：「長活溝壑之人，而以此伏罪，含笑入地矣。」太守素知韶名德，竟無所坐。韶與同郡荀淑、鍾皓、陳寔皆嘗為縣長，所至以德政稱，時人謂之「潁川四長⓫」。

初，鮮卑寇遼東，屬國都尉武威[2]段熲率所領馳赴之。既而恐賊驚去，乃使驛騎詐齎璽書召熲⓬。熲於道偽退⓭，潛於還路設伏。虜以為信然，乃入追熲。熲因大縱兵，悉斬獲之。坐詐為璽書，當伏重刑⓮，以有功，論司寇⓯。刑竟⓰，拜議郎⓱。至是，詔以東方盜賊昌熾⓲，令公卿選將帥有文武材者。司徒尹頌薦熲，拜中郎將⓳，擊舉、竇等，大破斬之，獲首萬餘級，餘黨降散。封熲為列侯。

冬，十二月，京師[3]地震。◯封梁不疑子馬為潁陰侯，梁胤子桃為城父侯。

【章旨】以上為第十段，寫鮮卑檀石槐興起，侵擾北疆，段熲平定山東亂匪。

【注釋】❶蜀郡屬國　安帝延光元年（西元一二二年）以蜀郡西部都尉為屬國都尉，在今四川名山縣北。❷檀石槐　（？—西元一八一年）鮮卑首領。東漢末建庭於高柳北彈汗山（在今山西陽高西北），制定法律，從漢朝輸入鐵器，製作兵器和工具。檀石槐統一鮮卑各部，據有匈奴故地，為東漢末北方勁敵。❸丁零　極北方種族名，居於西伯利亞貝加爾湖畔。❹夫餘　東夷種族名，居於今遼寧昌圖一帶。❺雲中　郡名，治所在今內蒙古托克托東北。❻公孫舉東郭竇　泰山、琅邪兩郡民變首領。❼青兗徐三州　青州，在今山東半島。兗州，在今山東西部。徐州，在今江蘇北部。❽劇　繁亂。❾嬴　縣名，屬泰山郡，縣治在今山東萊蕪西北。❿主者　主倉粟之吏。⓫潁川四長　荀淑為當塗長，韓韶為嬴長，陳寔為太丘長，鍾皓為林慮長。⓬使驛騎詐齎璽書召熲　派遣驛傳騎兵帶上偽造的詔書徵召段熲。⓭熲於道偽退　段熲在進軍的半路上假裝奉詔撤退。⓮重刑　死刑。⓯論司寇　判二歲刑。⓰刑竟　服刑期滿。⓱議郎　官名，郎官之一，屬光祿勳，但不入直宿衛，而掌言議，參與朝政。⓲昌熾　盛多，如烈火熾盛。⓳中郎將　官名，職掌禁衛中郎，有五官、左、右三中郎將。東漢時，出征將領常加中郎將銜帥師出征。

【校　記】①彈汗山　原作「彈汗山」。據章鈺校，乙十一行本作「彈汗山」。按，《後漢書》卷九十〈鮮卑傳〉亦作「彈汗山」，今據改。②武威　原無此二字。據章鈺校，乙十六行本、乙十一行本、孔天胤本皆有此二字，張敦仁《通鑑刊本識誤》同，今據補。③京師　原無此二字。據章鈺校，乙十六行本、乙十一行本皆有此二字，今據補。

【語　譯】二年（丙申　西元一五六年）

春，三月，蜀郡屬國夷人反叛。

當初，鮮卑人檀石槐勇敢有智謀，部落都畏懼他，服從他。檀石槐於是立法施禁，審理訴訟，民眾不敢犯法作亂，於是他被選舉為部落酋長。檀石槐在彈汗山歠仇水之間建立王庭，距離高柳的北面三百多里，兵馬很多，東、西部首領都歸順他。因而，向南侵抄掠漢朝邊境，向北反抗丁零，向東擊退夫餘，向西進攻烏孫，完全佔領了匈奴舊地，東西一萬四千多里。

秋，七月，檀石槐侵入雲中郡。朝廷任命前烏桓校尉李膺為度遼將軍。李膺到了邊境，羌人和胡人聞風歸降，將以前掠奪的男女百姓，全部送回塞下。

公孫舉、東郭竇等聚集部眾達到三萬人，侵擾青州、兗州、徐州，毀壞郡縣，朝廷連年討伐，不能取勝。尚書選取能夠平息叛亂的人，任命司徒掾潁川人韓韶為嬴縣縣長。賊人聽說韓韶賢能，相互告誡不入嬴縣縣境。其他各縣的一萬多戶流民進入嬴縣，韓韶下令開倉賑濟，主管倉粟的官員堅決認為不可，韓韶說：「若能夠使這瀕臨死亡的人活命，即使因此而伏法，我也能含笑進入九泉之下。」太守向來知道韓韶負有德望，最終也沒有治罪。韓韶與同郡人荀淑、鍾皓、陳寔都曾經當過縣長，所到之地，以德政聞名，時人稱為「潁川四長」。

當初，鮮卑侵犯遼東，屬國都尉武威人段熲率領他的部隊趕赴遼東。後來擔心鮮卑受驚逃走，就派驛站騎士假傳聖旨召段熲回去。段熲在路上假裝撤退，暗中在半路上埋伏。敵人信以為真，就追擊段熲。段熲趁機大發伏兵，把敵人全部斬殺俘虜了。但是，段熲犯有詐稱聖旨的罪行，當判死刑，因為他立了功，只判了兩年徒刑。刑滿，被任命為議郎。這年，因為東方盜賊勢盛，詔令公卿推薦文武雙全的將帥。司徒尹頌推薦段熲，任命他為中郎將，去攻打公孫舉、東郭竇等，大獲全勝，殺敵一萬多人，餘賊投降解散。冊封段熲為列侯。

冬，十二月，京師發生地震。○冊封梁不疑的兒子梁馬為潁陰侯，梁胤的兒子梁桃為城父侯。

【研析】本卷研析兩件大事，一是梁冀跋扈，二是崔寔〈政論〉。一實一虛，以察東漢國運。

一、梁冀跋扈。梁冀字伯卓，安定烏氏（在今甘肅平涼西北）人。東漢權臣外戚，歷仕順、沖、質、桓四朝，官至大將軍，專斷朝政二十年。質帝年八歲，還是一個少小兒童都看不慣梁冀的橫蠻，在一次早朝時，目視梁冀，童言無忌，脫口而出：「此跋扈將軍也。」梁冀聞言不是自責改過，卻是惡從膽邊生，進鴆毒煮餅，毒殺質帝。一個敢於下毒弒帝的權臣，在中國歷史上也數不出幾個，梁冀是一個罪大惡極的跋扈將軍。

梁冀出身貴戚，父梁商為大將軍，在順帝朝總攬朝政。商女梁妠，順帝永建三年（西元一二八年）選入掖庭，陽嘉元年（西元一三二年）立為皇后。梁商死，未及葬，順帝拜梁冀為大將軍，梁冀弟梁不疑為河南尹。梁冀，梁皇后之兄。順帝死，沖帝立，梁皇后尊為太后，臨朝，歷沖帝、質帝、桓帝三朝太后。梁冀在順帝朝為大將軍執掌朝政，到桓帝延熹二年（西元一五九年）誅死，擅權跋扈達二十年之久。梁冀少為紈絝子弟，鬥雞走狗，酗酒賭博，恣意妄為。梁冀形貌醜陋，兩肩高聳，兩眼直豎，說話辭不達意，斗大的字認不了幾個，無學無德。就這樣一個流氓阿飛式的貴族少爺，因父為大將軍，妹為順帝貴人，梁冀官運亨通。梁貴人初為黃門侍郎，轉侍中、虎賁中郎將、越騎、步兵校尉、執金吾、河南尹、大將軍，一路直線高升。梁貴人為皇后，梁冀秉政，權傾內外。

梁冀生性陰毒，視殺人如草芥。父梁商好友呂放為洛陽令，曾告語梁商管束梁冀，梁冀懷恨，派人在路上殺了呂放，轉嫁為呂放的仇家，然後捕了這一家的全族、賓客達一百多人。梁冀任大將軍後，更是無法無天。一個西域商人，誤殺梁冀兔苑一隻兔，連引相坐十餘人被處死。百官任免，先到梁冀府謝恩送禮。遼東太守侯猛，拜見梁冀沒有事先遞進名帖，梁冀假託他事將侯猛腰斬。宮衛近侍，多為梁冀私黨，皇帝起居動靜，瞭如指掌。事無大小，一決於梁冀。皇帝完全成了一個傀儡。

梁冀性又極奢侈貪婪。朝廷內外，地方要員，多為私黨，個個都是貪官。梁冀專權時，民變四起，都是這幫貪官逼成。扶風人士孫奮也是一個貪汙聚斂之徒，為關中首富。梁冀派人送給士孫奮一匹馬，向士孫奮索錢五千萬，士孫奮只給了三千萬，梁冀大怒，指使地方官誣告士孫奮母親為官奴婢，偷盜白珠十斛，紫金千斤，於是收拷士孫奮兄弟，活活打死獄中，家資抄沒一億七千萬。全國四方地方官進貢，備上兩份禮物，一份先貢梁冀，一份後貢皇帝。梁冀儼然是一個太上皇。

梁冀大造私宅，窮極壯麗，佔了京城一整條街。後花園建造假山，十里九坂，取象崤山。又在河南城西建造兔苑，周回數十里。傳令各地貢納生兔，在毛上作記號，放養兔苑，有人誤捕，罪死不赦。梁氏兔苑成了國中陷阱。又在河南城西蓋別墅選取良家婦女，全為奴婢，多至數千人，稱「自賣人」。梁冀心猶未足，又在京城闢大林苑，比擬皇帝禁苑。範圍東界滎陽，南達魯陽，西至弘農，北到淇縣，封域達千里。

梁冀妒賢忌能，兄弟也不幸免。弟梁不疑好讀經書，喜歡與士人交接，梁冀十分不滿。梁不疑任河南尹，梁冀調轉梁不疑為光祿勳，讓出河南尹改任自己的兒子梁胤。梁胤年十六，形貌醜惡，有乃父之風，更加衣冠不整，鼻涕流連，路人見了都要恥笑，卻任京師市長河南尹。梁不疑都感到羞愧，辭官家居。梁冀監視梁不疑，在其家四周布上暗探，發現士人與梁不疑交往，就藉故陷害，充軍或致死。大儒南郡太守馬融、江夏太守田明，上任時曾去拜訪梁不疑，被梁冀偵知，藉故將二人判刑流放朔方。馬融自殺得救，田明死於半路。

梁冀貪婪無厭。桓帝立，梁冀以援立之功，享崇殊禮，入朝不趨，劍履上殿，唱拜不呼其名而稱大將軍，儀比蕭何，食邑四縣比鄧禹，宅第比霍光，梁冀還認為禮薄。梁冀惡貫滿盈，當梁太后死，桓帝長大，梁冀的大限就到了，但他還不知收斂。延熹二年誅梁冀，黨羽上至公卿，下至列校刺史二千石高官五十七人，故吏賓客為朝官被罷免者三百餘人，朝廷為之一空。抄沒家資，合三十餘億，因減當年天下租稅之半。梁冀巨貪，亙古未有，是中國歷史上最大的貪汙權臣。後世清朝和珅，差可比擬。

史稱梁冀貴盛時，一門前後七人封侯，梁氏諸女三人為皇后，六人為貴人，父子二人為大將軍，夫人及女食邑為封君者七人，諸男尚公主者五人。一衣裙帶，皇權旁落，兇狡人專權，為害之巨，竟至於此。這就是東漢專制政體結出的惡果。

二、崔寔〈政論〉。崔寔，字子真，又名台，字元始，涿郡安平人，漢安平縣舊治在今河北石家莊東。東漢著名政論家，所著〈政論〉受到東漢另一政論家仲長統的高度評價，認為凡是當帝王的人都應當把崔寔的〈政論〉抄下來放在座右，天天溫習。

司馬光摘抄的〈政論〉中心有兩個內容。首先是治國者要懂得社會在不斷變化，不能墨守古訓，治國之策要適應形勢，主張變革，這是進步思想，指出頑固守舊的人，「不懂時勢權變，安於現狀，因循守舊，不樂於成就事業，更談不上創新，只知道苟且偷安，照章辦事」。這還是好的，更差勁的人，「只知貪求名聲，妒忌賢能，懊恨好的策謀不是出於自己之手，於是舞文弄墨來曲解不是出於自己之手的善策嘉謀，使得合宜的謀略寡不敵眾，終於被拋棄」。〈政論〉認為，這些保守人士，充斥於朝，成了奸倭佞臣的幫兇，不除掉這些人，「即使后稷、契在世，也束手無策。」崔寔一針見血，洞穿了專制政體的惰性。梁冀可以誅殺，但專制惰性不除，仍無益於治。宋朝的司馬光不是權奸，是大史學家，但血液中融注了專制惰性，思想保守，是王安石革新的最大政敵。當局者迷，司馬光自己是不會明白的。

〈政論〉第二項中心內容是論治國者要懂得治亂邦應用重刑。治亂要用重刑，原則上沒有錯，但針對東漢政治沒有說到點子上。東漢自明帝起，興大獄，用重刑，繼任者，即使寬柔的順帝，在權臣掌控中實際是更為苛酷，看看梁冀的濫殺無辜，刑不只是重，而是無法無天。全國四方民變，恰恰是貪官汙吏為政苛暴把良民逼上梁山。法律的權威，政府的公信力，是建立在公平公正上。不公平公正的刑法是暴政，政府為暴，人民有權利反暴，湯武革命，誅殺桀紂，就是儒家學說中的民主性成分。不過這都是早期儒家的學說，至於東漢圖讖化的儒學，早把民主性扼殺了。即使是敏睿的崔寔也麻痹了，司馬光自然也不懂，或者懂了也不說。如果只是抽象地談用刑的輕重，司馬光的評論沒有錯。治亂用重典，治國可不能一味地用重典，要寬嚴相濟，才是常道。劉焉治蜀尚寬，豪強欺壓民眾，諸葛亮治蜀就濟之以猛，蜀國大治。秦法苛酷，二世而亡，漢朝興起，高祖入關，約法三章，秦民大悅。秦亡漢興，原因是劉邦誅暴。漢初無為，有文景之治，然而制度多缺，諸侯王興起，尾大不掉，漢武帝實施酷吏政治，濟之以猛，昭宣中興又濟之以寬。所以司馬光說，寬嚴相濟才是治國的常道，原則上是沒有錯的。

卷第五十四

漢紀四十六

起強圉作噩（丁酉　西元一五七年），盡昭陽單閼（癸卯　西元一六三年），凡七年。

【題　解】本卷記事起西元一五七年，迄西元一六三年，凡七年。當桓帝永壽三年至延熹七年，載桓帝一朝中期史事。這一時期的最重大政治事件是桓帝誅除了梁冀，外戚梁氏垮臺。單超、徐璜、具瑗、左悺、唐衡五宦官為發難功臣，同日封侯，世謂之「五侯」。宦官勢盛，當時流行政治民諺：「左回天，具獨坐，徐臥虎，唐雨墮。」宦官子弟布列州郡，地方廉吏劉矩、劉寵以恩信治民，百姓感戴，這樣的清官鳳毛麟角，無補大局。太學生劉陶上奏，阻止了朝廷鑄造重幣，避免了又一輪通貨膨脹。皇甫規討平三輔及河西叛羌，馮緄討平荊州武陵蠻的叛亂。邊警四起。南匈奴、烏桓、鮮卑相互策應侵擾北方沿邊九郡。桓帝迫於形勢需要與輿情，重新起用皇甫規、張奐、段熲三大安邊名將。桓帝還懲治了一批任職州郡的宦官子弟。

孝桓皇帝上之下

永壽三年（丁酉　西元一五七年）

春，正月己未❶，赦天下。

居風❷令貪暴無度，縣人朱達等與蠻夷同反，攻殺令，聚眾至四五千人。夏，四月，進攻九真，九真太守兒式戰死。詔九真都尉魏朗討破之。

閏月庚辰晦❸，日有食之。○京師蝗。

或上言：「民之貧困以貨輕錢薄❹，宜改鑄大錢。」事下四府❺羣僚及太學能言之士議之。太學生劉陶上議曰：「當今之憂，不在於貨，在乎民飢。竊見比年❻已來，良苗盡於蝗螟之口，杼軸空於公私之求❼。民所患者，豈謂錢貨之厚薄，銖❽兩之輕重哉！就使當今沙礫化為南金，瓦石變為和玉❾，使百姓渴無所飲，飢無所食，雖皇、羲❿之純德，唐、虞⓫之文明，猶不能以保蕭牆之內⓬也。蓋民可百年無貨，不可一朝有飢，故食為至急也。議者不達⓭農殖之本，多言鑄冶之便。蓋萬人鑄之，一人奪之，猶不能給；況今一人鑄之，則萬人奪之乎！雖以陰陽為炭⓮，萬物為銅，役不食之民，使不飢之士⓯，猶不能足無厭之求⓰也。夫欲民殷財阜⓱，要在止役禁奪⓲，則百姓不勞而足。陛下愍海內之憂戚，欲鑄錢齊貨⓳以救其弊，猶養魚沸鼎之中，棲鳥烈火之上。水木本魚鳥之所生也，用之不時，必至焦爛。願陛下寬鍥薄之禁⓴，後治鑄之議㉑，聽民庶之謠吟，問路叟之所憂㉒，瞰三光之文耀㉓，視山河之分流㉔，天下之心，國家大事，粲然皆見，無有遺惑者矣。伏念當今地廣而不得耕，民眾而無所食，羣小競進，秉國之位，鷹揚天下㉕，鳥鈔求飽，吞肌及骨，並噬無厭。誠恐卒㉖有役夫㉗窮匠㉘起於版築之間，投斤攘臂㉙，登高遠呼，使愁怨之民嚮應雲合㉚，雖方尺之錢㉛，何有能救其危也！」遂不改錢。

冬，十一月，司徒尹頌薨。○長沙蠻反，寇益陽㉜。○以司空韓縯為司徒，以太常北海孫朗為司空。

【章旨】以上為第一段，寫太學生劉陶上奏，阻止了朝廷鑄造重幣，避免了通貨膨脹。

【注釋】❶己未　《後漢書》卷七〈桓帝紀〉同。按，正月癸未朔，無己未。己未，應為乙未，正月十三日。❷居風　縣名，屬九真郡。九真郡在今越南中部。居風縣治在今越南清化西北。❸庚辰晦　閏五月三十日。❹貨輕錢薄　銅錢太輕太薄。貨，寶貨，即錢。❺四府　大將軍、太尉、司徒、司空四府。❻比年　連年。❼杼軸空於公私之求　織機所產布帛被公家及貪官汙吏索取一空。杼，織梭。軸，機軸。❽銖　重量單位，一兩為二十四銖。❾和玉　名貴的卞和之玉。❿皇羲　傳說的上古聖王天皇氏、伏羲氏。⓫唐虞　唐堯、虞舜。⓬蕭牆之內　朝廷內部。蕭牆是國君所用屏風，人臣至此肅然起敬。⓭達　通曉。⓮以陰陽為炭　把整個天地的陰陽作為炭。⓯役不食之民二句　役使不吃飯的民眾，使用不知飢餓的徒眾，不休息的做工。⓰無厭之求　永不滿足的貪求。⓱財阜　財物豐盛如阜。⓲止役禁奪　停止徭役，禁止貪官汙吏的掠奪。⓳齊貨　統一貨幣。⓴寬鍥薄之禁　放寬刻薄的禁令。鍥，刻也。㉑後冶鑄之議　暫緩討論鑄重錢。㉒聽民庶之謠吟二句　垂聽小民訴苦的歌謠，詢問路旁老人的憂慮。謠吟，民間申訴痛苦的歌謠。㉓瞰三光之文耀　仰視日月星三光明暗的變異。瞰，視也。日月有食，星有錯行，故視其光澤變異。㉔視山河之分流　察看山脈走向，河水分流。此指山崩、川竭等災異引起的變化，古人認為是亡國的警告。㉕鷹揚天下　鷹擊天下。此喻群小兇殘如同蒼鷹。下文三句說蒼鷹捕鳥求飽，連皮帶骨，一塊吞下還不滿足。噬，吞食。㉖卒　通「猝」。突然。㉗役夫　指秦末陳勝、吳廣。㉘窮匠　指西漢成帝時山陽鐵官徒蘇令。㉙投斤攘臂　丟下斧頭，捲起袖子，振臂呼喊。投斤，指放下勞動的工具起來造反。斤，砍柴的斧頭。㉚響應雲合　如響應聲，如雲之合。㉛方尺之錢　誇張之言，謂天下已亂，即使有大如方尺的錢也無濟於世。㉜益陽　縣名，縣治在今湖南益陽東。

【語譯】孝桓皇帝上之下

永壽三年（丁酉　西元一五七年）

春，正月己未日，大赦天下。

居風縣令貪婪無度，縣民朱達等與蠻夷一起叛亂，攻進縣城殺死縣令，並聚集民眾，達四五千人。夏，四月，進攻九真郡，九真太守兒式戰死。詔令九真都尉魏朗征討朱達叛賊，將其擊敗。

閏五月最後一天三十日庚辰，發生日蝕。○京師發生蝗災。

有人上言說：「民眾貧困是因為錢幣太輕太薄，應改鑄大錢。」此事交給四府群僚與太學生中能言之士討論。太學生劉陶上奏說：「當今憂患，不在於錢幣，在於民眾飢困。臣私下看到近幾年來，好的禾苗全部被蝗蟲吃掉，織機所產布帛被公家及貪官汙吏索取一空。百姓所憂慮的，怎能說是錢幣的厚薄，銖兩的輕重呢！即使今天的沙礫都變成南方產的金子，瓦石變成和氏寶玉，讓百姓渴了沒有水喝，餓了沒有東西吃，雖然有天皇氏、伏羲氏純美的德行，唐堯、虞舜的昌明典章，還是不能保證朝廷無事。平民百姓可以一百年家無積財，不能一天無飯吃，所以百姓吃飯問題是最緊急的事。議論國事的人不通曉農耕的根本，而大談鑄製錢幣的益處。一萬人鑄錢，一人奪用，尚不能滿足；更何況現在是一人鑄幣，而上萬的人搶用呢！即使以陰陽為炭，萬物為銅，役使不吃飯的民眾，使用不知飢餓的徒眾，這樣仍不能滿足貪得無厭的欲望。如果真想使民富財足，首要的是停止徭役，禁止掠奪，那麼百姓沒有疲勞之苦而富足。皇上憐憫天下蒼生憂愁淒苦，想重新鑄幣統一貨幣來拯救時弊，就像在開水鍋中養魚，讓鳥在燃燒著的樹木上棲息。水和樹本是魚鳥生存之地，但在那種不合適的情況下，必定會使魚爛鳥焦。希望皇上放寬刻薄的禁令，延後討論鑄錢，垂聽小民訴苦的歌謠，詢問路邊老人的憂慮，仰視日月星辰三光明暗的變化，察看山脈走向，河水分流的情況，天下民心，國家大事，都昭然可見，沒有遺漏和疑惑了。臣想當今土地廣闊而未加耕植，人口眾多而沒有吃食，小人爭相進升，秉持國家權位，鷹擊天下，捕鳥求飽，連皮帶骨，一起吞食仍不滿足。實在害怕突然有役夫窮匠起於役事之中，丟下斧頭，捲起袖子，登高遠呼，使滿懷怨忿的民眾雲集響應，縱然錢幣有一方尺之大，又怎能挽救這種危險呢！」於是沒有改鑄錢幣。

冬，十一月，司徒尹頌去世。○長沙蠻族叛亂，侵擾益陽縣。○任命司空韓縯為司徒，任命太常北海人孫朗為司空。

延熹元年（戊戌　西元一五八年）

夏，五月甲戌晦❶，日有食之。太史令陳授因小黃門徐璜陳「日食之變咎在大將軍冀」。冀聞之，諷雒陽收考授，死於獄。帝由是怒冀。○京師蝗。

六月戊寅❷，赦天下，改元。○大雩❸。

秋，七月甲子，太尉黃瓊免，以太常胡廣為太尉。

冬，十月，帝校獵廣成❹，遂幸上林苑。

十二月，南匈奴諸部並叛，與烏桓、鮮卑寇緣邊九郡。帝以京兆尹陳龜❺為度遼將軍。龜臨行，上疏曰：「臣聞三辰不軌❻，擢士為相❼；蠻夷不恭❽，拔卒為將。臣無文武之材而忝❾鷹揚之任❿，雖歿軀體，無所云補。今西州邊鄙，土地塉埆⑪，民數更寇虜，室家殘破，雖含生氣，實同枯朽。往歲并州⑫水雨，災螟互生⑬，稼穡荒耗⑭，租更空闕⑮。陛下以百姓為子，焉可不垂撫循之恩哉！古公、西伯⑯天下歸仁，豈復輿金輦寶以為民惠乎⑰！陛下繼中興之統，承光武之業，臨朝聽政而未留聖意⑱。且牧守不良，或出中官⑲，懼逆上旨，取過目前⑳。呼嗟之聲，招致災害㉑，胡虜凶悍，因衰緣隙㉒，而令倉庫單㉓於豺狼之口，功業無銖兩之效㉔，皆由將帥不忠，聚姦所致。前涼州刺史祝良初除到州，多所糾罰，太守令長，貶黜將半，政未踰時㉕，功效卓然。實應賞異，以勸功能㉖；改任牧守，去斥姦殘。又宜更選匈奴、烏桓護羌中郎將、校尉㉗，簡練文武，授之法令㉘；除㉙并、涼二州今年租、更，寬赦罪隸，埽除更始㉚，則善吏知奉公之祐㉛，惡者覺營私之禍㉜，胡馬可不窺長城，塞下無候望之患㉝矣。」帝乃更選幽、并刺史，自營㉞、郡太守、都尉以下，多所革易。下詔為陳將軍除并、涼一年租賦，以賜吏民。龜到職，州郡重足震栗㉟，省息經用，歲以億計。

詔拜安定屬國都尉張奐為北中郎將㊱，以討匈奴、烏桓等。匈奴、烏桓燒度遼將軍㊲門，引屯赤阬㊳，煙火相望，兵眾大恐，各欲亡去。奐安坐帷中，與弟子講誦自若，軍士稍安。乃潛誘烏桓，陰與和通，遂使斬匈奴、屠各渠帥，襲破其眾，諸胡悉降。奐以南單于車兒不能統理國事，乃拘之，奏立左谷蠡王為單于。詔曰：「春秋大居正㊴，車兒一心向化，何罪而黜！其遣還庭。」

大將軍冀與陳龜素有隙，譖其沮毀國威，挑取功譽㊵，不為胡虜所畏，坐徵還，以种暠為度遼將軍。龜遂乞骸骨歸田里，復徵為尚書。冀暴虐日甚，龜上疏言其罪狀，請誅之，帝不省。龜自知必為冀所害，不食七日而死㊶。

种暠到營所，先宣恩信，誘降諸胡，其有不服，然後加討。羌虜先時有生見獲㊷質於郡縣者，悉遣還之；誠心懷撫，信賞分明，由是羌、胡皆來順服。暠乃去烽燧，除候望㊸，邊方晏然㊹無警。入為大司農。

【章　旨】以上為第二段，寫南匈奴、烏桓、鮮卑聯合侵犯緣邊九郡，度遼將軍陳龜、繼任者种暠、北中郎將張奐，共同努力，安定了北疆。

【注　釋】❶甲戌晦　五月二十九日。❷戊寅　六月初四日。❸大雩　舉行盛大的求雨大典。雩，呼喊求雨之祭。❹廣成　苑名，在今河南伊川縣西。❺陳龜　字叔珍，上黨泫氏（今山西高平）人。傳見《後漢書》卷五十一。❻三辰不軌　日月星三辰運行越出常軌。❼擢士為相　提拔賢士為宰相。❽不恭　不恭順。❾忝　慚愧，謙詞。❿鷹揚之任　統帥之任。語出《詩經・大明》：「維師尚父，時維鷹揚。」鷹揚，喻尚武如鷹之飛揚。⓫墝埆　瘠薄。⓬并州　轄境當今山西。⓭災螟互生　水災蝗蟲交相發生。⓮稼穡荒耗　農耕荒廢。⓯租更空闕　田賦與役錢缺失。租，三十稅一的田賦。更，代役錢，稱更賦。漢制，成人每人每年戍邊三日，稱徭戍，可拿錢三百代替。成人輪流到京師服役一年；又每年需在地方服役一月，均可納錢代役，每月二千。⓰古公西伯　古公，西周先公古公亶父，因避狄從邠地遷到岐山，從之者歸之如市。西伯，即周文王，天下至仁，百姓拖兒帶女來歸附他。⓱豈復興金輦寶句　難道古公、西伯還需用車輛載著金銀財寶向人民施加恩惠嗎。輦，人力車。此謂人民歸義，不是金錢所能買。⓲未留聖意　謂沒有專注精力聽政。⓳或出中官　有的牧守本出自宦官推薦。⓴懼逆上旨二句　唯恐冒犯皇帝旨意，只求得過且過。㉑呼嗟之聲二句　人民呼喊哀歎之聲，引起天譴而致災害。㉒胡虜凶悍二句　外族兇惡剽悍，趁我國勢衰落，人民怨恨的空隙，起兵作亂。㉓單　通「殫」。盡。指國庫被貪官汙吏這群豺狼吃光。㉔銖兩之效　喻細微功勳。指戰事無尺寸之功。㉕踰時　超過一季，三個月。㉖實應賞異二句　實在應當獎賞祝良的異能，用以鼓勵大家立功。㉗中郎將校尉　此指護匈奴中郎將、護烏桓校尉、護羌校尉。㉘簡練文武二句　選用文武全才，將法令交給他們，即授以實權。㉙除　免除。并、涼二州，免除今年的田租更賦。㉚寬赦罪隸二句　赦免寬大罪犯，給以重新做人的機會。掃除，不追究前過，一切掃除。更始，重新做人。㉛奉公之祐　奉公守法得福。㉜營私之禍　營求私利之害。㉝塞下無候望之患　邊境沒有敵警之患。候望，斥候瞭望。㉞營　地方駐軍。指京兆虎牙營、扶風雍營等。㉟重足震栗　小心謹慎，恐懼戰慄。重足，併足而立，小心恐懼的樣子。㊱北中郎將　即使匈奴中郎將，駐節并州西河郡美稷縣。㊲度遼將軍　屯五原，在今內蒙古包頭西。㊳赤阬　今地不詳。㊴春秋大居正　《春秋》大義崇尚正統。欒提車兒在桓帝即位之年建和元年立，自立為單于以來，一心向化，故桓帝寬宥之。以為這樣做才符合《春秋》書「元年，春，正月」，尊崇正統的大義。㊵譖其沮毀國威二句　誹謗陳龜損害國家威望，謀取個人功業名譽。譖，捏造。挑，亦取也。㊶不食七日而死　陳龜上書後，絕食七天餓死。東漢朝官反對外戚，以死相抗，陳龜繼鄭弘為第二人，亦僅此二人而已。鄭弘在章帝時官至太尉，因反對竇憲被罷官而死。㊷生見獲　被活捉；生俘。㊸除候望　撤除哨所。㊹晏然　安然；太平無事。

【語　譯】延熹元年（戊戌　西元一五八年）

夏，五月最後一天二十九日甲戌，發生日蝕。太史令陳授通過小黃門徐璜上奏說「出現日蝕變異的凶兆責任在於大將軍梁冀」。梁冀聽了，暗示洛陽縣令拘捕考訊陳授，陳授死在獄中。漢桓帝因此對梁冀很生氣。○京師發生蝗災。

六月初四日戊寅，大赦天下，改元年號為延熹。○舉行盛大的求雨大典。

秋，七月二十日甲子，太尉黃瓊被免職，任命太常胡廣為太尉。

冬，十月，漢桓帝在廣成苑圍獵，於是幸臨上林苑。

十二月，南匈奴各部落一起反叛，與烏桓、鮮卑入侵緣邊九郡。漢桓帝任命京兆尹陳龜為度遼將軍。陳龜臨行，上奏說：「臣聽說日、月、星三辰不按軌道運行，提升賢士做丞相；蠻夷不恭順，提拔士兵為將領。臣沒有文武之才卻擔任統帥之任，即使為國捐軀，也無所補益。如今西州邊疆地帶，土地貧瘠，人民多次遭盜匪侵掠，家庭殘敗，雖然口含生氣，實際如同枯朽屍骨一般。往年并州下雨發水，水災蟲災交相發生，農耕荒蕪，田賦與役錢缺失。皇上以百姓當做子女，怎能不多給予撫恤安慰呢！古公亶父、西伯，天下人民都因兩位賢君有仁德而歸順，難道還需要兩位賢君用車子裝載金銀寶物向人民施行恩惠嗎！皇上繼承了中興的大統，承受了光武的功業，臨朝聽政卻沒有專注精力聽政。而且州郡的長官不賢，有的是由宦官推舉的，他們惟恐違背聖上意旨，只求得過且過。百姓呼救哀歎之聲，引起天譴而導致災害，外族兇惡剽悍，趁我國勢衰落、人民怨恨的空隙，起兵作亂，致使國庫被貪官汙吏這群豺狼吃光，沒有尺寸之功，這都是由於將帥不忠、奸臣聚集所導致。前涼州刺史祝良剛剛接受任命到徐州，揭露懲治了許多人，太守、縣令被罷免的將近一半，施政不到三月，成效卓然。實在應該獎賞特異之人，用以鼓勵立功和有能力的官吏；改任郡牧、太守，撤除奸邪害人的官吏。還應另外選擇匈奴、烏桓、護羌中郎將、校尉，選用文武官員，授予法令；免除并、涼二州今年的田租更賦，赦免寬大罪犯，給予重新做人的機會，這樣，好的官吏知道廉潔奉公得福，壞人覺察營私之禍，胡人騎兵不敢窺視長城，邊塞沒有敵警之患了。」於是漢桓帝另外挑選幽州、并州刺史，從京兆虎牙營、扶風雍營、郡太守、都尉以下，多所更換。下詔書為陳將軍免去并州、涼州一年的租稅，以賞賜官吏百姓。陳龜到任，州郡官員併足而立，恐懼不安，每年節省的經費以億計。

漢桓帝下詔任命安定屬國都尉張奐為北中郎將，征伐匈奴、烏桓等。匈奴、烏桓焚燒度遼將軍軍門，率軍駐紮赤阬，煙火相望，兵眾大為恐懼，各自想要逃離。張奐安穩地坐在軍帳中，和平日一樣與弟子們講習自如，軍士逐漸安定下來。於是暗中引誘烏桓，祕密地與烏桓往來，讓烏桓人殺了匈奴、屠各的主帥，襲破匈奴軍隊，各部胡人全部投降。張奐因南單于車兒不能管理國政，便逮捕了他，上奏請立左谷蠡王為單于。漢桓帝下詔說：「《春秋》大義崇尚正統，車兒專心致力於教化，有何罪而黜免呢！應把車兒送返王庭。」

大將軍梁冀與陳龜一向有仇，誹謗陳龜毀壞國家威望，謀取功業名譽，不被胡人敵虜所懼怕，獲罪召回，任命种暠為度遼將軍。陳龜於是請求返回故鄉，又被徵召為尚書。梁冀的暴虐一日比一日厲害，陳龜上奏章述說了他的罪狀，請求誅殺他，漢桓帝不理睬。陳龜自知必被梁冀所害，不食七天而死。

种暠到了軍營，先宣布朝廷的恩德威信，誘導各胡族投降，有不順服的，然後加以討伐。羌敵中以前被捕獲在郡縣留做人質的，全部遣送回到各部。誠心安慰他們，獎賞分明，於是羌人、胡人都來歸順。种暠便撤銷烽火臺，拆掉了哨所，邊境安然無事，不再有警報。种暠入朝做了大司農。

二年（己亥　西元一五九年）

春，二月，鮮卑寇鴈門❶。○蜀郡夷寇蠶陵❷。

三月，復斷❸刺史、二千石行三年喪。

夏，京師大水。

六月，鮮卑寇遼東❹。

梁皇后恃姊、兄蔭勢❺，恣極奢靡，兼倍前世，專寵妒忌，六宮莫得進見。及太后崩，恩寵頓衰。后既無嗣，每宮人孕育，鮮得全者。帝雖迫畏梁冀，不敢譴怒，然進御轉希❻，后益憂恚。秋，七月丙午❼，皇后梁氏崩。乙丑❽，葬懿獻皇后於懿陵。

梁冀一門，前後七侯，三皇后⑨，六貴人，二大將軍，夫人、女食邑稱君者七人，尚公主者三人，其餘卿、將、尹、校⑩五十七人。冀專擅威柄，凶恣日積，宮衛近侍，並樹⑪所親，禁省起居⑫，纖微⑬必知。其四方調發，歲時貢獻，皆先輸上第於冀⑭，乘輿乃其次焉⑮。吏民齎貨求官⑯、請罪者，道路相望。百官遷召⑰，皆先到冀門牋檄謝恩⑱，然後敢詣尚書⑲。

下邳吳樹為宛令，之官⑳辭冀，冀賓客布在縣界，以情託樹㉑。樹曰：「小人姦蠹㉒，比屋可誅㉓。明將軍處上將之位，宜崇賢善以補朝闕㉔。自侍坐以來㉕，未聞稱一長者，而多託非人，誠非敢聞！」冀默然不悅㉖。樹到縣，遂誅殺冀客為人害者數十人。樹後為荊州刺史，辭冀，冀鴆㉗之，出，死車上。遼東太守侯猛初拜，不謁冀，冀託以他事腰斬之。

郎中㉘汝南袁著年十九，詣闕上書曰：「夫四時之運，功成則退，高爵厚寵，鮮不致災㉙。今大將軍位極功成，可為至戒。宜遵縣車之禮㉚，高枕頤神㉛。傳曰：『木實繁者披枝害心㉜。』若不抑損盛權㉝，將無以全其身矣！」冀聞而密遣掩捕㉞。著乃變易姓名，託病偽死，結蒲為人，市棺殯送㉟。冀知其詐，求得，笞殺之。

太原郝絜、胡武好危言高論[36]，與著友善。絜、武嘗連名奏記三府，薦海內高士，而不詣冀[37]。冀追怒之，敕中都官[38]移檄禽捕，遂誅武家，死者六十餘人。絜初逃亡，知不得免，因輿櫬奏書冀門[39]，書入，仰藥而死，家乃得全。安帝嫡母耿貴人薨，冀從貴人從子[40]林慮侯承求貴人珍玩，不能得，冀怒，并族其家十餘人。

涿郡崔琦[41]以文章為冀所善，琦作外戚箴、白鵠賦[42]以風，冀怒。琦曰：「昔管仲相齊，樂聞譏諫之言[43]；蕭何佐漢，乃設書過之吏[44]。今將軍累世台輔，任齊伊、周[45]，而德政未聞，黎元塗炭[46]，不能結納貞良以救禍敗[47]，反欲鉗塞士口[48]，杜蔽主聽[49]，將使玄黃改色[50]、鹿馬易形[51]乎！」冀無以對，因遣琦歸。琦懼而亡匿，冀捕得，殺之。

冀秉政幾二十年[52]，威行內外，天子拱手，不得有所親與，帝既不平之。及陳授死[53]，帝愈怒。和熹皇后從兄子郎中鄧香妻宣，生女猛[54]，香卒，宣更適梁紀，紀，孫壽之舅也。壽以猛色美，引入掖庭，為貴人。冀欲認猛為其女，易猛姓為梁[55]。冀恐猛姊壻議郎邴尊沮敗[56]宣意，遣客刺殺之。又欲殺宣[57]，宣家與中常侍袁赦相比[58]，冀客登赦屋，欲入宣家，赦覺之，鳴鼓會眾以告宣。宣馳入白帝，帝大怒，因如廁，獨呼小黃門史[59]唐衡[60]，問：「左右與外舍不相得者，誰乎[61]？」衡對：「中常侍單超、小黃門史左悺與梁不疑有隙，中常侍徐璜、黃門令具瑗常私忿疾外舍放橫，口不敢道。」於是帝呼超、悺入室[62]，謂曰：「梁將軍兄弟專朝，迫脅內外，公卿以下，從其風旨[63]。今欲誅之，於常侍意如何？」超等對曰：「誠國姦賊，當誅日久。臣等弱劣，未知聖意如何耳。」帝曰：「審然者，常侍密圖之[64]。」對曰：「圖之不難，但恐陛下腹中狐疑[65]。」帝曰：「姦臣脅國[66]，當伏其罪，何疑乎！」於是召璜、瑗，五人共定其議，帝齧[67]超臂出血為盟。超等曰：「陛下今計已決，勿復更言[68]，恐為人所疑。」

冀心疑超等，八月丁丑[69]，使中黃門張惲入省宿[70]，以防其變[71]。具瑗敕吏收惲[72]，以「輒從外入，欲圖不軌[73]。」帝御前殿[74]，召諸尚書入，發其事[75]，使尚書令尹勳持節勒丞、郎[76]以下，皆操兵[77]守省閤[78]，斂諸符節送省中[79]，使具瑗將[80]左右廄騶[81]、虎賁[82]、羽林[83]、都候劍戟士[84]合千餘人[85]，與司隸校尉張彪共圍冀第，使光祿勳袁盱持節[86]收冀大將軍印綬，徙封比景都鄉侯。冀及妻壽即日皆自殺，不疑、蒙[87]先卒。悉收梁氏、孫氏中外宗親[88]送詔獄[89]，無少長皆棄市，他所連及公卿、列校、刺史、二千石，死者數十人。太尉胡廣、司徒韓縯、司空孫朗皆坐阿附梁冀，不衛宮，止長壽亭⑩，減死一等⑪，免為庶人。故吏、賓客免黜者三百餘人，朝廷為空。是時，事猝從中發⑫，使者交馳⑬，公卿失其度⑭，官府市里鼎沸⑮，數日乃定，百姓莫不稱慶⑯。收冀財貨，縣官斥賣⑰，合三十餘萬萬，以充王府用，減天下稅租之半，散其苑囿，以業窮民⑱。

壬午⑲，立梁貴人為皇后⑳，追廢懿陵為貴人冢㉑。帝惡梁氏，改皇后姓為薄氏㉒。久之，知為鄧香女，乃復姓鄧氏。

【章旨】以上為第三段，寫漢桓帝誅除梁冀。

【注釋】❶鴈門　郡名，轄今山西北部。治所陰館，在今山西朔州東南。❷蠶陵　縣名，屬蜀郡，因蠶陵山而得名。縣治在今四川松潘西北。❸復斷　再次禁止。安帝建光元年（西元一二一年）斷二千石行三年之喪，桓帝永興二年（西元一五四年）聽二千石行三年之喪，再次禁斷。❹遼東　郡名，轄遼寧東部。治所襄平，在今遼寧遼陽。❺梁皇后恃姊兄蔭勢　梁皇后，桓帝懿獻皇后梁女瑩，為順帝皇后梁妠、大將軍梁冀之妹。她仗恃姐、兄之勢，專寵六宮。蔭，庇也。❻進御轉希　謂梁皇后侍奉漢桓帝的時間日漸稀少。❼丙午　七月初八日。❽乙丑　七月二十七日。❾七侯二句　梁冀祖梁雍封乘氏侯；梁冀封襄邑侯，又嗣乘氏侯；梁冀子梁胤襄邑侯；梁冀二弟梁不疑潁陽侯；梁蒙西平侯；梁不疑子梁馬潁陰侯；梁胤子梁桃城父侯，是為七侯。和帝母章帝梁貴人，追謚恭懷皇后；順帝梁皇后，桓帝梁皇后，是為三皇后。❿卿將尹校　指九卿、中郎將、河南尹、京兆尹、諸校尉。⓫樹　安置。⓬禁省起居　皇帝起居。⓭纖微　細微。⓮先輸上第於冀　地方獻給皇帝的貢物，把上品先送贈梁冀。上第，上品。⓯乘輿乃其次焉　獻給皇帝的竟是次品。⓰齎貨求官　帶著金銀財寶行賄求官。⓱遷召　升遷、受召調職。⓲牋檄謝恩　呈遞書信謝恩。奏、牋、檄，本指文體。奏，上達天子；牋，達於皇后、太子；檄，徵召公文。這裡牋檄是泛指書信。伴隨書信的是重禮致謝。⓳然後敢詣尚書　然後才敢到尚書府上表謝恩。⓴之官　上任。㉑冀

賓客布在縣界二句　梁冀賓客黨羽散布在宛縣境內的很多，梁冀請託吳樹照應。㉒姦蠹　奸惡為害。㉓比屋可誅　即使在鄰縣的也應誅殺。比屋，隔壁房間，喻鄰縣。㉔宜崇賢善以補朝闕　應該尊崇賢良善德的人士來彌補朝廷的闕失。㉕自侍坐以來　自我陪坐以來。侍坐，陪坐，吳樹謙語。㉖默然不悅　默無一語，心裡不高興。㉗鴆　用鴆羽所浸的毒酒。此處用為動詞。㉘郎中　郎官之一，禁衛宮門。㉙鮮不致災　很少不招來災禍。鮮，少。㉚縣車之禮　指引退。西漢元帝時，御史大夫薛廣德致仕，將皇帝賞賜的安車懸掛起來，表示榮譽。縣，通「懸」。㉛高枕頤神　高臥養神。㉜木實繁者披枝害心　謂樹木果實繁多，會使枝葉傷折，損害樹心。《史記・范睢列傳》范睢引此語作「木殖繁者披其枝，披其枝者傷其心。」心，指樹根。㉝抑損盛權　裁抑控制梁冀的權力。㉞密遣掩捕　祕密派人逮捕袁著。㉟結蒲為人二句　袁著家人用蒲草結紮成屍體，購買棺材安葬。㊱危言高論　公開評論政治。危言，正言；切中要害之言。㊲不詣冀　郝絜、胡武推薦名士，只上書司徒、司空、太尉三府，而不前往大將軍梁冀府上書。㊳中都官　指司隸校尉部屬。㊴輿櫬奏書冀門　用車拉著棺木到梁冀門前呈上書，表示服罪自殺。櫬，棺材。㊵貴人從子　耿貴人的內姪耿承。㊶崔琦　字子瑋，涿郡（治所在今河北涿州）人，文學家。傳見《後漢書》卷八十上。㊷外戚箴白鵠賦　崔琦所作諷諭梁冀的文章。《後漢書》崔琦傳載〈外戚箴〉，結尾處有「日不常中，月盈有虧，履道者固，仗勢者危」的句子，直言諷諫。㊸譏諫之言　譏刺勸諫之言。㊹設書過之吏　設置記載過失的官吏。㊺任齊伊周　責任與商伊尹、周朝周公相等。㊻黎元塗炭　老百姓生活於泥塗炭火之中。㊼結納貞良以救禍敗　結交忠良，挽救敗亡之禍。㊽鉗塞士口　鉗制堵塞士人之口。㊾杜蔽主聽　蒙蔽皇上視聽。㊿將使玄黃改色　將使天地變色。喻改換朝代。天，玄色。地，黃色。(51)鹿馬易形　秦末宦者趙高在秦二世面前指鹿為馬，以試探群臣附己與反對者，終於導致秦朝敗亡。(52)冀秉政幾二十年　順帝永和六年（西元一四一年）梁冀為大將軍，至今延熹二年（西元一五九年），已十九年。(53)陳授死　太史令陳授死於延熹元年五月。(54)猛　鄧猛，即桓帝鄧皇后，延熹二年梁冀被誅後立為皇后，立七年被廢，憂死。傳見《後漢書》卷十下〈皇后紀下〉。本傳云諱猛女。(55)易猛姓為梁　據《後漢書・皇后紀》鄧猛女本傳，猛隨母至梁紀家，「因冒姓梁氏」，故入宮為梁貴人。(56)沮敗　敗壞；阻止。(57)又欲殺宣　剷除鄧香妻宣，即切斷了鄧猛與鄧家的關係，而梁冀成了改姓梁的梁猛之父，是唯一娘家人。(58)相比　相鄰。(59)小黃門史　小黃門書史。(60)唐衡　潁川人，與下文的河南人左悺、單超、下邳人徐璜、魏郡人具瑗，共五宦官協謀誅除梁冀，同日受封為五侯，世稱「五侯」，東漢政權從此由外戚轉入宦官手中。五侯傳見《後漢書》卷七十八〈宦者傳〉。(61)左右與外舍二句　在我身邊的人跟外舍合不來的，還有誰。左右，指宦官。外舍，外朝，此指外戚梁冀。(62)入室　入帝寢祕室。(63)從其風旨　聽從梁冀旨意。(64)審然者二句　真是這樣的，你們祕密剷除他。

(65)腹中狐疑　心裡猶疑，中途變卦。(66)脅國　威脅國家。(67)齧　口咬。(68)勿復更言　不要再對別人提起這事。(69)丁丑　八月初十日。(70)使中黃門張惲入省宿　未有聖旨，張惲竟聽梁冀之言進入宮中值宿，由此可見梁冀的跋扈專橫。中黃門，高於小黃門的宦官。張惲，梁冀之黨。(71)以防其變　防範單超等發動剷除外戚的宮廷政變。(72)具瑗敕吏收惲　具瑗為黃門令，總管諸黃門，因與桓帝有密約，於是趁機逮捕張惲發難。(73)輒從外入二句　擅自從宮外進入，圖謀不軌。(74)帝御前殿　桓帝登上前殿政事堂。(75)發其事　公開誅除梁冀之事。(76)勒丞郎　統領尚書左右丞及尚書郎。(77)操兵　手執武器。(78)守省閣　守衛尚書府。(79)斂諸符節送省中　把所有代表皇帝及朝廷的印信、符節集中起來送入宮中。斂，收聚。(80)使具瑗將　詔令具瑗統率如下武裝。(81)左右廄騶　廄騶，管理皇帝御馬的騎士，有未央廄及左、右廄。(82)虎賁　虎賁郎。(83)羽林　羽林郎。(84)都候劍戟士　巡察皇宮的劍戟士，由左、右都候率領。(85)合千餘人　總計聚集的宮中武裝力量有一千多人。(86)持節　皇帝專使「持節」。(87)不疑蒙　兩人為梁冀之弟。(88)中外宗親　在朝中和在地方上做官的梁、孫兩姓宗室。(89)詔獄　皇帝直接過問的最高監獄。(90)不衛宮二句　胡廣等被控事發後不保衛皇宮，停留在長壽亭觀望。(91)減死一等　應得死罪，減一等處分。(92)事猝從中發　誅梁冀事突然從皇宮中發動。(93)使者交馳　使者穿梭奔馳。(94)公卿失其度　三公九卿大臣失去常態。(95)鼎沸　像鼎中開水一樣沸騰。(96)百姓莫不稱慶　老百姓沒有不稱道慶賀的。(97)縣官斥賣　政府拍賣。(98)散其苑囿二句　將梁氏的林園分配給貧民耕種。業，耕作之業。(99)壬午　八月十五日。(100)立梁貴人為皇后　即立鄧香女梁猛為皇后。(101)追廢懿陵為貴人冢　懿陵，桓帝懿獻梁皇后陵，今降格為貴人冢。(102)改皇后姓為薄氏　改現任皇后梁猛為薄猛。西漢文帝母薄太后，一家忠良，以為吉姓。

【語譯】二年（己亥　西元一五九年）

春，二月，鮮卑人入侵雁門郡。〇蜀郡蠻夷侵犯蠶陵縣。

三月，再次禁止刺史、二千石官員守喪三年。

夏，京師發大水。

六月，鮮卑人侵犯遼東郡。

梁皇后依仗著姐姐和兄長的勢力，恣意奢侈，超過前代幾倍，獨佔寵幸，本性妒嫉，六宮嬪妃不能進見漢桓帝。等到梁太后去世，頓時失寵。梁皇后既然沒有後嗣，每當宮人懷孕了，很少有保全的。漢桓帝雖然迫於畏懼梁冀，不敢責備發怒，然而梁皇后侍奉漢桓帝的時間稀少，梁皇后越來越憂慮。秋，七月初八日丙午，梁皇后去世。二十七日乙丑，將懿獻皇后安葬在懿陵。

梁冀一門，前後有七位侯爵，三位皇后，六位貴人，二位大將軍，夫人、女兒有食邑稱為君的有七人，娶公主的有三人，其他卿、將、尹、校五十七人。梁冀專斷大權，一天比一天兇狠放肆，宮中衛士和近侍都安排親信的人，皇帝起居，細微小事都一定會知道。全國各地的調派，一年四季的貢獻，都先把上品送給梁冀，天子得到次等的。官吏、百姓中攜帶金銀珠寶賄賂求官、請求脫罪的人，在路上絡繹不絕。百官升遷、徵召，都先到梁冀家中呈上書信謝恩，然後才敢前往尚書府。

下邳人吳樹做宛縣縣令，就職前辭別梁冀，梁冀的賓客散布宛縣，請託吳樹照顧他們。吳樹說：「小人奸惡害國，即使在鄰縣的也該誅殺。將軍身處上將的地位，應當尊崇賢良善德的人士來彌補朝廷的缺失。從我造訪將軍陪坐以來，沒有聽到將軍稱讚一位品行高尚的人，而託付的大多是不稱職的人，這實在是我不願聽到的！」梁冀沉默不快。吳樹到了縣城，就殺死幾十個傷害百姓的梁冀客卿。吳樹後來任荊州刺史，向梁冀辭別，梁冀讓他喝下毒酒，他出門，死在車上。遼東太守侯猛剛剛接到任命，沒有謁見梁冀，梁冀假借別的事情把他腰斬了。

郎中汝南人袁著十九歲，到宮門上書說：「四時運轉，完成了功業就退下，高爵深寵，很少有不造成災禍的。現在大將軍位極人臣，功業有成，可要特別警戒。應該自行引退，高臥養神。古書上說：『果實累累，會折斷樹枝，傷害樹心。』如果不裁抑大權，即將無法保全自身了！」梁冀聽到後，祕密遣人逮捕袁著。袁著改換姓名，託病詐死，用蒲草結紮成屍體，購買棺木殯葬。梁冀知道其中有詐，尋找到了袁著，打死了他。

太原人郝絜、胡武喜好發表正言高論，和袁著關係友好。郝絜、胡武曾經連名向三府上奏書，推舉海內高德之士，而不往梁冀府中。梁冀加怒於他們，命中都官傳布檄令抓捕，於是殺了胡武全家，死了六十多人。郝絜最初逃亡，知道不能脫免，便用車拉著棺木到梁冀府中進陳奏書，奏書送進去後，飲藥而死，家族才得以保全。安帝的嫡母耿貴人去世，梁冀向貴人的姪兒林慮侯耿承索取貴人的珍奇玩物，沒有得到，梁冀很生氣，殺死他全族十多人。

涿郡人崔琦以文章被梁冀讚美，崔琦寫了〈外戚箴〉、〈白鵠賦〉諷刺梁冀，梁冀大怒。崔琦說：「以前管仲為齊相，喜歡聽譏刺勸諫的話；蕭何輔佐漢朝，設立了記錄過失的官吏。現在將軍為幾代丞相，責任與伊尹、周公相同，但未聽見有德政，百姓塗炭，不結交忠良來挽救敗亡之禍，反而想要鉗制堵塞士人之口，蒙蔽皇上視聽，要使天地變色、指鹿為馬！」梁冀無法回答，於是送崔琦回去。崔琦害怕了，逃亡躲藏起來，梁冀抓到他，把他殺了。

梁冀主持國政差不多二十年，威權施於朝廷內外，天子束手無策，不得親自參與朝政，早已憤憤不平。等到陳授死了，漢桓帝更加生氣。和熹鄧皇后堂兄的兒子、郎中鄧香的妻子宣，生下女兒鄧猛，鄧香去世，宣改嫁給梁紀，梁紀，是孫壽的舅舅。孫壽因鄧猛姿色美麗，引進宮中，做了貴人。梁冀想認鄧猛做女兒，改鄧猛姓梁。梁冀害怕鄧猛的姐夫議郎邴尊從中破壞，使宣改換主意，於是派刺客殺了他。又想殺宣，宣家和中常侍袁赦家相鄰，梁冀的刺客登上了袁赦的屋頂，想進入宣家，袁赦發現了，鳴鼓聚眾讓宣知道。宣馳入宮中告訴漢桓帝，漢桓帝大怒，於是去廁所，單獨叫來小黃門史唐衡，問道：「我身邊宦官與皇后娘家關係不好的，有誰？」唐衡回答說：「中常侍單超、小黃門史左悺與梁不疑有仇，中常侍徐璜、黃門令具瑗常私下怨恨皇后娘家放肆霸道，嘴上不敢說。」於是漢桓帝叫單超、左悺進入漢桓帝的寢室，對他們說：「梁將軍兄弟專擅朝政，脅逼內外大臣，公卿以下的官員，順從梁冀的旨意。現在想殺了梁冀，你們意下如何？」單超等人回答說：「梁冀確是國家的奸賊，早就該殺。臣等勢弱無力，不知道聖上是什麼意思。」漢桓帝說：「真是這樣的，你們祕密剷除他。」單超等人回答說：「剷除梁冀不難，只怕陛下心中猶豫不決。」漢桓帝說：「奸臣威脅國家，應該伏罪被殺，有什麼猶豫的！」於是召來徐璜、具瑗，五人共同議定了計畫，漢桓帝咬破了單超的手臂，以血為盟。單超等人說：「陛下今天計畫已定，不要再對別人提起此事，恐怕被人懷疑。」

梁冀心中懷疑單超等人，八月初十日丁丑，派中黃門張惲進入宮中值宿，以防單超等人發動事變。具瑗敕令官吏抓捕張惲，用「擅自從外面進宮，想圖謀不軌」作罪名。漢桓帝登上前殿，召集各尚書進宮，公開剷除梁冀之事，命令尚書令尹勳持節部署尚書左右丞及尚書郎以下的官員，全都手執兵器守衛尚書府，收取各種符節送到宮中，命令具瑗率領左右廄的騎兵、虎賁、羽林、都候所屬的劍戟士，加起來一千多人，和司隸校尉張彪一起包圍了梁冀的住宅，派光祿勳袁盱持節收回梁冀的大將軍印綬，貶為比景都鄉侯。梁冀和妻子孫壽當天都自殺了，梁不疑、梁蒙在他們之前就已經死了。逮捕所有在朝廷和地方上做官的梁氏、孫氏宗親，送至詔獄，不論老幼，全部處以死刑，其他受牽連的公卿、列校、刺史、二千石官員，死了幾十人。太尉胡廣、司徒韓縯、司空孫朗都坐罪依附梁冀，事發後不保護宮廷，停留在長壽亭觀望，本應得死罪，減一等處分，廢為平民。梁冀過去的官吏、賓客被罷免的有三百多人，朝廷為之一空。當時，誅殺梁冀的事情從宮中突然發動，使者交相奔跑，公卿失去常態，官府和街巷沸騰，幾天後才安定下來，百姓沒有不稱道慶賀的。沒收梁冀的財貨，由官府拍賣，共三十多億，用以補充王府費用，減免天下一半的賦稅，把梁冀的林園分給貧民耕種。

八月十五日壬午，立梁貴人為皇后，追廢懿陵，改為貴人冢。漢桓帝厭惡梁氏，改皇后姓薄。時間久了，知道她是鄧香的女兒，才恢復姓鄧。

詔賞誅梁冀之功，封單超、徐璜、具瑗、左悺、唐衡皆為縣侯，超食二萬戶，璜等各萬餘戶，世謂之五侯❶。仍以悺、衡為中常侍。又封尚書令尹勳等七人皆為亭侯❷。

以大司農黃瓊為太尉，光祿大夫中山祝恬為司徒，大鴻臚梁國盛允為司空。

是時，新誅梁冀，天下想望異政❸。黃瓊首居公位，乃舉奏州郡素行暴汙❹，至死徙者十餘人，海內翕然❺稱之。

瓊辟汝南范滂❻。滂少厲清節❼，為州里所服。嘗為清詔使❽，案察冀州，滂登車攬轡，慨然有澄清天下之志。守令臧❾汙者，皆望風解印綬去。其所舉奏，莫不厭塞眾議❿。會詔三府[1]掾屬舉謠言⓫，滂奏刺史、二千石權豪之黨二十餘人。尚書責滂所劾猥多⓬，疑有私故。滂對曰：「臣⓭之所舉，自非叨穢⓮姦暴，深為民害，豈以汙簡札哉！間以會日⓯迫促，故先舉所急，其未審者，方更參實⓰。臣聞農夫去草，嘉穀必茂，忠臣除姦，王道以清。若臣言有貳⓱，甘受顯戮！」尚書不能詰⓲。

尚書令陳蕃上疏薦五處士⓳：豫章徐稺⓴、彭城姜肱㉑、汝南袁閎㉒、京兆韋著、潁川李曇。帝悉以安車、玄纁㉓備禮徵之，皆不至。

稺家貧，常自耕稼，非其力不食，恭儉義讓，所居服其德。屢辟公府，不起。陳蕃為豫章太守，以禮請署功曹。稺不之免㉔，既謁而退㉕。蕃性方峻㉖，不接賓客，唯稺來，特設一榻，去則縣之㉗。後舉有道㉘，家拜太原太守㉙，皆不就。稺雖不應諸公之辟，然聞其死喪，輒負笈赴弔㉚。常於家豫炙雞一隻㉛，以一兩綿絮漬㉜酒中暴乾㉝以裹雞，徑到所赴冢隧外㉞，以水漬綿㉟，使有酒氣，斗米飯，白茅為藉㊱，以雞置前，醊酒㊲畢，留謁則去㊳，不見喪主。

肱與二弟仲海、季江俱以孝友著聞，常同被而寢，不應徵聘。肱嘗與弟季江俱詣郡，夜於道為盜所劫，欲殺之。肱曰：「弟年幼，父母所憐，又未聘娶，願殺身濟弟㊴。」季江曰：「兄年德在前㊵，家之珍寶，國之英俊，乞自受戮，以代兄命。」盜遂兩釋焉，但掠奪衣資而已。既至，郡中見肱無衣服，怪問其故，肱託以他辭，終不言盜。盜聞而感悔，就精廬㊶求見徵君㊷，叩頭謝罪，還所略物。肱不受，勞以酒食而遣之㊸。帝既徵肱不至，乃下彭城，使畫工圖㊹其形狀。肱臥於幽闇㊺，以被韜面㊻，言患眩疾㊼，不欲出風㊽，工竟不得見之。

閎，安之玄孫也，苦身脩節㊾，不應辟召。

著隱居講授，不脩世務。

曇繼母酷[2]烈㊿，曇奉之逾謹，得四時珍玩，未嘗不先拜而後進(51)，鄉里以為法(52)。

帝又徵安陽(53)魏桓，其鄉人勸之行。桓曰：「夫干祿求進，所以行其志也(54)。今後宮千數，其可損乎？廄馬萬匹，其可減乎？左右權豪，其可去乎？」皆對曰：

「不可。」桓乃慨然歎曰：「使桓生行死歸㊵，於諸子何有哉！」遂隱身不出。

【章　旨】以上為第四段，寫誅除梁冀的五宦官單超、徐璜、具瑗、左悺、唐衡同日封侯，世謂之五侯，外戚失勢，宦官勢增。朝官士大夫間隙求生，尚書令陳蕃薦賢五隱士，皆不應徵召。

【注　釋】❶五侯　單超，新豐侯；徐璜，武原侯；具瑗，東武陽侯；左悺，上蔡侯；唐衡，汝陽侯。❷尹勳等七人皆為亭侯　尹勳，宜陽都鄉亭侯；霍諝，鄴都亭侯；張敬，山陽曲鄉亭侯；歐陽參，脩武仁亭侯；李瑋，宜陽金門亭侯；虞放，冤句呂都亭侯；周永，下邳高遷鄉亭侯。❸天下想望異政　全國盼望出現新的政治局面。❹素行暴汙　一向殘暴貪汙。❺翕然　一片歡洽。❻范滂　（西元一三七—一六九年）字孟博，汝南征羌（今河南郾城東南）人，歷官清詔使、光祿勳主事、汝南功曹。與太學生相結，反對宦官。在第二次黨禍中死獄中。傳見《後漢書》卷六十七〈黨錮傳〉。❼少厲清節　青年時就磨礪清高的節操。厲，通「礪」。❽清詔使　太尉府派出的巡察使。❾臧　通「贓」。❿厭塞眾議　符合眾議。⓫三府掾屬舉謠言　舉謠言有兩種方式，一為三公徵采掾屬所搜集的謠言，條列上奏。再一種是三府掾屬會集殿上，主持人唱言州郡長官姓名治績，清吏則同聲稱讚，贓吏則默不作聲。善惡，亦當有歌謠為證。三府，司徒、司空、太尉。謠言，反映民間疾苦的歌謠。⓬猥多　眾多。⓭臣　范滂自稱。尚書發問是代表皇帝，故范滂回答稱臣。⓮叨穢　貪濁汙穢。叨，貪也。⓯會日　三府會聚朝廷的期限。⓰參實　參驗考實。⓱貳　虛假不一。⓲詰　反駁。⓳處士　隱士。⓴徐穉　（西元九七—一六八年）字孺子，豫章南昌（今江西南昌）人，東漢著名隱士。傳見《後漢書》卷五十三。㉑姜肱　（西元九七—一七三年）字伯淮，彭城廣戚（今江蘇沛縣東）人，與徐穉齊名，同傳。㉒袁閎　字夏甫，出身世族，為章帝司徒袁安的第四代孫。與世隔絕，築土室而居。傳見《後漢書》卷四十五。㉓玄纁　本指黑色、淺紅色的絲織品。玄，黑色。纁，淺紅色。㉔穉不之免　徐穉不前往上任而免職。㉕既謁而退　謁見陳蕃後離去。㉖蕃性方峻　陳蕃性情方正嚴肅。㉗縣之　把床吊起來。縣，通「懸」。㉘後舉有道　安帝建光元年（西元一二一年）舉有道之士。徐穉被舉薦。㉙家拜太原太守　徐穉不就徵召，就在他家裡宣讀太原太守的委任狀。㉚負笈赴弔　帶著書箱前往弔喪。漢代被舉的人，即為舉者門生，有守喪的義務。徐穉雖不就徵召，但卻對舉者一一守喪。㉛豫炙雞一隻　預先烤好一隻雞。㉜漬　浸泡。㉝暴乾　曬乾。㉞徑到所赴冢隧外　逕直趕到所要祭奠的墳墓墓道外。㉟以水漬綿　用水浸泡酒綿，使之散出酒味。㊱白茅為藉　用白茅草為墊子。㊲醊酒　把酒灑到地上。㊳留

謁則去　留下名帖後就離去。㊴濟弟　救弟。㊵年德在前　年長德高，在己之前。㊶精廬　姜肱教授弟子的學堂。㊷徵君　對姜肱的尊稱，因曾被徵召。㊸遣之　送走。㊹圖　繪畫。㊺肱臥於幽闇　姜肱睡在黑暗的房中。㊻以被韜面　用被子蓋住臉面。韜，深藏。㊼言患眩疾　稱說害了眼花的病。㊽不欲出風　不能見光和被風吹。㊾苦身脩節　袁閎築土室獨居十八年，困苦自身，修治節操。㊿酷烈　兇暴。(51)先拜而後進　先禮拜繼母而後獻上四時珍玩。(52)鄉里以為法　鄉里人都以他為榜樣。(53)安陽　縣名，縣治在今河南安陽。(54)干祿求進二句　當官食祿求升遷，目的是為了實現治世理想。(55)生行死歸　謂當官若忤逆權貴，是生時去，死後回。

【校　記】①三府　原誤作「三戶」。據章鈺校，乙十六行本、乙十一行本、孔天胤本皆作「三府」，今據校正。②酷　原作「苦」。據章鈺校，乙十六行本、乙十一行本、孔天胤本皆作「酷」，張瑛《通鑑校勘記》同，今從改。

【語　譯】詔命獎賞誅殺梁冀的功勞，封單超、徐璜、具瑗、左悺、唐衡全為縣侯，單超食邑二萬戶，徐璜等人各一萬多戶，世人稱為五侯。仍以左悺、唐衡為中常侍。又封尚書令尹勳等七人都為亭侯。

任命大司農黃瓊為太尉，光祿大夫中山人祝恬為司徒，大鴻臚梁國人盛允為司空。這時，剛剛誅殺了梁冀，天下盼望新政。黃瓊身居公位之首，就進奏揭露州郡中一向殘暴貪汙的人，罪至處死流放的有十多人，全國一片歡洽。

黃瓊徵召汝南人范滂。范滂年少時磨礪清高的節操，被州郡和鄉里所佩服。曾任清詔使，考察冀州政事，范滂登上車子，手執轡繩，大有澄清天下的志向。郡守、縣令貪汙的，都聞風棄職離去。范滂所進奏檢舉的，沒有不符合眾議的。適逢詔命三府掾屬搜集褒貶地方官的謠言，范滂進奏彈劾刺史、二千石官員、權貴和豪門之流的有二十多人。尚書責備范滂彈劾眾多，懷疑有私人恩怨。范滂回答說：「臣下所揭發的，如果不是貪贓枉法、奸惡殘暴、深為民害的人，豈容它來弄髒臣的奏章！近日因為朝會時間迫促，所以先揭發緊急的案件，其他沒有查清楚的，正在參驗落實。臣聽說農夫除草，莊稼一定茂盛，忠臣鋤奸，王道得以清明。如果臣言不一，甘受誅殺！」尚書無法反駁。

尚書令陳蕃上奏推薦五位隱士：豫章人徐稺、彭城人姜肱、汝南人袁閎、京兆人韋著、潁川人李曇。漢桓帝全都用安車、黑色和淺紅色絲綢備齊禮儀徵召他們，他們都不接受徵召。

徐穉家中貧寒，常自己耕種，不是自己生產的東西不食用，恭敬節儉，履義謙讓，所住地方的人都佩服徐穉的品德。公府屢次徵召，徐穉不願出來做官。陳蕃為豫章太守，依禮儀請徐穉任功曹。徐穉不前往上任而免職，謁見陳蕃後離去。陳蕃個性方正嚴肅，不交往賓客，只有徐穉前來，特別設立一張坐榻，離開後就懸掛起來。後來徐穉被推舉為有道之士，在家中被委任為太原太守，他都沒有接受。徐穉雖然不接受各公侯的徵召，但聽到他們喪亡的消息，馬上就背著書箱前去弔喪。他常在家中預先燒好一隻雞，用一兩綿花浸在酒中曬乾，用來裹雞，直接趕到所要祭奠的墳墓墓道外，用水浸泡酒綿，使之含有酒氣，米飯一斗，用白茅草為墊子，把雞放在前面，把酒灑到地上，留下名帖就離去，不見喪祭的主人。

姜肱和二位弟弟姜仲海、姜季江都以孝順友愛聞名，經常一起用一條被子睡覺，不接受徵召。姜肱曾和弟弟姜季江一同前往郡中，夜裡在路上被強盜搶劫，想要殺死他們。姜肱說：「弟弟年幼，父母憐愛，又沒有娶妻，願意被殺救下弟弟。」季江說：「哥哥年長德高，是家中珍寶，國家英才，請求自己被殺，來代替哥哥的生命。」於是強盜把他倆釋放了，只搶走了些衣服路費而已。到了郡裡，郡中官員看到姜肱沒有衣服，奇怪地詢問他們原因，姜肱藉別的話搪塞，始終不說強盜搶劫之事。強盜知道了，感到後悔，就到他的學堂求見姜肱，磕頭認罪，歸還搶去的東西。姜肱不肯接受，擺設酒食款待強盜後送走了他們。漢桓帝既然徵召不到姜肱，於是下令彭城縣，讓畫工畫出他的形象。姜肱睡在黑暗的房中，用被子蓋著臉，說是患了眼花的病，不能見光和被風吹，畫工最終也沒有見到他。

袁閎，是袁安的玄孫，刻苦修治品性，不肯接受徵召。

韋著隱居教授學生，不管世事。

李曇的繼母兇暴，李曇奉養她更加恭謹，得到四季珍奇玩物，從來沒有不先禮拜繼母，然後進獻給她的，鄉里人以他為榜樣。

漢桓帝又徵召安陽人魏桓，他的同鄉勸他前往。魏桓說：「當官食祿，求取升遷，目的是為了實現他的理想。現在後宮人數以千計，可以減去嗎？廄中的馬有萬匹，可以減去嗎？左右權貴豪門，可以除去嗎？」同鄉人都回答說：「不可以。」魏桓慨歎道：「讓我生時去，死後回，對於各位先生有什麼好處呢！」於是他隱居不出。

帝既誅梁冀，故舊恩私，多受封爵，追贈皇后父鄧香為車騎將軍，封安陽侯；更封后母宣為昆陽君，兄子康、秉❶皆為列侯；宗族皆列校、郎將，賞賜以巨萬計。中常侍侯覽上縑五千匹❷，帝賜爵關內侯，又託以與議誅冀，進封高鄉侯，又封小黃門劉普、趙忠等八人為鄉侯，自是權勢專歸宦官矣。五侯尤貪縱❸，傾動內外❹。

時災異數見，白馬❺令甘陵李雲❻露布上書❼，移副三府❽，曰：「梁冀雖恃權專擅，虐流天下，今以罪行誅，猶召家臣搤殺之耳❾。而猥封❿謀臣⓫萬戶以上，高祖聞之，得無見非⓬！西北列將⓭，得無解體！孔子曰：『帝者，諦也⓮。』今官位錯亂，小人諂進⓯，財貨公行⓰，政化日損，尺一拜用，不經御省⓱，是帝欲不諦乎⓲！」帝得奏震怒，下有司逮雲，詔尚書都護劍戟送黃門北寺獄⓳，使中常侍管霸與御史、廷尉雜考⓴之。

時弘農五官掾㉑杜眾傷㉒雲以忠諫獲罪，上書「願與雲同日死」。帝愈怒，遂并下廷尉。大鴻臚陳蕃上疏曰：「李雲所言，雖不識禁忌，干上逆旨，其意歸於忠國而已。昔高祖忍周昌不諱之諫㉓，成帝赦朱雲腰領之誅㉔，今日殺雲，臣恐剖心之譏㉕，復議於世矣！」太常楊秉、雒陽市長㉖沐茂、郎中上官資並上疏請雲㉗。帝恚甚㉘，有司㉙奏以為大不敬㉚，詔切責蕃、秉，免歸田里，茂、資貶秩二等。時帝在濯龍池㉛，管霸㉜奏雲等事，霸跪言曰：「李雲草澤愚儒㉝，杜眾郡中小吏，出於狂戇，不足加罪。」帝謂霸曰：「『帝欲不諦』，是何等語！而常侍欲原之邪？」顧使小黃門可其奏，雲、眾皆死獄中，於是嬖寵㉞益橫。太尉瓊自度力不能制，乃稱疾不起，上疏曰：「陛下即位以來，未有勝政㉟，諸梁秉權，豎宦充朝，李固、杜喬既以忠言橫見殘滅，而李雲、杜眾復以直道繼踵㊱受誅，海內傷懼，益以怨結㊲，朝野之人，以忠為諱。尚書周永，素事梁冀，假其威勢㊳，見冀將衰，乃陽毀示忠㊴，遂因姦計㊵，亦取封侯㊶。又，黃門㊷挾邪㊸，羣輩相黨，自冀興盛，腹背相親㊹，朝夕圖謀，共構姦軌㊺。臨冀當誅，無可設巧㊻，復託其惡以要爵賞㊼。陛下不加清徵㊽，審別真偽㊾，復與忠臣並時顯封，粉墨雜糅㊿，所謂抵(51)金玉於砂礫，碎珪璧於泥塗(52)，四方聞之，莫不憤歎(53)。臣世荷國恩(54)，身輕位重，敢以垂絕之日(55)，陳不諱之言。」書奏，不納。

冬，十月壬申[56]，上行幸長安。○中常侍單超疾病。壬寅[57]，以超為車騎將軍。

十二月己巳[58]，上還自長安。

燒當、燒何、當煎、勒姐等八種羌寇隴西金城塞[59]，護羌校尉段熲[60]擊破之，追至羅亭[61]，斬其酋豪以下二千級，獲生口萬餘人。

詔復以陳蕃為光祿勳，楊秉為河南尹。單超兄子匡為濟陰太守，負勢貪放[62]。兗州刺史第五種[63]使從事[64]衛羽案之，得臧五六千萬。種即奏匡，并以劾超。匡窘迫，賂客任方刺羽。羽覺其姦，捕方，囚繫雒陽。匡慮楊秉窮竟其事，密令方等突獄亡走[65]。尚書召秉詰責[66]，秉對曰：「方等無狀[67]，釁[68]由單匡，乞檻車[69]徵匡，考覈其事，則姦慝[70]蹤緒[71]，必可立得。」秉竟坐論作左校[72]。

時泰山賊叔孫無忌寇暴徐、兗，州郡不能討，單超以是陷第五種，坐徙朔方。超外孫董援為朔方太守，稸怒[73]以待之。種故吏孫斌知種必死，結客追種，及於太原，劫[74]之以歸，亡命數年，會赦得免。種，倫之曾孫也。

是時，封賞踰制[75]，內寵猥盛[76]。陳蕃上疏曰：「夫諸侯上象四七[77]，藩屏上國[78]。高祖之約，非功臣不侯。而聞追錄[79]河南尹鄧萬世父遵之微功，更爵尚書今黃雋先人之緒[1]封[80]，近習以非義授邑[81]，左右[82]以無功傳賞[83]，至乃一門之內，侯者數人，故緯象失度[84]，陰陽謬序[85]。臣知封事已行[86]，言之無及，誠欲陛下從是而止[87]。又，采女[88]數千，食肉衣綺[89]，脂油[90]粉黛，不可貲計[91]。鄙諺言『盜不過五女門[92]』，以女貧家也。今後宮之女，豈不貧國乎！」帝頗采其言，為出宮女五百餘人，但賜雋爵關內侯，而封萬世南鄉侯。

帝從容[93]問侍中陳留爰延[94]：「朕何如主也？」對曰：「陛下為漢中主[95]。」帝曰：「何以言之？」對曰：「尚書令陳蕃任事則治，中常侍黃門與政[96]則亂，是以知[2]陛下可與為善，可與為非。」帝曰：「昔朱雲廷折欄檻，今侍中面稱朕違[97]，敬聞闕矣。」拜五官中郎將，累遷大鴻臚。會客星經帝坐[98]，帝密以問延，延上封事[99]曰：「陛下以河南尹鄧萬世有龍潛之舊[100]，封為通侯[101]，恩重公卿，惠豐宗室[102]，加頃引見[103]，與之對博[104]，上下媟黷，有虧尊嚴[105]。臣聞之，帝左右者，所以咨政德也。善人同處，則日聞嘉訓；惡人從游，則日生邪情。惟陛下遠讒諛之人，納謇謇之士，則災變可除。」帝不能用。延稱病，免歸。

【章　旨】以上為第五段，寫漢桓帝重賞宦官親信，誅殺諫臣李雲等，政治更加昏暗。

【注 釋】❶康秉 皆為鄧香之子，鄧皇后鄧猛之兄。❷上縑五千匹 進獻縑綢五千匹。縑，細密的絲織品。❸貪縱 放肆。❹傾動內外 震動朝廷內外。❺白馬 縣名，屬東郡，縣治在今河南滑縣東。❻李雲 字行祖，甘陵人，直諫死獄中。傳見《後漢書》卷五十七。❼露布上書 不封上書，使共聞知。❽移副三府 將奏書抄錄副本，同時上呈司徒、司空、太尉三府。❾猶召家臣搤殺之耳 如同召來家臣縊死而已。❿猥封 濫封。猥，眾也。⓫謀臣 指單超等五侯。⓬得無見非 怎能不怪罪。因為高祖與大臣殺白馬盟：無功而侯者，天下共誅之。如今濫封謀臣單超等五侯，所以有高祖怪罪之語。非，非議；怪罪。⓭西北列將 西北諸將，如皇甫規、段熲等。⓮帝者二句 帝的意思就是能洞察萬物。諦，審視。這句話出自《春秋運斗樞》緯書。⓯諂進 靠諂媚手段得以升遷。⓰財貨公行 賄賂公行。⓱尺一拜用二句 任官詔書，不經皇帝過目。尺一，寫詔書的簡札長尺一。⓲是帝欲不諦乎 難道是皇帝不想洞察萬物嗎。⓳詔尚書都護劍戟句 桓帝頒下詔書，令尚書監督左右都候劍戟士押送李雲到黃門北寺獄。都護，監督。北寺獄，黃門所屬詔獄。⓴雜考 會審考問。㉑弘農五官掾 弘農郡五官掾。五官掾，總管郡屬諸曹事。㉒傷 哀傷；同情。㉓不諱之諫 冒犯龍顏，不可赦免的諫言。周昌比漢高祖為桀、紂，高祖不加罪。㉔腰領之誅 腰斬殺頭之誅。成帝赦朱雲直諫之罪，事見本書卷三十二成帝元延元年。㉕剖心之譏 殷紂王時比干諫君，被剖心而死。這裡指李雲若被誅，桓帝將蒙受殷紂之暴的批評。㉖雒陽市長 管理洛陽商市的財稅官，屬大司農。㉗請雲 為李雲求情；請求釋放李雲。㉘帝恚甚 桓帝極為憤怒。㉙有司 主管部門。這裡指三公及尚書。㉚以為大不敬 認為陳蕃等救雲的上奏是大不敬。大不敬，即蔑視皇帝罪，重者殺頭，輕者免官。㉛濯龍池 在北宮附近的御園。㉜管霸 中常侍。㉝草澤愚儒 鄉野愚蠢的儒生。㉞嬖寵 指宦官。㉟勝政 超越前朝之政。㊱繼踵 相繼；緊接著。踵，腳後跟。㊲海內傷懼二句 全天下悲傷恐懼，更加怨恨。㊳假其威勢 依恃梁冀威勢橫行霸道。㊴陽毀示忠 表面上抨擊梁冀來表示忠誠。㊵遂因姦計 奸計終於得逞。㊶亦取封侯 周永被封為下邳高遷鄉亭侯。㊷黃門 黃門宦官。㊸挾邪 心懷邪惡。㊹腹背相親 指宦官內結皇后，外附梁冀。㊺共搆姦軌 共為奸邪。㊻無可設巧 無法弄巧，無路可走。㊼復託其惡以要爵賞 反過來藉攻擊梁冀之惡來謀求封爵和賞賜。㊽清徵 據《後漢書·黃瓊傳》，「徵」作「澂」。澂，通「澄」。清澂，即澄清、辨析。㊾審別真偽 分別真假。㊿粉墨雜糅 白墨混淆。(51)抵 投。(52)碎珪璧於泥塗 把璧玉摔碎在稀泥中。(53)憤歎 憤怒歎息。(54)臣世荷國恩 我世代蒙受國恩。黃瓊父黃香為和帝時尚書令，甚見親信，故為此言。(55)垂絕之日 臨死之時。(56)壬申 十月初五日。(57)壬寅 十月戊辰朔，無壬寅。壬寅為十一月初六。(58)己巳 十二月初三日。(59)金城塞 即金城縣，屬金城郡，在今蘭州西固城，控扼黃河津渡，為要塞。(60)段熲 字紀明，武威姑臧（今甘肅武威）人，東漢安羌名將，為東漢第二十、二十二兩任護羌校尉。官至太尉。傳見《後漢書》卷六十五。61羅亭　靠近積石山的亭名，在今青海同德以西。62負勢貪放　仗勢貪汙放縱。63第五種　第五為複姓，種名。字光先，東漢名臣第五倫（仕光武、明、章三朝，官至司空）之曾孫。官至兗州刺史。與第五倫同傳，見《後漢書》卷四十一。64從事　官名，治中從事之省稱，佐刺史察舉非法，掌理文書，為刺史自辟。65突獄亡走　越獄逃亡。66詰責　質問，追究罪犯越獄的責任。67無狀　無行狀，沒有品行，無法無天。68釁　事情起因。69檻車　有柵檻的囚車。70姦慝　奸惡。71蹤緒　蹤跡頭緒。即內情。72論作左校　判處在左校營做苦役。73稸怒　蓄藏憤怒，極大的憤怒。稸，通「蓄」。74劫　用武力奪取囚車。75踰制　超過標準；越過制度。76猥盛　眾盛。77諸侯上象四七　四七，指二十八宿。諸侯封國，如同天上的二十八宿，環繞北斗，拱衛中央。78藩屏上國　為京師的藩籬。即拱衛中央。上國，京師。79追錄　對已死之人追敘功勳，使其後嗣得封賞，稱追錄、追封。桓帝以皇后鄧猛之故，追敘安帝時鄧遵破羌之功，而紹封其子河南尹鄧萬世為南鄉侯。80紹封　謂尚書令黃儁祖先之爵已斷，今又另封黃儁以爵位。81近習以非義授邑　謂宦官沒有為國盡大義而得封邑。82左右　皇帝身邊的人。83傳賞　授賞。84緯象失度　天象失常。85陰陽謬序　陰陽錯亂。86封事已行　爵位已封。87從是而止　到此而止。88采女　宮女。89衣綺　穿彩綢。90脂油　胭脂。91不可貲計　費用無法計算。貲，量也。92盜不過五女門　家庭失盜，超不過五女在門。此為當時俗諺。嫁女陪嫁妝，使家貧困，比失盜還甚。此喻後宮太盛，虛耗國庫。桓帝時後宮近萬人。93從容　閒暇；閒談時。94爰延　字季平，陳留外黃（在今河南民權西北）人。傳見《後漢書》卷四十八。95中主　中材之主，為政可上可下，取決於輔佐大臣的素質。96與政　預政；參與政治。97面稱朕違　當面說朕的過失。98客星經帝坐　一顆不明星象穿行太微宮帝星旁。帝坐，天帝星座。古以北極第二星，即β星為帝星。99上封事　送進祕密奏章。100龍潛之舊　皇帝的老朋友。龍潛，指桓帝未即位時。101通侯　列侯。102恩重公卿二句　惠豐，與「恩重」為互文，均是恩惠特別厚重的意思。103加頃引見　加上不時宣見。104對博　對陣賭博遊戲。105上下媟黷二句　上下嬉戲，有損陛下尊嚴。媟黷，狎習相慢，尊卑無別。

【校　記】1絕　原誤作「紹」。據章鈺校，乙十六行本、乙十一行本、孔天胤本皆作「絕」，張瑛《通鑑校勘記》同，今據校正。2知　原無此字。據章鈺校，乙十六行本、乙十一行本、孔天胤本皆有「知」字，今據補。

【語　譯】漢桓帝誅殺梁冀後，舊日恩人私交，大多賜予爵位，追尊鄧皇后的父親鄧香為車騎將軍，封為安陽侯；又封鄧皇后的母親宣為昆陽君，鄧皇后哥哥的兒子鄧康、鄧秉皆為列侯；宗族都做了列校、郎將，賞賜以巨萬計。中常侍侯覽呈獻五千匹縑綢，漢桓帝賜予他關內侯的爵位，又憑藉參與議論誅殺梁冀的功勞，進封為高鄉侯，又封小黃門劉普、趙忠等八人為鄉侯，從此權勢全集中在宦官手中了。五侯尤為貪婪放肆，震動朝廷內外。

當時災異頻繁出現，白馬令甘陵人李雲呈上不封緘的奏書，副本送給三府，說：「梁冀雖仗勢獨攬大權，禍及天下，現今因罪受誅，如同召來家臣縊死而已。而今濫封贈給密謀的臣子食邑在一萬戶以上，高祖聽到了，怎能不怪罪呢！西北各將領，能不渙散嗎！孔子說：『帝的意思就是能洞察萬物。』現在官位錯亂，小人諂媚得升，賄賂公行，政教一天天敗壞，任官的詔書，不經皇帝過目，是皇帝不想洞察萬物嗎！」漢桓帝得到奏書大怒，下令有關部門逮捕李雲，詔命尚書監督左右都候劍戟士押送到黃門北寺獄，命中常侍管霸和御史、廷尉會審拷問李雲。

當時弘農五官掾杜眾悲傷李雲因為忠心進諫而獲罪，上書「願意與李雲同日死」。漢桓帝更加憤怒，於是一起交付廷尉。大鴻臚陳蕃上奏說：「李雲所說的，雖然不知道禁忌，冒犯皇上，違反旨意，他的心意出自忠於國家而已。從前高祖容忍周昌不可赦免的諫言，成帝赦免朱雲腰斬、斷頸的刑罰，今天殺死李雲，臣下害怕比干剖心的譏嘲，又將在社會上議論開了！」太常楊秉、洛陽市長沐茂、郎中上官資一起上奏請求釋放李雲。漢桓帝極為憤怒，相關官員上奏認為這是大不敬，下詔對陳蕃、楊秉深加譴責，免職返回鄉里，沐茂、上官資貶俸祿二級。當時漢桓帝在濯龍池，管霸進奏李雲等人的事情，管霸跪著說：「李雲是鄉野愚儒，杜眾是郡中小吏，出於狂妄愚魯，不值得施加罪罰。」漢桓帝對管霸說：「『皇帝想不審明萬物』，這是什麼樣的話！而常侍想要寬恕他們嗎？」回頭命令小黃門允許管霸的進奏，李雲、杜眾卻都死在獄中，於是寵幸的近臣更加橫行霸道。太尉黃瓊衡量自己不能控制，於是託病不起，上奏說：「陛下即帝位以來，沒有超過前代的政事，一幫梁氏秉持大權，宦官充斥朝廷，李固、杜喬因忠言橫遭殘殺，而李雲、杜眾又因忠心相繼被殺，天下悲傷恐懼，更加怨恨，朝廷內外的人，以忠心為忌諱。尚書周永一向侍奉梁冀，假借他的威勢，看到梁冀將要衰敗，才假裝抨擊梁冀，表示忠誠，終於奸計得逞，也得到封侯。另外，黃門宦官心懷邪惡，一幫人相互結黨，自從梁冀興盛以後，內結皇后，外附梁冀，早晚策劃，共為奸邪。等到梁冀受誅殺時，無法弄巧，又反過來藉攻擊梁冀的罪惡以謀求封爵和賞賜。陛下不加以澄清，辨別真偽，又讓他們和忠臣同時受到顯耀的封號，使得白黑混淆，這真是把金玉投進砂礫，把玉珠摔碎在稀泥中，天下四方聽到了，沒有不憤怒歎息的。臣下世代蒙受國恩，身微位重，膽敢在臨死之日，陳述不知避諱的言辭。」上書奏上，漢桓帝沒有採納。

冬，十月初五日壬申，漢桓帝出行到達長安。〇中常侍單超患病。壬寅日，任命單超為車騎將軍。

十二月初三日己巳，漢桓帝從長安返回。

燒當、燒何、當煎、勒姐等八羌族入侵隴西金城塞，護羌校尉段熲打敗了叛羌，追趕到羅亭，殺死諸羌酋長以下二千人，俘虜了一萬多人。

漢桓帝下詔又任命陳蕃為光祿勳，楊秉為河南尹。單超哥哥的兒子單匡任濟陰太守，仗勢貪汙放縱。兗州刺史第五種派從事衛羽查考，得贓款五、六千萬。第五種立即上奏彈劾單匡，並且彈劾單超。單匡困窘，賄賂門客任方刺殺衛羽。衛羽發覺單匡的奸謀，逮捕任方，囚禁在洛陽。單匡擔憂楊秉深追這件事，祕密讓任方等人越獄逃亡。尚書召楊秉責問，楊秉回答說：「任方等人無法無天，事情起因是由單匡引發，請用檻車徵召單匡，查核此事，那麼奸惡蹤跡，一定可以馬上獲得。」楊秉最終被判刑送到左校營做苦役。

當時，泰山賊人叔孫無忌暴掠徐州、兗州，州郡無力討伐，單超因此陷害第五種，第五種獲罪流放朔方。單超的外孫董援任朔方太守，心中積怒，等著第五種。第五種的舊屬孫斌知道第五種一定會被害死，聯合門客追趕第五種，在太原追上了，劫持第五種返回，逃亡多年，遇赦得免。第五種，是第五倫的曾孫。

此時，封賞超過了標準，宮內美女太多。陳蕃上疏說：「諸侯象徵天上的二十八宿，拱衛京師。高祖規定，不是功臣不封侯。聽說聖上追封河南尹鄧萬世父親鄧遵的細微功勞，又賜給尚書令黃雋祖先已斷隔的封爵，宦官沒有為國盡大義而授予封邑，皇上身邊的人無功授賞，以至於一家之中，數人封侯，所以天象失常，陰陽錯亂。臣下知道爵位已封，說了也無濟於事，實在希望陛下自此而止。另外，宮女數千，吃肉食，穿彩綢，胭脂水粉，費用無法計算。俗語說『家庭失盜，超不過五女在門』，因為女兒使家裡貧窮。現今後宮的女子，難道不使國家貧困嗎！」漢桓帝採納陳蕃的建議頗多，釋放了五百多名宮女，只賜給黃雋關內侯爵位，封鄧萬世為南鄉侯。

漢桓帝閒談時問侍中陳留人爰延：「朕是個什麼樣的君主？」爰延回答說：「陛下是漢朝的中等君主。」漢桓帝問：「為什麼這樣說？」爰延回答說：「尚書令陳蕃主政，國家太平，中常侍黃門參與政事，天下混亂，所以知道陛下可以為善，也可為非。」漢桓帝說：「從前朱雲在朝廷上折斷欄杆強諫皇上，現在侍中當面陳說朕的過失，朕知道自己的缺點了。」任命爰延為五官中郎將，連續升遷為大鴻臚。適逢客星經過帝坐星，漢桓帝暗中拿此事問爰延，爰延祕密上奏說：「陛下因為河南尹鄧萬世是陛下登基以前的老朋友，封為通侯，比公卿的恩德還深重，比宗室的恩惠還豐厚，加上不時宣見，和他一起玩對陣賭博遊戲，上下嬉戲，有損尊嚴。臣聽說，皇上身邊的人，是用來諮詢政德。和好人在一起，就每天聽到好的教誨；和惡人在一起遊樂，就每天產生邪惡的念頭。希望陛下遠離奸邪小人，接納正直人士，那麼災禍就可以消解。」漢桓帝不能採納。爰延稱病，免職回鄉。

三年（庚子　西元一六〇年）

春，正月丙申❶，赦天下，詔求李固後嗣。初，固既策罷，知不免禍，乃遣三子基、茲、燮皆歸鄉里。時燮年十三，姊文姬為同郡趙伯英妻，見二兄歸，具知事本❷，默然獨悲曰：「李氏滅矣！自太公❸已來，積德累仁，何以遇此！」密與二兄謀，豫❹藏匿燮，託言還京師，人咸信之。有頃，難作，州郡收基、茲，皆死獄中。文姬乃告父門生王成曰：「君執義先公，有古人之節，今委君以六尺之孤❺，李氏存滅，其在君矣！」成乃將燮乘江東下，入徐州界，變姓名為酒家傭，而成賣卜於市，各為異人❻，陰相往來❼。積十餘年，梁冀既誅，燮乃以本末告酒家，酒家具車重厚遣之❽，燮皆不受。遂還鄉里，追行喪服。姊弟相見，悲感傍人❾。姊戒燮曰：「吾家血食將絕，弟幸而得濟❿，豈非天邪！宜杜絕眾人，勿妄往來，慎無一言加於梁氏。加梁氏則連主上，禍重至矣，唯引咎而已。」燮謹從其誨。後王成卒，燮以禮葬之，每四節⓫為設上賓之位而祠焉。

丙午⓬，新豐侯單超卒，賜東園祕器⓭，棺中玉具⓮。及葬，發五營騎士⓯、將作大匠起冢塋。其後四侯⓰轉橫，天下為之語曰：「左回天，具獨坐，徐臥虎，唐雨墮⓱。」皆競起第宅，以華侈相尚，其僕從皆乘牛車而從列騎⓲，兄弟姻戚，宰州臨郡⓳，辜較⓴百姓，與盜無異，虐徧天下，民不堪命，故多為盜賊焉。

中常侍侯覽㉑、小黃門段珪皆有田業近濟北㉒界，僕從賓客，劫掠行旅。濟北相滕延一切收捕，殺數十人，陳尸路衢。覽、珪以事訴帝，延坐徵詣廷尉，免。

左悺兄勝為河東太守，皮氏㉓長京兆趙岐㉔恥之，即日棄官西歸。唐衡兄玹為京兆尹，素與岐有隙，收岐家屬宗親，陷以重法，盡殺之。岐逃難四方，靡所不歷，自匿姓名，賣餅北海㉕市中。安丘孫嵩㉖見而異之，載與俱歸，藏於複壁中。及諸唐死，遇赦，乃敢出。

閏月㉗，西羌餘眾復與燒何大豪寇張掖，晨，薄㉘校尉段熲軍。熲下馬大戰，至日中，刀折矢盡，虜亦引退。熲追之，且鬬且行，晝夜相攻，割肉食雪㉙，四十餘日，遂至積石山㉚，出塞二千餘里，斬燒何大帥，降其餘眾而還。

夏，五月甲戌㉛，漢中㉜山崩。

六月辛丑㉝，司徒祝恬㉞薨。

秋，七月，以司空盛允為司徒，太常虞放為司空。○長沙蠻反，屯益陽，與[1]零陵蠻寇長沙。

九真餘賊屯據日南，眾轉強盛。詔復拜桂陽太守夏方為交趾㉟刺史。方威惠素著，冬，十一月，日南賊二萬餘人相率詣方降。○勒姐、零吾種羌圍允街㊱，段熲擊破之。

泰山賊叔孫無忌攻殺都尉侯章，遣中郎將宗資㊲討破之。詔徵皇甫規，拜泰山太守。規到官，廣設方略，寇虜悉平。

【章　旨】以上為第六段，寫宦官勢盛，當時流行的政治民諺說：「左回天，具獨坐，徐臥虎，唐兩墮。」宦官子弟布滿州郡，搜掠百姓，與盜匪無異。

【注　釋】❶丙申　正月初一日。❷具知事本　詳知事情本末。❸太公　指祖父李郃，安帝時官至三公司空、司徒。❹豫同「預」。事先。❺六尺之孤　男兒稱七尺，十五歲以下未成人稱六尺。孤，無父曰孤。❻各為異人　兩人假裝互不認識。❼陰相往來　暗中往來。❽酒家具車重厚遣之　酒店主人備好車馬重禮送李燮歸鄉。❾悲感傍人　悲傷感動了旁人。❿得濟　得救。⓫四節　四季；四時。⓬丙午　正月十一日。⓭賜東園祕器　賜御用棺木。⓮玉具　金縷玉衣。⓯五營騎士　北軍五校騎士。⓰四侯　左、具、徐、唐。單超死，五侯折一，還有四侯。⓱左回天四句　言四侯之橫。左悺權力能回天，改變皇帝旨意，具瑗唯我獨尊，徐璜兇頑如臥虎，唐衡心性如暴風驟雨。⓲從列騎　言四侯出行有騎兵衛士相隨。⓳宰州臨郡　為州郡之長。⓴辜較　搜刮，竭澤而漁。㉑侯覽　（？—西元一七二年）山陽防東（在今山東單縣東北）人，仕桓、靈二帝為中常侍，擅權大宦官。傳見《後漢書》卷七十八〈宦者傳〉。㉒濟北　封國名，治所盧縣，在今山東肥城北。㉓皮氏　縣名，屬河東郡，縣治在今山西河津。㉔趙岐　（約西元一一〇—二〇一年）初名嘉，字臺卿，後避難改名岐，字邠卿，京兆長陵（今陝西咸陽東北）人，仕州郡，以廉直疾惡，人多畏之。受黨錮之禍株連，逃匿避難。黨錮解，官至太常。趙岐為經學家，長於治《孟子》，著有《孟子章句》，存今十三經注疏中。傳見《後漢書》卷六十四。㉕北海　封國名，治所劇縣，在今山東昌樂西。㉖孫嵩　字賓石，北海安丘（在今山東安丘縣西南）人，以複壁藏匿趙岐，知名當世。事附〈趙岐傳〉。㉗閏月　閏正月。㉘薄　逼近。㉙割肉食雪　割吃戰馬肉，渴飲雪水。㉚積石山　在青海同德西南。㉛甲戌　五月十一日。㉜漢中　郡名，治所南鄭，在今陝西漢中。㉝辛丑　六月初九日。㉞祝恬　字伯休，中山盧奴（今河北定州）人，歷官司隸校尉、光祿大夫、司徒。㉟交趾　又稱交州，兩漢十三部刺史之一，轄境當今兩廣大部及越南北部、中部。治所番禺，在今廣東廣州。㊱允街　縣名，屬金城郡，縣治在今甘肅永登東南。㊲宗資　南陽（今河南南陽）人，曾為汝南太守，任用范滂為功曹，杜絕宦官請託，打擊地方豪強。

【校　記】[1]與　原無此字，今據張敦仁《通鑑刊本識誤》增補。

【語　譯】三年（庚子　西元一六〇年）

春，正月初一日丙申，大赦天下，漢桓帝下詔尋找李固的後裔。當初，李固被罷官後，知道不能免於禍，於是把三個兒子李基、李茲、李燮都送回鄉里。當時李燮十三歲，姐姐李文姬嫁給了同郡人趙伯英為妻子，看見二位兄長回來，詳知事情本末，獨自沉默悲傷，說道：「李氏就要滅族了！自從祖父李郃以來，積恩積德，為什麼遇到這種情況！」祕密與二位兄長謀議，先把李燮隱藏起來，假說他返回京城了，人們全都相信。不久，災難發生了，州郡逮捕李基、李茲，他們都死在獄中。李文姬於是告訴父親的門生王成說：「你為我父親秉持正義，有古人的高節，現在把未成年的孤兒託付給你，李氏家族的存亡，在於你了！」王成於是帶著李燮浮江東下，進入徐州境界，改變姓名，在酒家做工，而王成在街上占卦，二人假裝不認識，暗中往來。過了十幾年，梁冀被誅殺後，李燮才把事情本末告訴酒店主人，酒店主人備好車馬重禮送李燮歸鄉，李燮全部推謝不接受。於是李燮回到故鄉，給老父追補喪事。姐弟相見，悲傷得感動了旁邊的人。姐姐告誡弟弟說：「我家血脈將要斷絕，弟弟幸虧得救，難道不是天意嗎！應該杜絕眾人，不要隨意往來，小心別說一句批評梁氏的話。批評梁氏就會牽連到皇上，災禍就會重來，我們只能引咎自責而已。」李燮謹慎地遵守姐姐的教誨。後來王成去世，李燮按禮節埋葬了王成，每年四時都把王成的牌位放在上位祭奠。

正月十一日丙午，新豐侯單超去世，漢桓帝賜予單超御用棺木，以及棺中金縷玉衣。等到埋葬時，調派五營騎兵、將作大匠造墳。此後四侯更加橫行，天下有俗語說：「左回天，具獨坐，徐臥虎，唐雨墮。」四人競相建造宅第，爭為侈華，他們的僕從都乘坐牛車，隨從騎兵侍衛，兄弟親戚，為州郡長官，搜刮百姓，跟盜賊無異，暴虐遍及天下，民眾不堪忍受，所以許多人都去做盜賊。

中常侍侯覽、小黃門段珪都有田產靠近濟北國邊界，他們的僕從賓客搶掠行人。濟北相滕延把這些人全部抓獲，殺死幾十人，把屍體擺放在街上。侯覽、段珪向皇帝投訴此事，滕延被詔到廷尉論罪，免去官職。

左悺的兄長左勝任河東太守，皮氏縣縣長京兆人趙岐對有這樣的上司感到恥辱，當天棄官西去。唐衡的兄長唐玹任京兆尹，向來與趙岐有矛盾，逮捕了趙岐的家屬宗親，誣害他們犯下重罪，全部殺害。趙岐四處逃難，無所不至，隱姓埋名，在北海郡的街頭賣餅。安丘人孫嵩看他與眾不同，載他一同回來，藏在夾牆中。

等到唐衡兄弟死了，遇到赦免，才敢出來。

閏正月，西羌殘餘的部眾又與燒何大酋長侵犯張掖，凌晨，逼近校尉段熲的軍隊。段熲下馬大戰，到了中午，刀折矢盡，敵人也撤退了。段熲追趕，一邊作戰一邊推進，日夜相攻，割吃戰馬肉，飲用雪水，四十多天，就到達了積石山，出塞二千多里，斬殺燒何大帥，使其殘部歸降，而後班師回還。

夏，五月十一日甲戌，漢中郡山崩。

六月初九日辛丑，司徒祝恬去世。

秋，七月，任命司空盛允為司徒，太常虞放為司空。○長沙蠻反叛，屯聚益陽，與零陵蠻侵犯長沙。九真郡殘餘的賊人屯據日南郡，勢力變得強盛。下詔再次任命桂陽太守夏方為交趾刺史。夏方向來有威信，冬，十一月，日南郡的二萬多賊人一起前往夏方那裡投降。○勒姐、零吾部落羌人包圍允街，段熲擊敗了他們。

泰山反賊叔孫無忌擊殺了都尉侯章，朝廷派中郎將宗資討伐，擊敗了他們。下詔徵召皇甫規為泰山太守。皇甫規到任，多方設計謀略，寇賊被全部平息。

四年（辛丑　西元一六一年）

春，正月辛酉❶，南宮嘉德殿火。戊子❷，丙署❸火。○大疫。

二月壬辰❹，武庫火。○司徒盛允免，以大司農种暠為司徒。

三月，太尉黃瓊免。夏，四月，以太常沛國劉矩❺為太尉。○初，矩為雍丘❻令，以禮讓化民，有訟者，常引之於前，提耳訓告❼，以為忿恚可忍❽，縣官不可入⑨，使歸更思。訟者感之，輒各罷去。

甲寅⑩，封河間孝王子參戶亭侯博為任城王⑪，奉孝王後⑫。

五月辛酉⑬，有星孛于心⑭。○丁卯⑮，原陵⑯長壽門火。○己卯⑰，京師雨雹。

六月，京兆、扶風及涼州地震。○庚子⑱，岱山⑲及博尤來山⑳並穨裂㉑。○己酉㉒，赦天下。○司空虞放免，以前太尉黃瓊為司空。○犍為屬國㉓夷寇鈔百姓，益州刺史山昱擊破之。○零吾羌與先零諸種反，寇三輔。

秋，七月，京師雩㉔。○減公卿已㉕下奉，貣㉖王侯半租，占賣㉗關內侯、虎賁、羽林、緹騎、營士、五大夫錢各有差。

九月，司空黃瓊免，以大鴻臚東萊劉寵㉘為司空。

寵嘗為會稽太守，簡除煩苛㉙，禁察非法，郡中大治。徵為將作大匠。山陰縣㉚有五六老叟，自若邪山㉛谷間出，人齎百錢以送寵，曰：「山谷鄙生㉜，未嘗識郡朝㉝，他守時，吏發求㉞民間，至夜不絕，或狗吠竟夕㉟，民不得安。自明府㊱下車㊲以來，狗不夜吠，民不見吏，年老遭值聖明，今聞當見棄去，故自扶㊳奉送。」寵曰：「吾政何能及公㊴言邪！勤苦父老㊵！」為人選一大錢㊶受之。

冬，先零、沈氏羌與諸種羌寇并、涼二州，校尉段熲將湟中義從㊷討之。涼州刺史郭閎貪共其功，稽固㊸熲軍，使不得進。義從役久戀鄉舊，皆悉叛歸。郭閎歸罪於熲，熲坐徵下獄，輸作左校，以濟南相胡閎代為校尉㊹。胡閎無威略，羌遂陸梁㊺，覆沒營塢㊻，轉相招結，唐突㊼諸郡，寇患轉盛。泰山太守皇甫規上疏曰：「今猾賊就滅，泰山略平，復聞羣羌並皆反逆。臣生長邠岐㊽，年五十有九，昔為郡吏，再更叛羌㊾，豫籌其事㊿，有誤中之言(51)。臣素有痼疾(52)，恐犬馬齒窮，不報大恩，願乞冗官(53)，備單車一介之使(54)，勞來三輔(55)，宣國威澤(56)，以所習地形兵勢佐助諸軍(57)。臣窮居孤危之中(58)，坐觀郡將已數十年，自鳥鼠(59)至于東岱(60)，其病一也(61)。力求猛敵，不如清平，勤明孫吳，未若奉法(62)。前變未遠(63)，臣誠戚(64)之，是以越職盡其區區(65)。」詔以規為中郎將，持節監關西兵討零吾等。十一月，規擊羌，破之，斬首八百級。先零諸種羌慕規威信，相勸降者十餘萬。

【章　旨】以上為第七段，寫地方廉吏劉矩、劉寵以恩信治民，百姓感戴，如此廉吏，鳳毛麟角，無補大局。

【注　釋】❶辛酉　正月初二日。❷戊子　正月二十九日。❸丙署　宮殿名。❹壬辰　二月初三日。❺劉矩　字叔方，沛國蕭縣（今安徽蕭縣西北）人，官至太尉。傳見《後漢書》卷七十六。❻雍丘　縣名，屬陳留郡，縣治在今河南杞縣。❼提耳

訓告　提著耳朵，諄諄教誨。❽忿恚可忍　不平的忿怒可以忍耐。❾縣官不可入　縣衙不可輕易進去。❿甲寅　四月二十六日。⓫封河間孝王子句　任城王劉尚，光武帝子，章帝元和元年（西元八四年）封，三傳至劉崇，劉崇死，無子，國除。今以章帝子河間王劉開之庶子參戶亭侯劉博為任城王，以為任城王之繼嗣。⓬奉孝王後　此為任城孝王劉尚，以劉博為其後嗣。⓭辛酉　五月初四日。⓮有星孛于心　在心星區域出現孛星。心星，二十八宿之一，有三顆星。《晉書‧天文志》認為，中星最大是皇帝位，前星是太子位，後星是庶子位。⓯丁卯　五月初十日。⓰原陵　光武帝陵，在洛陽西北。⓱己卯　五月二十二日。⓲庚子　六月十三日。⓳岱山　即山東泰山。⓴博尤來山　博縣尤來山，在今山東泰安東南。㉑積裂　山體崩裂，滑坡。㉒己酉　六月二十二日。㉓犍為屬國　安帝永初元年（西元一〇七年），以犍為南部都尉為犍為屬國都尉，領朱提、漢陽二縣。治所朱提，在今雲南昭通。㉔雩　築壇祈雨。㉕已　通「以」。㉖貣　即貸字的省寫。㉗占賣　造冊出賣。即出賣一定數量的官爵。此次出賣的官爵有關內侯、禁衛虎賁郎、羽林郎、司隸部屬緹騎、北軍五校營士、第十二級爵五大夫，價格各有差等。㉘劉寵　字祖榮，東萊牟平（在今山東福山縣西北）人。傳見《後漢書》卷七十六。㉙簡除煩苛　簡化或廢除繁瑣的政令。㉚山陰縣　會稽郡治所，在今浙江紹興。㉛若邪山　山名，在會稽東南。㉜山谷鄙生　山野村民。㉝未嘗識郡朝　不曾瞭解郡政府。㉞發求　徵發苛求。㉟竟夕　通夜。㊱明府　對郡太守的尊稱。㊲下車　上任。㊳自扶　互相扶持。㊴公　劉寵對諸父老尊稱。㊵勤苦父老　辛苦諸父老相送。㊶為人選一大錢　對相送的人各選一個大錢留作紀念。㊷湟中義從　湟中羌歸服漢朝組成的軍隊，是段熲軍的骨幹。㊸稽固　停留，阻撓行軍。㊹胡閎代為校尉　胡閎代段熲為東漢第二十一任護羌校尉。㊺陸梁　囂張；猖獗。㊻覆沒營塢　攻破營寨哨所。塢，哨卡城堡。㊼唐突　衝擊。㊽臣生長邠岐　皇甫規生地朝那，屬涼州安定郡，在今甘肅平涼西北。邠岐，指邠山、岐山，屬三輔右扶風，岐山在今陝西郴州南，岐山在今陝西岐山縣北。邠岐為古名山，皇甫規引以自重桑梓。㊾再更叛羌　兩次經歷羌人的暴動。㊿豫籌其事　預先估計羌人暴動的局勢發展。(51)有誤中之言　皇甫規論馬賢必敗，事見本書卷五十二順帝永和五年。(52)痼疾　積久難治之症。(53)冗官　散官。(54)備單車一介之使　只需一輛官車讓我做一個使臣。(55)勞來三輔　慰問三輔民眾。(56)宣國威澤　宣揚國家的聲威和恩德。(57)以所習地形兵勢句　用所熟習的地形及用兵經驗，幫助前線各軍。(58)臣窮居孤危之中　指皇甫規少時在安定郡為功曹之時。(59)鳥鼠　山名，傳說其山鳥鼠同穴，在今甘肅渭源西南。(60)東岱　東嶽泰山。(61)其病一也　西起鳥鼠，東到泰山，全國弊病是一樣的，即官逼民反，皇甫規未明白說出，諱言之也。(62)力求猛敵四句　力取強敵，不如政治清平；精曉《孫吳兵法》，不如奉公守法。皇甫規主張安撫為主，討伐為輔，故有是言。這裡的孫吳，指《孫吳兵法》，非指孫武、吳起。(63)前變未遠　指西羌變亂未久，政治苛猛歷歷在目，可以為鑑。西羌自安帝永初元年（西元一〇七年）暴動以來，時叛時服，已成長期邊患。64戚　深憂。65越職盡其區區　超越職守盡言，以表區區忠誠。

【語　譯】四年（辛丑　西元一六一年）

春，正月初二日辛酉，南宮嘉德殿失火。二十九日戊子，丙署殿失火。〇發生大瘟疫。

二月初三日壬辰，武器庫失火。〇司徒盛允被免職，任命大司農种暠為司徒。

三月，太尉黃瓊被免職。夏，四月，任命太常沛國人劉矩為太尉。〇當初，劉矩任雍丘縣令，用禮儀謙讓教化民眾，遇到訴訟的人，常帶到面前，提耳教誨，認為有些不平的憤怒是可以忍耐的，縣衙不可以輕易進去，要他們回去再考慮。爭訟的人被感動，常常各自罷手離去。

四月二十六日甲寅，冊封河間孝王的兒子參戶亭侯劉博為任城王，作為繼承人奉祀孝王劉尚。

五月初四日辛酉，在心星區域出現孛星。〇初十日丁卯，光武帝的原陵長壽門失火。〇二十二日己卯，京師洛陽下冰雹。

六月，京兆、扶風和涼州發生地震。〇十三日庚子，泰山和博縣尤來山崩塌。〇二十二日己酉，大赦天下。〇司空虞放被免職，任命前太尉黃瓊為司空。〇犍為屬國夷人侵擾百姓，益州刺史山昱擊敗了他們。〇零吾羌和先零各族反叛，侵犯三輔。

秋，七月，京城設壇祈雨。〇減少公卿以下的俸祿，借貸王侯一半的租稅，出賣關內侯、虎賁、羽林、緹騎、營士、五大夫官職，售價各有差等。

九月，司空黃瓊被免職，任命大鴻臚東萊人劉寵為司空。

劉寵曾任會稽太守，簡化或廢除煩雜的政令，禁止、明察非法的行為，郡裡治理得很好，徵召為將作大匠。山陰縣有五、六位老人，從若邪山谷出來，每人帶著一百錢送給劉寵，說道：「我們是山野村民，不曾瞭解郡政府。別的郡守時，官吏到民間求取財物，到了夜裡還不停止，有時通夜狗叫，民眾不得安寧。自從你到任以來，夜裡狗不叫，百姓見不到官吏，我們年老了才遇到政治聖明，現在聽說你要離開我們，所以互相攙扶著來送你。」劉寵說：「我的政績哪裡趕得上你們所說的！辛苦各位父老了！」在每個人那裡選了一個大錢留下。

冬，先零、沈氐羌和各種落羌侵犯并、涼二州，校尉段熲率領湟中義從討伐叛羌。涼州刺史郭閎貪圖共享戰功，故意阻撓段熲的軍隊，讓他不能前進。義從隨軍太久，思念家鄉，全都叛走。郭閎歸咎於段熲，段熲被徵回下獄，送到左校做苦役，任命濟南相胡閎代理校尉。胡閎沒有威嚴、謀略，羌人於是猖獗，攻陷營寨哨所，招誘各部落，衝擊各郡，災禍越來越厲害。泰山太守皇甫規上疏說：「現在狡猾的盜賊就要消滅，泰山大體平定，又聽說各羌族全都反叛。臣生長在邠山、岐山之間，年紀五十九歲了，過去做過郡吏，兩次經歷羌人暴動，臣預先估計羌人暴動的局勢發展，曾有誤中之言。臣向來有積久難治之症，害怕像犬馬一樣老死，不能報答皇上大恩，請賜臣冗散官職，備好一輛車子，讓我做一個使臣，慰問三輔民眾，宣揚國家的聲威和恩德，用臣所熟悉的地形和用兵經驗幫助前線各軍。臣當初孤身在危境，靜觀郡中將領已經歷幾十年，認為從西邊的鳥鼠山到東邊的泰山，弊病一樣。力取強敵，不如政治清平，精曉《孫吳兵法》，不如奉公守法。先前的叛亂為時不遠，臣實在深以為憂，所以越職盡言，以表示區區忠誠。」漢桓帝下詔任命皇甫規為中郎將，持符節監督關西軍隊討伐零吾等族。十一月，皇甫規進擊羌人，打敗了它，斬首八百級。先零各種落羌人仰慕皇甫規的威信，相互規勸來歸降的有十幾萬人。

五年（壬寅　西元一六二年）

春，正月壬午❶，南宮丙署火。

三月，沈氐羌寇張掖、酒泉。皇甫規發先零諸種羌共討隴右❷，而道路隔絕，軍中大疫，死者十三四。規親入庵廬❸，巡視將士，三軍❹感悅。東羌遂遣使乞降，涼州復通。

先是，安定太守孫雋受取狼藉❺，屬國都尉❻李翕、督軍御史❼張禀多殺降羌，涼州刺史郭閎、漢陽太守趙熹並老弱不任職，而皆倚恃❽權貴，不遵法度。規到，悉條奏其罪❾，或免或誅。羌人聞之，翕然反善❿，沈氏大豪滇昌、飢恬等十餘萬口復詣規降。

夏，四月，長沙賊起⓫，寇桂陽、蒼梧⓬。○乙丑⓭，恭陵⓮東闕火。戊辰⓯，虎賁掖門火。五月，康陵⓰園寢火。○長沙、零陵⓱賊入桂陽、蒼梧、南海⓲，交趾刺史及蒼梧太守望風逃奔，遣御史中丞盛脩督州郡募兵討之，不能克。○乙亥⓳，京師地震。

甲申⓴，中藏府㉑承祿署㉒火。○秋，七月己未㉓，南宮承善闥㉔火。○烏吾羌寇漢陽，隴西、金城諸郡兵討破之。

艾縣㉕賊攻長沙郡縣，殺益陽㉖令，眾至萬餘人。謁者馬睦督荊州刺史劉度擊之，軍敗，睦、度奔走。零陵蠻亦反。冬，十月，武陵㉗蠻反，寇江陵㉘，南郡太守李肅奔走，主簿㉙胡爽扣馬首諫㉚曰：「蠻夷見郡無儆備㉛，故敢乘間㉜而進。明府為國大臣，連城千里，舉旗鳴鼓，應聲十萬，柰何委符守之重㉝，而為逋逃之人㉞乎！」肅拔刃向爽曰：「掾促去㉟，太守今急㊱，何暇此計！」爽抱馬固諫㊲，肅遂殺爽而走。帝聞之，徵肅，棄市㊳，度、睦減死一等。復爽門閭㊴，拜家一人為郎㊵。

尚書朱穆舉右校令㊶山陽度尚㊷為荊州刺史。辛丑㊸，以太常馮緄㊹為車騎將軍，將兵十餘萬討武陵蠻。先是，所遣將帥，宦官多陷以折耗軍資㊺，往往抵罪㊻，緄願請中常侍一人監軍財費。尚書朱穆奏「緄以財自嫌，失大臣之節㊼。」有詔勿劾。緄請前武陵太守應奉與俱，拜從事中郎㊽。十一月，緄軍至長沙，賊聞之，悉詣營乞降。進擊武陵蠻夷，斬首四千餘級，受降十餘萬人，荊州平定。詔書賜錢一億，固讓不受，振旅還京師。推功於應奉，薦以為司隸校尉，而上書乞骸骨，朝廷不許。

【章　旨】以上為第八段，寫良將皇甫規討平三輔河西的羌亂，馮緄討平荊州武陵蠻的叛亂。

【注　釋】❶壬午　正月二十九日。❷隴右　隴山之東，指安定等郡。❸庵廬　營帳。庵，草屋。廬，野外營帳。❹三軍　全軍。❺受取狼籍　收受賄賂，聲名狼籍。❻屬國都尉　安定屬國都尉，治所不詳。❼督軍御史　監軍侍御史。❽倚恃　仗勢。❾悉條奏其罪　一條條列出全部罪狀上奏。❿翕然反善　一片和睦歸服。⓫長沙賊起　長沙賊人起事。長沙，郡名，治所臨湘，在今湖南長沙。⓬桂陽蒼梧　兩郡名。桂陽郡屬荊州，治所郴縣，在今湖南郴州。蒼梧郡屬交州，治所廣信，在今廣西梧州。⑬乙丑　四月癸未朔，無乙丑。乙丑，五月十三日。⑭恭陵　安帝陵。⑮戊辰　四月亦無戊辰。戊辰，應為五月十六日。⑯康陵　殤帝陵。⑰零陵　郡名，屬荊州。治所泉陵，在今湖南零陵。⑱南海　郡名，屬交州，當今廣東地區。治所番禺，在今廣東廣州。⑲乙亥　五月二十三日。⑳甲申　六月初三日。㉑中藏府　皇宮錢庫。㉒丞祿署　中藏府丞所掌的俸祿署。中藏府長官為令，副為丞。㉓己未　七月初八日。㉔南宮承善闥　南宮承善門。㉕艾縣　屬豫章郡，縣治在今江西修水縣西。㉖益陽　縣名，屬長沙郡，縣治在今湖南益陽東。㉗武陵　郡名，屬荊州。治所臨沅，在今湖南常德。㉘江陵　縣名，為荊州南郡治所，在今湖北江陵。㉙主簿　郡太守屬官，助理日常事務，並掌理文書。㉚扣馬首諫　攔住馬頭勸阻。㉛儆備　戒備。㉜乘間　趁機會。㉝委符守之重　拋棄持符守土的重任。㉞逋逃之人　逃亡犯。㉟掾促去　主簿趕快離去。掾，掾屬，此李肅呼胡爽官名。㊱急　窘急。意謂逃命要緊。㊲固諫　強諫。㊳棄市　腰斬於市。㊴復爽門閭　免除胡爽家賦役。㊵拜家一人為郎　任命胡爽家一人為郎官。㊶右校令　將作大匠屬官，掌右工徒。㊷度尚　（西元一一七—一六六年）字博平，山陽湖陸（今山東魚臺東南）人，東漢黨人領袖八廚之一。官至荊州刺史，終官遼東太守。傳見《後漢書》卷三十八。㊸辛丑　十月二十二日。㊹馮緄　字鴻卿，巴郡宕渠（今四川渠縣東北）人，終官廷尉。傳見《後漢書》卷三十八。㊺陷以折耗軍資　用浪費軍資的罪名加以誣陷。㊻抵罪　被判以受誣之罪。㊼緄以財自嫌二句　馮緄為了避免貪財的嫌疑，而丟了大臣的節操。㊽從事中郎　出征將軍的參謀官。

【語　譯】五年（壬寅　西元一六二年）

春，正月二十九日壬午，南宮丙署殿失火。

三月，沈氐羌人侵犯張掖、酒泉。皇甫規調發先零各部落的羌人共同討伐隴右，但道路阻絕，軍中大規模流行瘟疫，死亡的人有十之三、四。皇甫規親自進入營帳，巡視將士，全軍又感動又高興。東羌於是派使者請求歸降，涼州的道路又通暢了。

此前，安定太守孫儁收受賄賂，聲名狼籍，屬國都尉李翕、督軍御史張稟殺死很多投降的羌人，涼州刺史郭閎、漢陽太守趙熹都年老體弱，不能勝任職守，卻都依仗權貴，不遵守法紀。皇甫規到職，全都逐條列出他們的罪狀向漢桓帝奏報，他們有的免官，有的被殺。羌人聽了，一片和睦歸服，沈氐大酋長滇昌、飢恬等十幾萬人又前往皇甫規那裡投降。

夏，四月，長沙賊人起事，侵犯桂陽郡、蒼梧郡。〇乙丑日，恭陵東門失火。〇戊辰日，虎賁掖門失火。〇五月，康陵園寢失火。〇長沙、零陵賊人進入桂陽郡、蒼梧郡、南海郡，交趾刺史和蒼梧太守望風逃跑，朝廷委派御史中丞盛脩督促州郡募兵討伐賊人，不能取勝。〇二十三日乙亥，京師發生地震。

六月初三日甲申，皇宮錢庫中的俸祿署失火。〇秋，七月初八日己未，南宮承善門失火。〇烏吾羌侵犯漢陽郡，隴西、金城諸郡的軍隊進行討伐，打敗了烏吾羌。

艾縣賊人攻打長沙郡縣，殺死益陽縣令，部眾達一萬多人。謁者馬睦監督荊州刺史劉度攻擊他們，戰敗，馬睦、劉度逃跑。零陵蠻也反叛了。冬，十月，武陵蠻反叛，侵犯江陵，南郡太守李肅逃跑，主簿胡爽攔住馬頭進諫說：「蠻夷看見郡中沒有戒備，所以敢趁機進犯。明府身為國家大臣，轄地連城千里，舉旗鳴鼓，將有十萬人響應，怎麼能拋棄持符守土的重任，成為逃亡之人呢！」李肅拔出刀對著胡爽說：「主簿你趕快離去，我現在窘急，哪裡有時間顧及這些！」胡爽抱馬力諫，於是李肅殺死胡爽逃走。漢桓帝聽說此事，徵召李肅，腰斬於市，劉度、馬睦判處死刑減一等。免除胡爽家賦役，任命家中一人做郎官。

尚書朱穆推舉右校令山陽人度尚為荊州刺史。十月二十二日辛丑，任命太常馮緄為車騎將軍，率領十幾萬軍隊討伐武陵蠻。此前，所派遣的將帥，宦官大多誣陷他們浪費軍資，常常被判以受誣之罪，馮緄請一位中常侍監督軍事開支。尚書朱穆上奏說「馮緄為了避免貪財的嫌疑，而丟失了大臣節操。」漢桓帝下詔不要彈劾。馮緄請求前武陵太守應奉一起前往，任命他為從事中郎。十一月，馮緄的軍隊到達長沙，賊人聽到了消息，都到軍營乞請歸降。馮緄進軍攻打武陵蠻夷，殺死四千多人，受降十幾萬人，平定了荊州。下詔賜錢一億，馮緄堅決不受，凱旋返回京師。把功勞歸於應奉，推薦他為司隸校尉，而自己卻上書請求辭職回鄉，朝廷沒有答應。

滇那羌寇武威、張掖、酒泉。○太尉劉矩免，以太常楊秉為太尉。

皇甫規持節為將❶，還督鄉里❷，既無他私惠❸，而多所舉奏❹，又惡絕❺宦官，不與交通❻。於是中外並怨❼，遂共誣規貨賂羣羌❽，令其文降❾。帝璽書誚讓相屬❿。

規上書自訟⓫曰：「四年之秋⓬，戎醜蠢戾⓭，舊都懼駭⓮，朝廷西顧⓯。臣振國威靈，羌戎稽首⓰，所省之費一億以上。以為忠臣之義不敢告勞⓱，故恥以片言自及微效⓲，然比方先事⓳，庶免罪悔⓴。前踐州界㉑，先奏孫雋、李翕、張稟。旋師南征，又上㉒郭閎、趙熹，陳其過惡，執據大辟㉓。凡此五臣，支黨半國㉔，其餘墨綬㉕下至小吏，所連及者復有百餘。吏託報將之怨，子思復父之恥㉖，載贄馳車㉗，懷糧步走，交構豪門㉘，競流謗讟㉙，云臣私報諸羌㉚，讎以錢貨㉛。若臣以私財，則家無擔石㉜；如物出於官，則文簿易考㉝。就臣愚惑，信如言者，前世尚遺匈奴以宮姬，鎮烏孫以公主㉞，今臣但費千萬以懷叛羌㉟，則良臣之才略，兵家之所貴，將有何罪負義㊱違理乎！自永初以來㊲，將出不少，覆軍有五㊳，動資巨億。有旋車完封，寫之權門，而名成功立，厚加爵封㊴。今臣還本土，糾舉諸郡，絕交離親㊵，戮辱舊故㊶，眾謗陰害㊷，固其宜也。」

帝乃徵規還，拜議郎，論功當封，而中常侍徐璜、左悺欲從求貨㊸，數遣賓客就問功狀㊹，規終不答。璜等忿怒，陷以前事㊺，下之於吏㊻。官屬欲賦斂請謝㊼，規誓而不聽，遂以餘寇不絕㊽，坐繫廷尉，論輸左校㊾。諸公及太學生張鳳等三百餘人詣闕訟之，會赦歸家。

【章旨】以上為第九段，寫宦官誣罔皇甫規，良將被罷官。

【注釋】❶持節為將　持符節為將，兼使欽差之責。❷還督鄉里　皇甫規為涼州安定朝那人，今領兵征涼州西羌，回到故鄉，監察州郡軍政。❸無他私惠　沒有其他私人恩惠。❹多所舉奏　彈劾了許多地方貪官。❺惡絕　痛恨拒絕。❻交通　交結；往來。❼中外並怨　中，指朝中近習宦官，外，指地方貪官，都怨恨皇甫規，聯合起來反對。❽貨賂羣羌　賄賂各羌人部落。❾令其文降　讓羌人假投降。文降，利用文簿虛假投降，即假報名冊。❿帝璽書誚讓相屬　桓帝接連下詔書責備。⓫自訟　自我答辯。⓬四年之秋　延熹四年之秋。⓭戎醜蠢戾　西戎醜類蠢動猖獗。⓮舊都懼駭　舊京長安驚懼。⓯西顧　注視西方。⓰稽首　叩首投降。⓱以為忠臣之義不敢告勞　我認為忠臣只有盡義務的本分，不敢訴說勞苦。不敢告勞，語義雙關，用典以杜讒人之口。《詩經・十月》：「黽勉從事，不敢告勞，無罪無辜，讒口囂囂。」⓲故恥以片言自及微效　所以恥於用片言隻語言及自己的微薄功勞。⓳比方先事　與先前的事情作一下對比。先事，指先前幾任敗兵之將。⓴庶免罪悔　可以說我幾乎沒有罪過和後悔之事。庶，庶幾；差不多。㉑前踐州界　我一踏上涼州之土。前，最初。㉒上　上奏。㉓執據大辟孫儁等五人　按我所掌握的證據，應判死刑。大辟，死刑。㉔支黨半國　爪牙遍布半個國家。支黨，黨羽。㉕墨綬　六百石至一千石的中級官，印綬為黑色絲帶。㉖吏託報將之怨二句　部屬假借要為長官報仇，兒子一心要為父親雪恥。謂被彈劾的貪官部屬、兒子會瘋狂反撲。㉗載贄馳車　他們用車載著禮品在路上奔馳。贄，禮物；禮金。㉘交構豪門　交結豪門。㉙競流謗讟　爭相散布流言誹謗。㉚云臣私報諸羌　說我私自與諸羌交通。報，回報；來往交通。㉛讎以錢貨　送給大量錢物。㉜擔石　肩挑的一石糧食。形容家貧無儲積。㉝文簿易考　按簿籍登記的錢物很容易查考。㉞就臣愚惑四句　退一步說，我很愚庸，真如謠言所說，前朝尚有政府用宮女賞賜匈奴，甚至把公主出嫁給烏孫。遺匈奴以宮姬，指漢元帝以王昭君賜南匈奴呼韓邪單于和親事。鎮烏孫以公主，指漢武帝以江都王劉建女劉細君嫁烏孫昆莫以結西域。㉟費千萬以懷叛羌　東漢政府討羌，前後用去軍費三百二十億，今皇甫規安置歸降僅花費一千萬，成了近習宦豎攻擊的口實。㊱負義　背義。㊲自永初以來　指自羌人從永初年間暴動以來。㊳覆軍有五　東漢軍隊有五次大敗，安帝永初二年（西元一〇八年），車騎將軍鄧騭率軍五萬，敗於冀西，一也；征西校尉任尚率數萬之眾敗於平襄，二也；安帝元初元年（西元一一四年），征西將軍司馬鈞敗於丁奚城，三也；順帝永和五年（西元一四〇年），征西將軍馬賢率十萬大軍敗於射姑山，四也；順帝漢安三年（西元一四四年），護羌校尉趙沖敗沒於鸇陰河，五也。㊴有旋車完封四句　指前述敗軍之將中，有的把朝廷供應的軍餉，還沒有啟封的整車金銀發回洛陽，傾倒在權貴之門，而名成功立，厚加封爵。旋車，指開往前線的軍餉車轉回洛陽。寫，通「瀉」。㊵絕交離親　與朋友親戚斷絕了關係。㊶戮辱舊故　誅殺包括我的舊交故友。㊷眾謗陰害　眾人誹謗，暗中加害。㊸欲從求貨　想在皇甫規身上敲詐勒索金銀財寶。在近習宦豎看來，出征將領，打勝仗歸來，必多有財貨。㊹數遣賓客就問功狀　徐璜、左悺多次派遣賓客到皇甫規那裡，詢問他立功情形，意在勒索。㊺陷以前事　以先前所加的浪費軍資事誣陷皇甫規。㊻下之於吏　下詔把皇甫規交付主管官吏審判。㊼官屬欲賦斂請謝　皇甫規部屬想湊錢送禮，向中官求情。賦斂，此處為大家湊錢。㊽遂以餘寇不絕　誣陷皇甫規貪汙浪費軍餉之罪不成立，於是又誣以未能平定羌人加罪。㊾坐繫廷尉二句　被控拘押廷尉獄，判處在左校營做苦工。

【語　譯】滇那羌侵犯武威、張掖和酒泉郡。〇太尉劉矩被免職，任命太常楊秉為太尉。

皇甫規持節擔任將職，返回故鄉監察州郡軍政，既無私人的恩惠，還多多舉奏不法事，又痛恨宦官，拒絕他們，不與往來。於是朝中近習宦官和地方貪官都抱怨他，就一起誣告皇甫規賄賂各羌部落，要他們利用名冊假裝投降。漢桓帝接連下詔責備皇甫規。

皇甫規上書自辯說：「去年的秋季，西戎醜類蠢動猖獗，舊都長安驚懼，朝廷關注西方。臣振興了國家的威望，羌戎叩首投降，節省軍事費用一億以上。臣認為這是忠臣的本分，不敢訴說勞苦，所以恥於用隻言片語言及自己的微薄功勞，然而與先前的事情作一下對比，可以說臣幾乎沒有罪過和後悔的事。先前臣進入涼州州界，先彈劾了孫儁、李翕、張稟。後來率軍南征，又上奏了郭閎、趙熹，陳述他們的過錯罪惡，按我所掌握證據，他們應執行死刑。這五個臣子的黨羽遍布半個國家，其他從墨綬以下到小官吏，牽連的又有一百多人。部屬假借要為長官報仇，兒子一心想要為父親雪恥，他們用車載著禮物在路上奔馳，帶著糧食步行奔走，交結豪門，爭相散布流言誹謗，說臣私自與諸羌交往，送給大量錢物。如果說臣是拿了別人財物，可是，臣家中沒有一石存糧；如果說臣的財物出自官府，那麼，帳簿登記的財物很容易查考。臣很愚昧困惑，真如流言所說，前朝尚有政府用宮女賞賜匈奴，甚至把公主嫁給烏孫。現在，臣只費用了一千萬錢就安慰了羌人，這正是良臣的謀略，軍事家所推崇的，有什麼地方違背義理呢！從永初以來，派到關外的將領不少，軍隊大敗的有五次，動用資財億萬。有的軍餉沒有啟封就返回京城，傾倒在權貴之門，因而名成功立，厚加封爵。現在臣返回本鄉，揭露各郡的官員，與親戚朋友斷絕關係，誅殺羞辱臣的舊交故友，眾人誹謗暗中害臣，本來應該如此。」

漢桓帝於是徵召皇甫規回到京城，拜官議郎，論功應當封賞，而中常侍徐璜、左悺想從皇甫規身上勒索財物，多次派賓客詢問他立功的情況，皇甫規始終不回答。徐璜等人大怒，用先前所加的浪費軍資事誣陷他，把他交付主管官吏審判。皇甫規的部下想湊錢送禮求情，皇甫規堅決不同意，於是以沒有平定羌人殘敵的罪名，被判拘押廷尉獄，判處送到左校營做苦工。各位公卿和太學生張鳳等三百多人到宮門申訴，遇赦，皇甫規回到家中。

六年（癸卯　西元一六三年）

春，二月戊午❶，司徒种暠薨。

三月戊戌❷，赦天下。○以衛尉潁川許栩為司徒。

夏，四月辛亥❸，康陵東署❹火。

五月，鮮卑寇遼東屬國❺。

秋，七月甲申❻，平陵❼園寢火。桂陽賊李研等寇郡界，武陵蠻復反，太守陳奉[1]討平之。宦官素惡馮緄，八月，緄坐軍還，盜賊復發，免。

冬，十月丙辰❽，上校獵廣成，遂幸函谷關、上林苑。光祿勳陳蕃上疏諫曰：「安平之時，遊畋宜有節，況今有三空之戹哉！田野空，朝廷空，倉庫空。加之兵戎未戢❾，四方離散，是陛下焦心❿毀顏⓫，坐以待旦⓬之時也，豈宜揚旗曜武，騁心⓭輿馬之觀乎？又前秋多雨，民始種麥，今失其勸種之時，而令給驅禽除路之役⓮，非賢聖恤民⓯之意也。」書奏，不納。

十一月，司空劉寵免。十二月，以衛尉周景⓰為司空。景，榮之孫也。

時宦官方熾，景與太尉楊秉上言：「內外吏職，多非其人。舊典，中臣子弟，不得居位秉勢⓱。而今枝葉⓲賓客，布列職署⓳，或年少庸人，典據守宰⓴。上下忿患㉑，四方愁毒㉒。可遵用舊章㉓，退㉔貪殘，塞災謗㉕。請下㉖司隸校尉、中二千石、城門・五營校尉、北軍中候，各實覈所部㉗，應當斥罷，自以狀言三府㉘，廉察有遺漏，續上㉙。」帝從之。於是秉條奏牧、守青州刺史羊亮等五十餘人，或死或免，天下莫不肅然。

詔徵皇甫規為度遼將軍。初，張奐坐梁冀故吏，免官禁錮，凡諸交舊[30]，莫敢為言，唯規薦舉，前後七上[31]，由是拜武威太守。及規為度遼，到營數月，上書薦奐「才略兼優，宜正元帥[32]，以從眾望。若猶謂愚臣宜充軍[2]事者[33]，願乞冗官，以為奐副。」朝廷從之。以奐代規為度遼將軍，以規為使匈奴中郎將。

西州[34]吏民守闕[35]為前護羌校尉段熲訟冤者甚眾，會滇那等諸種羌益熾，涼州幾亡，乃復以熲為護羌校尉[36]。

尚書朱穆疾[37]宦官恣橫[38]，上疏曰：「按漢故事，中常侍參選士人，建武以後，乃悉用宦者。自延平[39]以來，浸益貴盛[40]，假貂璫之飾[41]，處常伯之任[42]，天朝政事，一更其手[43]。權傾海內[44]，寵貴無極，子弟親戚，並荷榮任[45]，放濫驕溢[46]，莫能禁禦[47]，窮破天下，空竭小民。愚臣以為可悉罷省[48]，遵復往初[49]，更選海內清淳之士[50]明達國體[51]者，以補其處[52]，即兆庶黎萌[53]，蒙被聖化矣！」帝不納。

後穆因進見，復口陳[54]曰：「臣聞漢家舊典，置侍中、中常侍各一人省尚書事，黃門侍郎一人傳發書奏，皆用姓族[55]。自和熹太后[56]以女主稱制，不接公卿，乃以閹人為常侍，小黃門通命兩宮。自此以來，權傾人主[57]，窮困天下，宜皆罷遣，博選耆儒宿德[58]，與參政事。」帝怒，不應。穆伏不肯起，左右傳「出！」良久，乃趨而去。自此中官數因事稱詔詆毀之[59]。穆素剛[60]，不得意，居無幾[61]，憤懣發疽卒[62]。

【章旨】以上為第十段，寫漢桓帝迫於輿情，重新起用皇甫規、張奐、段熲等良將，懲治一批任州牧郡守的宦官子弟。

【注釋】❶戊午　二月十一日。❷戊戌　三月二十二日。❸辛亥　四月初五日。❹康陵東署　康陵東廂房。康陵，殤帝陵。❺遼東屬國　治所昌黎，在今遼寧義縣。❻甲申　七月初十日。❼平陵　西漢昭帝陵，在今陝西咸陽西北。❽丙辰　十月十三日。❾兵戎未戢　戰爭未止。戢，止息。❿焦心　憂心如焚。⓫毀顏　愁眉不展。⓬坐以待旦　徹夜不能安眠。⓭騁心　恣意；用心。⓮令給驅禽除路之役　下令徵發農民為皇帝圍獵驅趕禽獸、修築道路服傜役。⓯恤民　體恤關心民眾。⓰周景　字仲亨，廬江舒縣（在今安徽廬江縣西南）人，周榮之孫。延熹六年為司空，與太尉楊秉同心輔政，舉劾奸猾。傳見《後漢書》卷四十五。周榮，章帝、和帝時地方循吏。⓱秉勢　掌握權力。⓲枝葉　指宦官親族。⓳布列職署　布滿朝廷各官署。⓴典據守宰　職任地方州郡長官。㉑上下忿患　全國上下對此局面忿恨憂慮。㉒四方愁毒　全國百姓愁苦。㉓遵用舊章　遵循祖宗之法。㉔退　斥退。㉕塞災謗　消除天災譴告和民眾的譏刺。㉖請下　請下詔。㉗各實覈所部　各部門切實核查所屬部下。㉘應當斥罷二句　應當罷黜的，主動把情況呈報三府。三府，三公府署的合稱。東漢三府為太尉、司徒、司空。㉙廉察有遺漏二句　複查有遺漏的應罷免的官員，繼續上報。㉚凡諸交舊　所有張奐的各位故交老友。㉛七上　七次推舉上奏。㉜宜正元帥　張奐應為元帥，即為度遼將軍。㉝充軍事者　充任軍事長官。㉞西州　指涼州。㉟守闕　守在皇宮外請願。㊱乃復以熲為護羌校尉　於是再次任命段熲為護羌校尉。段熲復任，為東漢第二十二任護羌校尉。㊲疾　痛恨。㊳恣橫　恣肆橫暴。㊴延平　殤帝年號（西元一〇六年）。㊵浸益貴盛　宦官地位一天天尊貴隆盛起來。㊶貂璫之飾　皇帝近侍官侍中的帽飾。其冠，冠前有金璫，飾以蟬，在冠的右側飾以貂尾。西漢士人為侍中，冠戴金蟬貂尾，至東漢逐漸為宦官所壟斷。㊷常伯之任　侍中之任。㊸一更其手　朝廷大事全都要經過宦官之手。㊹權傾海內　宦官權力動搖全國。㊺子弟親戚二句　宦官子弟及親戚，全都擔任國家重任。㊻放濫驕溢　放縱驕慢。㊼禁禦　控制。㊽可悉罷省　全部罷黜宦官及子弟親戚的權力。㊾遵復往初　恢復東漢初宦官不預政的制度。㊿清淳之士　清廉純樸的士人。(51)明達國體　通達國事。(52)以補其處　用以填補缺位。(53)兆庶黎萌　億萬民眾。(54)口陳　口頭進呈意見。(55)姓族　名望士族。(56)和熹太后　鄧綏皇太后。(57)權傾人主　宦官權力蓋過皇帝。(58)博選耆儒宿德　廣選年長碩學有德士人。(59)中官數因事稱詔詆毀之　宦官多次藉傳達皇帝命令的機會，詬罵朱穆。(60)素剛　一向剛烈。(61)居無幾　沒過多久。(62)憤懣發疽卒　憤怒到極點，引起毒瘡潰爛而死。

【校　記】[1]陳奉　原作「陳舉」。據章鈺校，乙十六行本、乙十一行本、孔天胤本皆作「陳奉」，張瑛《通鑑校勘記》同，今據改。按，《後漢書》卷七〈孝桓帝紀〉、卷八十六〈南蠻西南夷列傳〉亦作「陳奉」。[2]軍　原誤作「舉」，今據張敦仁《通鑑刊本識誤》正作「軍」。

【語　譯】六年（癸卯　西元一六三年）

春，二月十一日戊午，司徒种暠去世。

三月二十二日戊戌，大赦天下。○任命衛尉潁川人許栩為司徒。

夏，四月初五日辛亥，康陵東廂房失火。

五月，鮮卑人侵犯遼東屬國。

秋，七月初十日甲申，平陵園寢失火。

桂陽賊人李研等人侵擾郡界，武陵蠻再次反叛，太守陳奉討伐平定了他們。宦官向來討厭馮緄，八月，馮緄因為軍隊回師後盜賊重新叛亂獲罪，被免職。

冬，十月十三日丙辰，漢桓帝在廣成圍獵，於是幸臨函谷關、上林苑。光祿勳陳蕃上疏勸諫說：「國家安定時，打獵應有節度，何況現今有三空的厄運呢！田野空、朝廷空、倉庫空。加上戰爭沒有停止，四方民眾逃散，正是陛下憂心如焚，愁眉不展，徹夜不眠之時，怎麼可以耀武揚威，恣意狩獵呢？另外，去年秋天多雨，百姓開始種麥，現在延誤了他們耕種的時機，卻下令徵發他們為皇帝圍獵驅趕禽獸、修築道路服徭役，這不是聖賢體恤關心人民的本意。」諫疏奏上，漢桓帝沒有採納。

十一月，司空劉寵被免職。十二月，任命衛尉周景為司空。周景，是周榮的孫子。

當時宦官勢力正強盛，周景和太尉楊秉上書說：「朝廷內外的官吏，大多用非其人。舊制，宦官子弟不得當官掌權。可是現在宦官的親族賓客，遍布朝廷各官署，有些年輕平庸之輩，職任地方州郡長官。全國上下憤恨憂慮，四方愁苦。應當遵循舊章，黜退貪婪殘暴之人，消除天災譴告和民眾的譏諷。請下詔司隸校尉、中二千石、城門．五營校尉、北軍中候，各自切實核查所屬部下，應當罷免的，主動把情況呈報三府，複查有遺漏的，繼續上報。」漢桓帝聽從了。於是，楊秉一一奏劾青州刺史羊亮等州牧、郡守五十多人，有的處死，有的免職，天下肅然清靜。

漢桓帝下詔徵召皇甫規為度遼將軍。當初，張奐因是梁冀故吏而獲罪，免除官職，禁錮在家，張奐的所有舊交，沒有人敢替張奐說話，只有皇甫規薦舉張奐，前後七次上奏，因此被任為武威太守。等到皇甫規為度遼將軍，到軍營幾個月，上書薦舉張奐「才能和謀略兼優，應該擔任元帥，以副眾望。如果認為臣還可以充當軍事長官，臣願求一副職，作為張奐的副手。」朝廷同意了。任命張奐代替皇甫規為度遼將軍，皇甫規為使匈奴中郎將。

西州的官吏和百姓守在宮門為前護羌校尉段熲訴冤的人數很多，正逢滇那等各部羌人的勢力日益強盛，幾乎要丟失涼州，才又任命段熲為護羌校尉。

尚書朱穆痛恨宦官恣肆橫暴，上疏說：「按照漢朝舊制，中常侍間或選用士人，建武以後，才全用宦官。自從延平以來，宦官地位一天天尊貴隆盛，憑藉金蟬貂尾的帽飾，處於侍中的職位，朝廷政事，全都要經過他們之手。宦官權力動搖全國，寵貴沒有限度，他們的子弟親戚，都任要職，放縱驕慢，無法控制，使天下破敗，小民空竭。臣認為應當全部罷免，恢復從前的制度，另外選擇國內清廉純樸、通達國家體制的人，以彌補他們的職位，這樣，億萬民眾就能蒙受聖明的教化了！」漢桓帝沒有採納。

後來，朱穆有事進見，又口頭陳述說：「臣聽說漢朝舊的典章制度，設立侍中、中常侍各一人，負責傳達尚書政事，黃門侍郎一人，傳達奏書，都要用名望士族。自從和熹太后以女主的地位主政，不接觸公卿，才任命宦官為常侍，小黃門在皇帝和皇后之間傳達旨意。從此以後，宦官權力超過君主，使天下人窮困，應當全部罷黜遣出，廣泛選取年高德望的學者參與政事。」漢桓帝很生氣，不回答朱穆。朱穆伏在地上不肯起來，左右的人傳令「出去！」過了很久，朱穆才快步離去。從此，宦官一再藉傳達漢桓帝命令的機會詆毀朱穆。朱穆一向剛烈，不得意，沒過多久，由於憤怒引發毒瘡潰爛而死。

【研析】本卷史事研析下列四題，分述於次。

一、劉陶諫阻鑄重幣。鑄造重幣，就是鑄造不等值的大錢，如同今之發行大額面值的紙幣。鑄造大錢就是用通貨膨脹的辦法轉嫁國家財政赤字，禍害黎民百姓。漢武帝後期，財政枯竭，造白鹿皮幣，一方尺白鹿皮，緣以藻繢，面值四十萬。王莽製造刀幣，契刀一枚值五百，文曰「契刀五百」，錯刀一枚值五千，文曰「一刀直五千」。王莽多次改變鑄錢面值，每改一次，就有大批民眾破產，隨後興大獄。桓帝永壽三年（西元一五七年），民眾貧困交加，有人建議國家改鑄大錢，事下四府、群僚廣泛討論，擴大太學生參加討論。於是太學生劉陶上奏，抨擊鑄重幣之害。劉陶說：「當今人民的憂患，不是錢幣，而是饑饉。即使把沙礫化成黃金，把瓦片變成白玉，人民渴了不能當水渴，飢了不能當飯吃有什麼用。人民可以一百年沒有錢幣，卻不能一天沒有飯吃。讓人民富裕的唯一辦法就是停止官府的重稅和官吏的貪汙，沒有了重稅和貪汙，人民自然富足。」劉陶一針見血指出，「政府用鑄大錢的方法來補救過失，好比把魚養到沸水中，把鳥放置在烈火燃燒的樹上一樣。水和樹木，本來是魚和鳥的生命線，但用錯地方，一定焦爛」。劉陶又警告說：如今「貪官汙吏，兇殘如同兀鷹，竊盜匪徒，掠奪好像烏鴉，連皮帶肉把人民一口吞下還不滿足，臣深憂一朝人民在困苦中崛起，有人振臂一呼，群起響應以求得一條生路，到那時，即使錢大如尺，也挽救不了危亡。」劉陶說理透徹，簡潔明快，不可辯駁。東漢政府停止鑄造重幣的議論，人民避免了一場通貨膨脹的災難，劉陶之功也。

二、五侯橫空出世。桓帝延熹二年（西元一五九年），與小黃門史唐衡密議誅梁冀。唐衡引宦者左悺、單超、徐璜、具瑗共謀，輕而易舉誅殺梁冀，恰如王夫之所說，如同甕中捉鼠。原因是朝官士大夫自李固、杜喬死後，滿朝文武噤若寒蟬，聽任梁冀為所欲為，胡廣之流明哲保身，阿附梁冀以分一杯羹，桓帝又是諸侯王子入繼大統，不滿處於傀儡的地位，朝官士大夫既不可依靠，而身邊的人就是一群宦官。桓帝依靠宦官打倒外戚，奪回權力，就一心一意倒向宦官。而宦官在宮廷糜爛生活和皇帝淫威的薰陶下，養成了阿諛皇帝，崇拜權勢的品位。他們只爭自己的權利得失，哪管什麼國計民生。桓帝依靠中官單超、左悺、具瑗、徐璜、唐衡五人誅殺梁冀，同日封五人為侯，世謂之五侯，其後超死，四侯專橫，民間語曰：「左回天，具獨坐，徐臥虎，唐雨墮」，皆競起宅第，窮極壯麗。州郡牧守，率多宦官子弟姻戚。他們不僅「剝割萌黎，競恣著欲」，而且「鉤害明賢，專樹黨類」，真是「窮暴極毒，莫敢誰何」。也就是說，宦官五侯橫空出世，宦官勢力開始達於鼎盛，東漢政治從此進入了黑暗，不久爆發了禍及全國的黨錮之禍，就是朝士大夫與外戚聯合反擊宦官激起的政治鬥爭，將在下卷研析中詳析，茲從略。

三、五名士皆不應徵。尚書令陳蕃舉薦五位有大名聲的隱逸賢士，豫章徐穉、彭城姜肱、汝南袁閎、京兆韋著、潁川李曇，桓帝派出五輛蒲輪安車，帶著布帛禮品，皇帝詔書徵起五位名士，全都謝絕，不應徵召。五名士中徐穉名聲最大，他不應徵召的心態也最為典型。徐穉字孺子，豫章南昌人。家貧，自耕為食。陳蕃為豫章太守，在郡不接待賓客，只有徐穉來訪，專備一榻，徐穉走後就懸吊起來不再用。陳蕃以禮請徐穉為功曹，徐穉謝絕。稍後朝廷以有道之士名義徵拜徐穉為太原太守，徐穉不應徵，延熹二年，陳蕃為尚書令與僕射胡廣聯名舉薦五名士，徐穉居首，五名士皆不就。郭林宗遊說京師，徐穉帶話給郭林宗說：「巨木就要倒下，不是一根繩子可以把它拴住，為什麼每天奔忙辛苦，不能安定下來。」郭林宗聽了這話感慨地說：「徐穉先生可以做我的老師。」徐穉遵循的原則是：「邦有道則仕，邦無道則隱。」這是一種明哲保身的哲學，不符合「天下興亡，匹夫有責」的大義原則，徐穉的社會責任感不能與郭林宗相比。但徐穉銳敏地看到了東漢政權的衰亡無可救藥，所以不應徵召，不願與權奸小人為伍，耐得住安貧樂道仍然是值得肯定。五名士不就徵，都看到了東漢衰亡的前景，不願為這個政權殉葬。

四、馮緄請監軍。桓帝延熹五年，朝廷任命太常馮緄為車騎將軍，領兵十餘萬討武陵蠻。在這之前，幾任將領出征，都被宦官誣諂剋扣軍資，往往無功有罪，馮緄出征，要求桓帝派中常侍一人監軍財費，尚書朱穆彈劾馮緄為了避嫌，就要求宦官監軍，丟失了大臣的節操。桓帝下詔不准彈劾，也就是批准了馮緄的請求，開了宦官監軍的先例。王夫之批評馮緄開了一個惡例，宦官監軍，影響深遠，唐代、明代的宦官監軍，無一不敗壞軍事。王夫之的批評，打錯了目標。良將皇甫規討平三輔河西的羌亂，馮緄討平了荊州武陵蠻的叛亂，宦官藉故仍將二人下獄。馮緄不請宦官監軍，會有李緄、王緄請宦官監軍。唐代、明代，宦官監軍，一再誤事，乃至崇禎皇帝自毀長城殺袁崇煥，哪一個不是遭宦官的毒手。不是宦官有多大能量，而是皇帝猜疑而信宦官，皇權不受節制可以任情誅殺。宦官制度是專制政體上的一顆惡性腫瘤，割除惡性腫瘤，肢體隨之死亡。可是專制政體不除，惡性腫瘤伴隨生長。因此宦官監軍是專制之弊的必然發展，而不能怪罪馮緄開了先例。

卷第五十五

漢紀四十七

起閼逢執徐（甲辰　西元一六四年），盡柔兆敦牂（丙午　西元一六六年），凡三年。

【題解】本卷記事起西元一六四年，迄西元一六六年，凡三年。當桓帝延熹七年至永康元年，這一時期最重大的政治事件是爆發了第一次黨錮之禍。大司農劉祐、河南尹李膺、廷尉馮緄聯手懲治貪殘，反被下獄。賢良劉瑜上奏宦官不應裂土分封，宦官子弟不應任職地方。京師太學生與清流士大夫清議朝政，褒貶人物，漸成風氣，形成社會輿論。地方功曹岑晊、張儉、范滂等人不接受宦官請託，懲治奸人，觸動宦官集團利益，引發黨錮之禍。竇貴人立為皇后，其父竇武為特進、城門校尉、封槐里侯。竇武親近清流士大夫，李膺出獄任司隸校尉，打擊為惡的宦官，毫不手軟，蠱惑桓帝的風角師張成推占朝廷有赦令，教子殺人。李膺疾之如仇，在大赦令中殺死張成父子。宦官藉機中傷，誣諂太學生與士大夫結成朋黨，誹謗朝廷，擾亂風俗。桓帝大怒，以黨人名義逮捕清流士大夫，第一次黨錮之禍形成。

孝桓皇帝中

延熹七年（甲辰　西元一六四年）

春，二月丙戌❶，邟鄉忠侯黃瓊薨。將葬，四方遠近名士會者六七千人。

初，瓊之教授於家，徐稺從之咨訪大義❷。及瓊貴，稺絕不復交。至是，稺往弔之，進酹❸，哀哭而去，人莫知者。諸名士推問喪宰❹，宰曰：「先時有一書生來，衣麤薄而哭之哀，不記姓字。」眾曰：「必徐孺子❺也。」於是選能言者陳留茅容❻輕騎追之，及於塗❼。容為沽酒市肉❽，稺為飲食❾。容問國家之事，稺不答。更問稼穡之事，稺乃答之。容還，以語諸人。或曰：「孔子云：『可與言而不與言，失人❿。』然則孺子其失人乎？」太原郭泰曰：「不然。孺子之為人，清潔高廉，飢不可得食，寒不可得衣⓫。而為季偉飲酒食肉，此為已知季偉之賢故也！所以不答國事者，是其智可及，其愚不可及也⓬！」

【章旨】以上為第一段，寫名士徐孺子風采。

【注釋】❶丙戌　二月壬寅朔，無丙戌。丙戌，應為三月十五日。❷咨訪大義　諮詢訪問，即學習經義。❸進酹　以酒沃地祭奠。❹喪宰　喪事主持人。❺徐孺子　徐稺，字孺子，豫章郡南昌縣（今江西南昌）人，東漢名士，公府辟舉皆不就，終老田園。傳見《後漢書》卷五十三。❻茅容　字季偉，陳留（在今河南開封南）人，有孝行。事附〈郭泰傳〉，見《後漢書》卷六十八。❼及於塗　在半道追上了徐稺。❽容為沽酒市肉　茅容特地打酒買肉招待徐稺。❾稺為飲食　徐稺認為茅容是賢者，吃了他這一頓飯。❿可與言而不與言二句　語見《論語・衛靈公》孔子之言。意謂見了可以和他談論大道的人而不談，就失去了可以談論道的人。⓫飢不可得食二句　徐穉即使餓了，沒有人可以讓他吃飯；即使冷了，沒有人可以讓他穿衣。意謂徐穉絕不接受非賢者之賜，如今他既然吃了茅容的飯，是知茅容為賢者，未失人。⓬所以不答國事者三句　徐穉之所以不回答國家大事，這是因為他的智慧我們趕得上，他的大愚我們趕不上。智愚之論，亦孔子之言，見《論語．公冶長》，這是稱讚甯武子的話。此即《老子》所謂「大智若愚」之意。徐穉讓茅容傳語郭林宗說：「為我謝郭林宗，大木將顛，非一繩所維，何為栖栖不遑寧處！」這就是徐穉不言國家大事之意。

【語　譯】孝桓皇帝中

延熹七年（甲辰　西元一六四年）

春，二月丙戌日，邟鄉忠侯黃瓊去世。將要安葬，四面八方的遠近名士聚集了六七千人。

當初，黃瓊在家教學，徐穉追隨他詢問經義。等到黃瓊有了地位，徐穉與他斷絕關係，不再交往。到這時，徐穉前往弔祭，以酒灑地祭奠，哀哭離去，但沒有人認識他。各位名士追問主持喪事的人，主持人說：「先前有一位書生前來，衣服粗薄，哭得很悲傷，沒有留下姓名。」大家說：「一定是徐孺子。」於是挑選善言的陳留人茅容輕裝騎馬追趕徐穉，在半道追上了。茅容特地打酒買肉招待徐穉，徐穉吃了茅容這一頓飯。茅容詢問國家大事，徐穉不回答。改問耕稼之事，徐穉才回答茅容。茅容回來，向大家說明情況。有的人說：「孔子說：『可以與某人談論大道而不談論，就失去了可以談論道的人。』那麼，徐孺子豈不是失去了一個可以論道的人麼？」太原人郭泰說：「不對。徐孺子為人，清廉高潔，即使飢餓了，沒有人可以讓他吃飯，即使冷了，沒有人可以讓他穿衣。而能與季偉飲酒食肉，這是徐孺子已經知道了季偉賢明的緣故啊！他之所以不回答國事，是因為他的智慧我們可以趕得上，而他的大愚我們趕不上啊！」

泰❶博學，善談論。初游雒陽，時人莫識。陳留符融❷一見嗟異❸，因以介於河南尹李膺。膺與相見，曰：「吾見士多矣，未有如郭林宗者也。其聰識通朗，高雅密博❹，今之華夏❺，鮮見其儔❻。」遂與為友，於是名震京師。後歸鄉里，衣冠諸儒送至河上，車數千兩。膺唯與泰同舟而濟，眾賓望之，以為神仙焉。

泰性明知人❼，好獎訓士類❽，周遊郡國。茅容年四十餘，耕於野，與等輩避雨樹下，眾皆夷踞相對❾，容獨危坐❿愈恭。泰見而異之，因請寓宿。旦日，容殺雞為饌⓫，泰謂為己設，容分半食母，餘半庋置⓬，自以草蔬⓭與客同飯。泰曰：「卿賢哉遠矣⓮！郭林宗猶減三牲之具以供賓旅⓯，而卿如此，乃我友也！」起，對之揖，勸令從學，卒為盛德。鉅鹿孟敏⓰客居太原，荷甑⓱墮地，不顧而去。泰見而問其意，對曰：「甑已破矣，視之何益！」泰以為有分決⓲，與之言，知其德性，因勸令游學，遂知名當世。陳留申屠蟠⓳家貧，傭為漆工，鄢陵庾乘⓴少給事縣廷為門士，泰見而奇之，其後皆為名士。自餘或出於屠沽、卒伍，因泰獎進成名者甚眾。

陳國㉑童子魏昭請於泰曰：「經師㉒易遇，人師㉓難遭，願在左右，供給灑掃。」泰許之。泰嘗不佳，命昭作粥。粥成，進泰。泰呵之曰：「為長者作粥，不加意敬，使不可食！」以杯擲地。昭更為粥重進㉔，泰復呵之，如此者三。昭姿容無變㉕。泰乃曰：「吾始見子之面，而今而後，知卿心耳！」遂友而善之。

陳留左原為郡學生，犯法見斥。泰遇諸路，為設酒肴以慰之。謂曰：「昔顏涿聚㉖，梁甫㉗之巨盜，段干木㉘，晉國之大駔㉙，卒為齊之忠臣，魏之名賢。蘧瑗㉚、顏回㉛尚不能無過，況其餘乎！慎勿恚恨，責躬㉜而已。」原納其言㉝而去。或有譏泰不絕惡人者，泰曰：「人而不仁，疾之已甚，亂也㉞。」原後忽更懷忿結客㉟，欲報㊱諸生。其日，泰在學，原愧負前言，因遂罷去。後事露，眾人咸謝服焉。

或問范滂曰：「郭林宗何如人？」滂曰：「隱不違親㊲，貞不絕俗㊳，天子不得臣，諸侯不得友，吾不知其它。」

泰嘗舉有道，不就。同郡宋沖素服其德，以為自漢元以來㊴，未見其匹，嘗勸之仕，泰曰：「吾夜觀乾象㊵，晝察人事，天之所廢，不可支也。吾將優游卒歲㊶而已。」然猶周旋京師㊷，誨誘不息㊸。徐穉以書戒㊹之曰：「夫[1]大木將顛㊺，非一繩所維，何為栖栖不遑寧處㊻！」泰感寤曰：「謹拜斯言，以為師表。」

【章旨】以上為第二段，寫黨人精神領袖郭林宗識人，以及善處亂世之道。

【注釋】❶泰　即郭泰，字又作太，字林宗，太原介休（在今山西介休東南）人，東漢末大名士，黨人精神領袖。傳見《後漢書》卷六十八。❷符融　字偉明，陳留浚儀（今河南開封）人，東漢名士，善知人。傳見《後漢書》卷六十八。❸一見嗟

異　一見成知己，歎其為非常人。❹密博　思維細密而又博大。❺華夏　指全中國。❻鮮見其儔　很少見到與他匹敵的人。儔，匹敵。❼明知人　精明善識人；有識人之明。❽好獎訓士類　喜歡鼓勵士人上進。❾夷踞相對　雜亂地平坐於地。夷，平。踞，蹲。兩腿伸直平坐，亦稱踞。❿危坐　正坐，兩腿併攏屈地，坐於腳跟之上，衣襟垂直，稱正襟危坐。這是有禮貌的正規坐法。⓫為饌　做飯。⓬庋置　收藏起來。⓭草蔬　素飯素菜。草，粗，素飯。⓮卿賢哉遠矣　你賢德啊，超出常人遠矣。⓯郭林宗猶減三牲之具句　我郭林宗待客，尚且減少對父母的供養。三牲，牛、羊、豬。《孝經》：「日用三牲之養。」這裡藉以指對父母的供養。⓰孟敏　字叔達，鉅鹿楊氏（今河北寧晉）人，不受徵辟，知名當世。事附〈郭泰傳〉，見《後漢書》卷六十八。⓱甑　蒸飯陶器。⓲分決　處理事情果決。⓳申屠蟠　字子龍，陳留外黃（今河南民權西北）人，東漢末名士。傳見《後漢書》卷五十三。⓴庾乘　字世游，潁川鄢陵（今河南鄢陵西北）人，東漢末名士。事附〈郭泰傳〉。㉑陳國　封國名，治所陳縣，在今河南淮陽。㉒經師　授經的老師。㉓人師　道德高尚的育人老師。㉔更為粥重進　再次做粥，重新送進。㉕姿容無變　臉色不變，仍然溫和。㉖顏涿聚　春秋時齊國梁甫地方的大盜，改惡從善，拜孔子為師，成為齊國忠臣。㉗梁甫　又作梁父，古邑名、漢縣名，在今山東泰安東南。㉘段干木　戰國時魏隱士，為魏文侯師。㉙大駔　大市儈。駔，雙方交易的仲介人。㉚蘧瑗　春秋時衛國賢大夫。㉛顏回　孔子最得意的門生，孔子曾稱讚他：「顏回好學，不貳過。」㉜責躬　反躬自責；自我檢討。㉝納其言　接受了他的話。㉞人而不仁三句　一個人不仁德，如果厭惡他太過分，會生出更大的亂子。語見《論語·泰伯》孔子之言。㉟結客　約聚黨羽。㊱報　報仇。㊲隱不違親　郭泰退隱，沒有違背父母的意願。以春秋時晉大夫介子推稱許郭泰。介子推不出仕，他的母親十分支持他。㊳貞不絕俗　保持操守，但不與世俗隔絕。以春秋時魯大夫柳下惠推許郭泰。㊴漢元以來　漢建元以來，即漢初以來。㊵乾象　天象。㊶優游卒歲　自由自在地以終天年。㊷周旋京師　仍留在京師與各方應酬。㊸誨誘不息　諄諄地勸導人們從不停止。㊹以書戒　寫信告誡。《後漢書·徐穉傳》云徐穉託茅容帶口信寄語郭林宗，此作「以書戒之」。㊺大木將顛　大樹將倒。此指東漢行將滅亡。顛，仆倒。㊻何為栖栖不遑寧處　為什麼忙忙碌碌，無暇安靜地居處。栖栖，皇皇；忙忙碌碌。

【校　記】①夫　原無此字。據章鈺校，乙十六行本、乙十一行本、孔天胤本皆有此字，今據補。

【語　譯】郭泰學識廣博，善於談論。初遊洛陽時，當時的人都不認識他。陳留人符融一見郭泰便很驚異，就把郭泰介紹給河南尹李膺。李膺與郭泰相見，說：「我見到過的士人多了，沒有像郭林宗這樣的。他有聰慧卓識，品行高雅，思維細密而又博大，在今天的中國，很少見到能與他匹敵的人。」便和郭泰交為朋友，於是郭泰名震京師。後來郭泰返回鄉里，達官諸儒送他到黃河岸邊，車子千乘。李膺獨與郭泰同舟渡河，眾賓客望見他們，以為是神仙。

郭泰有知人之明，喜好鼓勵士人上進，周遊郡國。茅容有四十多歲，在田野耕種，與同伴在樹下避雨，眾人都雜亂地蹲坐在地上，茅容獨自正襟端坐，非常恭敬。郭泰見了很驚異，於是請求在茅容家借宿。第二天，茅容殺雞做飯，郭泰以為是要招待自己，茅容分了半隻雞給母親吃，剩下的半隻收藏起來，自己拿素菜與客人一起吃飯。郭泰說：「你賢德啊，遠遠超過了一般人！我郭林宗尚且還要減少對雙親的供養，用來招待賓客，而你竟然如此，這才是我要交的朋友啊！」郭泰站起來，向茅容作揖，勉勵他進行學習，終於將他培養成有高超德行的人。鉅鹿人孟敏寄居太原，扛著的瓦甑墜落地上，看都不看就走了。郭泰看見問他是什麼想法，孟敏回答：「瓦甑已經摔破了，看了它又有何用！」郭泰認為孟敏處事有決斷能力，與他交談，瞭解了他的德性，趁機勸孟敏遊學，孟敏終於聞名當世。陳留人申屠蟠家貧，替人做油漆工，鄢陵人庾乘年輕時在縣衙做守門人，郭泰見到他們認為是奇才，後來都成為知名人士。其餘有些出身於屠宰、沽酒、行伍的人，因獲郭泰獎勵成名的人很多。

陳國少年魏昭請求郭泰說：「授經老師容易遇見，品行高尚的育人老師難得碰見，希望在你身邊，做些灑掃雜事。」郭泰答應了。郭泰曾身體不適，叫魏昭煮稀飯。稀飯煮好了，進奉給郭泰。郭泰大聲斥責說：「替長輩煮稀飯，沒有敬意，讓我不能食用！」把碗扔到地上。魏昭再次煮了稀飯，又進奉給郭泰，郭泰又大聲斥責他，像這樣有三次。魏昭臉色不變。郭泰才說：「我開始時見到你的面容，從今之後，瞭解你的內心了！」於是把魏昭當做朋友善待他。

陳留人左原是郡裡的學生，犯法被斥責。郭泰在路上遇到他，設置酒菜安慰他，對他說：「從前顏涿聚是梁甫山的大盜，段干木是晉國大市儈，最後成了齊國的忠臣，魏國的名賢。蘧瑗、顏回尚且不能沒有過錯，何況其他的人呢！千萬不要憤恨，反躬自責而已。」左原接受了他的勸告後離去。有人嘲諷郭泰連壞人都不拒絕，郭泰說：「一個人不仁德，若是過分厭惡他，就會生出更大的亂子。」左原後來忽然又心懷恨意，約聚黨羽，想去報復同學。那天，郭泰在郡學中，左原感到愧負郭泰先前的勸導，於是罷手離去。後來這件事情外露，大家都很感謝和敬佩郭泰。

有人問范滂說：「郭林宗是怎樣的人？」范滂回答說：「他隱居不仕，卻不違背雙親意願，保持操守，卻不與世俗斷絕，天子不能使他為臣，諸侯不能得他為友，我不知道其他的了。」

郭泰曾經被推舉為有道之士，不肯應徵。同郡人宋沖向來佩服郭泰的德行，認為從漢初以來，沒有見到有人能與他相比，曾勸他出來當官，郭泰說：「我夜裡觀察天象，白天觀察人事，上天所要廢除的，人力是不能支撐的。我準備優游自在地過完這一輩子罷了。」然而郭泰卻還是在京師與各方應酬，不停地勸導人們。徐穉寫信告誡他說：「大樹將倒，不是一根繩子所能維繫的，為什麼忙忙碌碌，無暇安靜地居處！」郭泰感悟地說：「我誠懇地接受你的勸誨，把你作為我的師表。」

濟陰黃允❶，以雋才❷知名。泰見而謂曰：「卿高才絕人，足成偉器，年過四十，聲名著矣。然至於此際，當深自匡持❸，不然，將失之矣！」後司徒袁隗欲為從女❹求姻，見允，歎曰：「得壻如是，足矣！」允聞而黜遣其妻❺。妻請大會宗親為別，因於眾中攘袂❻數允隱慝十五事❼而去，允以此廢於時❽。

初，允與漢中晉文經並恃其才智，曜名遠近❾，徵辟不就。託言療病京師❿，不通賓客。公卿大夫遣門生旦暮問疾，郎吏雜坐其門⓫，猶不得見。三公所辟召者，輒以詢訪之，隨所臧否⓬，以為與奪⓭。符融謂李膺曰：「二子行業無聞⓮，以豪桀自置⑮，遂使公卿問疾，王臣坐門。融恐其小道破義⑯，空譽違實，特宜察焉⑰。」膺然之⑱。二人自是名論漸衰，賓徒稍省⑲，旬日之間，慚歎逃去，後並以罪廢棄。

【章　旨】以上為第三段，寫假名士黃允現形嘴臉。

【注　釋】❶黃允　字子艾，濟陰（今山東定陶）人，東漢假名士。事附〈郭泰傳〉。❷雋才　高才。❸深自匡持　特別小心，自我扶持，自我約束。❹從女　姪女。❺黜遣其妻　黃允休其妻夏侯氏。❻攘袂　捲起袖子。形容憤怒的舉動。❼數允隱慝十五事　數落黃允十五件見不得人的隱私。數，數落。❽廢於時　被時人唾棄。❾曜名遠近　名聲的光輝照耀遠近，即遠近揚名。❿託言療病京師　聲稱有病到京師療養，實為進京坐作身價。⓫郎吏雜坐其門　郎官以下的小官去看望黃允擠滿門庭。⓬隨所臧否　隨意褒貶。臧，褒揚。否，貶抑。⓭以為與奪　指三公所薦舉徵召的人，任用與否，都拿晉文經、黃允二人的評論作為依據。與奪，任用與不任用。⓮行業無聞　品行和學業一無所聞。⓯以豪桀自置　自我抬高身價，以豪傑自居。⓰小道破義　指晉、黃二人用小聰明來破壞了大義。⓱空譽違實二句　虛假的聲譽與實際不符時，應特別留意考察。⓲膺然之　李膺贊成符融的話，不與二人交接。李膺時為公認的名士，李膺不出，二人聲名頓減。⓳賓徒稍省　賓客日漸稀少。

【語　譯】濟陰人黃允以高才聞名於世。郭泰見到黃允對他說：「你高才過人，足成大器，四十歲以後，聲名顯赫。然而到了這個時候，應該自己深加約束，不然，美譽將要喪失了！」後來司徒袁隗想為姪女物色夫婿，見到黃允，讚歎說：「能得到這樣的女婿，就心滿意足了！」黃允聽說後就要休去他的妻子。妻子邀請很多宗親聚會進行告別，當著眾人捲起袖子數落黃允十五件藏私後離去，黃允因此被時人唾棄。

　　當初，黃允與漢中人晉文經都依恃自己的才智，遠近揚名，不應徵召。聲稱到京師治病，不與賓客交往。公卿大夫派門生早晚詢問病情，郎吏以下的小官擠滿門庭，卻見不到他們。三公府所徵召的人，常去詢問晉文經、黃允二人，二人隨意褒貶，三公作為任用與黜退的依據。符融對李膺說：「這兩個人的品行和學業一無所聞，卻以豪傑自居，竟能使公卿差人問病，朝臣聚坐門口。我怕他們的小聰明破壞大義，空有聲譽，有違真相，特別應當留意考察。」李膺認為說得對。這兩個人從此名望和評論都漸漸衰落，賓客日漸稀少，沒幾天，慚愧逃離，後來都因罪而被廢棄。

陳留仇香❶，至行純嘿❷，鄉黨無知者❸。年四十，為蒲亭❹長。民有陳元，獨與母居，母詣香告元不孝。香驚曰：「吾近日過元舍，廬落整頓，耕耘以時，此非惡人，當是教化未至耳。母守寡養孤，苦身投老，柰何以一旦之忿，棄歷年之勤❺乎！且母養人遺孤，不能成濟❻，若死者❼有知，百歲之後，當何以見亡者❽！」母涕泣而起。香乃親到元家，為陳人倫孝行，譬以禍福之言。元感悟❾，卒為孝子。考城令河內王奐署香主簿，謂之曰：「聞在蒲亭，陳元不罰而化之，得無少鷹鸇之志❿邪？」香曰：「以為鷹鸇不若鸞鳳⓫，故不為也。」奐曰：「枳棘之林非鸞鳳所集，百里非大賢之路⓬。」乃以一月奉⓭資⓮香，使入太學。郭泰、符融齎刺謁之⓯，因留宿。明旦，泰起，下牀拜之曰：「君，泰之師，非泰之友也。」香學畢歸鄉里，雖在宴居⓰，必正衣服，妻子事之若嚴君。妻子有過，免冠自責。妻子庭謝思過⓱，香冠⓲，妻子乃敢升堂⓳，終不見其喜怒聲色之異。不應徵辟，卒於家。

【章　旨】以上為第四段，寫學行一致的真名士仇香風采。

【注　釋】❶仇香　又名覽，字季智，陳留考城（在今河南民權東）人，任亭長小官，撫愛百姓，名聲遠播。傳見《後漢書》卷七十六〈循吏傳〉。❷至行純嘿　品行高潔，沉默寡言。❸鄉黨無知者　不為鄉里人所知。❹蒲亭　屬考城縣之鄉亭。❺棄歷年之勤　拋棄多年養育的辛勤。漢時以孝行治天下，母告子不孝，官府受理則大辟，故仇香勸陳元母不要起訴。❻成濟　成人；成器。❼死者　指陳元母之夫。❽何以見亡者　有何面目去見亡夫呢。❾元感悟　陳元受到感化醒悟。❿少鷹鸇之志　缺少雄鷹搏擊的志向。⓫鷹鸇不若鸞鳳　與其有蒼鷹之勇，不如有鸞鳳之和鳴。⓬枳棘之林二句　長滿荊棘的叢林不是鸞鳳的棲身之所，一個百里的縣城不是大賢所走的路。王奐認為仇香有治國之才，應到京師學習，不應在一個縣衙中做小吏。⓭奉　俸祿。⓮資　資助。⓯齎刺謁之　郭泰、符融帶著名帖去求見仇香。刺，秦漢時書寫姓名的帖子，如今之名片。⓰宴居　平常閒居。⓱妻子庭謝思過　老婆孩子到院子裡承認錯誤，表示悔改。⓲香冠　仇香戴上帽子。⓳升堂　進屋。

【語　譯】陳留人仇香，德行高潔，沉默寡言，同鄉的人都不瞭解他。四十歲時，做了蒲亭長。鄉民陳元與母親各自單獨居住，母親前往仇香那裡告陳元不孝。仇香驚奇地說：「我近日經過陳元家，房舍院落都整頓得很好，按時耕耘，這不是個壞人，該是教化沒有達到而已。母親守寡育養孤兒，苦身到老，怎可因一時之憤，就拋開了多年養育的辛勤呢！再說當母親的養育遺孤，不能教子成器，如果死者有知，您去世之後，有何面目去見死去的丈夫呢！」陳元的母親流淚站起來。仇香於是親自到陳元家，向他講述倫理孝道，諭以禍福之言。陳元感悟，最終成為孝子。考城縣令河內人王奐委任仇香為主簿，王奐對仇香說：「聽說你在蒲亭時，不懲罰陳元而教化他，是不是缺乏雄鷹搏擊的志向啊？」仇香說：「我以為雄鷹不如鸞鳳，所以不用懲罰治民。」王奐說：「荊棘叢林不是鸞鳳的棲身之處，百里的縣城不是大賢人所走的路。」於是拿一個月的薪俸資助仇香，讓他進入太學。郭泰、符融帶著名帖謁見仇香，趁便在他那兒住了一夜。第二天清晨，郭泰起身，下床向仇香揖拜說：「您是我的老師，不是我的朋友。」仇香學習結束返回鄉里，即使是平常閒居，也一定穿戴整齊，妻子兒女待他像侍奉嚴君一樣。妻子兒女有過錯，仇香就摘下帽子進行自責。等妻子兒女在院子裡思過悔改後，仇香才戴上帽子，妻子兒女才敢進屋，始終不見他喜怒聲容的不同。仇香從不應徵召，死於家中。

三月癸亥❶，隕石于鄠❷。

夏，五月己丑❸，京師雨雹。

荊州刺史度尚募諸蠻夷擊艾縣賊，大破之，降者數萬人。桂陽宿賊❹卜陽、潘鴻等逃入深山，尚窮追❺數百里，破其三屯，多獲珍寶。陽、鴻黨眾猶盛，尚欲擊之，而士卒驕富，莫有鬬志。尚計緩之則不戰，逼之必逃亡❻，乃宣言：「卜陽、潘鴻作賊十年，習於攻守。今兵寡少，未易可進，當須諸郡所發悉至，乃并力攻之。」申令❼軍中，恣聽射獵❽。兵士喜悅，大小皆出。尚乃密使所親客潛焚其營，珍積皆盡❾。獵者來還，莫不泣涕。尚人人慰勞，深自咎責❿，因曰：「卜陽等財寶足富數世，諸卿但不并力耳，所亡少少⓫，何足介意⓬。」眾咸憤踴⓭。尚敕令秣馬蓐食⓮，明旦，徑赴賊屯。陽、鴻等自以深固，不復設備。吏士乘銳⓯，遂破平之。尚出兵三年⓰，羣寇悉定，封右鄉侯。

【章　旨】以上為第五段，寫荊州刺史度尚巧計破賊，撫定荊州。

【注　釋】❶癸亥　三月壬申朔，無癸亥。癸亥，應為四月二十三日。❷鄠　縣名，縣治在今陝西戶縣。❸己丑　五月十九日。❹宿賊　老賊；長年為賊。❺窮追　死死追趕。❻尚計緩之則不戰二句　度尚估計拖延下去，士兵不肯出戰，逼迫過甚，士兵必定逃跑。緩，拖延進兵。逼，強令出戰。❼申令　宣布命令。❽恣聽射獵　聽任士兵自由行動，外出打獵。❾珍積皆盡　軍資及個人珍藏，全化為灰燼。❿深自咎責　狠狠地責備自己對火災的責任。⓫所亡少少　被火燒毀的比起卜陽等的聚積，少得可憐。⓬何足介意　不值得耿耿於懷。⓭眾咸憤踴　全軍感情激動，踴躍請戰。⓮秣馬蓐食　餵飽戰馬，早早吃飯。蓐食，指還未到起床時就吃飯。蓐，草席。⓯乘銳　趁著銳氣，一鼓作氣。⓰尚出兵三年　度尚延熹五年為荊州刺史，至延熹七年，是為三年。

【語譯】三月癸亥日，鄠縣隕石。

夏，五月十九日己丑，京師洛陽下冰雹。

荊州刺吏度尚召募蠻夷攻打艾縣的賊人，把賊人打得大敗，有數萬人投降。桂陽郡老賊卜陽、潘鴻等逃入深山，度尚死死追趕了好幾百里，攻破了他們的三處據點，獲得許多珍寶。卜陽、潘鴻的隊伍仍然龐大，度尚想進攻他們，但士卒驕傲，沒有鬥志。度尚估計拖延下去，士兵不肯出戰，逼迫過甚，士兵必定逃跑，於是宣稱：「卜陽、潘鴻為賊十年，擅長攻守。現在我們軍隊太少，不可輕易進攻，只有等待各郡派來的軍隊全部到達了，才能協力進攻。」下令軍中，聽任士兵出營射獵。士兵高興，上下都出動了。度尚便祕密派自己的親信潛入他們的軍營放火，軍資及個人珍藏全部化為灰燼。打獵的士兵回來，沒有不流淚的。度尚一個人一個人地進行安慰，深加引咎自責，趁機說：「卜陽等人的財寶足夠用幾輩子，只怕你們不肯協力，所燒毀的少之又少，不值得耿耿於懷。」全軍感情激動，踴躍請求出征。度尚命令餵飽戰馬，早早吃飯。第二天清晨，直奔敵人的駐地。卜陽、潘鴻等人自以為營壘很堅固，不再加以防備。官軍藉著銳氣，終於攻陷賊營。度尚出征三年，群寇全部平定，冊封為右鄉侯。

冬，十月壬寅❶，帝南巡。庚申❷，幸章陵❸。戊辰❹，幸雲夢❺，臨漢水，還幸新野❻。時公卿貴戚車騎萬計，徵求費役❼，不可勝極❽。護駕從事❾桂陽胡騰❿上言：「天子無外⓫，乘輿所幸，即為京師。臣請以荊州刺史比司隸校尉，臣自同都官從事。」帝從之。自是肅然⓬，莫敢妄干擾郡縣⓭。帝在南陽，左右並通姦利⓮，詔書多除人為郎。太尉楊秉上疏曰：「太微積星，名為郎位⓯，入奉宿衛，出牧百姓，宜割不忍之恩，以斷求欲之路⓰。」於是詔除乃止。

護羌校尉段熲擊當煎羌，破之。

十二月辛丑⓱，車駕還宮。○中常侍汝陽侯唐衡、武原侯徐璜皆卒。

初，侍中寇榮⓲，恂之曾孫也，性矜潔⓳，少所與⓴，以此為權寵所疾。榮從兄子㉑尚帝妹益陽長公主，帝又納其從孫女㉒於後宮，左右益忌之，遂共陷以罪，與宗族免歸故郡㉓。吏承望風旨，持之浸急㉔。榮恐不免㉕，詣闕自訟。未至，刺史張敬追劾榮以擅去邊㉖，有詔捕之。榮逃竄數年，會赦，不得除㉗，積窮困㉘，乃自亡命中上書曰：「陛下統天理物，作民父母，自生齒以上㉙，咸蒙德澤。而臣兄弟獨以無辜，為專權之臣所見批抵㉚，青蠅之人所共構會㉛，令陛下忽慈母之仁，發投杼之怒㉜。殘諂之吏，張設機網，並驅爭先，若赴仇敵，罰及死沒，髡剔墳墓㉝，欲使嚴朝必加濫罰㉞。是以不敢觸突天威而自竄山林㉟，以俟㊱陛下發神聖之聽，啓獨覩之明[37]，救可濟之人，援沒溺之命[38]。不意滯怒不為春夏息，淹恚不為歲時怠[39]，遂馳使郵驛，布告遠近，嚴文尅剝[40]，痛於霜雪[41]。逐臣者窮人迹[1]，追臣者極車軌[42]，雖楚購伍員，漢求季布，無以過也[43]。臣遇罰以來，三赦再贖[44]，無驗之罪[45]，足以蠲除。而陛下疾臣[46]愈深，有司咎臣甫力[47]，止則見掃滅，行則為亡虜[48]，苟生則為窮人，極死則為冤鬼[49]，天廣而無以自覆[50]，地厚而無以自載[51]，蹈陸土而有沈淪之憂[52]，遠巖牆而有鎮壓之患[53]。如臣犯元惡大憝，足以陳原野，備刀鋸[54]，陛下當班布臣之所坐，以解眾論之疑[55]。臣思入國門[56]，坐於肺石[57]之上，使三槐九棘平臣之罪[58]。而閶闔九重[59]，陷穽步設[60]，舉趾觸罘罝[61]，動行絓羅網[62]，無緣至萬乘之前，永無見信之期。悲夫，久生亦復何聊[63]！蓋忠臣殺身以解君怒，孝子殞命以寧親怨，故大舜不避塗廩浚井[64]之難，申生不辭姬氏讒邪之謗[65]，臣敢忘斯義，不自斃以解明朝之忿哉[66]！乞以身塞責[67]，願陛下匄兄弟死命[68]，使臣一門頗有遺類[69]，以崇陛下寬饒之惠[70]。先死陳情[71]，臨章泣血[72]。」帝省章愈怒，遂誅榮。寇氏由是衰廢[73]。

【章　旨】以上為第六段，寫開國功臣寇恂曾孫寇榮，身為皇親國戚，生性傲岸廉潔，遭群小構陷致死，寇氏衰落。

【注釋】❶壬寅　十月初五日。❷庚申　十月二十三日。❸章陵　縣名，東漢皇室祖先墳墓所在地，縣治在今湖北棗陽南。❹戊辰　十一月初一日。❺雲夢　古澤名，在今湖北安陸一帶。❻新野　縣名，縣治在今河南新野。❼徵求費役　向沿途地方徵求費用與民夫。❽不可勝極　沒有極限。❾護駕從事　從事為州郡長副官。此為荊州派出的護送皇帝的從事官。❿胡騰字子升，官至尚書。事附《後漢書・竇武傳》。⓫天子無外　天子所到之處無內外之別。⓬肅然　天子扈從隊伍一片整肅。⓭莫敢妄干擾郡縣　再沒有人敢假借天子權威勒索郡縣。荊州刺史察舉所部，天子扈從為京師權貴，刺史不得察舉。今特命荊州刺史代行司隸校尉之職，胡騰代行司隸部屬都官從事，則可察舉扈從為奸之事，故全體肅然。⓮左右並通姦利　皇帝左右近習都營私舞弊，受人請託為郎，收取賄賂。⓯太微積星二句　在太微宮五帝後有二十五顆小星，象徵郎官之位。⓰宜割不忍之恩二句　請陛下應當捨棄不忍拒絕的小恩，用以斷絕奸人求欲的道路。⓱辛丑　十二月初四日。⓲寇榮　東漢開國功臣寇恂的曾孫，桓帝時為侍中，得罪權幸被誅死。傳見《後漢書》卷十六。⓳性矜潔　性情高傲廉潔。⓴少所與　很少與人交往。㉑從兄子　堂兄的兒子。㉒從孫女　寇榮的姪孫女。㉓故郡　故鄉。寇榮故郡在上谷郡昌平縣，在今北京市昌平東南。㉔吏承望風旨二句　地方官吏受權貴指使，對寇榮迫害一天天加深。㉕不免　指不免於死。㉖迫劾榮以擅去邊　幽州刺史張敬迫趕寇榮，搶先彈劾他擅自離開邊地的居所。㉗不得除　不得除寇榮之罪，即不能赦免寇榮。㉘積窮困　困難越來越多，以致走投無路。㉙生齒以上　一歲以上。男八月生齒，女七月生齒。㉚批抵　打擊。抵，亦批，側擊。㉛青蠅之人所共構會　受到青蠅般的小人一窩蜂的陷害。青蠅，《詩經・小雅》中篇名，諷刺周幽王聽信讒言。㉜投杼之怒　扔下織布的梭子。曾參，春秋時大孝子。其母初聽人傳言說曾參殺人，她不信，而一連三人來說曾參殺人，她沉不住氣了，扔下織布梭子逃走。事見本書卷三周赧王七年。㉝髡剔墳墓　將墳前松柏砍光，使墳墓像是受到髡刑一般。據《後漢書・寇榮傳》，洛陽令袁騰挖了寇榮祖墳，剖棺露屍，砍伐墓木，以迫使寇榮露面。㉞欲使嚴朝必加濫罰　貪殘之吏使嚴明之朝濫加刑罰。㉟是以句　此句謂我寇榮不敢冒犯聖怒，自己逃竄山林中躲起來。觸突天威，冒犯聖怒。㊱俟　等待；期待。㊲啓獨覩之明　張開獨明的眼睛。㊳援沒溺之命　援救快要淹死的人。㊴不意滯怒二句　想不到皇上怒氣積留，不因已過春夏而消失；仇恨蓄積，不因時光流逝而沖淡。滯怒，淹恚，指蓄積不化的怒氣與仇恨。㊵嚴文尅剝　嚴厲的通緝令，限期捉拿。㊶痛於霜雪　讀了通緝令彷彿全身裹上了霜雪，痛入骨髓。㊷逐臣者窮人迹二句　緝拿我的人窮盡了人跡所至，追捕我的人布滿了所有通車的路口。㊸雖楚購伍員三句　即使是昔日楚國懸賞捉拿伍員，漢初追索季布，也沒有今天這樣嚴厲。伍員，即伍子胥，春秋時楚平王大夫伍奢之子。平王聽讒殺伍奢，伍員出亡，楚國懸賞米五萬石和執珪的高官捉拿他。後來伍員逃到吳國借兵報仇。季布，項羽之將，漢高祖捉拿他，季布逃亡，終被赦免為漢將。㊹三赦再贖　寇榮逃亡三年，已遇三次赦令，又兩次頒布贖罪的命令，仍不免除我。即既不赦免寇榮，也不讓他贖罪。贖，入錢免罪。㊺無驗之罪　無法驗證的罪。㊻疾臣　恨臣。㊼有司咎臣甫力　主管單位追捕我更加賣力。甫，始。㊽止則見掃滅二句　我停下來就被消滅，逃跑就成為一個逃亡犯。見，被。㊾苟生則為窮人二句　我苟延生命就是一個窮途末路的人，被誅死就是一個冤鬼。苟生，苟延殘喘地生存。極死，誅死。極，通「殛」。刑殺。㊿天廣而無以自覆　上天寬廣無邊，就是不肯覆蓋我。51地厚而無以自載　大地厚實而沒有承載臣的地方。52蹈陸土而有沈淪之憂　我腳踏大地而有陷下去的憂慮。53遠巖牆而有鎮壓之患　我遠遠地離開高牆而有被牆塌埋的危險。54如臣犯元惡大憝三句　假如我犯了滔天大罪，足以拋屍荒野，該用刀砍鋸裂。元惡、大憝，同義。憝，惡也。55陛下當班布臣之所坐二句　皇上應當頒布我的罪狀，以解除大家議論中的疑問。班，通「頒」。所坐，所犯的罪狀。56臣思入國門　我想進京。國門，都門。57肺石　古代立於宮門前的一塊巨大赤石，申冤者立於肺石上三天，然後司法官記錄他的訴狀呈報。這裡是借用表示聽從審判。58使三槐九棘平臣之罪　讓三公九卿平議我的罪過。三槐，指三公。九棘，指古之三孤、卿、大夫，此指九卿。59閶闔九重　天門九重。喻皇上居於深宮，不能到達。閶闔，天門。60陷穽步設　每一步都有陷阱。61舉趾觸罘罝　舉足就要觸上羅網。罘罝，捕獸的網。62羅網　捕鳥的網。63久生亦復何聊　長期這樣活著又有什麼意思。64塗廩浚井　塗廩，給倉房頂上塗泥。浚井，淘井。虞舜之父瞽瞍及舜之弟象兩人合謀害舜，讓舜塗廩，瞽瞍從下放火；讓舜浚井，象下土實井，舜都機智地逃走。事見《史記》卷一〈五帝本紀〉。65申生不辭姬氏讒邪之謗　申生不逃避後母驪姬讒邪的誹謗。申生，春秋時晉獻公的太子，因後母驪姬欲立自己的兒子姬奚齊嗣為國君，就用計陷害申生，說他要用毒藥害死晉獻公。申生為了盡孝，不加分辯而自殺。66臣敢忘斯義二句　我怎敢忘記這些道理，不去自殺用以消除聖上的氣憤。67乞以身塞責　請求以身抵罪。68匄兄弟死命　乞求寬恕我兄弟的性命。69頗有遺類　稍有後代。70以崇陛下寬饒之惠　用以顯示皇上寬宏的恩惠。71先死陳情　在死之前訴說衷情。72臨章泣血　面對奏章淚盡流血。73衰廢　門庭衰落。

【校　記】1迹　原作「途」。張敦仁《通鑑刊本識誤》作「迹」，今據改。

【語　譯】冬，十月初五日壬寅，漢桓帝南巡。二十三日庚申，漢桓帝幸臨章陵。十一月初一日戊辰，漢桓帝幸臨雲夢，抵達漢水，返回幸臨新野。當時護駕的公卿貴戚車馬數以萬計，徵用的費用和勞役，沒有極限。護駕從事桂陽人胡騰上奏說：「天子沒有內外之別，聖駕所到之處就是京城。臣請求以荊州刺史比同司隸校尉，臣自己與都官從事一樣。」漢桓帝聽從了。從此，漢桓帝扈從隊伍一片肅然，沒有人敢隨意擾亂郡縣。漢桓帝在南陽，身邊人都營私舞弊，漢桓帝下詔任命了不少人為郎。太尉楊秉上疏說：「太微宮五帝後有眾多小星，稱為郎位，入朝負責宿衛，外出牧守百姓，請陛下應當割棄不忍拒絕的小恩，用以斷絕奸人求欲的道路。」於是，漢桓帝不再下詔拜官。

護羌校尉段熲攻打當煎羌，打敗了他們。

十二月初四日辛丑，漢桓帝車駕返回洛陽宮。○中常侍汝陽侯唐衡、武原侯徐璜都去世了。

當初，寇恂的曾孫寇榮，生性高傲廉潔，很少與人交往，因此被權貴寵臣嫉恨。寇榮堂兄的兒子娶了漢桓帝的妹妹益陽長公主，漢桓帝又把寇榮的姪孫女納入後宮，左右的人更加忌恨寇榮，於是共同誣陷寇榮，寇榮與宗族的人都被免官返回故鄉。地方官員迎合權貴的想法，對寇榮的迫害一天天加深。寇榮害怕不能避免災禍，就到宮廷申訴。人未到京城，刺史張敬就搶先彈劾他擅離邊境，朝廷下詔追捕寇榮。寇榮逃竄了好幾年，遇到大赦，也不得赦免，困難越來越多，於是在逃亡途中上書說：「陛下統管天下萬物，為民父母，從嬰兒以上，都蒙受恩澤。而臣兄弟本是無辜的，被專權的臣子打擊，受到像青蠅般的小人一窩蜂似的陷害，使陛下忽視了慈母的仁愛，發洩出像曾參母親那樣扔下織布梭子一樣的憤怒。殘虐諂媚之吏，張設陷網，都爭先誣陷臣，如同奔赴仇敵，懲罰涉及去世的人，將墳前松柏砍光，想要使嚴明的朝廷再濫施重刑。因此，臣不敢冒犯聖怒，自己逃竄山林，用以等待陛下打開神聖的聽覺，張開獨明的眼睛，拯救可以救濟的人，援助快被淹死的人。沒想到陛下的積怒並未隨著春夏的過去而消失，仇恨並未隨著歲月的流逝而沖淡，始終讓驛使奔跑，布告遠近，嚴厲的通緝令限期捉拿，讀後猶如遭受霜雪。緝拿臣的人窮盡人跡所至，追捕臣的人布滿了所有通車的路口，即便是昔日楚王逮捕伍員，前漢搜捕季布，也沒有今天追捕臣這樣嚴厲。臣受罰以來，已經遇到三次赦令和兩次贖罪的命令，臣的無法驗證的罪責，也足以赦免。但陛下對臣越來越恨，主管部門對臣的追捕更加賣力，停下來就被消滅，逃跑就成了在逃犯，苟且偷生就是個窮途末路的人，被誅殺就是一個冤死鬼，上天寬廣無邊卻不肯覆蓋臣，大地厚實而沒有承載臣的地方，臣腳踏大地而有陷下去的憂慮，遠離高牆而有被牆塌埋的危險。如果臣犯了滔天大罪，足以拋屍荒野，該用刀砍鋸裂，陛下應當頒布臣的所犯罪行，以消解大家議論中的疑問。臣想進京，坐在肺石上，讓三公九卿平議臣的罪過。但是天門九重，步步是陷阱，舉足就會觸及獸網，動一動就會落入鳥網，臣沒有機會到陛下面前，永遠也不會有被信任的時候。悲歎啊，長久地這樣活著又有什麼意思！忠臣殺身以消解君主的怒氣，孝子捨命以平靜父母的怨恨，所以大舜不迴避塗廩掘井的危難，申生不逃避後母驪姬讒邪的誹謗，臣怎敢忘卻這些道理，不去自殺以消除聖上的氣憤！請求以身抵罪，希望陛下饒恕臣兄弟的死罪，讓臣家族稍有後代，以宏大陛下寬宏的恩惠。在死之前述說衷情，面對奏章淚盡流血。」漢桓帝看了奏章更加憤怒，於是殺了寇榮。寇氏從此衰敗。

八年（乙巳　西元一六五年）

春，正月，帝遣中常侍左悺之苦縣❶祠老子❷。

勃海王悝❸素行險僻❹，多僭傲不法❺。北軍中候❻陳留史弼❼上封事曰：「臣聞帝王之於親戚，愛雖隆，必示之以威，體雖貴，必禁之以度，如是，和睦之道興，骨肉之恩遂❽矣。竊聞勃海王悝，外聚剽輕不逞之徒❾，內荒酒樂❿，出入無常⓫，所與羣居，皆家之棄子⓬，朝之斥臣⓭，必有羊勝、伍被⓮之變。州司⓯不敢彈糾，傅相⓰不能匡輔。陛下隆於友于⓱，不忍遏絕⓲，恐遂滋蔓，為害彌大。乞露臣奏⓳，宣示百僚，平處其法⓴。法決罪定，乃下不忍之詔。臣下固執，然後少有所許㉑。如是則聖朝無傷親之譏㉒，勃海有享國之慶㉓。不然，懼大獄將興矣㉔。」上不聽。悝果謀為不道㉕，有司請廢之，詔貶為廮陶王，食一縣。

丙申㉖晦，日有食之。詔公、卿、校尉舉賢良方正。

千秋萬歲殿火。

中常侍侯覽弟①參為益州刺史，殘暴貪婪，累臧㉗億計。太尉楊秉奏檻車徵參，參於道自殺，閱其車重三百餘兩，皆金銀錦帛。秉因奏曰：「臣案舊典，宦者本在給使省闥㉘，司昏守夜㉙。而今猥㉚受過寵，執政操權，附會者因公褒舉，違忤者求事中傷㉛。居法王公㉜，富擬國家，飲食極肴膳，僕妾盈紈素。中常侍侯覽弟參貪殘元惡，自取禍滅。覽顧知釁重㉝，必有自疑之意。臣愚以為不宜復見親近。昔懿公刑邴歜之父，奪閻職之妻，而使二人參乘，卒有竹中之難㉞。覽宜急屏斥，投畀有虎㉟，若斯之人，非恩所宥㊱，請免官送歸本郡。」書奏，尚書召對秉掾屬，詰之曰：「設官分職，各有司存。三公統外，御史察內。今越奏近官㊲，經典、漢制，何所依據？其開公具對㊳。」秉使對曰：「春秋傳曰：『除君之惡，唯力是視㊴。』鄧通懈慢㊵，申屠嘉召通詰責㊶，文帝從而請之㊷。漢世故事，三公之職，無所不統。」尚書不能詰。帝不得已，竟免覽官。司隸校尉韓縯因奏左悺罪惡，及其兄太僕南鄉侯稱請託州郡，聚斂為姦，賓客放縱㊸，侵犯吏民。悺、稱皆自殺。續又奏中常侍具瑗兄沛相恭臧罪，徵詣廷尉。瑗詣獄謝，上還東武侯印綬㊹，詔貶為都鄉侯。超及璜、衡襲封者，並降為鄉侯㊺，子弟分封者，悉奪爵土。劉普等貶為關內侯，尹勳等亦皆奪爵㊻。

【章旨】以上為第七段，寫宦官五侯子弟在地方為官，作惡多端犯眾怒，漢桓帝接受輿情，五侯襲封者被貶為鄉侯。

【注釋】❶苦縣 縣名，屬陳國，縣治在今河南鹿邑。❷老子 姓李名耳，字聃，道家創始人，《道德經》的作者。傳見《史記》卷六十三。❸勃海王悝 桓帝劉志之弟。❹素行險僻 行為一向邪惡冷僻。❺僭傲不法 超越禮制，傲慢，不遵守法紀。❻北軍中候 北軍五校監察官，掌理軍法。❼史弼 字公謙，陳留考城（在今河南民權東）人，靈帝時為平原相，在西元一六八年的第二次黨禍中，援救被無辜牽連的黨人，存活者千餘人。傳見《後漢書》卷六十四。❽遂 完遂；保全。❾外聚剽輕不逞之徒 在外聚集一些剽悍輕狂的不法之徒。❿內荒酒樂 在內瘋狂地酗酒作樂。荒，淫亂；瘋狂。⓫出入無常 進出王府沒有法度。⓬家之棄子 家族拋棄的浪蕩公子。⓭朝之斥臣 朝廷斥逐的奸邪之臣。⓮羊勝伍被 兩人分別是西漢梁孝王劉武、淮南王劉安的家臣，謀叛逆臣，事發被誅。羊勝事詳本書卷十六景帝中二年，伍被事詳卷十九武帝元狩元年。⓯州司 州刺史。⓰傅相 指勃海王劉悝的諸侯王太傅、丞相。⓱陛下隆於友于 指桓帝礙於兄弟之情，放縱劉悝胡作非為。友于，友愛兄弟。典出《書經·君陳》：「惟孝，友于兄弟。」⓲不忍遏絕 不忍心及時阻止。⓳乞露臣奏 請求公開宣布我的奏章。⓴平處其法 由百官平議，依法處治。㉑臣下固執二句 由臣下出面堅持依法懲治，然後由皇上裁定略加寬大。㉒聖朝無傷親之譏 聖明的朝廷就不會有傷害親情的批評。㉓勃海有享國之慶 指勃海國享有長存的幸福。享國，享有封國，指國家長存。㉔不然二句 若不這樣，將有大獄爆發。諸侯謀逆或僭越過度，將興大獄，會牽連若干無辜人受害，也損害國家政治。㉕謀為不道 圖謀不軌。㉖丙申 正月三十日。㉗臧 通「贓」。㉘給使省闥 在宮內供差使。㉙司昏守夜 早晚看守門戶。司，亦守也。㉚猥 多。㉛附會者因公褒舉二句 依附宦官的人，宦官就利用國家選薦人才的機會進用他們；冒犯宦官的人，宦官就找藉口對他們進行中傷。㉜居法王公 宦官家居效法王侯三公。㉝釁重 罪惡深重。㉞竹中之難 春秋齊懿公為公子時，與邴歜之父爭田，弗勝。及即位，將邴歜之父從墓中掘出而刖其屍；又奪走了閻職的妻子。後來邴歜、閻職二人將齊懿公害死於竹林中。事詳《左傳》文公十八年。㉟投畀有虎　送去餵虎。畀，給予。㊱非恩所宥　不能開恩寬宥。㊲越奏近官　越位彈劾內官。㊳開公具對　公開地作出詳細回答。㊴除君之惡二句　為君王除去奸惡，要盡力而為。語出《左傳》僖公二十四年晉人寺人披之言。㊵懈慢　舉動輕慢。㊶詰責　審問斥責。㊷文帝從而請之　漢文帝為鄧通講情。鄧通，漢文帝嬖臣。丞相申屠嘉責罰鄧通放縱，輕慢皇上，文帝講情，才免於死。事見本書卷十五文帝後二年。㊸放縱　仗勢橫行。㊹瑗詣獄謝二句　具瑗到廷尉獄自首謝罪，交還東武侯印綬，請求寬大。㊺超及璜衡襲封者二句　單超、徐璜、唐衡與左悺、具瑗為五侯，同體相依，三人已死，其後嗣襲爵為列侯，今降為鄉侯，以示懲處。列侯為縣侯。㊻劉普等貶為關內侯二句　指封為十九亭侯的宦官，亦作降爵或奪爵處分。

【校　記】①弟　原作「兄」。張敦仁《通鑑刊本識誤》作「弟」，本書下文云「侯覽弟參」，以參為覽弟，與張校合，今據改正。按，《後漢書》卷五十四〈楊秉傳〉云：「時中常侍侯覽弟為益州刺史。」卷七十八〈宦者侯覽傳〉又云：「覽兄參為益州刺史。」二傳記載亦有異。

【語　譯】八年（乙巳　西元一六五年）

春，正月，漢桓帝派遣中常侍左悺前往苦縣祭祀老子。

勃海王劉悝向來行為邪惡冷僻，經常傲慢不遵法紀。北軍中候陳留人史弼上密奏：「臣聽說帝王對於親戚，雖然厚愛，但要顯示威嚴，身分雖然尊貴，但須以法度加以控制，如此，和睦的風氣才能興起，骨肉的恩情才能保全。臣聽說勃海王劉悝，在外聚集了剽悍輕狂的不法之徒，在內瘋狂地酗酒作樂，進出王府沒有法度，與他一起居住的都是被家族拋棄的浪蕩公子，朝廷斥逐的奸邪之臣，必然引發羊勝、伍被之類的叛變。州刺史不敢彈劾追究，諸侯王太傅、丞相也不能匡正輔佐。陛下礙於兄弟手足之情，不忍心及時阻止，恐怕日益蔓延，釀成大患。請求公開臣的奏疏，向群臣宣布，由百官平議，依法處治。根據法律定罪以後，陛下再頒不忍嚴懲的詔書。臣下出面堅決依法懲治，然後由陛下裁定略加寬大。這樣聖明的朝廷不會有傷害親情的嘲諷，勃海國也有長存的幸福。不這樣的話，恐怕會發生重大獄案。」漢桓帝不聽。劉悝果然圖謀不軌，主管官員奏請廢除劉悝，下詔貶劉悝為癭陶王，食邑一縣。

正月最後一天三十日丙申，發生日蝕。漢桓帝下詔公、卿、校尉推薦賢良方正。

千秋萬歲殿失火。

中常侍侯覽的弟弟侯參任益州刺史，殘暴貪婪，贓款以億計算。太尉楊秉奏請以囚車徵回侯參，侯參在途中自殺，搜出裝有金銀錦帛的重車三百多輛。楊秉因此上奏說：「臣尋查先前的典章制度，宦官本來只限於在宮內供差使，負責早晚看守門戶。而現在多受過分寵愛，執掌政權，依附的人宦官就利用國家推薦人才的機會進用他們，冒犯的人宦官就找藉口中傷他們。宦官家居模仿王侯三公，富貴比擬國家，飲食極盡珍饈，奴僕侍妾都穿綾羅綢緞。中常侍侯覽的弟弟侯參貪婪殘暴，罪大惡極，自取滅亡。侯覽知道侯參的罪惡深重，必然懼怕不安。臣認為不宜讓他再親近陛下。過去，齊懿公對邴歜父親戮屍，強佔閻職的妻子，卻讓邴歜趕車，閻職陪乘，終於發生了竹林中的大禍。侯覽應當儘快斥逐，把他送去餵虎，像他這種人，不能開恩寬宥，請免除他的官職，送回本郡。」奏書呈上，尚書召見楊秉的屬吏，責備說：「設置官署分配職務，各有工作範圍。三公掌管朝外，御史按察宮內。現在太尉越位彈劾內侍，是根據經典還是漢朝制度？請公開作出詳細回答。」楊秉的屬吏回答：「《春秋傳》說：『為君王剷除奸惡，要盡力而為。』鄧通舉動輕慢，申屠嘉召見鄧通審問斥責，漢文帝為他求情。漢朝舊例，三公職權，無所不管。」尚書無法反駁。漢桓帝不得已，最後免除了侯覽的官職。司隸校尉韓縯因此彈劾左悺的罪惡，以及左悺兄長太僕南鄉侯左稱私相囑託州郡官府，聚斂為奸，賓客仗勢橫行，侵犯官吏百姓。左悺、左稱都自殺。韓縯又彈劾中常侍具瑗的兄長沛國相具恭的貪贓罪行，徵召到廷尉。具瑗到獄中謝罪，交還東武侯印綬，下詔貶為都鄉侯。單超、徐璜、唐衡的襲封者都貶為鄉侯，子弟被分封的，都奪去爵位和封土。劉普等人被貶為關內侯，尹勳等人也都被削奪爵位。

帝多內寵❶，宮女至五六千人，及驅役從使❷復兼倍於此❸。而鄧后恃尊驕忌❹，與帝所幸郭貴人更相譖訴❺。癸亥❻，廢皇后鄧氏，送暴室❼，以憂死❽。河南尹鄧萬世、虎賁中郎將鄧會皆下獄誅。

護羌校尉段熲擊罕姐羌，破之。

三月辛巳❾，赦天下。

宛陵❿大姓羊元羣罷北海郡，臧污狼籍⓫，郡舍溷軒⓬有奇巧，亦載之以歸。河南尹李膺表按其罪。元羣行賂宦官，膺竟反坐⓭。單超弟遷為山陽太守，以罪繫獄，廷尉馮緄考致其死⓮。中官相黨，共飛章⓯誣緄以罪。中常侍蘇康、管霸，固天下良田美業，州郡不敢詰，大司農劉祐移書所在，依科品沒入之⓰。帝大怒，與膺、緄俱輸作左校。夏，四月甲寅⓱，安陵⓲園寢火。○丁巳⓳，詔壞郡國諸淫祀⓴，特留㉑雒陽王渙、密縣卓茂二祠。

五月丙戌㉒，太尉楊秉薨。秉為人清白寡欲，嘗稱「我有三不惑：酒、色、財也。」

秉既沒，所舉賢良廣陵劉瑜㉓乃至京師上書言：「中官不當比肩㉔裂土㉕，競立胤嗣，繼體傳爵㉖。又，嬖女充積㉗，冗食㉘空宮，傷生費國㉙。又，第舍增多，窮極奇巧，掘山攻石㉚，促以嚴刑㉛。州郡官府，各自考事㉜，姦情賕賂㉝，皆為吏餌。民愁鬱結㉞，起入賊黨㉟，官輒興兵誅討其罪，貧困之民，或有賣其首級，以要酬賞㊱，父兄相代殘身㊲，妻孥相視分裂㊳。又，陛下好微行近習之家，私幸宦者之舍，賓客市買㊴，熏灼道路㊵，因此暴縱，無所不容㊶。惟陛下開廣諫道㊷，博觀前古，遠佞邪之人，放鄭、衛之聲㊸，則政致和平，德感祥風㊹矣。」詔特召瑜問災咎之徵㊺。執政者欲令瑜依違其辭㊻，乃更策以它事，瑜復悉心對八千餘言，有切於前㊼。拜為議郎。

荊州兵朱蓋等叛，與桂陽賊胡蘭等復攻桂陽。太守任胤棄城走，賊眾遂至數萬。轉攻零陵，太守下邳陳球㊽固守拒之。零陵下溼，編木為城㊾，郡中惶恐。掾史白球遣家避難㊿，球怒曰：「太守分國虎符，受任一邦，豈顧妻孥而沮國威乎！復言者斬！」乃弦大木為弓，羽矛為矢，引機發之，多所殺傷。賊激流(51)灌城，球輒於內因地勢(52)，反決水淹賊(53)，相拒十餘日不能下。時度尚徵還京師，詔以尚為中郎將，率步騎二萬餘人救球，發諸郡兵并勢討擊，大破之，斬蘭等首三千餘級，復以尚為荊州刺史。蒼梧太守張敘為賊所執(54)，及任胤皆徵棄市。胡蘭餘黨南走蒼梧，交趾刺史張磐擊破之，賊復還入荊州界。度尚懼為己負，乃偽上言蒼梧賊入荊州界[55]，於是徵磐下廷尉。辭狀未正[56]，會赦見原[57]，磐不肯出獄，方更牢持械節[58]。獄吏謂磐曰：「天恩曠然[59]，而君不出，何[1]乎[60]？」磐曰：「磐備位方伯[61]，為尚所枉[62]，受罪牢獄。夫事有虛實，法有是非，磐實不辜，赦無所除[63]。如忍以苟免，永受侵辱之恥[64]，生為惡吏，死為敝鬼[65]。乞傳尚詣廷尉，面對曲直[66]，足明真偽。尚不徵者，磐埋骨牢檻，終不虛出，望塵受枉[67]！」廷尉以其狀上[68]。詔書徵尚，到廷尉，辭窮[69]，受罪，以先有功得原。

閏月甲午[70]，南宮朔平署[71]火。

段熲擊破西羌，進兵窮追，展轉山谷間，自春及秋，無日不戰，虜遂敗散，凡斬首二萬三千級，獲生口數萬人，降者萬餘落。封熲都鄉侯。

【章旨】以上為第八段，寫劉祐、李膺、馮緄懲治貪殘，反被下獄。劉瑜上奏，宦官不應裂土受封，子弟不應任職地方。

【注釋】❶內寵　女寵。❷驅役從使　侍候有官稱宮女的奴僕婦女，亦從民間掠奪而來。❸兼倍於此　比五六千宮女又加多一倍，即什役宮女有一萬多人。❹鄧后恃尊驕忌　皇后鄧猛，依恃皇后的尊貴身分，驕傲忌妒。❺更相譖訴　互相詆毀。❻癸亥　二月二十七日。❼暴室　宮禁監獄，囚禁廢后及有過宮妃。❽憂死　憂憤而死。❾辛巳　三月十六日。❿宛陵　縣名，屬河南尹，縣治在今河南新鄭東北。⓫臧污狼籍　貪贓枉法，聲名狼藉。⓬溷軒　廁所。⓭反坐　反被判獲罪。⓮考致其死　拷打致死。⓯飛章　匿名信；流言。⓰移書所在二句　大司農劉祐向蘇康、管霸所佔良田的地方官府發下公文，依照法令一律沒收。科品，有關法律條文。⑰甲寅　四月十九日。⑱安陵　西漢惠帝陵，在今陝西咸陽東北。⑲丁巳　四月二十二日。⑳詔壞郡國諸淫祀　下詔拆除各郡各封國不符祀典的祭祀。淫祀，民間違規的祭祀，不符祀典的祭祀。㉑特留　僅僅保留。㉒丙戌　五月二十二日。㉓劉瑜　字季節，廣陵（今江蘇揚州）人，漢宗室王光武帝子廣陵王劉荊後裔。靈帝時官至侍中。傳見《後漢書》卷五十七。㉔比肩　並列；相等。㉕裂土　指被封侯食邑。㉖競立胤嗣二句　中官爭先恐後養子為後嗣，繼承宗脈，傳襲爵位。東漢著令允許宦官養子襲爵，始於順帝陽嘉四年。㉗嬖女充積　美女充滿皇宮。㉘冗食　吃閒飯。㉙傷生費國　傷害生民，浪費國庫。㉚掘山攻石　挖山取石。㉛促以嚴刑　用嚴刑逼迫。㉜考事　審案。㉝賕賂　賄賂。㉞民愁鬱結　人民愁苦無處申訴而鬱結於心。㉟起入賊黨　只好群起投入盜賊之中。㊱或有賣其首級二句　有的貧民甚至賣首級，使其家人拿去領賞。㊲父兄相代殘身　老父與兄長爭著自殺。㊳妻孥相視分裂　妻子兒女眼睜睜看著死別。分裂，死別。㊴賓客市買　近習賓客把皇帝的光臨作為炫耀資本，如同買了珍貴貨物一樣。㊵熏灼道路　招搖喧嚷，弄得街巷道路烏煙瘴氣。㊶無所不容　什麼事都幹得出。㊷開廣諫道　廣開言路。㊸放鄭衛之聲　捨棄靡靡的音樂不聽。鄭、衛之聲，指春秋時鄭國、衛國流行的長於抒情的輕聲樂曲，被儒家認為是靡靡之音，加以排斥。這裡指帝王放縱的淫聲。㊹德感祥風　聖恩將給天下帶來和祥之風。㊺徵　徵驗。㊻依違其辭　模稜兩可，不作痛癢的話。㊼有切於前　言辭比前面的上奏更為激烈。㊽陳球　字伯真，下邳淮浦（在今江蘇漣水縣）人，官至司空。靈帝時謀誅宦官，事洩不成，死獄中。傳見《後漢書》卷五十六。㊾編木為城　樹木樁為城牆。㊿遣家避難　疏散家屬到安全的內地避難。(51)激流　築堤提高水位。(52)因地勢　順著地勢。(53)反決水淹賊　反過來利用叛賊所築堤防，決口使水反灌。(54)執　活捉。(55)度尚懼為己負二句　度尚已上報清除盜賊，今又復起，恐負欺君之罪，於是虛報交州蒼梧郡賊入荊州。己負，自己負罪。(56)辭狀未正　所控罪狀還未審理核實。未正，即在審理中。正，驗正。(57)會赦見原　正好趕上赦令被寬大釋放。原，寬大赦免。(58)方更牢持械節　正式把刑具的關節更牢固地扣緊。械節，刑具關節。(59)天恩曠然　皇恩浩蕩。(60)何乎　為什麼呢。(61)備位方伯　朝廷委派獨當一面的大臣。方伯，古代一方的地方長官，此喻刺史之任。(62)枉　誣害。(63)磐實不辜二句　我張磐本無罪，赦令對我不起作用。(64)如忍以苟免二句　如果忍心接受不明不白的赦免，將永遠背著黑鍋蒙受恥辱。(65)生為惡吏二句　活著被指為惡官，死後被罵為壞鬼。(66)面對曲直　當面對質，以辨是非。(67)終不虛出二句　最後不會不明不白的出獄，蒙垢受辱。(68)以其狀上　把這一情況上奏皇帝。(69)辭窮　無言以對。(70)甲午　閏七月初一日。(71)朔平署　朔平司馬署，負責南宮北門警衛。

【校　記】①何　原作「可」。據章鈺校，乙十六行本、乙十一行本皆作「何」，今從改。

【語　譯】漢桓帝有許多女寵，宮女多達五六千人，還有一倍供役使的奴僕婦女。而鄧皇后依仗尊貴的地位，驕傲妒嫉，和漢桓帝寵幸的郭貴人互相詆毀。二月二十七日癸亥，廢除皇后鄧氏，送到宮禁監獄，鄧皇后憂憤而死。河南尹鄧萬世、虎賁中郎將鄧會都下獄被殺。

護羌校尉段熲攻打罕姐羌，打敗了他們。

三月十六日辛巳，大赦天下。

宛陵大族羊元羣被罷免了北海郡郡守職務，他貪贓枉法，聲名狼藉，郡府廁所有珍奇飾物，也被羊元羣裝在車子上帶走。河南尹李膺上表請求審查羊元羣的罪過。羊元羣賄賂宦官，李膺反被判獲罪。單超的弟弟單遷為山陽太守，因罪下獄，廷尉馮緄把他拷打致死。宦官相勾結，一起上奏章誣陷馮緄有罪。中常侍蘇康、管霸，強佔天下良田美業，州郡官吏不敢追究，大司農劉祐寫信給有關州郡，按照法令沒收了他們的田產。皇帝大怒，劉祐和李膺、馮緄一起送到左校去做苦工。

夏，四月十九日甲寅，安陵園寢失火。〇二十二日丁巳，漢桓帝下詔拆除各郡各封國的各種淫祀，只保留洛陽王渙、密縣卓茂兩地的祠堂。

五月二十二日丙戌，太尉楊秉去世。楊秉為人清心寡欲，曾經說「有三樣東西不能迷惑我：酒、色、財。」

楊秉死後，他推舉的賢良廣陵人劉瑜到京城上書說：「宦官不應當跟士人同樣裂土受封，爭著養子為後嗣，繼承宗脈，傳襲爵位。另外，美女充滿後宮，白吃閒飯，傷害生民，浪費國庫。還有，擴增許多住宅府第，式樣儘量奇異，挖山取石，用嚴刑逼迫。州郡官府，各自審案，奸人賄賂，誘引官吏。民眾的愁苦鬱結在心裡，只好群起加入盜賊之中，官府動輒興兵征討他們的罪行，貧困的百姓，有的出賣首級，使其家人拿去報功邀賞，老父和兄長爭著自殺，妻子兒女眼睜睜看著死別。另外，陛下喜歡穿著便服到近臣家裡，私下到宦官的房舍去，近習賓客把皇帝的光臨作為炫耀資本，如同買了珍貴貨物一樣，招搖喧嚷，弄得街巷道路烏煙瘴氣，暴虐放縱，什麼事都幹得出來。請求陛下廣開言路，博覽古代，疏遠邪佞小人，捨棄鄭、魏靡靡的音樂，這樣朝廷政通人和，恩德將感召和祥之風。」漢桓帝下詔特別召見劉瑜詢問災異徵兆。執政者想要劉瑜含糊其辭，就用其他事情策問，劉瑜卻盡心寫了八千字的對策，言辭比前面的上奏更加激烈。被任用為議郎。

荊州士兵朱蓋等人叛亂，與桂陽賊人胡蘭等又進攻桂陽。太守任胤棄城逃走，賊眾於是達到數萬人。轉攻零陵，太守下邳人陳球堅持抵抗。零陵地勢低窪潮溼，樹木椿為城牆，郡中驚恐。屬吏對陳球說把家人送出避難，陳球生氣地說：「太守領有國家虎符，被任命負責一邦安全，怎能為了顧及妻子兒女而使國家威嚴遭受沮喪！誰敢再說這樣的話，處斬！」於是士兵用大木製弓，在矛上粘羽毛當箭，用機械發射，殺傷了許多賊兵。賊人築堤提高水位來灌城，陳球順著城內地勢，使大水反灌淹賊，相互對峙了十多天，賊人攻不下城池。這時，度尚被徵調返回京城，下詔任命度尚為中郎將，率領二萬多人的步兵、騎兵救援陳球，又調發幾個郡的軍隊合力征討，大敗賊兵，殺死胡蘭等三千多人，再次任命度尚為荊州刺史。蒼梧太守張敘被叛賊活捉，和任胤一起被徵召處死。胡蘭的餘部南逃蒼梧，交趾刺史張磐打敗了他們，殘部又返回荊州境內。度尚擔心承受罪責，謊稱蒼梧賊人入侵荊州，於是朝廷就召張磐交付廷尉。案子還未審定，遇到大赦被寬免，張磐不肯出獄，反把刑具釘得更牢。獄吏對張磐說：「皇恩浩蕩，而你卻不肯出獄，為什麼呢？」張磐說：「我備位刺史，被度尚冤枉，獲罪下獄。事有真假，法有是非，我確實無辜，赦罪之令與我無關。如果忍心接受不明不白的赦免，將永遠背著黑鍋蒙受恥辱，活著為惡吏，死後為惡鬼。請求傳召度尚到廷尉，與我當面對質，完全可以明辨真偽。如果度尚不來，我就死在牢中，最後不會不明不白的出獄，蒙垢受辱！」廷尉把情況報告了漢桓帝。漢桓帝下詔徵召度尚，度尚到了廷尉，無言以對，應當論罪，因從前立有大功，得到寬大。

閏七月初一日甲午，南宮朔平司馬署失火。

段熲攻破西羌，進軍窮追不捨，輾轉在山谷中，從春到秋，沒有一天不打仗，羌人終於潰敗，官軍共殺了二萬三千名敵人，生擒了幾萬人，降服的有一萬多戶。冊封段熲為都鄉侯。

秋，七月，以太中大夫陳蕃為太尉。蕃讓於太常胡廣、議郎王暢❶、弛刑徒李膺，帝不許。

暢，龔之子也，嘗為南陽太守，疾其多貴戚豪族，下車❷，奮厲威猛❸，大姓有犯❹，或使吏發屋伐樹，堙井夷竈❺。功曹❻張敞奏記諫曰：「文翁、召父、卓茂❼之徒，皆以溫厚為政，流聞後世。發屋伐樹，將為嚴烈❽，雖欲懲惡，難以聞遠❾。郡為舊都❿，侯甸之國⓫，園廟出於章陵⓬，三后生自新野⓭，自中興以來⓮，功臣將相，繼世而隆⓯。愚以為懇懇⓰用刑，不如行恩，孳孳求姦，未若禮賢。舜舉皋陶，不仁者遠⓱，化人在德⓲，不在用刑。」暢深納其言，更崇寬政⓳，教化大行。

八月戊辰⓴，初令郡國有田者畝斂稅錢㉑。

九月丁未㉒，京師地震。

冬，十月，司空周景免，以太常劉茂為司空。茂，愷之子也。

郎中竇武㉓，融之玄孫也，有女為貴人。采女㉔田聖有寵於帝，帝將立之為后。司隸校尉應奉上書曰：「母后之重，興廢所因㉕。漢立飛燕，胤祀泯絕㉖。宣思關雎㉗之所求，遠五禁之所忌㉘。」太尉陳蕃亦以田氏卑微，竇族良家，爭之甚固。帝不得已，辛巳㉙，立竇貴人㉚為皇后，拜武為特進、城門校尉，封槐里侯。

十一月壬子㉛，黃門北寺㉜火。

陳蕃數言李膺、馮緄、劉祐之枉，請加原宥㉝，升之爵任，言及反覆㉞，誠辭懇切，以至流涕。帝不聽。應奉上疏曰：「夫忠賢武將，國之心膂㉟。竊見左校弛刑徒馮緄、劉祐、李膺等，誅舉邪臣，肆㊱之以法。陛下既不聽察，而猥受譖訴，遂令忠臣同愆元惡㊲，自春迄冬，不蒙降恕，遐邇㊳觀聽㊴，為之歎息。夫立政之要，記功忘失㊵。是以武帝拔[1]安國於徒中㊶，宣帝徵張敞於亡命㊷。緄前討蠻荊，均吉甫之功㊸；祐數臨督司㊹，有不吐茹之節㊺；膺著威幽、并，遺愛度遼㊻。今三垂蠢動㊼，王旅未振㊽，乞原膺等，以備不虞。」書奏，乃悉免其刑。久之，李膺復拜司隸校尉。時小黃門張讓㊾弟朔為野王㊿令，貪殘無道，畏膺威嚴，逃還京師，匿於兄家合柱(51)中。膺知其狀，率吏卒破柱取朔，付雒陽獄，受辭畢，即殺之。讓訴冤於帝，帝召膺，詰以不先請便加誅之意。對曰：「昔仲尼為魯司寇，七日而誅少正卯。今臣到官已積一旬，私懼以稽留為愆[52]，不意獲速疾之罪[53]。誠自知釁責[54]，死不旋踵，特乞留五日，尅殄元惡[55]，退就鼎鑊[56]，始生之願也。」帝無復言，顧謂讓曰：「此汝弟之罪，司隸何愆！」乃遣出。自此諸黃門、常侍皆鞠躬屏氣[57]，休沐不敢出宮省。帝怪問其故，並叩頭泣曰：「畏李校尉！」時朝廷日亂，綱紀頹弛[58]〔2〕，而膺獨持風裁[59]，以聲名自高，士有被其容接者，名為「登龍門[60]」云。

徵東海相劉寬[61]為尚書令。寬，崎之子也，歷典三郡，溫仁多恕，雖在倉卒[62]，未嘗疾言遽色[63]。吏民有過，但用蒲鞭[64]罰之，示辱而已，終不加苦。每見父老，慰以農里之言，少年，勉以孝悌之訓，人皆悅而化之。

【章　旨】以上為第九段，寫竇貴人立為皇后，其父竇武為特進、城門校尉，封槐里侯。李膺重新任職司隸校尉，懲治為惡的宦官親戚，毫不手軟。

【注　釋】❶王暢（？—西元一六九年）字叔茂，山陽高平（在今山東獨山湖東岸）人，安帝時太尉王龔之子，東漢黨人領袖八俊之一，官至司空。傳見《後漢書》卷五十六。❷下車　剛到任。❸奮厲威猛　振奮法紀，嚴厲推行。❹大姓有犯　據《後漢書》王暢本傳記載，豪右貪贓二千萬以上不自首的人，嚴厲打擊。❺發屋伐樹二句　拆房砍樹，填井毀灶，使其犯者傾家蕩產。❻功曹　此指南陽太守功曹。❼文翁召父卓茂　三人為政溫和，流芳百世。文翁，西漢景帝時循吏，蜀郡太守。傳見《漢書》卷八十九。召父，即西漢宣帝時循吏召信臣，與文翁同傳。卓茂，光武帝太傅。傳見《後漢書》卷二十五。❽嚴

烈　嚴厲；嚴酷。❾雖欲懲惡二句　雖然想懲治奸惡，難以聲名遠聞。❿郡為舊都　南陽郡為皇室故郡，光武帝命為南都，又與洛陽京師比鄰。⓫侯甸之國　指京師鄰近之地。周時，以京師方千里為畿，畿外五百里為甸服，甸外五百里為侯服。⓬園廟出於章陵　章陵為南陽屬縣，光武帝祖陵在此。這裡指章陵是皇帝家鄉。⓭三后生自新野　新野亦南陽郡屬縣，光武陰麗華皇后，和帝陰皇后、鄧綏皇后，都出生在新野。⓮自中興以來　自東漢建立以來。⓯繼世而隆　代代興隆。繼世，一代接一代。⓰懇懇　與下文「孶孶」互文，勤勉；專注。致力於的意思。⓱舜舉皋陶二句　舜把皋陶從眾人中提拔上來，不仁的壞人就遠遠地躲開了。語出《論語・顏淵》子夏之言。原文為「舜有天下，選於眾，舉皋陶，不仁者遠矣。」⓲化人在德　感化人要用恩德。⓳更崇寬政　改變做法，崇尚寬大。⓴戊辰　八月初六日。㉑畝斂稅錢　漢制，田稅為總收入的三十分之一，自此改為按畝徵稅。據李賢注，每畝徵稅十錢。㉒丁未　九月十五日。㉓竇武　字游平，扶風平陵（今陝西咸陽西北）人，東漢開國功臣竇融的玄孫，以外戚為大將軍輔政靈帝，謀誅宦官，事洩誅死。傳見《後漢書》卷六十九。㉔采女　嬪妃之號，低於貴人。㉕興廢所因　謂皇后的善惡是國家隆盛與衰敗的一個重要因素。㉖胤祀泯絕　後嗣滅絕。西漢成帝以歌伎趙飛燕為皇后，專寵椒房，十餘年無子。宮人生子，趙飛燕輒害之，使皇嗣斷絕。㉗關雎　《詩經・國風》第一篇，也是全書開卷第一篇，描寫美貌端莊的女子，才是君子的好配偶。㉘遠五禁之所忌　疏遠五種禁忌。指有五種出身的婦女，不得為皇后。母親早死的長女不可娶，因缺少教養；家有遺傳病的女子不可娶，因為天所棄；罪徒之家的女子不可娶，因為社會所唾棄；叛徒家的女子不可娶，因不是正類；家有背倫行為的女子不可取，因違反人倫。見《韓詩外傳》。㉙辛巳　十月二十日。㉚竇貴人　名竇妙。㉛壬子　十一月二十一日。㉜黃門北寺　黃門所屬宮中監獄北寺獄。㉝原宥　原諒過失，寬大處理。㉞言及反覆　再三訴說。㉟心膂　心臟、手臂。㊱肆　陳；訴諸。㊲令忠臣同愆元惡　使忠臣與大奸同罪。愆，罪過。㊳遐邇　遠近。㊴觀聽　看到聽到，指瞭解李膺等受冤的人們。㊵立政之要二句　皇上施政的關鍵，就是記住臣下的功勞，忘掉臣下的過失。㊶武帝拔安國於徒中　西漢景帝時，韓安國為梁大夫，因犯法判刑，後來梁國缺內史，景帝直接從監獄中提拔韓安國為梁國內史。這裡「武帝」應是景帝之誤。㊷宣帝徵張敞於亡命　宣帝徵召逃亡犯張敞為冀州刺史。㊸均吉甫之功　謂馮緄在順帝時討平荊州蠻族之功可與西周宣王時功臣尹吉甫相等。㊹督司　泛指監察舉不法的主司官。這裡指劉祐為河南尹、司隸校尉，均有司法之權。㊺有不吐茹之節　具有剛正廉直的節操。語出《詩經・烝民》稱讚仲山甫之言：「柔亦不茹，剛亦不吐。」即不欺軟，不怕硬。㊻膺著威幽并二句　李膺聲威震動幽州、并州，遺愛北疆。李膺曾為漁陽太守、烏桓校尉，政績在幽州，又為度遼將軍屯駐并州。是北疆幽、并兩州為李膺著威、遺愛之地。㊼三垂蠢動　指北面、西面、南面三方邊陲都有戰事。垂，邊陲。㊽振　發威，打勝仗。㊾張讓（？—西元一八九年）桓、靈時大宦官，為中常侍，與趙忠二人狼狽為奸，能左右桓帝志意。桓帝說：「張常侍是我公，趙常侍是我母。」中平六年為袁紹所殺。傳見《後漢書》卷七十八〈宦者傳〉。㊿野王　縣名，屬河內郡，縣治在今河南沁陽。(51)合杜　夾牆。(52)以稽留為愆　以辦事遲緩為過失。(53)獲速疾之罪　因辦事有效率而得罪。(54)釁責　罪責。(55)尅殄元惡　剷除大奸。(56)就鼎鑊　接受烹刑。(57)鞠躬屏氣　彎腰行走，不敢出大氣。(58)頹弛　敗壞。(59)風裁　風節；社會秩序。(60)登龍門　龍門，指山陝之間黃河上的禹門口，在陝西韓城、山西河津之間。黃河在這裡切斷龍門山形成瀑布。傳說春夏之交江海數千鯉魚集於龍門下，爭相跳躍，跳越龍門便可化龍，故稱「鯉魚跳龍門」。此喻李膺為人間龍門，得與交接，如同成仙。(61)劉寬　字文饒，弘農華陰（在今陝西華陰）人，順帝時司徒劉崎之子，歷任東海、南陽等三郡國守相，官至太尉。傳見《後漢書》卷二十五。(62)倉卒　發生突然事變。卒，通「猝」。(63)遽色　變臉色。(64)蒲鞭　用蒲草繩代皮鞭，象徵性地責罰犯人。

【校　記】[1]拔　原誤作「捨」。張敦仁《通鑑刊本識誤》作「拔」，當是，今據校正。[2]弛　原誤作「阤」。據章鈺校，乙十一行本作「弛」，當是，今據校正。

【語　譯】秋，七月，任命太中大夫陳蕃為太尉。陳蕃推讓給太常胡廣、議郎王暢、正在服刑役的李膺，漢桓帝不答應。

王暢，是王龔的兒子，曾任南陽太守，痛恨當地有很多貴戚豪族，剛到任，就振奮法紀，嚴厲整頓，大族犯法，有時王暢就派屬吏拆屋砍樹，填井毀灶。功曹張敞奏記勸告說：「文翁、召父、卓茂這一班人，都以溫厚治政，聲名流聞後世。拆屋砍樹，將為嚴厲之舉，雖是想懲治邪惡，難以聲名遠聞。南陽是舊都，是京師鄰近之地，皇室祖先園廟建在章陵，三位皇后生於新野，自中興以來，功臣將相，世代相承，代代興隆。我認為嚴加用刑，不如推行恩德，積極捉奸，不如禮待賢能。虞舜舉用皋陶，不仁的壞人就遠遠地躲開了，教化人在於恩德，不在於用刑。」王暢從內心深處採納了他的意見，改為崇尚寬大，使教化施行。

八月初六日戊辰，首次下令各郡、封國中有土地的人按畝徵稅。

九月十五日丁未，京師洛陽發生地震。

冬，十月，司空周景被免職，任命太常劉茂為司空。劉茂，是劉愷的兒子。

郎中竇武，是竇融的玄孫，有女兒是貴人。采女田聖受漢桓帝寵愛，準備立她為皇后。司隸校尉應奉上書說：「皇后地位高貴，關係到國家興亡。漢成帝立趙飛燕為后，後嗣滅絕。應當想想〈關雎〉中君子所追求的好配偶，遠離五種禁忌的女子。」太尉陳蕃也認為田氏卑微，竇氏是良家女子，堅持力爭。漢桓帝不得已，十月二十日辛巳，立竇貴人為皇后，任命竇武為特進、城門校尉，冊封槐里侯。

十一月二十一日壬子，黃門北寺獄失火。

陳蕃一再申訴李膺、馮緄、劉祐冤枉，請求原諒過失，寬大處理，升任原職，再三訴說，言辭懇切，直至流涕。漢桓帝不理會。應奉上疏說：「忠臣良將是國家的腹心和手臂。臣認為左校服刑徒馮緄、劉祐、李膺等人，揭發懲治奸臣，繩之以法。陛下不但不調查，卻輕信誣告，於是使忠臣良將與大奸大惡同罪，從春到冬，未受到寬恕，遠近看到聽到此事的人士為之歎息。皇上施政的關鍵，就是牢記臣下的功績，忘掉臣下的過失。因此，景帝直接從監獄中提拔韓安國，宣帝從逃犯中徵召張敞。馮緄以前征討荊蠻，可與西周尹吉甫同功；劉祐多次擔任檢查舉證不法的主司官，具有剛正廉直的節操；李膺威震幽州、并州，遺愛北疆。今日三面邊陲蠻夷蠢動，而官軍沒有發威，請求原宥李膺等人，以防意外。」奏章呈上，漢桓帝才赦免了他們的罪刑。過了好久，李膺又拜官司隸校尉。當時小黃門張讓的弟弟張朔為野王縣令，貪婪殘暴，不講道義，害怕李膺的威嚴，逃回京城，藏匿在哥哥張讓家的夾牆中。李膺知道了這一情況，帶著吏卒到張讓家破壞柱子，抓走了張朔，送到洛陽獄中，審問完畢立即殺了他。張讓向漢桓帝訴冤，漢桓帝召見李膺，責備他不上奏就殺死張朔。李膺回答說：「過去孔子在魯國任司寇，到任七天就殺掉少正卯。如今臣到任已十天了，暗自擔憂會因積壓案件而獲罪，沒想到會為辦案迅速而獲罪。臣自知罪責，很快死去，特請讓臣留職五天，剷除大奸，再受烹刑，這是臣一生的心願。」漢桓帝沒有再說什麼，回頭對張讓說：「這是你弟弟的罪過，司隸有何過錯！」於是命令李膺退出。從此，黃門、常侍都小心謹慎，不敢出大氣，休假日也不敢出宮門。漢桓帝覺得奇怪，問其中緣故，內侍都磕頭流淚說：「害怕李校尉！」這時，朝廷日益衰亂，綱紀敗壞，而只有李膺堅持風節，有清高正直的名譽，有被他接納的士人，稱之為「登龍門」。

徵召東海相劉寬為尚書令。劉寬，是劉崎的兒子，先後典掌三郡，溫柔仁厚，多行寬恕，即使事發突然，也不曾疾言厲色。官吏和百姓有過失，只用蒲鞭懲罰，以示羞辱而已，始終不施加酷刑。每次見到地方父老，就用農家話加以慰勞，見到少年，就訓勉他們孝順友愛，人們都樂意接受他的教導。

九年（丙午　西元一六六年）

春，正月辛卯朔❶，日有食之。詔公卿、郡國舉至孝。太常趙典❷所舉荀爽❸對策曰：「昔者聖人建天地之中而謂之禮，眾禮之中，昏禮❹為首。陽性純而能施，陰體順而能化。以禮濟樂，節宣其氣❺，故能豐子孫之祥❻，致老壽之福❼。及三代之季，淫而無節❽，陽竭於上，陰隔於下，故周公之戒曰：『時亦罔或克壽❾。』傳❿曰：『截趾適屨⓫，孰云其愚！何與斯人，追欲喪軀⓬？』誠可痛也。臣竊聞後宮采女五六千人，從官、侍使復在其外，空賦⓭不辜之民，以供無用之女，百姓窮困於外，陰陽隔塞于內，故感動和氣，災異屢臻⓮。臣愚以為諸未幸御者⓯，一皆遣出，使成妃合⓰，此誠國家之大福也。」詔拜郎中。

司隸、豫州⓱饑，死者什四五，至有滅戶⓲者。

詔徵張奐為大司農，復以皇甫規代為度遼將軍。規自以為[1]連在大位，欲求退避，數上病，不見聽。會友人喪至，規越界迎之，因令客密告并州刺史胡芳，言規擅遠軍營⑲，當急舉奏⑳。芳曰：「威明㉑欲避第仕塗，故激發我耳。吾當為朝廷愛才，何能申此子計邪㉒！」遂無所問㉓。

夏，四月，濟陰、東郡、濟北、平原㉔河水清㉕。

司徒許栩免。五月，以太常胡廣為司徒。

庚午㉖，上親祠老子於濯龍宮，以文罽為壇飾㉗，淳金釦器㉘，設華蓋之坐，用郊天樂。

鮮卑聞張奐去，招結南匈奴及烏桓同叛。六月，南匈奴、烏桓、鮮卑數道入塞，寇掠緣邊九郡。秋七月，鮮卑復入塞，誘引東羌與共盟詛㉙。於是上郡沈氐、安定先零諸種共寇武威、張掖，緣邊大被其毒㉚。詔復以張奐為護匈奴中郎將，以九卿秩㉛督幽、并、涼三州及度遼、烏桓二營㉜，兼察刺史、二千石能否。

初，帝為蠡吾侯，受學於甘陵周福㉝。及即位，擢福為尚書。時同郡河南尹房植㉞有名當朝，鄉人為之謠曰：「天下規矩㉟房伯武，因師獲印周仲進。」二家賓客，互相譏揣㊱，遂各樹朋徒，漸成尤隙㊲。由是甘陵有南北部，黨人之議自此始矣。

汝南太守宗資[38]以范滂為功曹，南陽太守成瑨[39]以岑晊[40]為功曹，皆委心聽任，使之褒善糾違[41]，肅清朝府[42]。滂尤剛勁，疾惡如讎。滂甥李頌素無行，中常侍唐衡以屬[43]資，資用為吏，滂寢[44]而不召。資遷怒，捶[45]書佐[46]朱零。零仰曰：「范滂清裁[47]，今日寧受笞而死，滂不可違。」資乃止。郡中中人以下，莫不怨之。於是二郡為謠曰：「汝南太守范孟博，南陽宗資主畫諾[48]。南陽太守岑公孝，弘農成瑨但坐嘯[49]。」

太學諸生三萬餘人，郭泰及潁川賈彪[50]為其冠，與李膺、陳蕃、王暢更相褒重。學中語曰：「天下模楷李元禮，不畏強禦[51]陳仲舉，天下俊秀[52]王叔茂。」於是中外承風[53]，競以臧否相尚[54]，自公卿以下，莫不畏其貶議，屣履[55]到門。

【章旨】以上為第十段，寫郡功曹范滂、岑晊不接受宦官請託，懲治奸人。太學生與士大夫清流領袖請議朝政，褒貶人物，漸成風氣。

【注釋】❶辛卯朔　正月初一日。❷趙典　字仲經，蜀郡成都（今四川成都）人。傳見《後漢書》卷二十七。❸荀爽　一名諝，字慈明，東漢末名士，官至司空。曾參與王允謀除董卓。傳見《後漢書》卷六十二。❹昏禮　即婚禮。昏，通「婚」。❺以禮濟樂二句　用禮控制歡樂，用節制調適氣血。❻豐子孫之祥　子孫眾多而吉祥。豐，眾盛。❼致老壽之福　導致長壽的福氣。❽淫而無節　淫亂而沒有節制。❾時亦罔或克壽　從這以後，也就沒有能夠長壽的君王。罔，無；沒有。克，能。語出《尚書・無逸》，原文：「自時厥後，亦罔或克壽。」自時厥後，指商朝自祖甲以後，所立君王荒淫無度，也就沒有長壽的了。⑩傳　泛指古書。下面引文不詳所出。⑪截趾適履　把腳削小以適應鞋子的大小。《淮南子・說林》作「削足而適履」。這是秦漢時一句流行的話，喻無原則遷就，因小失大。⑫迫欲喪軀　為了縱欲，不惜喪生。這比削足適履更加愚蠢。⑬空賦　白白地出了租賦。⑭臻　至。⑮諸未幸御者　那些沒有被皇帝召幸過的宮女。⑯一皆遣出二句　一律釋放出宮，讓她們早成婚配。妃，通「配」。胡三省注：「妃，讀曰『配』。」⑰司隸豫州　東漢司隸，包括兩京地區，即西京長安關中地區，以及洛陽京師地區，當今山西西南部、河南北部一帶。豫州，當今河南中部、南部地區。⑱滅戶　全家死光，戶籍削除。⑲擅遠軍營　擅自遠離軍營。⑳當急舉奏　應當趕快彈劾，治其擅離職之罪。度遼將軍駐屯并州西河郡，并州刺史有察舉之權。㉑威明　皇甫規的字。㉒何能申此子計邪　怎能讓他的計畫伸展。即不能中計。㉓遂無所問　於是不作追究。㉔濟陰東郡濟北平原　黃河下游流經之地，經常決口的地方。當今山東西部地區。㉕河水清　黃河水終年渾濁，偶然澄清被認為祥瑞，特加記載。㉖庚午　五月己丑朔，無庚午。庚午，應為六月十二日。㉗以文罽為壇飾　用織花毛氈鋪在祭壇上。㉘淳金釦器　用純金鑲邊的祭器。釦，扣邊；鑲邊。㉙盟詛　結盟設誓。㉚大被其毒　大受其害。㉛九卿秩　中二千石。護匈奴中郎將，為比二千石，今加一級俸，為中二千石。㉜二營　指度遼將軍營、烏桓校尉營。㉝周福　字仲進，為桓帝師。㉞房植　字伯武，為河南尹，當時名士。㉟規矩　規範；典範。規，校正圓形的器具。矩，校正方形的器具。㊱譏揣　譏諷猜度。㊲尤隙　怨仇。㊳宗資　字叔都，南陽安眾（在今河南鄧州東北）人，時為汝南太守，悉以郡事委任功曹范滂。㊴成瑨　字幼平，弘農（在今河南陝縣西南）人，時為南陽太守，因委任功曹岑晊捕殺桓帝乳母外親張汎，下獄死。㊵岑晊　字公孝，南陽棘陽（今河南唐河縣西北）人。傳見《後漢書》卷六十七。㊶褒善糾違　揚善懲惡。㊷肅清朝府　整肅政府的法紀。朝，指朝廷。府，指郡府。朝府，這裡只作偏義。㊸屬　請託。㊹寢　把任命書擱置起來。㊺捶　拷打。㊻書佐　文書員。㊼清裁　作了公正的裁斷。㊽畫諾　在公文上畫押簽字。㊾坐嘯　閒坐嘯詠，無所事事。㊿賈彪　字偉節，潁川定陵（在今河南舞陽北）人，太學生首領。黨錮事起，曾說竇武等援救黨人，知名當世。傳見《後漢書》卷六十七。(51)強禦　橫暴而有勢力的人。這裡指擅權的宦官。(52)俊秀　才智傑出的人。(53)承風　激發而成一種風氣。(54)競以臧否相尚　互相以發表批評時政的激烈言論而標榜。(55)屣履　拖著鞋子走路，形容急迫。

【校記】①為　據章鈺校，乙十六行本、乙十一行本皆無此字。

【語譯】九年（丙午　西元一六六年）

春，正月初一日辛卯，發生日蝕。漢桓帝下詔令公卿、郡國舉薦至孝的人才。太常趙典所推薦的荀爽對策說：「從前聖人採集天地間的法則，稱為禮，禮制中，婚禮為第一位。陽性純正而能施行，陰性柔順而能教化。用禮控制歡樂，用節制調適氣血，所以能使子孫眾多而吉祥，導致長壽的福氣。到了夏商周的末年，君主淫亂而沒有節制，陽氣衰竭於上，陰氣隔絕於下，所以周公告誡說：『從這以後，也就沒有能夠長壽的君王。』古書上說：『把腳削小以適應鞋子的大小，誰說他愚蠢！跟為了淫欲而喪身的人相比呢？』這實在可痛心。臣聽說後宮有五、六千采女，從官、侍使還在其外，白白地賦斂無罪百姓，用來供奉這些無用的女子，百姓在外邊窮困，陰陽在宮裡隔絕，所以觸動了天地和氣，災異屢至。我認為凡是沒有被召幸過的女子，一律打發出宮，讓她們早成婚配，這實在是國家的大福。」漢桓帝下詔，任命荀爽為郎中。

司隸、豫州發生饑荒，人民餓死十分之四、五，甚至有全家死光的。

下詔徵召張奐任大司農，又以皇甫規代理度遼將軍。皇甫規自認為連任高官，想請求退隱，幾次稱病，漢桓帝不准許。適逢朋友去世，靈柩運回安葬，皇甫規越界迎喪，趁機派賓客暗中向并州刺史胡芳報告，說皇甫規擅自遠離軍營，應當趕快舉奏。胡芳說：「皇甫規想遠避仕途，所以才激發我上奏。我應當為朝廷愛惜人才，怎能讓他的計策伸展呢！」因而不追究此事。

夏，四月，濟陰郡、東郡、濟北郡、平原郡黃河水澄清。

司徒許栩被免職。五月，任命太常胡廣為司徒。

庚午日，漢桓帝親自到濯龍宮祭祀老子，用織花毛氈鋪在祭壇上，用純金鑲邊的祭器，擺設華蓋座位，演奏祭天的樂曲。

鮮卑人聽說張奐離職，就招集南匈奴和烏桓人一起背叛。六月，南匈奴、烏桓、鮮卑從幾路入塞，劫奪緣邊九郡。秋，七月，鮮卑又入塞，引誘東羌和他們結盟設誓。於是，上郡的沈氐、安定的先零等族聯合侵佔武威、張掖，緣邊地區深受其害。朝廷下詔重新任命張奐為護匈奴中郎將，以九卿的級別督導幽州、并州、涼州，以及度遼、烏桓二營，兼及考察刺史、二千石官員的政績。

當初，漢桓帝封為蠡吾侯，向甘陵人周福學習。等到即位，擢升周福為尚書。當時同郡人河南尹房植在朝已很有名，鄉人為此編歌謠說：「天下規矩房伯武，因師獲印周仲進。」房、周二家賓客互相譏諷猜度，於是各樹朋黨，逐漸形成了怨隙。從此甘陵有了南北兩派，朋黨的議論由此開始。

汝南太守宗資用范滂為功曹，南陽太守成瑨用岑晊為功曹，都傾心信任，讓他們揚善懲惡，整肅政府的法紀。范滂尤為剛健強勁，疾惡如仇。范滂的外甥李頌一向行為不正，中常侍唐衡替他向宗資請託，宗資任用為小吏，范滂卻將公文擱置不發。宗資遷怒於人，拷打文書員朱零。朱零仰歎說：「范滂的裁決是公正的，今天我寧願被打死，也不能違反范滂。」宗資這才停止拷打。郡中一般不瞭解范滂的人，沒有不抱怨他的。於是兩郡的人為他們編歌謠說：「汝南太守是范孟博，南陽人宗資只是在公文上畫押簽字。南陽太守是岑公孝，弘農人成瑨不過是閒坐嘯詠，無所事事。」

太學裡有三萬多學生，郭泰和潁川人賈彪是他們的領袖，與李膺、陳蕃、王暢互相推崇。太學中有歌謠說：「天下模楷李元禮，不畏強禦陳仲舉，天下俊秀王叔茂。」於是京師內外激發而形成一種風氣，競相崇尚褒貶善惡，自公卿以下，沒有人不怕他們的貶議，急忙登門趨附。

宛有富賈張汎者，與後宮有親，又善雕鏤玩好之物，頗以賂遺中官，以此得顯位，用勢縱橫❶。岑晊與賊曹史❷張牧勸成瑨收捕汎等。既而遇赦，瑨竟誅之，并收其宗族賓客，殺二百餘人，後乃奏聞。小黃門晉陽❸趙津貪暴放恣，為一縣巨患。太原太守平原❹劉瓆使郡吏王允❺討捕，亦於赦後殺之。於是中常侍侯覽使張汎妻上書訟冤，宦者因緣❻譖訴瑨、瓆。帝大怒，徵瑨、瓆，皆下獄。有司承旨，奏瑨、瓆罪當棄市。

山陽⑦太守翟超以郡人張儉⑧為東部督郵。侯覽家在防東⑨，殘暴百姓。覽喪母還家，大起塋冢。儉舉奏覽罪，而覽伺候遮截，章竟不上。儉遂破覽冢宅，藉沒資財，具奏其狀，復不得御⑩。徐璜兄子宣為下邳⑪令，暴虐尤甚。嘗求故汝南太守李暠女不能得，遂將吏卒至暠家，載其女歸，戲射殺之。東海相汝南黃浮聞之，收宣家屬，無少長，悉考之。掾史以下固爭，浮曰：「徐宣國賊，今日殺之，明日坐死，足以瞑目矣！」即案宣罪棄市，暴其尸。於是宦官訴冤於帝。帝大怒，超、浮並坐髡鉗，輸作左校。

太尉陳蕃、司空劉茂共諫，請瑨、瓆、超、浮等罪⑫，帝不悅。有司劾奏之，茂不敢復言。蕃乃獨上疏曰：「今寇賊在外，四支之疾；內政不理，心腹之患。臣寢不能寐，食不能飽，實憂左右日親，忠言[1]日疏，內患漸積，外難方深⑬。陛下超從列侯，繼承天位⑭，小家畜產百萬之資，子孫尚恥愧失其先業，況乃產兼天下，受之先帝，而欲懈怠以自輕忽⑮乎！誠不愛己，不當念先帝得之勤苦邪！前梁氏五侯⑯，毒徧海內，天啟聖意，收而戮之。天下之議，冀當小平⑰。明鑒未遠，覆車如昨，而近習之權，復相扇結⑱。小黃門趙津、大猾張汎等肆行貪虐，姦媚左右。前太原太守劉瓆、南陽太守成瑨糾而戮之，雖言赦後不當誅殺，原其誠心⑲，在乎去惡，至於陛下，有何悁悁⑳！而小人道長，熒惑㉑聖聽，遂使天威㉒為之發怒，必加刑譴㉓[2]，已為過甚，況乃重罰令伏歐刀㉔乎！又，前山陽太守翟超、東海相黃浮奉公不橈㉕，疾惡如讎，超沒侯覽財物，浮誅徐宣之罪，並蒙刑坐，不逢赦恕。覽之從橫，沒財已幸㉖；宣犯釁過，死有餘辜。昔丞相申屠嘉召責鄧通，雒陽令董宣折辱公主，而文帝從而請之，光武加以重賞，未聞二臣有專命之誅㉗。而今左右羣豎㉘，惡傷黨類㉙，妄相交構㉚，致此刑譴，聞臣是言，當復嘑訴㉛。陛下深宜割塞近習與政之源㉜，引納㉝尚書朝省之士㉞，簡練清高㉟，斥黜佞邪㊱。如是天和於上，地洽於下㊲，休禎符瑞，豈遠乎哉！」帝不納。宦官由此疾蕃彌甚，選舉奏議，輒以中詔譴卻㊳，長史㊴以下多至抵罪㊵，猶以蕃名臣，不敢加害。

平原襄楷㊶詣闕上疏曰：「臣聞皇天不言，以文象設教㊷。臣竊見太微，天廷五帝之坐㊸，而金、火罰星揚光其中㊹。於占，天子凶。又俱入房、心㊺，法無繼嗣㊻。前年冬大寒，殺鳥獸，害魚鼈，城傍竹柏之葉有傷枯㊼者。臣聞於師曰：『柏傷竹枯，不出二年，天子當之。』今自春夏以來，連有霜雹及大雨雷電，臣作威作福，刑罰急刻之所感(48)也。太原太守劉瓆、南陽太守成瑨，志除姦邪，其所誅翦，皆合人望。而陛下受閹豎之譖，乃遠加考逮(49)。三公上書乞哀瓆等，不見採察，而嚴被譴讓，憂國之臣，將遂杜口(50)矣。臣聞殺無罪，誅賢者，禍及三世(51)。自陛下即位以來，頻行誅罰(52)，梁、寇、孫、鄧並見族滅(53)，其從坐者又非其數。李雲上書，明主所不當諱，杜眾乞死，諒以感悟聖朝，曾無赦宥而并被殘戮(54)，天下之人咸知其冤。漢興以來，未有拒諫誅賢，用刑太深如今者也！昔文王一妻，誕致十子(55)。今宮女數千，未聞慶育，宜修德省刑(56)，以廣螽斯之祚(57)。按春秋以來，及古帝王，未有河清。臣以為河者，諸侯位(58)也。清者屬陽，濁者屬陰。河當濁而反清者，陰欲為陽，諸侯欲為帝也。京房易傳曰：『河水清，天下平。』今天垂異，地吐妖，人癘疫，三者並時而有河清(59)，猶春秋麟不當見而見，孔子書之以為異也。願賜清閒，極盡所言(60)。」書奏，不省。

十餘日，復上書曰：「臣聞殷紂好色，妲己(61)是出；葉公好龍，真龍游廷(62)。今黃門、常侍(63)，天刑之人(64)，陛下愛待，兼倍常寵(65)，繼[3]嗣未兆(66)，豈不為此！又聞宮中立黃、老、浮屠之祠(67)，此道清虛，貴尚無為，好生惡殺，省慾去奢。今陛下耆(68)欲不去，殺罰過理，既乖其道，豈獲其祚(69)哉！浮屠不三宿桑下，不欲久生恩愛[70]，精之至也[71]。其守一[72]如此，乃能成道。今陛下淫女[73]豔婦，極天下之麗，甘肥飲美[74]，單天下之味[75]，柰何欲如黃、老乎！」書上，即召入，詔尚書問狀。楷言：「古者本無宦臣[76]，武帝末數游後宮[77]，始置之耳。」尚書承旨[78]，奏：「楷不正辭理[79]，而違背經藝[80]，假借星宿，造合私意[81]，誣上罔事[82]，請下司隸正楷罪法，收送雒陽獄。」帝以楷言雖激切，然皆天文恆象之數[83]，故不誅；猶司寇論刑[84]。自永平[85]以來，臣民雖有習浮屠術者，而天子未之好。至帝，始篤好[86]之，常躬自禱祠[87]，由是其法浸盛[88]，故楷言及之。

符節令[89]汝南蔡衍[90]、議郎劉瑜表救成瑨、劉瓆，言甚切厲[91]，亦坐免官。瑨、瓆竟死獄中。瑨、瓆素剛直，有經術，知名當時，故天下惜之。岑晊、張牧逃竄獲免。

晊之亡也，親友競匿之，賈彪獨閉門不納，時人望[92]之。彪曰：「傳言『相時而動，無累後人[93]。』公孝[94]以要君致釁[95]，自遺其咎[96]，吾已不能奮戈[97]相待，反可容隱之乎！」於是咸服其裁正。彪嘗為新息[98]長，小民困貧，多不養子；彪嚴為其制，與殺人同罪。城南有盜劫害人者，北有婦人殺子者，彪出按驗[99]，掾吏欲引南，彪怒曰：「賊寇害人，此則常理。母子相殘，逆天違道！」遂驅車北行，按致其罪⑩⑩。城南賊聞之，亦面縛自首。數年間，人養子者以千數，曰：「此賈父所生也。」皆名之為賈。

【章旨】以上為第十一段，寫岑晊、張儉懲治為害地方的宦官親屬，引發黨錮之禍。

【注釋】❶用勢縱橫 仗勢橫行。❷賊曹史 助郡守捕盜賊的掾史。❸晉陽 縣名，并州及太原郡治所，在今山西太原西南。❹平原 縣名，縣治在今山東平原縣北。❺王允（西元一三七—一九二年）字子師，太原祁（今山西祁縣）人，官至司徒，以謀誅董卓垂名於史。傳見《後漢書》卷六十六。❻因緣 趁機。❼山陽 郡名，治所昌邑，在今山東金鄉西北。❽張儉 字元節，山陽高平（在今山東獨山湖東岸）人，為山陽太守東部督郵，以懲治中常侍侯覽宗親而知名當世。傳見《後漢書》卷六十七。❾防東 縣名，縣治在今山東單縣東北。❿復不得御 又不能上達御覽。⓫下邳 縣名，下邳國治所，縣治在今江蘇邳州南。⓬請瑨瓆超浮等罪 請求赦免成瑨、劉瓆、翟超、黃浮等人的罪。⓭內患漸積二句 內患日漸積多，外難正是深重之時。⓮陛下超從列侯二句 皇上從列侯超越直升，繼承了皇位。⓯懈怠以自輕忽 怠惰政事，不看重皇位，稀裡糊塗。⓰梁氏五侯 指外戚梁冀一門五侯擅權。五侯為梁冀、子胤、胤子桃、姪馬及弟蒙。梁氏一門七侯，五侯未計梁冀祖父雍，及弟不疑。⓱冀當小平 梁氏被誅，天下之民盼望將會有一段太平日子。小平，小的太平。⓲扇結 相煽勾結。⓳原其誠心 推其本意。⓴悁悁 怨恨。㉑熒惑 迷惑。㉒天威 皇威。㉓刑譴 用刑法懲處。㉔伏歐刀 受刑刀殺頭。㉕不橈 不屈服於權勢。㉖覽之從橫二句 侯覽如此兇暴橫行，也只沒收其財產而已。從，通「縱」。㉗未聞二臣有專命之誅 沒聽說申屠嘉、董宣兩人蒙受專擅朝命而被懲罰。專命，專擅朝命。申屠嘉責鄧通事，見本書卷十四文帝後二年。董宣折辱公主事，見卷四十三光武建武十九年。董宣，洛陽令。光武帝姐湖陽長公主劉黃家奴殺人，公主庇匿，董宣伺機依法懲治，觸怒長公主，而光武帝不加罪。㉘左右羣豎 皇上身邊的眾小丑。㉙惡傷黨類 他們怨恨同黨受到傷害。㉚妄相交構 狂妄地交相進讒陷害。㉛嚬訴 哭訴分辯。㉜割塞近習與政之源 切斷宦官干預政治的道路，阻塞源頭。㉝引納 接納。㉞尚書朝省之士 指朝廷百官。㉟簡練清高 選拔清高人士。㊱斥黜佞邪 排斥奸佞小人。㊲如是天和於上二句 如果這樣，上天和祥，人間融洽。㊳輒以中詔譴卻 對陳蕃的奏章，宦官每每借用皇上旨意，斥責退還。㊴長史 指太尉府陳蕃長史。三公府皆有長史，為三公助理。(40)抵罪　被判處罪刑。(41)襄楷　字公矩，平原隰陰（今山東禹城東）人，天文陰陽學家。傳見《後漢書》卷三十下。(42)以文象設教　上天用天象變異來表明它的教化。(43)太微二句　太微即天廷，天上星區之名，五帝座在其中。五帝座，西名為獅子座β星。(44)金火罰星揚光其中　金星、火星這兩顆罰星在太微垣中閃閃發光。(45)房心　房星四顆為天子明堂。心星三顆為天帝正位，中星為天帝，前星為太子，後星為庶子。(46)法無繼嗣　金、火入房心，依據五星占，皇上沒有後嗣。(47)城傍竹柏之葉有傷枯　竹柏四季常青，延熹七年冬大寒，洛陽四周竹柏之葉傷凍枯落。這一氣象異常被認為是天譴，二年後皇上喪命。(48)感　感應於天。臣下作威作福，刑法嚴急，上感於天，以霜雹大雨雷電為天譴。(49)遠加考逮　從遙遠的太原、南陽把劉瓆、成瑨逮捕到京師洛陽拷問。(50)杜口　閉口不言。(51)禍及三世　胡三省注引漢黃石公《三略》說：「傷賢者，殃及三世。蔽賢者，身受其害。達賢者，福流子孫。疾賢者，名不全。」(52)頻行誅罰　不斷誅殺。(53)梁寇孫鄧並見族滅　指梁冀、寇榮、孫壽、鄧萬世四族遭滅。(54)并被殘戮　指李雲、杜眾均遭殺害。二人死於延熹二年進諫。(55)誕致十子　生育十子。文王妻太姒生十子，為長子伯邑考，其次為武王發、管叔鮮、周公旦、蔡叔度、曹叔振鐸、成叔武、霍叔處、康叔封、冉季載。(56)脩德省刑　施行德政，減少刑罰。(57)以廣螽斯之祚　用以獲得子孫像螽斯一樣繁衍。〈螽斯〉為《詩經．周南》篇名。螽斯，一種蝗蟲類昆蟲。該詩讚揚螽斯不妒忌，子孫繁衍。祚，福祚，指多子多福。(58)臣以為河二句　黃河象徵封國國君。緯書《孝經援神契》曰：「五嶽視三公，四瀆視諸侯。」(59)天垂異四句　指日蝕、地震、瘟疫，天地人皆有災而河水清，此清不合時宜，非天下太平的象徵。(60)願賜清閒二句　希望皇上留出一點時間召見，詳細陳述心中的話。(61)妲己　殷紂王寵妃。(62)真龍游廷　真龍降臨廷中。《新序》記載的寓言。楚葉公子高愛好畫龍，天上真龍聞知，降臨拜訪，葉子高魂出七竅。(63)黃門常侍　黃門郎、中常侍，皆宦官。(64)天刑之人　宦官受腐刑，是上天所棄的人。(65)兼倍常寵　寵愛宦官反而超過寵愛正常人一倍。(66)繼嗣未兆　兒子還沒苗頭。(67)黃老浮屠之祠　祭祀黃帝、老子、佛祖的廟宇。黃老為道教，浮屠，又作佛陀，即佛教。(68)耆　通「嗜」。(69)祚　福。(70)浮屠不三宿桑下二句　和尚不在一棵桑樹下連續住三夜，不願久住以免生出愛戀之情。(71)精之至也　這道理精妙絕倫。(72)守一　專一修行。(73)淫女　與「豔婦」同義，即美女。(74)甘肥飲美　吃美味，飲美酒。(75)單天下之味　享盡天下的美味。單，通「殫」。盡。(76)古者本無宦臣　古代不用宦官為臣。即不許宦官過問政治。(77)數游後宮　留戀後宮。(78)尚書承旨　指問襄楷的尚書秉承宦官之意。(79)不正辭理　言詞道理不合正道。(80)違背經藝　違背儒家經典禮義。(81)假借星宿二句　假借天文，編造自己的私意。(82)誣上罔事　欺誣皇上，蒙蔽事實。(83)皆天文恆象之數　說的都是正常的天文現象。(84)猶司寇論刑　仍判了二年徒刑。司寇，同「伺寇」。刑罰名，是一種二年刑，罰往邊地戍守防敵。(85)永平　明帝年號（西元五八—一七五年）。㊑86篤好　崇信；虔誠信仰。87躬自禱祠　親自拜佛。88其法浸盛　佛教日益興盛。89符節令　少府屬官，掌管符節印信。90蔡衍　字孟喜，汝南項縣（在今河南沈丘）人，官至冀州刺史。傳見《後漢書》卷六十七。91切厲　直率激烈。92望　怨恨。93相時而動二句　看準時機才行動，不要連累後人。語出《左傳》隱公十一年君子讚鄭莊公之言。94公孝　岑晊的字。95要君致釁　脅迫長上而招致大禍。岑晊過激，致興大獄，太守成瑨被捕，他卻逃亡，是以賈彪不納。96自遺其咎　自取其禍。97奮戈　舉戈。98新息　縣名，縣治在今河南息縣。99按驗　現場驗屍。100按致其罪　判決殺子之罪。

【校　記】1言　據章鈺校，乙十六行本作「信」。2讉　據章鈺校，乙十一行本作「讁」。3繼　原誤作「係」。張敦仁《通鑑刊本識誤》作「繼」，當是，今據校正。

【語　譯】宛縣有富商張汎，與後宮有親戚關係，又愛好雕鏤玩物，常拿來送給宦官作為賄賂，因此得了高官，仗勢橫行。岑晊與賊曹史張牧勸成瑨拘捕張汎等人。後來碰上赦免，成瑨竟然殺了張汎，並且抓了他的宗族與賓客，殺了二百多人，後來才報告朝廷。小黃門晉陽人趙津兇殘放縱，成了全縣的大害。太原太守平原人劉瓆派郡吏王允去抓捕他，也是在大赦後殺了他。於是中常侍侯覽讓張汎的妻子上書訴冤，宦官們乘機誣告成瑨、劉瓆。漢桓帝大怒，徵召成瑨、劉瓆，都送進監獄。主管部門逢迎朝廷的意思，上奏成瑨、劉瓆罪該處死。

山陽太守翟超以當地人張儉為東部督郵。侯覽家在防東，殘暴百姓。侯覽因母親去世回家，大修墳墓。張儉上奏告發侯覽的罪行，而侯覽伺機攔截，奏章最終也沒有送上去。張儉於是拆毀了侯覽的冢宅，沒收資產，詳細上奏侯覽的罪狀，奏章又沒能上達御覽。徐璜哥哥的兒子徐宣為下邳縣令，暴虐尤為厲害。徐宣曾經想求取前汝南太守李暠的女兒，未能得逞，於是帶領吏卒到李暠家，把李暠的女兒用車拉了回來，玩遊戲射殺了她。東海相汝南人黃浮聽到此事，收捕徐宣家屬，無論老少都拷打。掾史以下都極力反對他這樣做，黃浮說：「徐宣這個國賊，我今天殺了他，明天判我死罪，足以讓我瞑目了！」當即判徐宣死罪，暴屍街市。宦官於是向漢桓帝訴冤。漢桓帝大怒，翟超、黃浮都被判以髡鉗重刑，送到左校做苦力。

太尉陳蕃、司空劉茂一起上諫言，請求寬恕成瑨、劉瓆、翟超、黃浮等人的罪責，漢桓帝不高興。有關官吏彈劾陳蕃、劉茂，劉茂不敢再說話。陳蕃於是單獨上書說：「現在寇賊在外，是四肢疾病；朝內政務不能治理，是心腹之患。臣臥床睡不著，吃飯不能飽，實在擔憂內侍日漸親信，忠言一天天稀少，內患越積越多，外患正是深重之時。陛下由列侯超升，繼承了帝位，小民家庭積累百萬錢家產，當子孫的尚且以敗壞祖業為羞愧，何況陛下的產業兼及天下，受之先帝，怎麼能夠怠惰政事，不看重皇位呢！即使真的不愛惜自己，不應當想到先帝創業的辛勤勞苦嗎！先前，梁姓五位侯爵，禍害全國，上天啟發聖意，收捕並殺死了他們。天下議論，盼望得到一段太平日子。鑑戒不遠，覆車如在昨天，而陛下身邊的親信，重新相互煽動勾結。小黃門趙津、大奸賊張汎等人肆行貪殘，諂媚內侍。前太原太守劉瓆、南陽太守成瑨檢舉並殺了他們，雖說是大赦後不應當誅殺，推究他們的本意，在於為國除惡，至於陛下，有什麼怨恨不平呢！可是小人得勢，迷惑陛下的視聽，才使得陛下為此事大發雷霆，一定要懲辦劉瓆、成瑨，這已經夠過分了，何況要從嚴重罰斬首處決！另外，前山陽太守翟超、東海相黃浮秉公辦事，不屈服於權勢，疾惡如仇，翟超沒收了侯覽的財物，黃浮依法誅殺徐宣，都獲罪入刑，不能得到赦免寬恕。侯覽的放縱橫暴，只是沒收財物，已是幸事；徐宣犯的罪過，死有餘辜。先前，丞相申屠嘉叫來鄧通斥責，洛陽令董宣折辱公主，而漢文帝只是出面請求從輕發落鄧通，漢光武帝卻對董宣加以重賞，沒有聽說這兩位臣子因專擅朝命而被懲罰。現在陛下身邊的小丑，怨恨黨羽受到傷害，狂妄地交相進讒陷害，導致當前的刑獄，他們聽到我的這些話，必定又會在陛下面前號哭傾訴。陛下實在應當杜絕近侍參與政務的禍根，接納朝廷百官，選拔清高人士，排除佞邪小人。這樣，蒼天和祥於上，大地融洽於下，祥瑞呈現，難道還會遠嗎！」漢桓帝沒有採納。宦官因此更加痛恨陳蕃，凡是陳蕃推薦的人才或呈上的奏章，每每借用漢桓帝的旨意斥責退還，長史以下的官員很多被判刑，因為陳蕃是名臣，還不敢加害於他。

平原人襄楷到宮門上疏說：「臣聽說上天不言語，用天象變異來設置教化。臣私下觀察太微，五帝的星座間，竟有金星、火星罰星在其中閃閃發光。依照五星占卜，表明天子有凶。金星、火星又都侵入了房宿、心宿星座，依據五星占，皇上沒有後嗣。前年冬季大寒，凍殺鳥獸，害死魚鱉，京城旁邊的竹和柏樹葉有傷凍枯萎的現象。臣聽先師說過：『柏樹凋敝，竹林枯萎，不出二年，天子必有災禍。』今年自春夏以來，連續有霜雹和大雨雷電，這是因為有臣子作威作福，刑罰嚴酷，上感於天而出現的天譴。太原太守劉瓆、南陽太守成瑨，有志剷除奸邪，他們所誅殺的，都符合眾望。而陛下接受閹宦的讒言，把他們從遠處徵回洛陽拷問治罪。三公上書哀求寬恕劉瓆等人，不予採納，反被斥責，為國擔憂的臣子，將閉口不言了。臣聽說濫殺無辜，枉誅賢士的，要禍及三世。自從陛下即位以來，頻加誅殺，梁冀、寇榮、孫壽、鄧萬世都被滅族，被牽連的不知有多少人。李雲上書，聖明的君主不應當忌諱他人的言辭，杜眾死諫，不過是希望使聖明的朝廷有所感悟，二人竟沒有受到赦免而被處死，天下的人都知道他們受冤枉而死。漢朝中興以來，從未有拒絕納諫而誅殺賢士，刑罰苛刻得像今天這樣！過去周文王只有一個妻子，卻生了十個兒子。現在宮中有數千女子，卻沒有聽說有誰生育，應修德減刑，子孫才會像螽斯一樣繁衍。從春秋以來，以及古代帝王，黃河沒有清澈過。臣認為，黃河象徵著諸侯之位。清為陽，濁為陰。河水本當渾濁，反而變得清澈，陰氣想要取代陽氣，是諸侯想奪取帝位。京房《易傳》說：『河水清澈，天下太平。』現在，上天垂示變異現象，地上有妖孽災禍，人間有瘟疫，三種情況同時發生而河水居然清澈，猶如春秋時麒麟不當出現而出現，孔子記載下來作為怪異。請陛下在空閒時召見臣，詳細陳述心中的話。」奏章呈上，漢桓帝不予理睬。

過了十幾天，襄楷再次上書說：「臣聽說殷紂好色，出現了妲己；葉公好龍，真龍降臨在庭院中。現在的黃門、常侍，都是上天刑餘之人，陛下寵幸他們，超過正常人的一倍，陛下後嗣還沒有苗頭，豈不是因為這個緣故！又聽說宮中建有黃帝、老子、佛祖的廟宇，黃老及佛都主張清心寡欲，崇尚無為，愛護生命，厭惡殺戮，戒除欲念，捨棄奢侈。現今陛下不去掉嗜欲，殺罰過度，已違反正道，怎麼能得到福祚！和尚不在一棵桑樹下連住三夜，不願久住以免萌生愛戀之情，這道理精妙絕倫。只因如此專心修行，才能修成正果。如今陛下的美女豔婦，極盡天下美色，吃美食，喝美酒，窮盡天下美味，怎能想與黃帝、老子一樣呢！」奏書呈上，即被召入宮中，詔令尚書問明情況。襄楷說：「古代本來沒有宦官，漢武帝末年留戀後宮，才開始設立宦官。」尚書秉承宦官旨意，上奏說：「襄楷的言辭道理不合正道，違背儒家經典禮義，假借星象，編造與自己的私意相合，欺騙聖上，蒙蔽事實，請下令司隸確定他的罪責，收押送到洛陽監獄。」漢桓帝認為襄楷的言辭雖然激厲，但都是正常的天文現象，所以不殺襄楷，仍判二年徒刑。自從永平年間以來，臣民中雖然有學習佛教的，但天子並不喜好。到了漢桓帝，才開始崇信此道，經常親自祈禱祭祀，由此佛教日益興盛，所以襄楷上書才談到了它。

符節令汝南人蔡衍、議郎劉瑜上表營救成瑨、劉瓆，言辭直率激烈，也坐罪免官。成瑨、劉瓆最終還是死在獄中。成瑨、劉瓆向來剛毅正直，通曉經學術數，在當世很出名，所以天下人都感到痛惜。岑晊、張牧逃竄獲免。

岑晊逃亡期間，親友們爭著保護，只有賈彪閉門不肯收留，時人都怨恨他。賈彪說：「《左傳》說『根據時機而行動，不要累及後人。』岑公孝因為脅迫長上而招致大禍，是他自取其咎，我已經不能舉戈相對，豈能反過來隱藏他！」於是，人們都敬佩他做法公正。賈彪曾經擔任新息縣縣長，百姓貧困，多半不想生育兒女，賈彪嚴格制定法令，不養育子女與殺人同罪。城南有盜賊害人，城北有婦人殺了孩子，賈彪前往驗屍，屬吏想要引導他往南走，賈彪發脾氣說：「賊寇害人，這是正常現象。母親和孩子相互殘害，這是忤逆上天違反道義！」於是驅車北行，查明情況，判處殺子的罪名。城南的盜賊聽到了，當面捆綁自己自首。數年之間，養育子女的人以千數，說道：「這都是賈父生養的。」於是都以「賈」作為名字。

河內[1]張成善風角❶，推占當赦，教子殺人。司隸李膺督促收捕，既而逢宥❷獲免。膺愈懷憤疾，竟按殺之❸。成素以方伎❹交通宦官，帝亦頗訊❺其占。宦官教成弟子牢脩上書，告「膺等養太學游士，交結諸郡生徒❻，更相驅馳❼，共為部黨❽，誹訕❾朝廷，疑亂❿風俗。」於是天子震怒，班⓫下郡國，逮捕黨人，布告天下，使同忿疾。案經三府[12]，太尉陳蕃卻之[13]，曰：「今所按者[14]，皆海內人譽[15]，憂國忠公之臣，此等猶將十世宥也[16]，豈有罪名不章[17]而致收掠者乎！」不肯平署[18]。帝愈怒，遂下膺等於黃門北寺獄，其辭所連及，太僕潁川杜密[19]、御史中丞陳翔[20]及陳寔[21]、范滂之徒二百餘人。或逃遁不獲，皆懸金購募[22]，使者四出相望。陳寔曰：「吾不就獄，眾無所恃。」乃自往請囚。范滂至獄，獄吏謂曰：「凡坐繫者，皆祭皋陶[23]。」滂曰：「皋陶，古之直臣，知滂無罪，將理之於帝[24]。如其有罪，祭之何益！」眾人由此亦止。陳蕃復上書極諫，帝諱其言切，託以蕃辟召非其人，策免之。

時黨人獄所染逮者[25]，皆天下名賢，度遼將軍皇甫規，自以西州豪桀，恥不得與，乃自上言：「臣前薦故大司農張奐[26]，是附黨也。又，臣昔論輸左校時，太學生張鳳等上書[27]訟臣，是為黨人所附也，臣宜坐之。」朝廷知而不問。

杜密素與李膺名行相次[28]，時人謂之李、杜，故同時被繫。密嘗為北海相，行春[29]，到高密[30]，見鄭玄[31]為鄉嗇夫[32]，知其異器，即召署郡職，遂遣就學，卒成大儒。後密去官還家，每謁守令，多所陳託[33]。同郡劉勝亦自蜀郡告歸[34]鄉里，閉門掃軌[35]，無所干及[36]。太守王昱謂密曰：「劉季陵[37]清高士，公卿多舉之者。」

密知昱以激己[38]，對曰：「劉勝位為大夫[39]，見禮上賓，而知善不薦，聞惡無言，隱情惜己[40]，自同寒蟬，此罪人也。今志義力行之賢[41]而密達[42]之，違道失節之士[43]而密糾[44]之，使明府賞刑得中，令問休揚[45]，不亦萬分之一乎？」昱慚服，待之彌厚。

九月，以光祿勳周景為太尉。

司空劉茂免。冬，十二月，以光祿勳汝南宣酆為司空。

以越騎校尉竇武為城門校尉。武在位，多辟名士，清身疾惡，禮賂不通[46]，妻子衣食裁[47]充足而已。得兩宮[48]賞賜，悉散與太學諸生及匄施[49]貧民，由是眾譽歸之。

匈奴烏桓聞張奐至，皆相率還降，凡二十萬口。奐但誅其首惡，餘皆慰納之，唯鮮卑出塞去。朝廷患檀石槐不能制，遣使持印綬封為王，欲與和親。檀石槐不肯受，而寇抄滋甚[50]。自分其地為三部[51]：從右北平[52]以東至遼東，接夫餘、濊貊二十餘邑，為東部；從右北平以西，至上谷十餘邑，為中部；從上谷以西至敦煌、烏孫二十餘邑，為西部。各置大人領之。

【章　旨】以上為第十二段，寫司隸校尉李膺疾惡如仇，在赦令中殺死蠱惑桓帝的風角師張成父子，宦官藉機中傷，誣諂太學生與士大夫結成朋黨，誹謗朝廷，擾亂風俗，桓帝大怒，以黨人名義逮捕清流士大夫，第一次黨錮之禍形成。

【注　釋】❶風角　古代占卜的一種迷信方法，以占候四方、四隅的風向來預測吉凶。❷宥　此指大赦令。❸竟按殺之　終於判處張成死刑。❹方伎　方術，此指風角之術。❺訊　問。❻生徒　學生。❼驅馳　驅走奔馳。此謂盡力效命之意。❽部黨　朋黨。❾誹訕　毀謗。❿疑亂　擾亂。⓫班　同「頒」。⓬案經三府　逮捕黨人的公文經過三府下達。三府，太尉、司徒、司空。⓭卻之　退回捕人詔書。⓮按者　被指控的人。⓯人譽　有聲譽的人。⓰此等猶將十世宥也　這些人即使犯了過失，也要寬恕十世。典出《左傳》襄公二十一年。范宣子囚叔向，祁奚諫宣子說：叔向是國家的柱石，有過「猶將十世宥之」，用於鼓勵賢能的人。⓱罪名不章　罪名曖昧不顯。章，通「彰」。⓲平署　連名。⓳杜密　字周甫，潁川陽城（在今河南登封東南）人，黨人領袖，八俊之一。傳見《後漢書》卷六十七。⓴陳翔　字子麟，汝南邵陵（在今河南漯河市東）人，黨人領袖，八及之一。與杜密同傳。㉑陳寔　字仲弓，潁川許縣（在今河南許昌東）人。傳見《後漢書》卷六十二。㉒懸金購募　懸賞緝拿。㉓皋陶　傳說虞舜時的司法官。㉔理之於帝　向天帝申訴。㉕染逮者　受案件牽連的人。㉖薦故大司農張奐　皇甫規薦張奐事，見延熹六年。㉗張鳳等上書　皇甫規被獄，張鳳上書陳冤，事見延熹五年。㉘名行相次　聲名相等。㉙行春　地方郡國守相，春季出巡所轄各縣勸課農桑，叫行春。㉚高密　縣名，屬北海國，縣治在今山東高密西。㉛鄭玄　（西元一二七—二〇〇年）字康成，北海高密人，東漢大經學家，今本十三經注疏中《毛詩》、三《禮》即為鄭玄注。傳見《後漢書》卷三十五。㉜鄉嗇夫　鄉官名，掌一鄉獄訟及收稅。㉝陳託　請託。由下文杜密答話可知，杜密請託皆薦賢斥奸之事，不是個人私事。劉勝則明哲保身，故不值得讚譽。㉞自蜀郡告歸　從蜀郡太守任上告老還鄉。㉟閉門掃軌　關門謝客，不與外界交通。掃軌，掃除車跡，言車不出門。㊱無所干及　從不打擾地方官長。㊲劉季陵　劉勝的字。㊳激己　諷刺自己。㊴位為大夫　郡太守猶古之大夫。㊵隱情惜己　隱瞞真情來保惜自己的生命。㊶志義力行之賢　言行一致的賢人。㊷達　舉薦。㊸違道失節之士　違背道義喪失節操的人。㊹糾　揭發。㊺令問休揚　使你太守美名遠播。令問，美好名聲。㊻禮賂不通　送禮和賄賂一概拒絕。㊼裁　通「才」。僅僅。㊽兩宮　指天子和皇后。㊾匄施　贈送施捨。匄，與也。㊿寇抄滋甚　侵掠更加厲害。(51)分其地為三部　鮮卑此時領有匈奴舊地，東西萬里，仿匈奴之制分為三大部。檀石槐居於中部，統領三部。三部各置首領，稱大人。中部當今內蒙古中部地區。52右北平　郡名，治所土垠，在今河北豐潤。右北平郡正當鮮卑中部。

【校記】1河內　原作「河南」。據章鈺校，乙十六行本、乙十一行本、孔天胤本皆作「河內」，張敦仁《通鑑刊本識誤》同，今據改。按，《後漢書》卷六十七〈黨錮列傳〉作「河內」。

【語譯】河內人張成擅長風角術，推算占卜朝廷該頒布赦令，教唆兒子殺人。司隸校尉李膺督令手下逮捕了張成父子，不久遇赦獲免。李膺愈發心懷憤恨，最終判處張成父子死刑，殺了他們。張成向來以占候術交結宦官，漢桓帝也時常向張成詢問占卜。宦官教唆張成的弟子牢脩上書，告發「李膺等人蓄養太學生和遊士，交結各郡的學生，互相奔走，結成群黨，誹謗朝廷，擾亂風俗。」於是漢桓帝震怒，下詔各郡國，逮捕黨人，布告天下，使人們都仇恨他們。公文經過三府，太尉陳蕃退回捕人詔書，說：「這次被指控的人，都是海內有名譽的人，是憂國奉公的大臣，這些人有罪也要寬恕十代，怎麼能夠罪名未顯就收捕拷打！」不肯連名簽署。漢桓帝更加生氣，於是將李膺等人關進了黃門北寺獄，獄辭連及太僕潁川人杜密、御史中丞陳翔以及陳寔、范滂等二百多人。有的人逃匿搜捕不到，就全部懸賞捉拿，派出使者四處搜捕，前後相繼。陳寔說：「我不下獄，眾人就會無所依靠。」於是自己前去請求下獄。范滂到了獄中，管監獄的官吏說：「凡是坐牢的人，都要祭祀皋陶。」范滂說：「皋陶是古代的耿直之臣，知道我范滂無罪，就會在天帝面前為我訴理。如果我犯罪了，祭祀他又有什麼用處！」眾人因此也不祭祀皋陶。陳蕃又上書極力規勸，漢桓帝忌諱他言辭激切，就藉口說陳蕃推薦的人不稱職，下詔免去他的官。

當時受黨人案件牽連的人，都是天下知名的賢士，度遼將軍皇甫規自認為是西州的豪傑，以沒有被牽連為羞恥，就上言說：「臣以前舉薦大司農張奐，這是附和黨人。另外，臣過去被罰在左校做苦役時，太學生張鳳等人上書為臣申訴，這是黨人附和臣，臣應坐罪。」朝廷知道這些事卻不加追究。

杜密向來與李膺聲名相並列，時人稱之為李、杜，所以同時被捕繫獄。杜密曾經擔任北海相，有一次春季出巡，到了高密，見到鄭玄為鄉嗇夫，知道他是個奇才，就把他召去郡中任職，又送他去學習，鄭玄終於成為大儒。後來杜密辭官回家，每次拜謁太守、縣令，多所請託。同郡人劉勝也是從蜀郡告老鄉里，閉門謝客，從不打擾地方官長。太守王昱對杜密說：「劉季陵是位清高雅士，公卿多所推薦。」杜密知道王昱在譏諷自己，就回答說：「劉勝身為大夫，受到上賓之禮，可是，劉勝知道善良正直的人卻不推薦，聽到惡人壞事卻沒有話說，隱瞞真情，愛惜自己，如同不語的寒蟬，這是罪人。現在，我要舉薦言行一致的賢人，要揭發違背道義喪失節操的人，使你賞罰得當，美名遠揚，不是也盡到了萬分之一的力量嗎？」王昱羞愧佩服不已，更加厚待杜密。

九月，任命光祿勳周景為太尉。

司空劉茂被免職。冬，十二月，委任光祿勳汝南人宣酆為司空。

任命越騎校尉竇武為城門校尉。竇武在位，延聘很多知名人士，潔身自好，疾惡如仇，不受賄賂，妻子兒女的衣食費用僅夠用就行。他得到皇帝和皇后的賞賜，全都分給太學生或贈送施捨給貧民，因此得到了眾人的稱譽。

匈奴人和烏桓人聽說張奐到了，全都相率歸降，總共有二十萬人。張奐只殺了為首的惡人，其他的都加以慰問接收，只有鮮卑出塞離去。朝廷擔心不能制服檀石槐，派使者拿著印綬封檀石槐為王，想與他和親。檀石槐不肯接受，反而侵掠更加厲害。檀石槐把佔領的地區分為三部：從右北平以東到遼東，連接夫餘、濊貊二十多城邑，作為東部；從右北平以西到上谷有十幾個城邑，作為中部；從上谷以西到敦煌、烏孫的二十幾個城邑作為西部。每部設立大人統領。

【研　析】本卷史事研析兩大事件，其一，漢末清議之風；其二，第一次黨錮之禍。

一、漢末清議之風。東漢一朝有五位諸侯王子入繼大統，七位皇太后臨朝。太后臨朝，貪權立幼，以諸侯子入繼，使外來即位的小皇帝在朝官士大夫中根基不深，便於外戚擅權。幼君長成，不滿傀儡地位，依靠宦官扳倒外戚，宦官得勢。東漢政治長期是外戚與宦官兩大勢力博弈，輪番執政。朝官士大夫在夾縫中生存。

由於儒學禮義是朝官士大夫的立身之本，通過徵辟、舉孝廉、皇帝求言對策、入太學明經等渠道入仕，稱清流。宦官子弟親戚賓友靠權力安排入仕稱濁流。耿直的朝官士大夫標榜清高，看不起濁流入仕的官員，鄙夷那些依附宦官勢力固寵的朝官士大夫。太學生不滿宦官子弟侵奪士人的仕途，逐漸與耿直派朝官士大夫相互呼應形成清議之風，成為社會的強大輿論。社會名流互相標榜，指天下名士，為之稱號。上曰「三君」，次曰「八俊」，次曰「八顧」，次曰「八及」，次曰「八廚」，比擬上古時代的「八元」、「八愷」。《史記・五帝本紀》載，昔高陽氏有才子八人，世得其利，謂之「八愷」。高辛氏有才子八人，世謂之「八元」。東漢清議的「三君」謂竇武、劉淑、陳蕃。「君」的意思是指一代宗師。「八俊」謂李膺、荀昱、杜密、王暢、劉祐、魏朗、趙典、朱寓。「俊」的意思是指人中英傑。「八顧」謂郭林宗、宗慈、巴肅、夏馥、范滂、尹勳、蔡衍、羊陟。「顧」的意思是指德行為人楷模。「八及」謂張儉、岑晊、劉表、陳翔、孔昱、苑康、檀敷、翟超。「及」的意思是指能引導人上進。「八廚」謂度尚、張邈、王考、劉儒、胡母班、秦周、蕃嚮、王章。「廚」的意思指能用財物救濟人。這三十五人都是當時的社會精英，人中豪傑。他們是朝官士大夫耿直派的代表，國家棟樑，反宦官濁流第一線的鬥士。陳蕃、竇武、李膺、范滂等在反宦官鬥爭中為國殉難，他們護持大義，高風亮節的精神，永垂千古。

二、第一次黨錮之禍。東漢後期於西元一六六至一八四年，發生了一場遍及全國的大冤獄，史稱鉤黨之獄，又稱黨錮之禍。這場冤獄，前後有三次高潮，為禍近二十年，其持續之久，規模之大，迫害之虐，都是前所未有的。雖然，鉤黨之獄的直接受害者是士大夫儒生階層，但罹其禍毒者，皆「天下善士」，又浩劫全國，故造成了社會的大倒退，使賢愚錯位，是非顛倒，法制瓦解，道德淪喪。老百姓也必不可避免地承受了社會動亂的實際災難，生產停滯，經濟崩潰，從而激化了階級矛盾，加速了東漢政權的滅亡。因此，研究鉤黨之獄，就成為中國古代史上一個引人注目的問題，自然也是本卷研析的一個重大事件。

學術界研究鉤黨之獄，主要有以下幾種觀點：一、鉤黨之獄是君子與小人之爭，士大夫是君子，宦官是小人。二、黨禍是商賈市籍豪強與世家地主爭奪參政權的鬥爭。三、東漢黨爭是統治集團內部的派性鬥爭。

這些觀點都有它的合理性，各自從不同的側面揭示了鉤黨之獄的一些現象。但這些觀點都未能揭示鉤黨之獄的本質。試問：作為皇帝家奴的宦官，在士大夫眼裡被視為刑餘之人何以能專國？世家地主乃是東漢政權的基礎，重農抑商又是兩漢的國策，桓、靈二帝站在宦官一邊，豈不是東漢皇帝成了商賈市籍豪強的代表來反對立國的基礎嗎？從理論上和實踐上都是說不通的。說到派性鬥爭，離開真理就更加遙遠。東漢士大夫多賢人君子，不避斧鉞之誅以急國家之難，光明磊落，彪炳史冊，而鉤黨之獄，卻專事殘害忠良，這又是為什麼？所謂派性鬥爭論，是二十世紀六〇年代特殊背景提出的新觀點，而這一新觀點，恰恰是鉤黨之獄研究中的一種倒退。因此，關於東漢鉤黨之獄，應予重新研討。

鉤黨之獄的實質是一場集權運動，它是桓、靈二帝與宦官合謀發動的。桓、靈二帝相繼以諸侯王子入繼大統，最初都受制於太后。宦官乘勢詭稱太后、朝官欲廢帝誑惑君主，加劇桓、靈二帝的猜忌之心以假權竊國。桓、靈二帝不僅依靠宦官之力殺逐外戚，而且還利用群小的無恥無行來排抑被猜忌的耿直大臣，以集中皇權。皇帝與宦官互相操縱和利用，為了集權而製造冤獄，這就是鉤黨之獄產生的直接原因。

論從史出，首先必須要把鉤黨之獄的經過、規模及其影響搞清楚。下面先談桓帝發動的第一次鉤黨之獄。第一次鉤黨之獄發生在桓帝延熹九年，即西元一六六年。它的導火線由三大案引發。其一，汝南太守宗資任范滂為功曹，委以政事。滂外甥李頌素無行，范滂寢而不召。凡行違孝悌，不軌仁義者，范滂即逐斥之。郡中豪強莫不歸怨范滂，於是編造謠言，煽動輿論說：「汝南太守范孟博，南陽宗資主畫諾」。並指范滂所用之人為「范黨」。其二，南陽太守成瑨，以岑晊為功曹，亦委以政事，宛有富商張汎，是桓帝美人外親，賂遺中官，橫行鄉里。岑晊勸成瑨捕拿張汎。誅殺其賓客二百餘人。其時遇赦，晊先斬後奏。豪強貴戚造作飛語云：「南陽太守岑公孝，弘農成瑨但坐嘯。」其三，李膺為河南尹，河內張成善風角，因其推占當赦，教子殺人，其實是宦官透露朝中消息，以顯示張成之能。因張成不但交通宦豎，而且桓帝亦問其占。李膺收拿張成，既而果逢赦令，膺竟按殺之。

河南、南陽、汝南是三個大郡，東漢王朝的政治中樞地區。河南是帝城，南陽是帝鄉。皇親貴戚，盤根錯節，結納宦豎，魚肉百姓。李膺、范滂、岑晊等按治豪強，直接打擊宦官勢力，並以直行觸犯龍顏。其時又值太原太守劉瓆捕討小黃門晉陽趙津，瓆為除「一縣巨患」，「亦於赦後殺之」；山陽太守翟超，籍沒中常侍侯覽「資財」，東海相黃浮收拿中常侍徐璜兄子下邳令徐宣，「案宣罪棄市，暴其屍」。宦官向桓帝訴冤，「帝大怒」，劉瓆、翟超，黃浮俱被捕拿，公卿大臣交章疏救。桓帝欲致極刑，苦其無辭。三大案發，於是宦官諷張成弟子牢脩上書誣告李膺結納朋黨，「誹訕朝廷，疑亂風俗」，侯覽又使張汎妻上書訟冤。這樣一來，本不相干的三大案被宦官鍛鍊串聯起來，說成是朋黨為奸，有意犯禁樹威。桓帝震怒，大捕黨人。宗資、成瑨下獄死。岑晊遁逃。李膺、范滂等二百餘人下獄。這就是第一次鉤黨之獄。

中常侍王甫治黨獄，給黨人的頸、手、腳加上「三木」的刑具，蒙頭拷打，逼供牽引同黨。「鉤謂相牽引也」（《後漢書‧靈帝紀》。下引《後漢書》，只注篇名），所以史稱黨人為「鉤黨」。可見它完全是宦官誣加給李膺、范滂等人的一頂莫須有的政治帽子。但是一經聖旨欽定，便成法律，以顛倒黑白之事實，「布告天下，使同忿疾」。李膺、范滂等人，既沒有組織，也沒有什麼宣言和主張，「曠年拘錄，事無效驗」（〈竇武傳〉）。他們都是漢室忠臣。范滂臨捕，對他的兒子說：「吾欲使汝為惡，惡不可為；使汝為善，則我不為惡。」所謂鉤黨之獄，就是這樣的一場忠直遭殃、邪曲囂張的政治大冤獄。

但是，派性鬥爭論者認為，鉤黨之獄是由於黨人行事操切激怒了皇帝，似乎是罪由自取，這是值得商榷的。

單從權力鬥爭的現象來看，鉤黨之獄是東漢政局長期動盪的總爆發。東漢政局不穩是由於外戚、宦官、朝官士大夫三大勢力互鬥不已，水火不容。外戚藉太后之力專國，宦官假皇權肆虐，士大夫標榜清流自重。所謂清流就是以儒學為正宗，憑著孝廉、徵辟、策對的正途仕進。這三大勢力實質上代表著太后、皇權、相權三種力量，它們之間的鬥爭，的確像是統治集團內部的派性鬥爭。但是歷史研究絕不是歷史現象的描述，而應深入地揭示歷史發展的本質。東漢外戚、宦官、士大夫三種勢力，由於所代表的社會階層利益不同，因而各派掌權治國所影響的歷史面貌也是不同的。派性鬥爭論不能說明這種區別，它抹煞正義與非正義之分，混淆進步與反動之別，這是不能苟同的。（說明：本卷以及其後兩卷的黨錮之禍研析，行文中引用《後漢書・黨錮傳》及《資治通鑑》一律不括注出處。）

卷第五十六

漢紀四十八

起強圉協洽（丁未　西元一六七年），盡重光大淵獻（辛亥　西元一七一年），凡五年。

【題　解】本卷記事起西元一六七年，迄西元一七一年，凡五年，當漢桓帝永康元年至漢靈帝建寧四年，載桓靈二帝政權交替五年間史事。這一時期東漢政壇發生劇烈震動，短短五年，社會陷於大分裂，可以說東漢政治處於暴風驟雨、雷擊電閃的深夜，最為黑暗。這一時期的重大事件，是第一次黨錮之禍解禁，緊接著是第二次黨錮之禍興起，由京師波及於全國，被誣為黨人者數十萬人，邪曲枉熾，正義遭壓迫，社會大分裂。潁川名士賈彪西行入京勸說外戚皇后父城門校尉竇武與朝官士大夫聯手抗衡宦官，於是竇武與尚書令霍諝等，共同上奏桓帝為黨人申訴，桓帝釋放了黨人，釋放范滂、李膺等二百餘人出獄，但禁錮終身。桓帝死，靈帝立，竇太后臨朝，竇武與太尉陳蕃等謀誅宦官。靈帝仍是諸侯入繼大統，不滿太后臨朝，倒向與宦官結盟奪權，宦官搶先發難，陳蕃、竇武被誅，竇太后遷居南宮。第二次黨錮之禍興起，布告天下，全國範圍清理黨人。李膺、范滂等人慷慨就義，張儉逃亡，禍及萬家。州郡長官，趨附宦官，抓捕黨人肆意擴大化。平原相史弼抗命，存活者數百上千人。靈帝御座出現青蛇，詔公卿以下各上封事，大司農張奐、郎中謝弼上封事為陳蕃、竇武伸冤，張奐下獄，謝弼罷官，遣回鄉里以他事誅殺。漢靈帝加冠，大赦天下，唯黨人不赦。

孝桓皇帝下

永康元年❶（丁未　西元一六七年）

春，正月，東羌先零圍祋栩，掠雲陽❷，當煎諸種復反。段熲擊之於鸞鳥❸，大破之，西羌遂定。○夫餘王夫台寇玄菟，玄菟太守公孫域擊破之。

夏，四月，先零羌寇三輔，攻沒兩營❹，殺千餘人。

五月壬子晦❺，日有食之。

陳蕃既免，朝臣震栗，莫敢復為黨人言者。賈彪❻曰：「吾不西行❼，大禍不解。」乃入雒陽，說城門校尉竇武、尚書魏郡霍諝❽等，使訟之。武上疏曰：「陛下即位以來，未聞善政，常侍、黃門，競行譎詐❾，妄爵非人。伏尋西京❿，佞臣執政，終喪天下。今不慮前事之失，復循覆車之軌，臣恐二世之難⓫，必將復及，趙高之變，不朝則夕。近者姦臣牢脩造設黨議，遂收前司隸校尉李膺等逮考，連及數百人，曠年拘錄⓬，事無效驗。臣惟膺等建忠抗節⓭，志經王室，此誠陛下稷、卨、伊、呂⓮之佐。而虛為姦臣賊子之所誣枉，天下寒心，海內失望。惟陛下留神澄省⓯，時見理出⓰，以厭⓱人[1]鬼喁喁之心⓲。今臺閣近臣⓳，尚書朱寓⓴、荀緄㉑、劉祐、魏朗㉒、劉矩、尹勳等，皆國之貞士㉓，朝之良佐。尚書郎張陵[24]、嬀皓、苑康[25]、楊喬、邊韶[26]、戴恢等，文質彬彬，明達國典，內外之職，羣才並列。而陛下委任近習[27]，專樹饕餮[28]，外典州郡，內幹心膂[29]，宜以次貶黜[30]，案罪糾罰[31]，信任忠良，平決臧否[32]，使邪正毀譽，各得其所，寶愛天官，唯善是授。如此，咎徵[33]可消，天應可待。間者[34]有嘉禾、芝草、黃龍之見。夫瑞生必於嘉士[35]，福至[36]實由善人，在德為瑞，無德為災[37]。陛下所行不合天意，不宜稱慶。」書奏，因以病上還城門校尉、槐里侯印綬。霍諝亦為表請。帝意稍解[38]，使中常侍王甫[39]就獄訊黨人范滂等，皆三木[40]囊頭[41]，暴於階下[42]。甫以次辯詰曰：「卿等更相拔舉[43]，迭為脣齒[44]，其意如何[45]？」滂曰：「仲尼之言，『見善如不及，見惡如探湯[46]』，滂欲使善善同其清，惡惡同其汙[47]，謂王政之所願聞，不悟更以為黨[48]。古之脩善，自求多福；今之脩善，身陷大戮。身死之日，願埋滂於首陽山[49]側，上不負皇天，下不愧夷、齊。」甫愍然[50]為之改容[51]，乃得並解桎梏[52]。李膺等又多引宦官子弟，宦官懼，請帝以天時宜赦。六月，庚申[53]，赦天下，改元[54]。黨人二百餘人皆歸田里，書名三府[55]，禁錮終身[56]。

【章旨】以上為第一段，寫城門校尉竇武、尚書霍諝上奏黨人之冤，漢桓帝下詔赦免二百餘黨人出獄，禁錮終身，故史稱黨錮之禍。

【注釋】❶永康元年　延熹十年（西元一六七年）六月改元永康。❷雲陽　與上句祋祤皆為縣名，屬左馮翊。祋祤縣治在今陝西耀州，雲陽縣治在今陝西淳化西北。❸鸞鳥　縣名，屬武威郡，縣治在今甘肅武威南。❹兩營　京兆虎牙營、扶風雍營。❺壬子晦　五月三十日。❻賈彪　字偉節，潁川定陵（在今河南舞陽北）人，漢末名士，與同郡荀爽齊名。永康元年，賈彪西行入京說服外戚皇后父城門校尉竇武與朝士大夫聯手抗衡宦官，於是竇武與尚書霍諝共同上奏桓帝，釋放黨人出獄。傳見《後漢書》卷六十七。❼西行　指去京師洛陽。賈彪在潁川定陵，位洛陽東，從潁川赴洛陽為西行。❽霍諝　字叔智，魏郡鄴縣（在今河北磁縣東南）人，歷仕尚書僕射、司隸校尉、廷尉等。傳見《後漢書》卷四十八。❾譎詐　欺詐。❿西京　長安，此代指西漢。⓫二世之難　與下文「趙高之變」為同一事，指二世亡秦。秦末，宦官中車府令趙高擅權，關東兵起，趙高發動宮廷之變，謀殺了秦二世，秦朝隨之滅亡。⓬曠年拘錄　整年拘押審訊。⓭抗節　直節。⓮稷卨伊呂　后稷、契、伊尹、呂尚。后稷，周始祖，契，商始祖，兩人為虞舜的良輔。伊尹，商初賢相。呂尚，即姜子牙，周初功臣。⓯澄省　明徹地省察。⓰時見理出　立即審理釋放。⓱厭　滿足。⓲喁喁之心　盼慕之心。⓳臺閣近臣　指尚書署臣僚。長官為令、僕，屬員尚書五人，助理尚書稱尚書郎。⓴朱寓　沛國人，黨人領袖八俊之一。㉑荀緄　荀淑之子。荀淑有八子，皆有名，世稱「荀氏八龍」。荀淑，荀卿十一代孫，東漢大儒。傳見《後漢書》卷六十二。㉒魏朗　字少英，會稽上虞（在今浙江上虞）人，黨人領袖八俊之一。傳見《後漢書》卷六十七。劉祐、劉矩、尹勳，已見上卷。劉祐亦八俊之一。㉓貞士　正直的士人。㉔張陵　見本書卷五十三桓帝元嘉元年。㉕苑康　見本書卷五十三桓帝建和三年。㉖邊韶　字孝先，陳留浚儀（今河南開封）人，以文章知名，官至尚書令。傳見《後漢書》卷八十上。㉗委任近習　信任身邊左右的小人。㉘專樹饕餮　支持奸邪。㉙內幹心膂　此指在朝廷內作為心腹之臣主持機要。幹，同「管」。管領。心膂，心臟和脊樑骨，喻心腹。㉚以次貶黜　陸續罷黜。㉛案罪糾罰　調查罪狀，揭發懲處。㉜平決臧否　分辨善惡。㉝咎徵　過失的徵驗，指天象變異所示的譴告。㉞間者　近來。是年，魏郡生嘉禾，巴郡現黃龍。㉟瑞生必於嘉士　祥瑞的產生，必定有賢才出現。㊱福至　福分降臨。與上句為互文。㊲在德為瑞二句　祥瑞出現，有德便是吉祥，無德就是災禍。㊳帝意稍解　桓帝對黨人的態度，逐漸有好轉。㊴王甫　大宦官。㊵三木　手銬、腳鐐、頭枷。五體皆戴刑具。㊶囊頭　頭上蓋物，如同戴高帽子。㊷暴於階下　暴露在大庭之中。㊸更相拔舉　互相標榜。㊹迭為脣齒　互相像脣齒一樣結成死黨。㊺其意如何　想幹什麼；有何企圖。㊻見善如不及二句　看見善良行為，好像趕不上似的，要努力追趕；碰到邪惡的行為，就像伸手到沸水裡一樣，立即避開。湯，沸水。語出《論語・季氏》孔子之言。㊼善善同其清二句　使善良的人如同清水一樣在一起，使邪惡的人如同汙水一樣歸一處，認為這會受到朝廷的鼓勵，從沒想到這是結黨。善善、惡惡，使善人歸於善類，使惡人歸於惡類，首字善、惡為名詞，第二個字善、惡為動詞。㊽不悟更以為黨　范滂之意，我們善人在一起，就把惡人顯出來了，即涇渭分明，與惡人劃清界線，不是什麼結黨。悟，認識到。㊾首陽山　在今山西永濟南。一說首陽即河南偃師西北的邙山，因日出先照而得名。殷末周初賢人伯夷、叔齊餓死首陽山，故范滂要求埋骨於首陽之側與賢者共眠。㊿愍然　哀憐的樣子。(51)改容　動容，肅然起敬。(52)並解桎梏　解除了所有黨人罪徒的刑具。桎，手銬。梏，腳鐐。(53)庚申　六月初八日。(54)改元　改延熹十年為永康元年。(55)書名三府　將黨人造成名冊，在三府備案。(56)禁錮終身　終身禁止做官，不得遠離住所。

【校　記】[1]人　原作「神」。據章鈺校，乙十六行本、乙十一行本、孔天胤本皆作「人」，張瑛《通鑑校勘記》同，今據改。

【語　譯】孝桓皇帝下

永康元年（丁未　西元一六七年）

春，正月，東羌先零包圍祋祤縣，搶掠雲陽縣，當煎各種落又叛亂。段熲在鸞鳥縣攻擊當煎羌，大敗他們，於是西羌平定。〇夫餘王夫台侵擾玄菟，玄菟太守公孫域打敗了他們。

夏，四月，先零羌侵擾三輔，攻破京兆虎牙、扶風雍兩大軍營，殺死一千多人。

五月最後一天三十日壬子，發生日蝕。

陳蕃被免職後，朝臣驚懼，沒有人再敢為黨人說話。賈彪說：「如果我不西去京城一趟，大禍不可能化解。」於是到了洛陽，勸說城門校尉竇武、尚書魏郡人霍諝等人，請他們為黨人上訴。竇武上疏說：「自從陛下即位以來，沒有聽到實行善政，常侍、黃門爭相欺詐，使不適宜的人封官晉爵。臣想到西漢時，奸佞之臣執政，最終喪失了天下。現在不思考以前事情的失誤，又重蹈覆轍，臣擔心秦二世的災禍必將重演，趙高的叛變早晚就會發生。最近奸臣牢脩虛造黨人之事，逮捕了前司隸校尉李膺等人拷打，牽連幾百人，整年拘押審訊，沒有證據。臣認為李膺等人都有忠心直節，志在經營朝廷，這實在是陛下的后稷、契、伊尹、呂尚這樣的輔臣。但他們枉為奸臣賊子誣害，天下寒心，海內失望。請求陛下明察，立即審理釋放，以滿足朝野上下人士的心願。現在尚書署臣僚，如尚書朱寓、荀緄、劉祐、魏朗、劉矩、尹勳等人都是國家正直的士人、朝廷的輔佐良臣。尚書郎張陵、嬀皓、苑康、楊喬、邊韶、戴恢等人文質彬彬，通曉國家典制，內外官員，不缺良才。然而陛下卻信任身邊左右的小人，支持奸邪，這些在外掌管州郡，在內主持朝廷機要，應依次貶黜，調查罪狀，揭發懲治，信任忠正良善之人，分辨善惡，使得邪惡和正直、詆毀和名譽各得其所，珍惜官職，只授予賢才。這樣，過失的徵驗就可以消除，上天祥瑞的感應就可以得到。近來有嘉禾、靈芝、黃龍等出現。祥瑞發生，必有賢才出現，福分降臨，實在是因為有善人。有德便是吉祥，無德便是災禍。陛下所作所為不符天意，不應該慶祝。」奏章呈上，竇武就稱病，繳還城門校尉和槐里侯印綬。霍諝也上書請求寬恕黨人。漢桓帝對黨人的態度逐漸好轉，派中常侍王甫到獄中審訊黨人范滂等，范滂等人都頭戴枷鎖，腳手戴著鐐銬，以物蓋頭，暴露在大庭之中。王甫依次詰問：「你們互相標榜，脣齒相依，有什麼企圖？」范滂說：「孔子有言，『看到善良的行為，就像趕不上似的，要努力追趕；見到邪惡的行為，就像伸手到沸水裡一樣，立即躲開』，我想使善良的人如同清水一樣在一起，使邪惡的人如同汙水一樣歸在一起，認為這樣會受到朝廷的鼓勵，沒想到這是結黨。古人修德行善，自求多福；現在修德行善，身遭殺身之禍。我死那天，希望把我葬在首陽山旁，上不負皇天，下無愧於伯夷、叔齊。」王甫心生哀憐，肅然起敬，就解除了所有黨人罪徒的刑械。李膺等人的口供牽扯到很多宦官子弟，宦官恐慌，藉口天時，請求漢桓帝赦免天下。六月初八日庚申，大赦天下，改年號為永康。二百多名黨人回歸鄉里，在三公府登記姓名，終身不許當官。

范滂往候❶霍諝而不謝。或讓❷之，滂曰：「昔❸叔向不見祁奚❹，吾何謝焉！」滂南歸汝南❺，南陽士大夫迎之者車數千兩，鄉人殷陶、黃穆侍衛於旁，應對賓客。滂謂陶等曰：「今子相隨，是重吾禍也❻。」遂遁還鄉里❼。

初，詔書下舉鉤黨❽，郡國所奏相連及者多至百數，唯平原❾相史弼獨無所上。詔書前後迫切州郡，髡笞掾史⑩。從事坐傳舍責曰⑪：「詔書疾惡黨人，旨意懇惻⑫。青州六郡，其五有黨，平原何治而得獨無？」弼曰：「先王疆理天下，畫界分境，水土異齊，風俗不同⑬。它郡自有，平原自無，胡⑭可相比！若承望上司⑮，誣陷良善，淫刑濫罰，以逞非理，則平原之人，戶可為黨。相有死而已，所不能也！」從事大怒，即收郡僚職送獄⑯，遂舉奏⑰弼。會黨禁中解⑱，弼以俸贖罪⑲，所脫者甚眾⑳。

竇武所薦：朱寓，沛人；苑康，勃海人；楊喬，會稽人；邊韶，陳留人。喬容儀偉麗㉑，數上言政事，帝愛其才貌，欲妻以公主。喬固辭，不聽，遂閉口不食，七日而死。

秋，八月，巴郡言黃龍見。初，郡人欲就池浴，見池水濁，因戲相恐，「此中有黃龍」，語遂行民間，太守欲以為美，故上之。郡吏傅堅諫曰：「此走卒戲語耳。」太守不聽。

六州[1]大水，勃海[2]溢。

冬，十月，先零羌寇三輔，張奐遣司馬㉒尹端、董卓㉓拒擊，大破之，斬其酋豪，首虜萬餘人，三州清定。奐論功當封，以不事宦官故不果封，唯賜錢二十萬，除家一人為郎。奐辭不受，請徙屬弘農㉔。舊制，邊人不得內徙。詔以奐有功，特許之。拜董卓為郎中。卓，隴西人，性粗猛有謀，羌胡畏之。

十二月壬申㉕，復癭陶王悝㉖為勃海王。

丁丑㉗，帝崩㉘于德陽前殿。戊寅㉙，尊皇后曰皇太后，太后臨朝㉚。初，竇后既立，御見甚稀，唯采女田聖等有寵。后素忌忍㉛，帝梓宮尚在前殿，遂殺田聖。城門校尉竇武議立嗣，召侍御史河間劉儵，問以國中㉜宗室之賢者，儵稱解瀆亭㉝侯宏㉞。宏者，河間孝王之曾孫也，祖淑，父萇，世封解瀆亭侯。武乃入白太后，定策禁中㉟。以儵守光祿大夫，與中常侍曹節並持節將中黃門、虎賁、羽林千人，奉迎宏，時年十二。

【章旨】以上為第二段，寫漢桓帝駕崩，漢靈帝即位。

【注釋】❶候　拜訪。❷讓　責備。❸昔　從前。此指春秋之時。❹叔向不見祁奚　晉范宣子欲殺叔向，為祁奚所救，叔向並沒有去見祁奚致謝。❺歸汝南　回故郡。❻重吾禍也　將加重我的災禍。❼遁還鄉里　悄悄地回到家鄉。❽鉤黨　相連及的黨人。❾平原　縣名，為平原國治所，縣治在今山東平原縣南。❿髡笞掾史　各州郡治辦黨人不力，其部屬掾史往往受到髡刑和笞打的責罰。⓫從事坐傳舍責曰　這裡指青州從事（青州刺史助理）在傳舍召見史弼，責其治辦不力。⓬懇惻　誠懇淒惻。這裡作至為明確，十分嚴厲解。⓭水土異齊二句　水土有不同有同，若水土不同則風俗不同。⓮胡　曷；怎麼。⓯承望上司　秉承上級旨意。⓰收郡僚職送獄　捕繫平原國諸曹掾史。⓱舉奏　彈劾上奏。⓲會黨禁中解　正趕上治黨人案在半途解除。⓳以俸贖罪　用停止一段時間的俸祿作為懲罰。⓴所脫者甚眾　史弼使很多人免於獲罪。據《後漢書・史弼傳》，脫免罪罰的人以百計，以千計。㉑容儀偉麗　容貌俊偉。㉒司馬　將軍屬官，掌軍法，參議軍事。㉓董卓　（？—西元一九二年）字仲穎，隴西臨洮（今甘肅岷縣）人，行伍出身，為并州牧。靈帝死，他帶兵入洛，廢少帝，立獻帝。關東起兵反卓，拉開了東漢末軍閥混戰的序幕。董卓挾帝西遷長安，為王允所謀殺。傳見《後漢書》卷七十二。㉔請徙屬弘農　張奐為敦煌淵泉（今甘肅安西縣東）人，請求把家人內遷弘農郡。弘農郡治所在今河南靈寶東北。㉕壬申　十二月二十三日。㉖悝　桓帝之弟。劉悝本為渤海王，因罪於延熹八年貶為癭陶王，今復原王爵。㉗丁丑　十二月二十八日。㉘帝崩　桓帝劉志死。時年三十六歲。㉙戊寅　十二月二十九日。㉚太后臨朝　竇妙皇太后臨朝主持政務。竇妙，城門校尉竇武之女。㉛后素忌忍　竇太后一向忌妒而又殘忍。㉜國中　在京師洛陽城中。㉝解瀆亭　亭侯封邑名，在今河北安國東北。㉞宏　為桓帝劉志再從堂姪，同出章帝子河間王劉開之後，封解瀆亭侯。劉宏祖劉淑為劉開第三子，與桓帝父劉翼為兄弟。劉翼，劉開第二子。㉟定策禁中　在皇宮中祕密決定皇位，即不與百官廷議。

【校　記】①六州　原作「六月」。張敦仁《通鑑刊本識誤》作「六州」，與《後漢書》卷七〈桓帝紀〉相合，今據改。按，前記秋八月事，後記冬十月事，此處不當敘六月事，「六月」當是「六州」之誤。②勃海　張敦仁《通鑑刊本識誤》此二字下有「海」字，與《後漢書》卷七〈桓帝紀〉同。

【語　譯】范滂前往拜訪霍諝，卻不道謝。有人責備他，范滂說：「從前，晉國范宣子欲殺叔向，為祁奚所救，叔向沒有去見祁奚致謝，我為什麼要謝霍諝！」范滂南歸汝南，南陽士大夫迎接他的有幾千輛車子，同鄉人殷陶、黃穆在一旁侍衛，接待賓客。范滂對殷陶等人說：「現在你們跟隨我，這是加重我的罪過。」於是悄悄地返回鄉里。

當初，詔令揭發相牽連的黨人，各郡國奏報相連及的人多達幾百，唯獨平原相史弼未上報。詔書前後催促州郡，對掾史施以髡刑鞭打。從事史坐在驛舍譴責史弼說：「詔書痛恨黨人，旨意明確嚴厲。青州所屬六郡，有五郡都有黨人，平原郡怎麼治理的，而能獨無黨人？」史弼說：「先王經營天下，劃分境界，水土或同或不同，風俗有異。其他的郡有黨人，平原郡沒有，怎能相提並論！如果秉承上司的旨意，誣害良善，濫施刑罰，以滿足不合理的要求，那麼平原郡的百姓，家家有黨人。我只有一死而已，不能做不該做的事！」

從事史大怒，當即逮捕平原郡的掾史下獄，上奏彈劾史弼。適逢黨禁中途解除，准允史弼扣薪贖罪，當時得以免罪的人很多。

竇武所推舉的人有：朱寓，沛郡人；苑康，勃海人；楊喬，會稽人；邊韶，陳留人。楊喬容貌俊偉，多次上書談論國政，漢桓帝喜愛他的才識容貌，想把公主嫁給他。楊喬堅決推辭，漢桓帝不准許，楊喬於是閉嘴不食，七天而死。

秋，八月，巴郡說是有黃龍出現。最初，郡中有人到池裡去洗浴，看見池水混濁，因此開玩笑恐嚇說「池裡有黃龍」，這話於是流行民間，太守想以此事向漢桓帝獻媚，所以上奏。郡吏傅堅勸諫說：「這不過是小民的一句玩笑話。」太守不聽。

六州發大水，勃海溢水。

冬，十月，先零羌侵擾三輔，張奐派司馬尹端、董卓抗擊，大敗先零羌，殺死先零羌的首領，斬首和俘虜一萬多人，幽州、并州、涼州平定。張奐論功應當受封，因為不奉承宦官所以沒有被封，只賜予他二十萬錢，任用張奐家一人為郎。張奐辭謝不受，請求把家人內遷到弘農郡。按照舊制，邊郡人士不得遷往內地。因為張奐有功，下詔特許張奐的請求。任命董卓為郎中。董卓是隴西人，性情粗暴勇猛，頗有謀略，羌人和胡人都害怕他。

十二月二十三日壬申，再次任命癭陶王劉悝為勃海王。

十二月二十八日丁丑，漢桓帝在德陽前殿去世。二十九日戊寅，尊竇皇后為皇太后，竇太后臨朝聽政。最初，竇皇后冊立後，漢桓帝很少寵幸她，只有采女田聖等人受寵。竇太后向來妒嫉殘忍，漢桓帝的靈柩還停在前殿，竇太后就殺死田聖。城門校尉竇武商議皇帝的繼承人選，召侍御史河間人劉儵，詢問京城劉姓皇族中的賢人，劉儵稱道解瀆亭侯劉宏。劉宏是河間孝王的曾孫，劉宏的祖父劉淑、父親劉萇，世代受封為解瀆亭侯。竇武就入宮稟白竇太后，在皇宮中祕密決定皇嗣。任命劉儵為光祿大夫，與中常侍曹節共同持節，率領中黃門、虎賁武士、羽林軍一千人奉迎劉宏。當時劉宏十二歲。

孝靈皇帝❶上之上

建寧元年（戊申　西元一六八年）

春，正月壬午❷，以城門校尉竇武為大將軍，前太尉陳蕃為太傅，與武及司徒胡廣參錄尚書事❸。

時新遭大喪，國嗣未立，諸尚書畏懼，多託病不朝❹。陳蕃移書責之❺曰：「古人立節❻，事亡如存❼。今帝祚未立，政事日蹙❽，諸君柰何委荼蓼之苦，息偃在牀❾，於義安乎！」諸尚書惶怖❿，皆起視事。

己亥⓫，解瀆亭侯至夏門亭，使竇武持節，以王青蓋車迎入殿中，庚子⓬，即皇帝位，改元。

二月辛酉⓭，葬孝桓皇帝于宣陵⓮，廟曰威宗⓯。○辛未⓰，赦天下。

初，護羌校尉段熲既定西羌⓱，而東羌⓲先零等種猶未服，度遼將軍皇甫規、中郎將張奐招之連年，既降又叛。桓帝詔問熲曰：「先零東羌造惡反逆，而皇甫規、張奐各擁強眾，不時輯定⓳。欲令熲移兵東討⓴，未識其宜㉑，可參思術略㉒。」熲上言曰：「臣伏見先零東羌雖數叛逆，而降於皇甫規者，已二萬許落。善惡既分，餘寇無幾。今張奐躊躇㉓久不進者，當慮外離內合㉔，兵往必驚。且自冬踐春，屯結不散，人畜疲羸㉕，有自亡之勢，欲更招降㉖，坐制強敵耳。臣以為狼子野心，難以恩納㉗，勢窮雖服，兵去復動㉘，唯當長矛挾脅㉙，白刃加頸耳。計東種所餘三萬餘落，近居塞內，路無險折，非有燕、齊、秦、趙從橫之勢㉚，而久亂并、涼，累侵三輔，西河、上郡，已各內徙㉛，安定、北地，復至單危㉜。自雲中、五原，西至漢陽二千餘里㉝，匈奴、諸羌，並擅其地，是為癰疽伏疾，留滯脅下㉞，如不加誅，轉就滋大㉟。若以騎五千、步萬人、車三千兩，三冬二夏，足以破定，無慮㊱用費為錢五十四億。如此，則可令羣羌破盡，匈奴長服，內徙郡縣，得反本土。伏計㊲永初中，諸羌反叛，十有四年，用二百四十億。永和㊳之末，復經七年，用八十餘億。費耗若此，猶不誅盡，餘孽復起，于茲作害㊴。今不暫疲民，則永寧無期㊵。臣庶竭駑劣㊶，伏待節度㊷。」帝許之，悉聽如所上。

熲於是將兵萬餘人，齎十五日糧，從彭陽㊸直指高平㊹，與先零諸種戰於逢義山㊺。虜兵盛，熲眾皆恐。熲乃令軍中長鏃利刃㊻，長矛三重㊼，挾以強弩㊽，列㊾輕騎為左右翼，謂將士曰：「今去家㊿數千里，進則事成，走必盡死(51)，努力共功名！」因大呼(52)，眾皆應聲騰赴(53)。熲[1]馳騎於傍(54)，突而擊之(55)，虜眾大潰，斬首八千餘級。太后賜詔書褒美曰：「須東羌盡定，當并錄功勤；今且賜熲錢二十萬，以家一人為郎中。」敕中藏府㊻調金錢、綵物增助軍費，拜熲破羌將軍。

【章旨】以上為第三段，寫段熲大破西羌。

【注釋】❶孝靈皇帝　名宏，以宗室子解瀆亭侯入繼大統，東漢第十二任皇帝，西元一六八—一八九年在位。胡三省注引《伏侯古今注》曰：「宏之字曰大。」❷壬午　正月初三日。❸參錄尚書事　竇武、陳蕃、胡廣三人共同主持尚書政務。參，三人為參。❹不朝　不上朝視事。❺移書責之　寫信責備尚書們。❻立節　堅守志節。❼事亡如存　侍奉死者如同生時。意謂桓帝雖死，猶當視事。❽政事日蹙　政事日益艱難。❾諸君柰何二句　各位怎麼可以推卸辛勞，躺在床上休息。這裡用了三個典故，責諸尚書以大義。《詩經．谷風》：「誰謂荼苦，其甘如薺。」誰說苦菜很苦，只要能吞下，其味如同薺菜一樣甘甜。荼，苦菜。《詩經．小毖》：「未堪家多難，予又集于蓼。」本來我不能勝任家國之難，我卻又遇上許多艱難。堪，任。蓼，辛苦。此詩為周成王思賢求輔。蓼，指三監之叛及淮夷起事。《詩經．北山》：「或息偃在床。」❿惶怖　驚恐。⓫己亥　正月二十日。⓬庚子　正月二十一日。⓭辛酉　二月十三日。⓮宣陵　桓帝陵，在洛陽東南。⓯廟曰威宗　祭廟稱威宗。⓰辛未　二月二十三日。⓱既定西羌　已經平定西羌。段熲定西羌，在去年即桓帝永康元年（西元一六七年）。⓲東羌　指居於北地、安定等郡的內屬羌人。桓帝延熹四年（西元一六一年），皇甫規招降東羌。延熹六年至永康元年張奐為度遼將軍。東羌自皇甫規招降以來，七年之間，叛服無常。⓳不時輯定　未能按時討平。⓴令熲移兵東討　護羌校尉段熲駐兵於金城郡，移兵征東羌，故稱東討。㉑未識其宜　未知是否恰當。㉒可參思術略　可以先制定謀略對策。㉓躊躇　猶豫；徘徊。㉔外離內合　外離，指未歸服的羌人。內合，指已歸附的羌人，呼應外離之羌。㉕屯結不散二句　指叛羌長久屯結，已經是人疲畜困。㉖更招降　改以招降。㉗難以恩納　很難用恩德感化。㉘兵去復動　政府兵一撤走，羌人就會重新暴動。㉙長矛挾脅　用長矛直刺其胸。挾，交叉刺擊。脅，前胸兩側。㉚從橫之勢　指有遼闊地域，眾多援手可以聯勢縱橫馳驅。東羌無此條件。㉛內徙　指西河、上郡治所被迫內遷。事見本書卷五十二順帝永和五年。㉜單危　勢孤而陷於危險境地。西河、上郡內徙後，安定、北地則陷於孤危之境。㉝二千餘里　指東漢羌亂以後，北起雲中、五原，西至漢陽，即今從內蒙古包頭一帶西至甘肅天水縣，二千餘里，成為西北的戰亂之地。㉞為癰疽伏疾二句　這好比是膿瘡暗疾，留在兩脅之下。㉟轉就滋大　輾轉迅速膨脹。㊱無慮　大略；總計。㊲伏計　我的統計。伏，拜伏，臣對君說話所用套語。㊳永和　指順帝時。㊴于茲作害　直到今天仍在作惡。㊵永寧無期　永久的安寧遙遙無期。㊶庶竭駑劣　竭盡有限的全力。駑，劣馬。自謙語。㊷伏待節度　等著朝廷差遣。㊸彭陽　縣名，屬安定郡，治所在今甘肅鎮原東南。㊹高平　縣名，屬安定郡，治所在今寧夏固原。㊺逢義山　在高平縣境內。㊻長鏃利刃　長槍利刀。《後漢書・段熲傳》作「張鏃利刃」，則為拉滿弓，舉利刀。鏃，箭矢，亦可作鋒利解。應以「張鏃利刃」為是，先總說，下二句分別注腳。㊼長矛三重　使用長槍的士卒編為三個梯隊。㊽挾以強弩　拉強弓的弓箭手混編在長槍隊中。挾，混雜。㊾列　布列。㊿去家　離家。(51)走必盡死　若要逃跑，大家全死。(52)大呼　大聲吶喊。(53)眾皆應聲騰赴　全軍步騎隨著殺敵的吶喊聲，爭相奔騰衝向敵人。(54)熲馳騎於傍　段熲親自騎馬奔馳在隊伍旁指揮。(55)突而擊之　段熲帶頭衝入敵陣。(56)中藏府　皇室府庫，屬少府。

【校　記】[1]熲　原無此字。張敦仁《通鑑刊本識誤》認為「熲」字脫，今據補。按，《後漢書》卷六十五〈段熲傳〉云：「熲馳騎於傍，突而擊之。」有「熲」字，文義方明瞭。

【語　譯】孝靈皇帝上之上

建寧元年（戊申　西元一六八年）

春，正月初三日壬午，任命城門校尉竇武為大將軍，前太尉陳蕃為太傅，與竇武及司徒胡廣共同管理尚書事務。

當時正遭遇漢桓帝大喪，新皇帝還未即位，各尚書都很害怕，大多託病不上朝。陳蕃寫信責備他們說：「古人堅守志節，侍奉死者如同生時。現在新皇帝還沒有即位，國家的政事日益艱難，諸位怎可推卸辛勞，躺在床上安歇，在道義上能安心嗎！」尚書們害怕，都入朝辦公。

正月二十日己亥，解瀆亭侯到達夏門亭，派竇武持節，用侯王專用的青蓋車迎接入宮。二十一日庚子，漢靈帝即位，改年號為建寧。

二月十三日辛酉，把孝桓皇帝安葬在宣陵，廟號為威宗。○二十三日辛未，大赦天下。

當初，護羌校尉段熲平定西羌後，而東羌、先零等族人還沒有歸服。度遼將軍皇甫規、中郎將張奐連年討伐，羌人投降後又反叛。桓帝下詔詢問段熲說：「先零、東羌作惡反叛，皇甫規與張奐各自擁有強兵，未能按時討平。現在想令你率軍東討，不知是否合適，可以先制定謀略對策。」段熲上言說：「臣看到先零、東羌雖然數次叛亂，但是向皇甫規投降的，已有二萬多戶。善惡已經分明，殘餘的叛賊沒有多少。現在張奐之所以躊躇而久不進兵，當是考慮到已經歸附的羌人和尚未歸服的羌人交相呼應，大軍前行，必然驚懼。況且從去年冬季到今年春季，叛羌屯集不散，人疲畜困，有自取滅亡的態勢，想改用招降的方式，以逸待勞牽制強敵。臣認為羌人狼子野心，很難用恩德感化，力量窮盡了就降服，大軍一旦撤走就會重新暴動，唯一的辦法是用長矛直刺其胸，用大刀架在他們的脖子上。估計東羌餘寇還有三萬多戶，集居在塞內附近，沒有險隘的道路，更沒有燕、齊、秦、趙的縱橫之勢，卻長期干擾并、涼二州，累次入侵三輔，使得西河、上郡治所已經被迫內遷，安定、北地勢單力孤而陷於危境。從雲中、五原西到漢陽二千多里，匈奴、諸羌佔領這一地區，這是膿瘡暗疾留在兩脅之下，如不誅滅，就會輾轉迅速膨大。如果以五千騎兵、一萬步兵、三千輛戰車，有三個冬季和兩個夏季，就足以平定他們，大略費用為五十四億錢。這樣就可使羌人全部殲滅，匈奴長期順服，內遷的郡縣得以返回本地。臣計算，永初年間羌人各部叛亂，長達十四年，耗費二百四十億錢。永和末年，又經過七年，用費八十多億。如此龐大的耗費，還不能把賊寇全部殲滅，殘餘的賊寇又冒出來，直至今天仍在作惡。如果現在不讓百姓忍受暫時的困苦，永久的安寧將遙遙無期。臣願竭盡有限的能力，等待朝廷差遣。」漢桓帝同意了，完全按照段熲所呈上的建議行事。於是段熲率領一萬多士卒，帶上十五天的軍糧，從彭陽向高平行進，在逢義山與先零等羌人交戰。敵兵強盛，段熲的部隊都很恐懼。段熲下令士兵拿著長槍利刀，用長槍的編為三個梯隊，拉強弓的弓箭手混編在長槍隊伍中，把輕騎排列在左右兩翼，對將士說：「現在我們離家有幾千里，前進就能成功，逃跑必然全部死去，大家一起努力爭取功名吧！」於是大聲吶喊，全部步騎隨著殺敵的吶喊聲，爭相奔騰衝向敵人。段熲親自騎馬奔馳在隊伍旁指揮，帶頭衝入敵陣騎兵中砍殺，敵軍大敗，被斬殺了八千多人。竇太后賜詔書表揚說：「等到東羌全部平定之後，當一併論功行賞；現在暫且賜給段熲二十萬錢，選用段熲家一人為郎中。」並敕令中藏府調撥金錢、彩緞等增加軍費，任命段熲為破羌將軍。

閏月甲午❶，追尊皇祖❷為孝元皇，夫人夏氏為孝元后，考❸為孝仁皇，尊帝母董氏為慎園貴人。

夏，四月戊辰❹，太尉周景薨，司空宣酆免，以長樂衛尉王暢為司空。

五月丁未朔❺，日有食之。○以太中大夫劉矩為太尉。

六月，京師大水。

癸巳❻，錄定策功，封竇武為聞喜侯，武子機為渭陽侯，兄子紹為鄠侯，靖為西鄉侯，中常侍曹節❼為長安鄉侯，侯者凡十一人。

涿郡盧植❽上書說武曰：「足下之於漢朝，猶旦、奭❾之在周室，建立聖主，四海有繫❿。論者以為吾子之功，於斯為重。今同宗相後，披圖案牒，以次建之，何勳之有⓫！豈可橫叨天功以為己力⓬乎！宜辭大賞，以全身名。」武不能用。植身長八尺二寸，音聲如鍾，性剛毅，有大節。少事馬融，融性豪侈，多列女倡歌舞於前。植侍講積年，未嘗轉盼⓭[1]，融以是敬之。

太后以陳蕃舊德，特封高陽鄉侯。蕃上疏讓曰：「臣聞割地之封，功德是為⓮。臣雖無素潔之行⓯，竊慕⓰君子『不以其道得之，不居也⓱』。若受爵不讓⓲，掩面就之，使皇天震怒，災流下民，於臣之身，亦何所寄？」太后不許。蕃固讓，章前後十上，竟不受封。

段熲將輕兵⑲追羌，出橋門⑳，晨夜兼行，與戰於奢延澤㉑、落川㉒、令鮮水㉓上，連破之。又戰於靈武谷㉔，羌遂大敗。秋，七月，熲至涇陽㉕，餘寇四千落，悉散入漢陽㉖山谷間。

護匈奴中郎將張奐上言：「東羌雖破，餘種難盡㉗。段熲性輕果㉘，慮負敗難常㉙，宜且以恩降㉚，可無後悔。」詔書下熲，熲復上言：「臣本知東羌雖眾，而輭㉛弱易制，所以比陳愚慮㉜，思為永寧之筭；而中郎將張奐說虜強難破，宜用招降。聖朝明監㉝，信納瞽言㉞，故臣謀得行，奐計不用。事勢相反，遂懷猜恨㉟，信叛羌之訴，飾潤辭意㊱，云臣兵『累見折衂㊲』，又言『羌一氣所生，不可誅盡，山谷廣大，不可空靜，血流汙野，傷和致災。』臣伏念周、秦之際，戎狄為害，中興以來，羌寇最盛，誅之不盡，雖降復叛。今先零雜種，累以反覆㊳，攻沒縣邑，剽略人物㊴，發冢露尸㊵，禍及生死，上天震怒，假手行誅㊶。昔邢為無道，衛國伐之，師興而雨㊷。臣動兵涉夏，連獲甘澍㊸，歲時豐稔㊹，人無疵疫㊺。上占㊻天心，不為災傷；下察人事，眾和師克。自橋門以西、落川以東，故宮縣邑，更相通屬㊼，非為深險絕域之地㊽，車騎安行，無應折衂。案奐為漢吏，身當武職，駐軍二年[49]，不能平寇，虛欲修文戢戈[50]，招降獷敵[51]，誕辭空說，僭而無徵[52]。何以言之？昔先零作寇，趙充國徙令居內[53]。煎當亂邊，馬援遷之三輔[54]。始服終叛，至今為鯁[55]。故遠識之士，以為深憂。今傍郡戶口單少，數為羌所創毒[56]，而欲令降徒與之雜居，是猶種枳棘[57]於良田，養蛇虺[58][2]於室內也。故臣奉大漢之威，建長久之策，欲絕其本根，不使能殖。本規三歲之費，用五十四億，今適期年，所耗未半，而餘寇殘燼[59]，將向殄滅[60]。臣每奉詔書，軍不內御[61]，願卒斯言，一以任臣，臨時量宜[62]，不失權便[63]。」

【章旨】以上為第四段，寫太尉陳蕃辭封。討伐西羌，段熲主伐，張奐主撫，兩人主張相左，於是結怨。

【注釋】❶甲午　閏三月戊申朔，無甲午。甲午，應為四月十七日。按，《後漢書》卷八〈靈帝紀〉作「閏月甲午」。❷皇祖　靈帝之祖劉淑，追尊為孝元皇。❸考　靈帝之父劉萇，追尊為孝仁皇。❹戊辰　四月戊寅朔，無戊辰。戊辰，應為五月二十二日。按，《後漢書》卷八〈靈帝紀〉作「夏四月戊辰」。❺丁未朔　五月初一日。❻癸巳　六月十七日。❼曹節　字漢豐，南陽新野（今河南新野）人，靈帝時擅權宦官，官至尚書令。傳見《後漢書》卷七十八。❽盧植　（？—西元一九二年）字子幹，涿郡涿縣（今河北涿州）人，東漢末經學家。傳見《後漢書》卷六十四。❾旦奭　周初功臣周公旦、召公奭。❿四海有繫　維繫了天下人心。⓫同宗相後四句　皇室宗系，血統有自然的順序，按照宗譜，依次定立皇位繼承人，有什麼功勞呢。披圖案牒，指考索宗譜。論者以竇武定策禁中立靈帝為大功。盧植認為按宗譜選立，談不上有功，示意竇武謙讓。胡三省注曰：「自和帝無嗣，安帝以肅宗之孫入立。沖、質短祚，桓帝以肅宗曾孫入立。桓帝無嗣，又以肅宗玄孫入立。是同宗相後，以次建之也。」⓬橫叨天功以為己力　貪取天功以為己有。天功，天的旨意。謂靈帝之力自有自然之勢，又得天助。

⑬轉盼　偷看。⑭割地之封二句　割地封賞是為酬答功德。⑮素潔之行　潔白的德行。⑯竊慕　私下向慕。⑰不以其道得之二句　不用正當的辦法取得的東西，君子不接受。語出《論語・里仁》孔子之言。原文為：「富與貴是人之所欲也，不以其道得之，不處也。」⑱受爵不讓　典出《詩經・角弓》：「受爵不讓，至于己斯亡。」接受爵位而不辭讓，終於走向滅亡。⑲輕兵　輕裝騎兵。⑳橋門　長城門名，因在橋山長城而得名，在今陝西黃陵西北。㉑奢延澤　澤名，在今陝西靖邊西北內蒙古境內。已涸。㉒落川　即今陝西靖邊西北的紅柳河，古名奢延水。㉓令鮮水　按段熲進軍路線推之，此水當在落川西，靈武谷東，當今寧夏靈武境內。㉔靈武谷　在今寧夏銀川西北。㉕涇陽　縣名，屬安定郡，縣治在今甘肅平涼南。㉖漢陽　郡名，郡治冀縣，在今甘肅甘谷縣。㉗餘種難盡　意謂不能全部消滅羌人。張奐主張安撫，故有是言。㉘性輕果　性情輕率而果敢。㉙慮負敗難常　應當考慮打仗是勝敗無常。意謂段熲也不能必保常勝。㉚宜且以恩降　應當在勝利的形勢下用恩德招降。㉛輭　同「軟」。㉜比陳愚慮　再次陳述我的愚見。㉝聖朝明監　主上英明。監，通「鑑」。㉞信納瞽言　相信並採納我的愚見。瞽言，瞎說之言，謙詞。㉟事勢相反二句　按我的計謀，形勢發展與張奐預料的完全相反，於是心懷不滿。猜狠，因忌妒而懷恨。㊱飾潤辭意　張奐把叛羌控訴我的話作了一番修飾。㊲累見折衂　連吃敗仗。累，多次。㊳反覆　反叛無常。㊴剿略人物　搶奪民眾和財物。㊵發冢露尸　挖開墳墓，拋露屍骨。㊶假手行誅　上天借用我的雙手進行誅討。㊷昔邢為無道三句　從前，邢國政治暴虐，衛國討伐它，大軍出征之日，上天及時降雨。典出《左傳》僖公十九年。師興，調動軍隊出征。雨，下雨。㊸甘澍　即甘露，及時雨。㊹豐稔　豐收。㊺疵疫　瘟疫。㊻占　察考。㊼更相通屬　互相連接。㊽非為深險絕域之地　謂恢復交通的地域，並不是深峻險惡、荒無人煙的絕域。㊾駐軍二年　張奐於桓帝延熹九年督并、幽、涼三州及京兆虎牙營、扶風雍營之眾，歷時兩年，未能安羌。㊿虛欲修文戢戈　為掩飾無能力安羌，才提倡講文息武。虛，掩飾。戢戈，停止戰爭。(51)獷敵　兇惡的敵人。獷，兇惡的樣子。(52)誕辭空說二句　誇大招降的效果，實際上虛妄而無驗證。僭，無信。徵，驗證。(53)趙充國徙令居內　西漢宣帝時趙充國安羌，招降羌人使移居內地金城郡，置金城屬國護理降羌。(54)馬援遷之三輔　馬援安羌，遷降人於關中，事在光武帝建武十一年。(55)鯁　病患。如同一根魚骨卡在喉嚨。(56)創毒　禍害。(57)枳棘　荊棘。(58)蛇虺　毒蛇。(59)殘燼　行將熄滅的灰燼。燼，燃燒待盡的餘木。(60)將向殄滅　面臨滅絕。(61)軍不內御　軍事行動，朝廷不作遙控。內，朝內。(62)臨時量宜　臨機應變。(63)權便　權宜之利，指軍機。

【校記】 [1]盼　據章鈺校，乙十六行本、乙十一行本、孔天胤本皆作「眄」。[2]蛇虺　據章鈺校，乙十六行本、乙十一行本、孔天胤本二字互倒。

【語譯】閏三月甲午日，追尊皇祖為孝元皇，夫人夏氏為孝元后，皇父為孝仁皇，尊皇帝生母董氏為慎園貴人。

夏，四月戊辰日，太尉周景去世，司空宣酆被免職，任命長樂衛尉王暢為司空。

五月初一日丁未，發生日蝕。○任命太中大夫劉矩為太尉。

六月，京師發大水。

六月十七日癸巳，獎賞策立新皇帝的功勞，封竇武為聞喜侯，竇武的兒子竇機為渭陽侯，竇武哥哥的兒子竇紹為鄠侯，竇靖為西鄉侯，中常侍曹節為長安鄉侯，被封侯的共有十一人。

涿郡人盧植上書勸竇武說：「您對於漢朝，如周公旦、召公奭對於周室，擁戴聖主，維繫天下。議論的人認為您的功勞，以此最為重要。現在是同宗相繼，依照名牒，根據親疏關係確立人選，又有什麼功績可言！怎麼可以把天功據為己有！應當推辭重賞，來保全聲名。」竇武不採納。盧植身高八尺二寸，聲如洪鐘，性情剛毅，高風亮節。年輕時奉侍馬融，馬融性情豪侈，常令美女在庭前載歌載舞。盧植做了多年侍講，未曾偷看，因此馬融尊重他。

竇太后因為陳蕃昔日的功德，特封他為高陽鄉侯。陳蕃上疏辭讓說：「臣聽說，割地分封，是為了酬答功德。臣雖然沒有潔白的德行，但也私心羡慕君子『不用正當的辦法取得的東西，君子不接受。』如果臣接受封爵而不辭讓，厚顏無恥地享用封邑，使得皇天震怒，災禍轉向人民，那麼臣該到何處寄託渺渺之身？」竇太后不准許。陳蕃堅決辭讓，前後上了十次奏章，最終沒有受封。

段熲率領輕騎兵追趕羌人，出了橋門，日夜兼行，在奢延澤、落川、令鮮水岸交戰，連續打敗羌人。又在靈武谷交戰，羌人於是大敗。秋，七月，段熲到達涇陽，殘餘的四千多戶羌人，全都散入漢陽山谷中。護匈奴中郎將張奐上言：「東部的叛羌雖然被打敗，殘餘卻難以全部消滅。段熲輕率而果斷，應當考慮打仗是勝敗無常，應該以恩德招降，才可不會後悔。」詔書下達段熲，段熲又上書說：「臣原本就知道東羌雖然人口眾多，但是軟弱，容易馴服，所以再次陳述臣的愚見，考慮永久安寧的計策。而中郎將張奐卻說敵勢強大，難以攻破，該使用招降的方法。主上英明，相信並採納了臣的愚見，使臣的謀略得以施行，而沒有採用張奐的計策。事情的發展與他的猜想相反，於是心懷忌恨，聽信叛羌的申訴，把叛軍控訴臣的話作了一番修飾，說臣的軍隊『連吃敗仗』，又說『羌人與我們是同氣所生，不可完全殺絕，山谷廣闊，不可空無一人，流血汙染原野，有傷和氣，導致災禍。』臣想到周、秦之際，戎狄為害，漢朝中興以來，羌賊最為盛強，誅殺不盡，即使投降還會再次反叛。而今先零等部落，多次反覆，攻佔城邑，掠奪民眾和財物，挖掘墳墓，暴露屍骨，禍及活人和死人，上天震怒，借用臣的雙手進行誅罰。從前邢國政治暴虐，衛國討伐它，大軍出征之日，上天及時降雨。臣出兵經過了夏天，連降雨水，穀物豐收，民眾沒有瘟疫。對上察考天意，不會降下災害；對下省察人事，軍民和諧，戰無不勝。從橋門以西，到落川以東，舊有的鄉鎮房舍連接，並不是深峻險惡、荒無人煙的地區，車輛馬匹都可平安行駛，沒有折損的事情發生。張奐身為漢朝官吏，擔任武職，在邊境駐軍二年，不能平定敵寇，為了掩飾沒有能力平定羌人，才提倡講文息武，招降兇惡的敵人，誇大招降的效果，實際上虛妄而無驗證。為什麼這樣說呢？從前先零為寇，趙充國把他們遷至邊塞境內。煎當犯邊，馬援把他們遷至三輔。他們開始時歸降，最後又叛亂，至今為患。所以有卓見的人士，深為憂慮。現在邊郡人口稀少，屢次受到羌人禍害，而想把歸降的羌人與漢人混住，這好像是在良田裡種枳棘，在屋裡養毒蛇。所以，臣秉持大漢的威勢，設立長久的策略，要斷絕他們的根基，使其不再生存。原來預計三年的軍費，用五十四億，現在剛滿一年，軍費還沒用到一半，而殘餘的賊寇已像行將熄滅的灰燼一樣，面臨絕滅。臣每次接到詔書，表示軍事行動，朝廷不作遙控，希望把這話堅持到底，專任臣下，臨機應變，不失軍機。」

八月，司空王暢免，宗正劉寵為司空。

初，竇太后之立也，陳蕃有力焉。及臨朝，政無大小，皆委於蕃。蕃與竇武同心戮力❶，以獎王室。徵天下名賢李膺、杜密、尹勳、劉瑜等，皆列於朝廷，與共參政事。於是天下之士，莫不延頸想望太平。而帝乳母趙嬈及諸女尚書❷，旦夕在太后側，中常侍曹節、王甫等共相朋結❸，諂事❹太后，太后信之，數出詔命，有所封拜。蕃、武疾之，嘗共會朝堂，蕃私謂武曰：「曹節、王甫等，自先帝時操弄國權，濁亂海內❺，今不誅之，後必難圖。」武深然之。蕃大喜，以手推[1]席而起❻。武於是引同志尚書令尹勳等共定計策。

會有日食之變，蕃謂武曰：「昔蕭望之困一石顯❼，況今石顯數十輩乎！蕃以八十之年，欲為將軍除害，今可因日食斥罷宦官，以塞天變。」武乃白太后曰：「故事，黃門、常侍但當給事省內❽[2]門戶，主近署財物❾耳。今乃使與政事❿，任重權，子弟布列⓫，專為貪暴。天下匈匈，正以此故，宜悉誅廢以清朝廷。」太后曰：「漢元⓬以來故事，世有宦官，但當誅其有罪者，豈可盡廢邪！」時中常侍管霸頗有才略，專制省內，武先白收霸及中常侍蘇康等，皆坐死。武復數白誅曹節等，太后冘豫⓭未忍，故事久不發。蕃上疏曰：「今京師囂囂⓮，道路諠譁，言侯覽、曹節、公乘昕、王甫、鄭颯等與趙夫人⓯、諸尚書並亂天下，附從者升進，忤逆者中傷，一朝羣臣如河中木耳，汎汎東西⑯，耽祿畏害⑰。陛下今不急誅此曹，必生變亂，傾危社稷，其禍難量。願出臣章宣示左右，并令天下諸姦知臣疾之。」太后不納。

是月，太白犯房之上將，入太微⑱。侍中劉瑜素善天官，惡之，上書皇太后曰：「案占書：宮門當閉，將相不利，姦人在主傍，願急防之。」又與武、蕃書，以星辰錯繆⑲，不利大臣，宜速斷大計。於是武、蕃以朱寓為司隸校尉，劉祐為河南尹，虞祁為雒陽令。武奏免黃門令魏彪，以所親小黃門山冰代之，使冰奏收長樂尚書⑳鄭颯，送北寺獄。蕃謂武曰：「此曹子便當收殺，何復考為！」武不從，令冰與尹勳、侍御史祝瑨雜考㉑颯，辭連及曹節、王甫。勳、冰即奏收節等，使劉瑜內奏。

九月辛亥㉒，武出宿歸府㉓。典中書者先以告長樂五官史㉔朱瑀，瑀盜發武奏，罵曰：「中官放縱者，自可誅耳。我曹何罪，而當盡見族滅！」因大呼曰：「陳蕃、竇武奏白太后廢帝，為大逆！」乃夜召素所親壯健者長樂從官史㉕共普、張亮等十七人，喢血共盟㉖，謀誅武等。曹節白帝曰：「外間切切㉗，請出御德陽前殿。」令帝拔劍踊躍㉘，使乳母趙嬈等擁衛左右，取棨信㉙，閉諸禁門。召尚書官屬，脅以白刃，使作詔板[30]，拜王甫為黃門令，持節至北寺獄，收尹勳、山冰。冰疑，不受詔，甫格殺之，并殺勳，出鄭颯，還兵劫太后[31]，奪璽綬[32]。令中謁者守南宮，閉門絕複道[33]，使鄭颯等持節及侍御史謁者捕收武等。武不受詔，馳入步兵營，與其兄子步兵校尉紹共射殺使者，召會北軍五校士數千人屯都亭[34]，下令軍士曰：「黃門、常侍反，盡力者封侯重賞。」陳蕃聞難，將官屬諸生八十餘人，並拔刃突入承明門，到尚書門，攘臂[35]呼曰：「大將軍忠以衛國，黃門反逆，何云竇氏不道邪！」王甫時出與蕃相遇，適聞其言，而讓[36]蕃曰：「先帝新棄天下，山陵未成，武有何功，兄弟父子並封三侯[37]！又設樂飲讌[38]，多取掖庭宮人，旬日之間，貲財巨萬，大臣若此，為是道邪[39]？公為宰輔，苟相阿黨，復何求賊！」使劍士收蕃。蕃拔劍叱甫，辭色逾厲。遂執蕃，送北寺獄。黃門從官騶[40]蹋蹴[41]蕃曰：「死老魅[42]！復能損我曹員數，奪我曹稟假不[43]！」即日殺之。

時護匈奴中郎將張奐徵還京師，曹節等以奐新至，不知本謀，矯制[44]以少府周靖行車騎將軍、加節，與奐率五營士討武。夜漏盡[45]，王甫將虎賁、羽林等合千餘人，出屯朱雀掖門[46]，與奐等合，已而悉軍闕下[47]，與武對陳。甫兵漸盛，使其士大呼武軍曰：「竇武反，汝皆禁兵，當宿衛宮省，何故隨反者乎？先降有賞！」

營府[48]〔3〕兵素畏服中官，於是武軍稍稍歸甫，自旦[49]至食時[50]，兵降略盡。武、紹走，諸軍追圍之，皆自殺，梟首雒陽都亭。收捕宗親賓客姻屬，悉誅之，及侍中劉瑜、屯騎校尉馮述，皆夷其族[51]。宦官又譖虎賁中郎將河間劉淑、故尚書會稽魏朗，云與武等通謀，皆自殺。遷皇太后於南宮。徙武家屬於日南。自公卿以下嘗為蕃、武所舉者及門生故吏，皆免官禁錮。議郎勃海巴肅[52]始與武等同謀，曹節等不知，但坐禁錮，後乃知而收之。肅自載詣縣，縣令見肅，入閤[53]，解印綬，欲與俱去。肅曰：「為人臣者，有謀不敢隱，有罪不逃刑，既不隱其謀矣，又敢逃其刑乎！」遂被誅。

曹節遷長樂衛尉，封育陽侯。王甫遷中常侍，黃門令如故。朱瑀、共普、張亮等六人皆為列侯，十一人為關內侯。於是羣小得志，士大夫皆喪氣。

蕃友人陳留朱震收葬蕃尸，匿其子逸，事覺，繫獄，合門桎梏[54]。震受考掠，誓死不言，逸由是得免。武府掾桂陽胡騰殯斂武尸，行喪，坐以禁錮。武孫輔，年二歲，騰詐以為己子，與令史南陽張敞共匿之於零陵界中，亦得免。

張奐遷大司農，以功封侯。奐深病[55]為曹節等所賣[56]，固辭不受。◯以司徒胡廣為太傅，錄尚書事，司空劉寵為司徒，大鴻臚[57]許栩為司空。

冬，十月甲辰晦58，日有食之。

十一月，太尉劉矩免，以太僕沛國聞人襲為太尉。

十二月，鮮卑及濊貊寇幽、并二州。

是歲，疏勒王季父和得殺其王自立。○烏桓大人上谷難樓有眾九千餘落，遼西丘力居有眾五千餘落，自4稱王。遼東蘇僕延有眾千餘落，自稱峭王。右北平烏延有眾八百餘落，自稱汗魯王。

【章旨】以上為第五段，寫陳蕃、竇武謀誅宦官事洩，宦官搶先發難，陳蕃、竇武被誅，竇太后遷居南宮。陳蕃、竇武所舉薦的門生故吏皆被禁錮，此為第二次黨錮之禍。

【注釋】❶戮力　并力。❷諸女尚書　宮中決事諸女官。❸朋結　結成死黨。❹諂事　諂媚奉承。❺濁亂海內　汙濁擾亂了天下。❻以手推席而起　用手推開几案，興奮得站了起來。❼蕭望之困一石顯　蕭望之，漢元帝時御史大夫，又為元帝師，甚見親信，卻被宦官石顯所害。事見本書卷二十八元帝初元二年。❽省內　宮內。❾主近署財物　宦官只掌管少府所掌中藏府、尚方等省內諸署。❿與政事　參與政務。⓫子弟布列　宦官子弟遍布州郡。⓬漢元　漢初。⓭冘豫　猶豫。⓮嚻嚻　即喧譁，人聲鼎沸，群情不安。⓯趙夫人　即靈帝乳母趙嬈。⓰汎汎東西　一會漂東，一會漂西。汎汎，漂來漂去的樣子。這裡把滿朝文武比喻為河中浮木，沒有立場，隨波逐流。⓱耽祿畏害　貪圖俸祿，害怕禍害。謂滿朝大臣不敢倡言誅宦官。⓲太白犯房之上將二句　金星侵入房宿四星的上將星，又深入太微天子廷。房宿四星為四輔，第一星為上將，次星為次將，再次為次相，最上之星為上相。⓳星辰錯繆　星宿行次錯亂。⓴長樂尚書　太后居長樂宮，因臨朝而置尚書，掌臣下所上章奏。㉑雜考　會審考取口供。㉒辛亥　九月初七日。㉓武出宿歸府　竇武因休假出宮回府。㉔長樂五官史　長樂宮尚書仿外朝為五女尚書，以五官史主領之。㉕長樂從官史　長樂官太后從官。㉖喢血共盟　喝血酒結盟。㉗切切　情況緊急。㉘拔劍踴躍舞劍騰跳，以壯膽氣。㉙取棨信　收取所有印信。棨，木刻的符信，形制如戟，稱棨戟。在宮中各殿通行，臣僚出巡地方，在門衛、關卡處都要驗證棨戟。㉚作詔板　寫詔令。詔書寫在尺一簡上，稱詔板。㉛劫太后　劫持太后。㉜奪璽綬　奪走太后印璽。㉝複道　兩邊張有帷幔的殿閣間通道。此複道指連接洛陽南北宮的通道。㉞都亭　洛陽都亭。㉟攘臂　捲袖伸臂，憤怒的樣子。㊱讓　責備。㊲兄弟父子並封三侯　六月癸巳，以定策功封竇武為聞喜侯，其子竇機為渭陽侯，兩姪竇紹為鄠侯，竇靖為西鄉侯，共四侯。此言三侯，指竇武子姪兄弟三侯。㊳設樂飲讌　大擺宴席，飲酒作樂。㊴為是道邪　做這樣的事，難道還有理嗎。㊵黃門從官騶　黃門屬官騎士。㊶蹋踧蕃　用腳踢踏陳蕃。㊷死老魅　老不死的妖精。魅，精怪。㊸復能損我曹員數二句　你還能裁減我們的人數，減我們的俸祿嗎。損、奪，裁減。我曹，我們。稟假，俸祿。㊹矯制　假傳皇帝命令。㊺夜漏盡　天將明。㊻朱雀掖門　北宮南掖門。㊼悉軍闕下　會合的軍隊全部抵達宮門之下。㊽營府　指北軍五營士。㊾旦　天明。㊿食時　吃早餐的時候。約上午八九點鐘。(51)夷其族　誅滅全家。(52)巴肅　字恭祖，勃海高城（在今河北鹽山縣南）人，黨人領袖八顧之一。傳見《後漢書》卷六十七。(53)入閤　引入後室。(54)合門桎梏　全家被捕，都戴上刑具。(55)深病　深深惱恨。(56)賣　被騙中圈套。(57)大鴻臚　九卿之一，掌歸附的少數民族事務。(58)甲辰晦　十月三十日。

【校　記】①推　據章鈺校，乙十六行本、乙十一行本、孔天胤本皆作「椎」，熊羅宿《胡刻資治通鑑校字記》同。②省內　張敦仁《通鑑刊本識誤》認為此下脫「典」字。③府　據章鈺校，乙十六行本、乙十一行本皆無此字，張敦仁《通鑑刊本識誤》同。④自　張敦仁《通鑑刊本識誤》「自」字上有「皆」字。

【語　譯】八月，司空王暢被免職，任命宗正劉寵為司空。

當初，竇太后立為皇后，陳蕃曾經盡力。等到竇太后臨朝聽政，無論大小政事，全都委任陳蕃處理。陳蕃與竇武同心協力，輔佐王室。徵召天下有名的賢士李膺、杜密、尹勳、劉瑜等人，全都列位朝廷，一起參與政事。於是天下的士人，無不渴望太平盛世。但是，漢靈帝的乳母趙嬈和一些主事女官，日夜在太后身邊，中常侍曹節、王甫等人互相勾結成朋黨，向竇太后獻媚，太后信任他們，數次下詔，封官拜爵。陳蕃、竇武憎恨這批人，曾在朝堂聚會時，陳蕃私下對竇武說：「曹節、王甫等人，從先帝時就控制朝政，擾亂天下，現在不把他們殺掉，以後很難處置。」竇武深表贊同。陳蕃大為高興，用手推開几案，與奮地站了起來。竇武於是結納志同道合的尚書令尹勳等人共商大策。

正好發生日蝕，陳蕃對竇武說：「從前御史大夫蕭望之敗在一個閹官石顯手上，何況今日有幾十個石顯！我已經八十歲了，想為將軍除害，現在可以利用日蝕撤免宦官，消解天變。」竇武於是對竇太后說：「按照舊例，黃門、常侍只負責在宮裡看門，主管宮中各部的財物而已。現在卻讓他們參與政事，委任重權，宦官子弟遍布州郡，專門做些貪贓暴虐的事。天下輿論紛紛，正是因為這個緣故，應該把他們全部誅殺或撤職，使朝政清明。」竇太后說：「漢初以來舊制，世代有宦官，只應當誅殺有罪的，怎麼可以把他們全都廢除呢！」當時中常侍管霸頗有才略，在宮中專權，竇武先稟告收捕了管霸和中常侍蘇康等人，都處以死刑。竇武幾次稟告竇太后誅殺曹節等人，竇太后猶豫不決，所以事情長期沒有動靜。陳蕃上疏說：「現在京城輿論沸騰，道路諠譁，傳言侯覽、曹節、公乘昕、王甫、鄭颯等人與趙夫人、尚書們一起擾亂天下，附和他們的人得以提升，違背他們的人則被中傷，滿朝大臣如同河中漂木，一會兒漂東，一會兒漂西，貪圖俸祿，害怕禍害。如果陛下不趕快誅殺他們，一定發生變亂，傾覆社稷，災禍難於估算。請把我的奏章宣示身邊近臣，並讓天下所有的奸臣知道我痛恨他們。」竇太后沒有採納。

這一月，金星侵入房宿四星的上將星，接近太微天子廷。侍中劉瑜向來通曉天文，很討厭這種星象，上書給竇太后說：「按照《占書》，宮門應當緊閉，不利於將相，奸邪就在君主身邊，請緊急防範。」又上書給竇武、陳蕃，認為星辰錯亂，不利於大臣，應當立即決斷大事。於是，竇武、陳蕃任命朱寓為司隸校尉，劉祐為河南尹，虞祁為洛陽縣令。竇武又上奏撤免了黃門令魏彪，用他的親信小黃門山冰代理，令山冰奏請收捕了長樂尚書鄭颯，送到北寺獄。陳蕃對竇武說：「這些傢伙應當趕快收捕斬殺，為何還要審訊！」竇武不聽從，命山冰和尹勳、侍御史祝瑨一起審訊鄭颯，供辭牽連到曹節、王甫。尹勳、山冰隨即逮捕了曹節等人，讓劉瑜向漢靈帝奏報。

九月初七日辛亥，竇武因休假出宮回到大將軍府。掌管中書的人先把這一消息告訴了長樂宮五官史朱瑀，朱瑀偷看了竇武的奏章，罵道：「宦官放肆的，當然可以誅殺。我們有什麼罪，卻要全被滅族！」於是大聲呼喊道：「陳蕃、竇武奏稟太后廢掉皇上，大逆不道！」就連夜召集平日親近、身體健壯的長樂宮從官史共普、張亮等十七人，喝血酒結盟，陰謀誅殺竇武等人。曹節報告漢靈帝說：「外面的情況緊急，請出宮坐鎮德陽前殿。」叫漢靈帝拔劍騰跳，令乳母趙嬈等人護衛在身邊，收取所有印信，關閉宮門。召來尚書府的官員，拿著刀逼迫他們，要他們寫詔書，任命王甫為黃門令，持節到北寺獄，逮捕尹勳、山冰。山冰懷疑詔書是偽造的，拒不接受，王甫殺了他，一併殺了尹勳，放出鄭颯，回兵劫持太后，奪了太后璽綬。命令中謁者把守南宮，關閉宮門，斷絕通道，派鄭颯等人持節和侍御史謁者逮捕竇武等人。竇武不接受詔令，飛馳進入步兵營，和他哥哥的兒子步兵校尉竇紹合力射殺使者，召集北軍五路校士數千人把守洛陽都亭，對兵士下令說：「黃門、常侍反叛，盡力作戰的人封侯重賞。」陳蕃聽說有難，就帶領屬官和門生八十多人，一起持刀衝入承明門，到尚書門前，舉臂呼喊道：「大將軍竇武忠心衛國，黃門宦官反叛，怎麼能說竇氏大逆不道呢！」王甫此時出來遇見陳蕃，正好聽到陳蕃的話，就譴責陳蕃說：「先帝去世不久，陵墓還沒完工，竇武有什麼功勞，兄弟父子三人同時封侯！又設樂宴飲，帶走了很多後宮宮女，十天之內，資財巨萬，大臣做這樣的事，難道還有理嗎？你身為宰輔，苟且結黨，還去何處抓賊！」王甫命令武士逮捕陳蕃。陳蕃拔劍斥責王甫，聲色俱厲。於是逮捕陳蕃，送到北寺獄。黃門從官用腳踢陳蕃，罵道：「老不死的妖精！還能裁減我們的人數，削奪我們的薪俸嗎！」當天就殺死陳蕃。當時護匈奴中郎將張奐徵召回到京城，曹節等人以為張奐剛到，不知道真實的謀劃，就假傳漢靈帝詔令，派少府周靖代理車騎將軍，加節，會同張奐率領五營校尉的士卒討伐竇武。天剛亮，王甫率領虎賁武士、羽林軍等總共一千多人，出兵屯守朱雀掖門，與張奐等人會合，很快會合的軍隊全部抵達宮門之下，與竇武對陣。王甫的兵士漸漸多起來，派兵士向竇武軍營喊話：「竇武反叛，你們都是禁兵，應當保衛宮廷，為什麼要追隨叛賊呢？先歸降的有賞！」營府的士兵向來害怕宦官，於是，竇武的士兵中漸漸有人歸降王甫，從清晨到上午，士兵幾乎都歸降了。竇武和竇紹逃跑，各軍追捕包圍，他們全都自殺了，頭顱懸掛在洛陽都亭。又逮捕了竇氏的宗親賓客和姻屬，全都殺了，還有侍中劉瑜、屯騎校尉馮述都被滅族。宦官又誣害虎賁中郎將河間人劉淑、前尚書會稽人魏朗，說他們與竇武串通同謀，全讓他們自殺。把皇太后遷入南宮，將竇武的家屬流放到日南。從公卿以下，曾被陳蕃、竇武舉薦的人及門生故吏，全都免官禁錮終身。議郎勃海人巴肅當初曾與竇武等人同謀，曹節等人不知道，只坐罪禁錮，後來知道實情，就逮捕了巴肅。巴肅自己坐車到縣府，縣令見到巴肅，就引入後室，解下印綬，想和他一同離去。巴肅說：「身為臣子，有謀略不敢隱瞞，有罪不逃避刑罰，我既不願隱瞞原來的謀略，又怎敢逃避刑罰！」於是被誅殺。

曹節升任長樂衛尉，封為育陽侯。王甫升任中常侍，仍任黃門令。朱瑀、共普、張亮等六人都被封為列侯，十一人為關內侯。於是眾多小人得志，士大夫都十分沮喪。

陳蕃的友人陳留人朱震收葬了陳蕃的屍體，隱匿了他的兒子陳逸，事情被發覺，把朱震抓進大獄，全家被捕戴上刑具。朱震受到拷打，誓死不說，陳逸因此得以免死。竇武府中的官吏桂陽人胡騰為竇武收屍發喪，坐罪禁錮。竇武的孫子竇輔才二歲，胡騰假稱是自己的兒子，與令史南陽人張敞一起把他隱藏在零陵境內，也得以免死。

張奐升任大司農，因功封侯。張奐深深懊惱被曹節等人利用，堅決推辭不受官。〇任命司徒胡廣為太傅，處理尚書事務，司空劉寵為司徒，大鴻臚許栩為司空。

冬，十月最後一天三十日甲辰，發生日蝕。

十一月，太尉劉矩被免職，任命太僕沛國人聞人襲為太尉。

十二月，鮮卑和濊貊侵犯幽州、并州。

這年，疏勒王季父和得殺了疏勒王，自立為王。〇烏桓酋長上谷難樓擁有九千多帳落，遼西郡的丘力居有五千多帳落，都自稱為王。遼東郡的蘇僕延有一千多帳落，自稱峭王。右北平郡的烏延有八百多帳落，自稱汗魯王。

二年（己酉　西元一六九年）

春，正月丁丑❶，赦天下。

帝迎董貴人❷於河間。三月乙巳❸，尊為孝仁皇后，居永樂宮。拜其兄寵為執金吾，兄子重為五官中郎將。

夏，四月壬辰❹，有青蛇見於御坐上。癸巳❺，大風，雨雹，霹靂，拔大木百餘。詔公卿以下各上封事。大司農張奐上疏曰：「昔周公葬不如禮，天乃動威❻。今竇武、陳蕃忠貞，未被明宥❼，妖眚❽之來，皆為此也。宜急為改[1]葬，徙還家屬，其從坐禁錮❾，一切蠲除。又，皇太后雖居南宮，而恩禮不接，朝臣莫言，遠近失望，宜思大義顧復之報❿。」上深嘉奐言，以問諸常侍，左右皆惡之，帝不得自從⓫。奐又與尚書劉猛等共薦王暢、李膺可參三公之選，曹節等彌疾其言，遂下詔切責⓬之。奐等皆自囚廷尉，數日，乃得出，並以三月俸贖罪。

郎中東郡謝弼上封事曰：「臣聞『惟虺惟蛇，女子之祥⓭』。伏惟皇太后定策宮闈，援立聖明，書曰：『父子兄弟，罪不相及⓮。』竇氏之誅，豈宜咎延太后⓯！幽隔空宮，愁感天心，如有霧露之疾，陛下當何面目以見天下！孝和皇帝不絕竇氏之恩⓰，前世以為美談。禮：『為人後者為之子。』今以桓帝為父，豈得不以太后為母哉！願陛下仰慕有虞⑰蒸蒸⑱之化，俯思[2]凱風慰母之念⑲。臣又聞『開國承家，小人勿用⑳』。今功臣久外，未蒙爵秩，阿母㉑寵私，乃享大封，大風雨雹，亦由於茲。又，故太傅陳蕃，勤身王室，而見陷羣邪㉒，一日誅滅，其為酷濫㉓，駭動天下，而門生故吏，並離徒錮㉔。蕃身已往，人百何贖㉕！宜還其家屬，解除禁網。夫台宰重器㉖，國命所繫，今之四公㉗，唯司空劉寵㉘斷斷㉙守善，餘皆素餐㉚致寇之人㉛，必有折足覆餗㉜之凶。可因災異，並加罷黜，徵故司空王暢、長樂少府李膺並居政事，庶㉝災變可消，國祚惟永。」左右惡其言，出為廣陵府丞㉞，去官，歸家。曹節從子紹為東郡太守，以它罪收弼，掠死於獄。

帝以蛇妖問光祿勳楊賜㉟，賜上封事曰：「夫善不妄來，災不空發。王者心有所想，雖未形顏色，而五星㊱以之推移，陰陽為其變度。夫皇極不建㊲，則有龍蛇之孽㊳。詩云：『惟虺惟蛇，女子之祥。』惟陛下思乾剛之道㊴，別內外之宜，抑皇甫之權，割豔妻之愛㊵，則蛇變可消，禎祥立應。」賜，秉之子也。

【章旨】以上為第六段，寫靈帝御座出現青蛇，詔公卿以下各上封事，大司農張奐、郎中謝弼上封事為陳蕃、竇武、竇太后伸冤，張奐下獄，謝弼被罷官，遣回鄉里，以他罪掠死獄中。

【注釋】❶丁丑　正月甲辰朔，無丁丑。丁丑，應為二月初五日。❷董貴人　姓董，史失其名。靈帝之母，劉萇夫人，河間（今河北獻縣東南）人，靈帝即位，追尊其父為孝仁皇，尊其母為慎園貴人，即董貴人。今迎至京師，尊為孝仁皇后。傳見《後漢書》卷十下。❸乙巳　三月初三日。❹壬辰　四月二十一日。❺癸巳　四月二十二日。❻天乃動威　上天發怒。《尚書大傳》記載，周公姬旦死後，成王打算安葬周公在洛陽，上天忽然雷電風雨交加，莊稼倒伏，大樹拔起，國人十分恐慌。成王改葬周公於畢邑（在今陝西咸陽西北），表示不敢臣屬周公，於是天氣恢復正常。❼明宥　公開赦罪。❽妖眚　妖異，指大風、雨雹、霹靂。❾從坐禁錮　指株連被禁錮的人。❿顧復之報　子女反顧父母的親恩。這裡指靈帝入繼大統，為人後嗣，於大義應盡人子之孝。顧復，典出《詩經・蓼莪》：「父兮生我，母兮鞠我，拊我畜我，長我育我，顧我復我，出入腹我。」⓫帝不得自從　靈帝不能自己作決定。⓬切責　嚴厲責備。⓭惟虺惟蛇二句　《詩經・斯干》之詞，原意，做夢見蛇，生女的象徵。這裡斷章取義，謂靈帝之立，是受女子（竇太后）之福。虺，毒蛇。⓮父子兄弟二句　見《左傳》僖公三十三年晉大夫胥臣之言，引〈康誥〉云：「父不慈，子不祗，兄不友，弟不恭，不相及也。」今本《尚書・康誥》無此語。⓯咎延太后　殃及太后；禍及太后。⓰孝和皇帝不絕竇氏之恩　和帝誅竇憲，仍尊禮竇太后。事見本書卷四十七和帝永元九年。⓱有虞　虞舜。⓲蒸蒸　孝行純厚的樣子。⓳凱風慰母之念　想想〈凱風〉詩是怎樣稱頌思念母親的恩情。《詩經・凱風》描寫七子盡孝思母之情。詩意：「南風從南方吹來，吹動小小嫩苗。嫩苗是那樣的柔弱，母親真夠辛勞。南風從南方吹來，吹動青青的小樹，母親聖明美好，我只怕把母親辜負。一股涼涼的泉水，滋潤故鄉的親人，我們七個兒子，母親真是勞苦。小小的黃鶯，唱出好聽的歌聲，我們七個兒子，不能安慰母心。」凱風，南風。⓴開國承家二句　語出《易經・師卦》。㉑阿母　指靈帝乳母趙嬈。㉒見陷羣邪　被群小誣陷。見，被。㉓酷濫　刑罰殘酷，濫及無辜。㉔並離徙錮　都遭到流放、禁錮。㉕藩身已往二句　陳蕃已死，即使用一百個人的生命也換不回來。典出《詩經・黃鳥》：「如可贖兮，人百其身。」春秋時秦穆公死，以國之三良，子車氏三子從殉，國人哀念，作詩〈黃鳥〉譏刺穆公以人從殉。詩意：「如果可以替換三良，願意用一百個人的生命。」這裡反用其意。㉖台宰重器　臺閣宰臣，是國家的重要職位。㉗今之四公　指太尉聞人襲、司徒劉寵、太傅胡廣、司空許栩。㉘司空劉寵　應為司徒劉寵。㉙斷斷　懍懍直立的樣子。㉚素餐　白吃閒飯。㉛致寇之人　招引強盜的人。㉜折足覆餗　折斷鼎足，食物傾覆。喻使國家敗亡。餗，鼎中食物。㉝庶　庶幾；差不多。㉞府丞　郡丞。㉟楊賜　字伯獻，桓帝時太尉楊秉之子，官至司空。傳見《後漢書》卷五十四。據〈楊賜傳〉，靈帝熹平元年（西元一七二年）青蛇出現在御座，是以問蛇。此繫於建寧二年。㊱五星　金木水火土。㊲皇極不建　君王的權威沒有樹立。㊳孽　妖孽。㊴思乾剛之道　思慮陽剛之道。即樹立男性權威，不與內寵廝混。㊵抑皇甫之權二句　壓制皇后家族的權力，割斷美妻豔妾的寵愛。典出《詩經・十月》：「皇父卿士，豔妻煽方處。」此詩諷刺周幽王寵褒姒，妻族皆為卿士。

【校記】①改 原作「收」。據章鈺校，乙十一行本作「改」，張敦仁《通鑑刊本識誤》同，今據改。②俯思 原無此二字。據章鈺校，乙十六行本、乙十一行本、孔天胤本皆有此二字，張敦仁《通鑑刊本識誤》同，今據補。

【語譯】二年（己酉 西元一六九年）

春，正月丁丑日，大赦天下。

漢靈帝把董貴人從河間國迎到京城。三月初三日乙巳，尊董貴人為孝仁皇后，住在永樂宮。任命她的哥哥董寵為執金吾，董寵的兒子董重為五官中郎將。

夏，四月二十一日壬辰，漢靈帝的御座上發現青蛇。二十二日癸巳，颳大風，降冰雹，響霹靂，拔起一百多株大樹。漢靈帝下詔令公卿以下各上密奏。大司農張奐上疏說：「從前埋葬周公違反了葬禮，上天發怒。現在竇武、陳蕃忠誠堅貞，卻未得到公開赦罪，妖異之所以發生，都是這個原因。應當迅速為他們改葬，遷回家屬，對受牽連而被禁錮的人，一律赦免。另外，皇太后雖住在南宮，但未受到皇恩禮遇，朝臣都不敢說話，遠近的士人都感到失望，應當思念大義，回報父母的親恩。」漢靈帝對張奐的建議深為贊同，就此詢問諸位常侍，宦官們都很反感，漢靈帝不能自己作決定。張奐又與尚書劉猛等人共同舉薦王暢、李膺可以擔任三公要職，曹節等人更加痛惡他們的言論，於是下詔嚴厲責備。張奐等人都自己到廷尉囚禁，幾天後，才被釋放出，並以三個月的俸祿贖罪。

郎中東郡人謝弼上密奏說：「臣聽說『毒蛇是女子的象徵』。想到當初皇太后在宮內定策，擁立聖明的陛下繼位，《尚書》說：『父子兄弟犯罪，不相牽連。』竇武被誅，怎麼能禍及太后！把太后隔絕在空蕩的宮中，哀愁感應了上天，如果發生意外的疾病，陛下還有什麼面目見天下人！孝和皇帝不割斷竇氏的養育之恩，前代引以為美談。《禮記》說：『繼承誰的香火，就是誰的兒子。』現在以桓帝為父，又怎能不以太后為母啊！願陛下仰慕虞舜孝行純厚的樣子，俯思〈凱風〉歌頌思念母親的恩情。臣又聽說『開創國家、繼承家業，不任用小人』。現在功臣久居外地，未蒙賜爵晉級，乳母趙嬈受到私寵，竟然受封高爵，颳大風、下冰雹，也是由於這個原因。另外，前太傅陳蕃，辛勤地為王室效力，卻被一群邪惡小人誣害，一旦被殺，濫施酷刑，震動天下，而陳蕃的門生和部屬，全都遭到流放、禁錮。陳蕃已經死去，即使用一百個人的生命也贖不回他的性命！應當遷回他的家屬，解除禁網。臺閣宰臣，是國家的重要職位，關係國家命脈，現今的四公，只有司徒劉寵是謹守善道，其餘的都是吃閒飯、招賊寇的人，必將導致國家敗亡的凶事。可以趁著災異，把聞人襲、胡廣、許栩三人免職，徵召前司空王暢、長樂少府李膺共同管理國政，這些災異差不多就可以消解，國家永昌。」左右宦官對謝弼的話很痛恨，把謝弼外任為廣陵府丞，謝弼離職，返回家鄉。曹節的姪子曹紹擔任東郡太守，用其他罪名逮捕謝弼，打死在獄中。

漢靈帝向光祿勳楊賜詢問蛇妖的事情，楊賜上密奏說：「好事不會憑空而降，災異不會無故發生。君王心裡所想的，雖然沒有顯現在臉上，而五星卻為此推移，陰陽為之變化。君王的權威沒有樹立，就會有龍蛇妖孽。《詩經》上說：『毒蛇是女子的象徵。』請陛下思慮陽剛之道，應該內外有別，壓制皇后家族的權力，割斷美妻豔妾的寵幸，那麼，蛇妖出現的災異可以消解，福祥立即應驗。」楊賜，是楊秉的兒子。

五月，太尉聞人襲、司空許栩免。六月，以司徒劉寵為太尉，太常汝南許訓為司徒，太僕長沙劉囂為司空。囂素附諸常侍，故致位公輔。

詔遣謁者馮禪說降漢陽散羌。段熲以春農，百姓布野，羌雖暫降，而縣官無廩❶，必當復為盜賊，不如乘虛放兵❷，勢必殄滅。熲於是自進營❸，去羌所屯凡亭山❹四五十里，遣騎司馬田晏、假司馬夏育❺將五千人先進，擊破之。羌眾潰東奔，復聚射虎谷❻，分兵守谷上下門。熲規一舉滅之，不欲復令散走。秋七月，熲遣千人於西縣❼結木為柵，廣二十步，長四十里遮之。分遣晏、育等將七千人銜枚夜上西山，結營穿塹，去虜一里許。又遣司馬張愷等將三千人上東山❽，虜乃覺之。熲因與愷等挾東、西山，縱兵奮擊，破之，追至谷上下門，窮山深谷之中，處處破之，斬其渠帥❾以下萬九千級。馮禪等所招降四千人，分置安定、漢陽、隴西三郡。於是東羌悉平。熲凡百八十戰，斬三萬八千餘級，獲雜畜四十二萬七千餘頭，費用四十四億，軍士死者四百餘人。更封新豐縣侯，邑萬戶。

臣光曰：「書稱❿『天地，萬物父母。惟人萬物之靈，亶聰明，作元后⓫，元后作民父母。』夫蠻夷戎狄，氣類⓬雖殊，其就利避害，樂生惡死，亦與人同耳。御⓭之得其道，則附順服從，失其道，則離叛侵擾，固其宜也。是以先王之政，叛則討之，服則懷⓮之，處之四裔⓯，不使亂禮義之邦而已。若乃視之如草木禽獸，不分臧否⓰，不辨去來⓱，悉艾⓲殺之，豈作民父母之意哉！且夫羌之所以叛者，為郡縣所侵冤故也。叛而不即誅⓳者，將帥非其人故也。苟使良將驅而出之塞外，擇良吏而牧之，則疆埸之臣也，豈得專以多殺為快邪！夫御之不得其道，雖華夏之民，亦將蠭起⓴而為寇，又可盡誅邪！然則段紀明之為將，雖克捷有功，君子所不與也。」

九月，江夏㉑蠻反，州郡討平之。○丹楊㉒山越㉓圍太守陳夤，夤擊破之。

【章 旨】以上為第七段，寫段熲用殲滅戰平定羌亂，殺人眾多，受到司馬光的批評。

【注 釋】❶縣官無廩 政府無糧。❷放兵 縱兵擊羌。❸自進營 親自進入前線軍營。即親自帶隊出征。❹凡亭山 在今甘肅靖遠西北。❺司馬田晏假司馬夏育 護羌校尉屬官有司馬二人，主軍法。假司馬為副司馬。田晏，官至鮮卑中郎將。夏育，官至護烏丸校尉。❻射虎谷 地名，在今甘肅天水市西。❼西縣 縣名，屬漢陽郡，縣治在今甘肅天水市西南。射虎谷即在縣東北。❽東山 與上文的西山並為射虎谷的東西山頭。谷口又為木柵，形成圍剿羌人的陷阱。❾渠帥 大帥。❿書稱 《書》云。下文引語出自《尚書・泰誓》。⓫亶聰明二句 絕頂聰明的人，做君長。亶，誠。元后，大君。⓬氣類 氣質種類。⓭御 治理。⓮懷 安撫。⓯處之四裔 安置在四方邊境。⓰臧否 善惡。否，不善；惡。⓱去來 去，叛離。來，歸服。⓲艾 刈。⓳叛而不即誅 對叛亂的人不能立即誅殺。⓴蠭起 蜂擁而起。㉑江夏 郡名，治所西陵，在今湖北新洲。㉒丹楊 郡名，治所宛城，在今安徽宣城。㉓山越 越人，居處山林，故稱山越。

【語 譯】五月，太尉聞人襲、司空許栩被免職。六月，任命司徒劉寵為太尉，太常汝南人許訓為司徒，太僕長沙人劉囂為司空。劉囂一向依附於宦官，所以能夠官至公卿宰輔。

下詔派謁者馮禪說服漢陽郡散居的羌人歸降。段熲認為春季是農耕之時，百姓遍布田野，羌人雖然暫時歸降，官府卻沒有糧食供應，羌人必然再為盜賊，不如乘虛縱兵進擊，勢必把羌人殲滅。段熲於是親自進入前線軍營，距羌人屯聚的凡亭山四五十里，派遣司馬田晏、假司馬夏育率領五千人為先鋒，打敗了羌人。羌人潰散，向東逃跑，又聚集在射虎谷，分兵把守射虎谷的上下口。段熲計畫一舉殲滅羌人，不想讓羌人再逃散。秋，七月，段熲派一千人在西縣編木為柵，寬二十步，長四十里，用以阻攔羌人。分別派遣田晏、夏育等率領七千人口銜木片，乘夜登上西山，布營挖溝，距離敵人一里多地。又派司馬張愷等率領三千人登上東山，羌人這才發覺。段熲於是與張愷分別由東、西兩山夾攻，縱兵奮擊，打敗了羌人，追趕到谷的上下口以及窮山深谷之中，處處破賊，殺了羌帥以下一萬九千人。把馮禪所歸降的四千羌人，分別安排在安定、漢陽、隴西三郡中。於是，東部羌人全部平定。段熲總共一百八十次交戰，殺死三萬八千多人，獲取各種牲畜四十二萬七千多頭，花費四十四億，軍士死亡四百多人。改封段熲為新豐縣侯，食邑一萬戶。

司馬光說：「《尚書》說『天地是萬物的父母。只有人是萬物的精靈，絕頂聰明的人做君長，君長是百姓父母。』蠻夷戎狄雖為異族，但他們趨利避害，樂生惡死，與人們是一樣的。以正確的方式治理蠻夷，蠻夷就會順從，治理不得法，蠻夷就會叛亂侵擾，這本來是合理的。所以，先王為政，叛亂了就加以征伐，順服了就加以安撫，把蠻夷安置在四方邊境，不使蠻夷擾亂中原禮義之邦。如果把蠻夷看作草木禽獸，不分善惡，不辨別叛離還是歸服，一律殺害，這難道是做百姓父母的心意嗎！何況羌人之所以叛亂，是郡縣侵擾、羌人蒙冤的緣故。對於叛亂者不能立即誅殺，這是所用將帥不當的緣故。如果能派良將把叛賊驅逐到塞外，選用良吏管理羌人，那麼，邊疆戰場上的武將又怎麼會以大肆殺戮為快樂呢！如果治理不合正道，即使是華夏百姓，也會蜂擁為寇，又能全殺掉嗎！那麼，段紀明身為將領，雖然克敵有功，但君子不贊成他的行為。」

九月，江夏蠻反叛，州郡討伐平定了叛蠻。○丹楊郡山越人包圍了太守陳夤，陳夤擊敗山越人。

初，李膺等雖廢錮，天下士大夫皆高尚其道而汙穢朝廷❶，希之者唯恐不及，更共相標榜❷，為之稱號。以竇武、陳蕃、劉淑為三君。君者，言一世之所宗❸也。李膺、荀昱、杜密、王暢、劉祐、魏朗、趙典、朱寓為八俊。俊者，言人之英也❹。郭泰、范滂、尹勳、巴肅及南陽宗慈、陳留夏馥、汝南蔡衍、泰山羊陟為八顧❺。顧者，言能以德行引人者也。張儉、翟超、岑晊、苑康及山陽劉表、汝南陳翔、魯國孔昱、山陽檀敷為八及。及者，言其能導人追宗❻者也。度尚及東平張邈、王孝❼、東郡劉儒、泰山胡母班、陳留秦周、魯國蕃嚮、東萊王章為八廚❽。廚者，言能以財救人者也。及陳、竇用事，復舉拔膺等。陳、竇誅，膺等復廢❾。

宦官疾惡膺等，每下詔書，輒申黨人之禁。侯覽怨張儉尤甚，覽鄉人朱並素佞邪，為儉所棄，承覽意指，上書告儉與同鄉二十四人❿別相署號，共為部黨，圖危社稷，而儉為之魁。詔刊章捕儉⓫等。

冬，十月，大長秋曹節因此諷有司奏「諸鉤黨者故司空虞放及李膺、杜密、朱寓、荀翌、翟超、劉儒、范滂等，請下州郡考治。」是時上年十四，問節等曰：「何以為鉤黨？」對曰：「鉤黨者，即黨人也。」上曰：「黨人何用為惡⓬而欲誅之邪？」對曰：「皆相舉羣輩⓭，欲為不軌⓮。」上曰：「不軌欲如何⓯？」對曰：「欲圖社稷⓰。」上乃可其奏。

或請李膺曰：「可去矣⓱！」對曰：「事不辭難，罪不逃刑，臣之節也⓲。吾年已六十，死生有命，去將安之！」乃詣詔獄，考死，門生故吏並被禁錮。侍御史蜀郡景毅子顧為膺門徒，未有錄牒⑲，不及於譴⑳。毅慨然曰：「本謂膺賢，遣子師之，豈可以漏脫名籍，苟安而已！」遂自表免歸。

汝南督郵㉑吳導受詔捕范滂，至征羌㉒，抱詔書閉傳舍，伏牀而泣，一縣不知所為。滂聞之曰：「必為我也。」即自詣獄。縣令郭揖大驚，出，解印綬，引與俱亡，曰：「天下大矣，子何為在此！」滂曰：「滂死則禍塞㉓，何敢以罪累君，又令老母流離乎？」其母就與之訣，滂白母曰：「仲博㉔孝敬，足以供養。滂從龍舒君㉕歸黃泉，存亡各得其所。惟大人割㉖不可忍之恩，勿增感戚㉗！」仲博者，滂弟也。龍舒君者，滂父龍舒侯相顯也。母曰：「汝今得與李、杜㉘齊名，死亦何恨！既有令名㉙，復求壽考㉚，可兼得乎！」滂跪受教，再拜而辭。顧其子曰：「吾欲使汝為惡，惡不可為；使汝為善，則我不為惡。」行路聞之，莫不流涕。

凡黨人死者百餘人，妻子皆徙邊，天下豪桀及儒學有行義者㉛，宦官一切指為黨人。有怨隙者，因相陷害，睚眦之忿㉜，濫入黨中㉝。州郡承旨，或有未嘗交關㉞，亦離㉟禍毒，其死、徙、廢、禁㊱者又六七百人。

郭泰聞黨人之死，私為之慟㊲曰：「詩云：『人之云亡，邦國殄瘁㊳。』漢室滅矣，但未知『瞻烏爰止，于誰之屋[39]』耳！」泰雖好臧否人倫[40]，而不為危言覈論[41]，故能處濁世而怨禍不及焉。

張儉亡命困迫，望門投止[42]，莫不重其名行，破家相容[43]。後流轉東萊[44]，止李篤家。外黃[45]令毛欽操兵到門，篤引欽就席曰：「張儉負罪亡命，篤豈得藏之！若審在此，此人名士，明廷[46]寧宜執之乎[47]？」欽因起撫[48]篤曰：「蘧伯玉[49]恥獨為君子，足下如何專取仁義！」篤曰：「今欲分之，明廷載半去矣[50]！」欽歎息而去。篤導儉經北海戲子然[51]家，遂入漁陽出塞[52]。其所經歷，伏重誅[53]者以十數，連引收考[54]者布徧天下，宗親並皆殄滅，郡縣為之殘破。儉與魯國孔褒[55]有舊，亡抵褒，不遇。褒弟融[56]，年十六，匿之。後事泄，儉得亡走，國相收褒、融送獄，未知所坐。融曰：「保納舍藏[57]者，融也，當坐。」褒曰：「彼來求我，非弟之過。」吏問其母，母曰：「家事任長，妾當其辜。」一門爭死，郡縣疑不能決，乃上讞[58]之，詔書竟坐褒。及黨禁解，儉乃還鄉里，後為衛尉，卒，年八十四。

夏馥[59]聞張儉亡命，歎曰：「孽自己作，空汙良善[60]，一人逃死，禍及萬家，何以生為！」乃自翦須變形[61]，入林慮山[62]中，隱姓名，為冶家傭[63]，親突煙炭[64]，形貌毀瘁[65]，積二三年，人無知者。馥弟靜載縑帛追求餉[66]之，馥不受，曰：「弟柰何載禍相餉乎！」黨禁未解而卒。

初，中常侍張讓父死，歸葬潁川，雖一郡畢至，而名士無往者。讓甚恥之，陳寔獨弔焉。及誅黨人，讓以寔故，多所全宥。南陽何顒[67]素與陳蕃、李膺善，亦被收捕，乃變名姓匿汝南間，與袁紹[68]為奔走之交，常私入雒陽，從紹計議，為諸名士罹黨事者求救援，設權計[69]，使得逃隱，所全免甚眾。

初，太尉袁湯三子，成、逢、隗。成生紹，逢生術[70]。逢、隗皆有名稱，少歷顯官[71]。時中常侍袁赦以逢、隗宰相家，與之同姓，推崇以為外援。故袁氏貴寵於世，富奢甚，不與它公族同。紹壯健有威容，愛士養名，賓客輻湊[72]歸之，輜軿[73]柴轂[74]，填接街陌[75]。術亦以俠氣聞。逢從兄子閎，少有操行，以耕學為業，逢、隗數饋之，無所受。閎見時方險亂，而家門富盛，常對兄弟歎曰：「吾先公[76]福祚，後世不能以德守之，而競為驕奢，與亂世爭權，此即晉之三郤[77]矣。」及黨事起，閎欲投迹深林，以母老，不宜遠遁，乃築土室四周於庭，不為戶，自牖納飲食。母思閎時，往就視，母去，便自掩閉，兄弟妻子莫得見也。潛身十八年，卒於土室。

初，范滂等非訐[78]朝政，自公卿以下皆折節下之[79]，太學生爭慕其風，以為文學將興，處士[80]復用。申屠蟠[81]獨歎曰：「昔戰國之世，處士橫議，列國之王至為擁篲先驅[82]，卒有坑儒燒書[83]之禍，今之謂矣。」乃絕迹於梁[84]、碭[85]之間，因樹為屋，自同傭人。居二年，滂等果罹黨錮之禍，唯蟠超然免於評論。

臣光曰：「天下有道，君子揚[86]于王庭，以正小人之罪，而莫敢不服。天下無道，君子囊括不言，以避小人之禍，而猶或不免。黨人生昏亂之世，不在其位，四海橫流，而欲以口舌救之，臧否人物，激濁揚清[87]，撩虺蛇之頭[88]，踐[1]虎狼之尾[89]，以至身被淫刑[90]，禍及朋友，士類殲滅，而國隨以亡[91]，不亦悲乎！夫唯郭泰既明且哲，以保其身，申屠蟠見幾而作，不俟終日[92]，卓[93]乎其不可及已！」

庚子晦[94]，日有食之。

十一月，太尉劉寵免，太僕扶溝郭禧為太尉。◯鮮卑寇并州。

長樂太僕曹節病困，詔拜車騎將軍。有頃，疾瘳[95]，上印綬，復為中常侍，位特進，秩中二千石。

高句驪王伯固寇遼東，玄菟太守耿臨討降之。

【章　旨】以上為第八段，追述第二次黨錮之禍黨人心態。李膺、范滂慷慨就義，張儉逃亡，禍及萬家。

【注　釋】❶汙穢朝廷　蔑視朝廷。❷標榜　稱揚。❸宗　尊崇。❹俊者二句　才過千人曰俊，曰英。❺顧　引也，以德行引導人。❻宗　宗仰。❼王孝　《後漢書・黨錮傳》作王考。❽廚　豪爽。❾膺等復廢　李膺等黨人領袖，再次罷廢。此列三君、八俊、八顧、八及、八廚共三十五人。陳蕃、竇武、王暢、劉表、度尚、郭林宗等六人，《後漢書》各有專傳；荀翌，荀淑之子，附〈荀淑傳〉，張邈附〈呂布傳〉，胡母班附〈袁紹傳〉，翟超附〈陳蕃傳〉。王考，官至冀州刺史，秦周北海相，蕃嚮郎中，王章少府卿，以及朱寓、趙典等六人六傳。其餘十九人總為一類傳，即《後漢書》卷六十七〈黨錮傳〉。以上名行顯者，在本書中隨文皆有注。❿儉與同鄉二十四人　朱並誣告張儉同鄉，即山陽郡二十四人為部黨，見〈黨錮傳〉。二十四人為張儉、檀彬、褚鳳、張肅、薛蘭、馮禧、魏玄、徐乾，是為八俊；田林、張隱、劉表、薛郁、王訪、劉祗、宣靖、公緒恭，是為八顧；朱楷、田槃、疎耽、薛敦、宋布、唐龍、嬴咨、宣褒，是為八及。⓫詔刊章捕儉　為了不洩露告發者，在下詔收捕黨人的公文中刊削了朱並的姓名，然後在詔書中公布朱並的奏章，收捕被告發的張儉等人。刊，削。⓬何用為惡　有什麼罪惡。⓭相舉羣輩　互相勾結，推薦同伙。⓮不軌　不法。⓯不軌欲如何　圖謀不軌又想怎麼樣。⓰欲圖社稷　想奪權竊國。⓱可去矣　可以逃走了。⓲事不辭難三句　李膺回答說：「做事不辭艱難，犯罪不逃刑責，這是臣子的節操。」語出《左傳》襄公三年羊舌赤讚魏絳之言，曰：「事君不辟難，有罪不逃刑。」⓳未有錄牒　在李膺學生的登記簿上沒有景顧的名字。牒，名籍。⓴不及於譴　沒有處罰景毅。㉑督郵　州、郡派出的監察官。㉒征羌　縣名，侯國名，為征羌侯來歙封邑。縣治在今河南漯河市東。㉓禍塞　禍患停止。㉔仲博　范滂弟之字。㉕龍舒君　范滂之父范顯，曾為龍舒侯相，故稱。㉖割　割捨。㉗勿增感戚　不要太悲傷。㉘李杜　指李膺、杜密。㉙令名　好名聲。㉚壽考　長壽。㉛儒學有行義者　學行兼優的儒士。㉜睚眥之忿　小小的仇怨。睚眥，瞪眼睛，喻小仇小怨。㉝濫入黨中　陷害為黨人。濫，打擊氾濫，擴大化。㉞交關　指與黨人交結。㉟離　遭遇。㊱死徙廢禁　死罪、流放、罷官、禁錮。㊲慟　大哭。㊳人之云亡二句　人才消亡，國家危亡。殄，盡。瘁，病。語出《詩經・瞻卬》。㊴瞻烏爰止二句　烏鴉飛翔，將落在誰家屋上。喻漢室將亡，誰人逐得其鹿。語出《詩經・正月》。㊵臧否人倫　評論人物。㊶不為危言覈論　從不說尖刻觸及對方隱私的話。㊷望門投止　漫無目的的亂跑，見有人家，請求收容。㊸破家相容　冒著家破人亡的危險收容張儉。㊹東萊　郡名，治所黃縣，在今山東龍口市。㊺外黃　縣名，屬陳留郡，距東萊千餘里。此「外」字衍，應為黃縣，毛欽為東萊黃縣令。㊻明廷　賢明的縣令。對毛欽的尊稱。㊼寧宜執之乎難道張儉真應該被抓起來嗎。(48)撫　拍肩膀，表示欽敬。(49)蘧伯玉　春秋時衛國賢大夫。(50)明廷載半去矣　你已經取走了仁義的一半。意謂毛欽如果不搜捕張儉，便得仁義之半。(51)戲子然　人名。(52)入漁陽出塞　張儉從山東半島經北海、平原、渤海等郡，即沿渤海灣至今津京從漁陽郡逃入胡中。漁陽郡治所在今北京市密雲西南。出塞，出了邊塞。(53)重誅　判重罪殺頭。(54)連引收考　互相牽引被捕拷問。(55)孔褒　魯國（今山東曲阜）人，孔子之後，因受張儉逃匿之禍而死。(56)褒弟融　孔褒弟孔融（西元一五三—二〇八年），字文舉，歷官北海相、少府、太中大夫等職。為人恃才負氣，為曹操所殺。孔融博通經學，文學亦負盛名，為建安七子之一。傳見《後漢書》卷七十。(57)保納舍藏　保護接納，藏於家中。(58)讞　疑獄上奏。(59)夏馥　字子治，陳留圉縣（在今河南杞縣南）人，黨人領袖八顧之一。傳見《後漢書》卷六十七。(60)空汙良善　平空牽連善良。(61)翦須變形　剃髮化妝。(62)林慮山　在今河南林州境。(63)為治家傭　受雇於冶鐵家做工。(64)親突煙炭　親身受煙熏火燎。突，被煙火熏烤。(65)形貌毀瘁　形容憔悴。(66)餉　饋餉；接濟。(67)何顒　字伯求，南陽襄鄉（在今河南棗陽東北）人，傳亦在〈黨錮傳〉中，見《後漢書》卷六十七。(68)袁紹　字本初，桓帝時太尉袁湯之孫，東漢末大軍閥。傳見《後漢書》卷七十四上。(69)設權計　設權宜之計。(70)術　字公路，亦東漢末大軍閥。傳見《後漢書》卷七十五。(71)少歷顯官　青年時就做了大官。袁逢，靈帝時官至司空。袁隗，先逢為三公，獻帝初為太傅。(72)輻湊　車輻聚於車轂，喻賓客從四面八方聚集於袁紹之門。(73)輜軿　有篷的大車，指豪華賓客所乘之車。(74)柴轂　木頭車，指平民所乘之車。(75)填接街陌　填滿街巷，首尾相接。(76)先公　指章帝時司徒袁安。袁紹、袁閎為再從兄弟，是袁安的第四代孫。(77)晉之三郤　郤氏世為晉卿，晉厲公時郤錡、郤犨、郤至均為晉大夫，憑藉世資，驕奢侵權，為厲公所殺。(78)訐　橫議是非，即無情抨擊。(79)折節下之　委曲自己，甘居范滂之下。即十分禮敬范滂。(80)處士　隱逸之士。(81)申屠蟠　字子龍，陳留外黃（在今河南民權西北）人，東漢末隱逸士。傳見《後漢書》卷五十三。(82)擁篲先驅　古代迎接貴賓的一種禮儀，主人拿著掃帚在前引導，表示灑掃迎客。戰國時，鄒衍入燕，燕昭王擁篲先驅。篲，掃帚。(83)坑儒燒書　秦始皇焚書坑儒。申屠蟠認為此舉是對戰國時代百家爭鳴的政治批判。(84)梁　國名，治所睢陽，在今河南商丘。(85)碭　縣名，縣治在今河南永城北。(86)揚　顯揚。(87)激濁揚清　排斥邪惡，獎勵清高。(88)撩虺蛇之頭　挑弄毒蛇的頭。(89)踐虎狼之尾　踏虎狼的尾巴。(90)淫刑　酷刑。(91)士類殲滅二句　知識分子被消滅光，國家也隨之而滅亡。(92)見幾而作二句　眼看形勢不對，立即掉頭，等不到天黑。(93)卓　卓越的識見。(94)庚子晦　十月己巳朔，無庚子。庚子，疑為戊戌之誤。戊戌，十月三十日。(95)疾瘳　病癒。

【校記】①踐 原作「蹺」。據章鈺校，乙十六行本、乙十一行本、孔天胤本皆作「踐」，張瑛《通鑑校勘記》、熊羅宿《胡刻資治通鑑校字記》同，今據改。

【語譯】當初，李膺等雖然被禁錮，但天下士大夫都推崇李膺的為人原則而蔑視朝廷，追隨李膺的人唯恐趕不上，就互相稱揚，為他們取雅號。稱呼竇武、陳蕃、劉淑為三君。「君」的意思是一代宗師。稱呼李膺、荀翌、杜密、王暢、劉祐、魏朗、趙典、朱寓為八俊。「俊」的意思是人中英傑。稱呼郭泰、范滂、尹勳、巴肅以及南陽人宗慈、陳留人夏馥、汝南人蔡衍、泰山人羊陟為八顧。「顧」的意思是以德行引導別人。稱呼張儉、翟超、岑晊、苑康及山陽人劉表、汝南人陳翔、魯國人孔昱、山陽人檀敷為八及。「及」的意思是引導別人追求宗師。又稱呼度尚和東平人張邈、王孝，東郡人劉儒、泰山人胡母班、陳留人秦周、魯國人蕃嚮、東萊人王章為八廚。「廚」的意思是說能施財救人。後來，陳蕃、竇武執政，又推薦了李膺等人。當陳蕃、竇武被殺，李膺等人就再次被罷黜而遭禁錮。

宦官仇恨李膺等人，每次下詔書都重申對黨人的禁錮。侯覽對張儉特別怨恨，侯覽的同鄉朱並一向諂媚奸邪，被張儉拋棄，他逢迎侯覽的意旨，上書舉告張儉與同鄉二十四人互相起稱號，結成同黨，企圖危害國家，而以張儉為首。下詔削除告發人的姓名，公布朱並的奏章，逮捕張儉等人。

冬，十月，大長秋曹節借此機會暗示有關官員上奏「諸結黨者前司空虞放和李膺、杜密、朱寓、荀翌、翟超、劉儒、范滂等人，請交給州郡拷問治罪。」這時漢靈帝十四歲，問曹節等人說：「什麼叫鉤黨？」曹節回答：「鉤黨就是勾結在一起的黨人。」漢靈帝說：「黨人有什麼罪非殺不可？」曹節回答說：「黨人相互勾結，推薦同伙，圖謀不軌。」漢靈帝問道：「圖謀不軌又想怎麼樣？」曹節回答：「黨人想要奪權竊國。」漢靈帝這才批准了奏章。

有人對李膺說：「你可以逃跑了！」李膺說：「做事不辭艱難，犯罪不逃避刑罰，這是臣子的節操。我已經六十歲了，生死自有天命，又能逃到何地！」於是自己前往獄中，被拷打而死，門生故吏都被禁錮。侍御史蜀郡人景毅的兒子景顧是李膺的學生，禁錮的名冊上沒有記錄他，因而沒有受到懲罰。景毅感歎地說：「本認為李膺是個賢才，才讓我兒子拜他為師，怎麼能夠因為名冊上脫漏了名字而苟且偷安！」於是上表檢舉自己，被免官回鄉。

汝南督郵吳導受詔逮捕范滂，到范滂的家鄉征羌縣，抱著詔書，關閉驛舍，伏在床上流淚，全縣的人都不知道為了什麼事。范滂聽到這事就說：「這必定是因為我。」就立刻自己到獄中。縣令郭揖大驚，走出縣衙，解下印綬，接范滂一起逃走，說：「天下廣大，你為什麼要在這裡！」范滂說：「我死了，災禍就停止了，怎敢以罪連累你，又讓我的老母流離失所呢？」范滂的母親與范滂訣別，范滂對母親說：「仲博很孝敬，足以奉養您。我跟隨龍舒君到黃泉之下，生死各得其所。求母親割捨母子不忍之情，不要太悲傷！」仲博是范滂的弟弟。龍舒君是范滂的父親龍舒侯國的國相范顯。范滂的母親說：「你今天能與李膺、杜密齊名，死也無憾！已經得到美名，又想求長壽，能兩者兼而有之嗎！」范滂跪著接受教訓，拜了又拜之後辭別。又回頭對兒子說：「我要使你作惡，惡不可作；我要教你行善，而我不作惡。」行路人聽見了，無不流淚。

黨人死去的總共一百多人，妻兒都流徙邊地。天下豪傑和學行兼優的儒士，都被宦官指責為黨人。有仇怨的人，乘機陷害，連瞪一眼的小積忿，也被濫指為黨人。州郡奉承旨意，有些沒有和黨人交結的人，也遭遇禍害荼毒，受死罪、流放、罷官、禁錮的又有六、七百人。

郭泰聽到黨人之死，私下悲痛地說：「《詩經》說：『人才消失，國家危亡。』漢室就要滅亡了，只是不知『烏鴉飛翔，將落在誰家屋上』！」郭泰雖然喜好評論人物，但從不說尖刻觸及對方隱私的話，所以能處於亂世而未受災禍。

張儉流亡，窮困窘迫，漫無目的亂跑，見有人家就請求收容，主人無不尊重他的名望與德行，冒著家破人亡的危險收容他。後來張儉流亡到東萊郡，住在李篤家。有黃縣縣令毛欽帶著兵器來到李家，李篤請毛欽入座，說：「張儉犯罪逃亡，我怎麼能窩藏他！如果他真的在此，他是一位名士，你難道應該把他抓起來嗎？」毛欽因此起身，拍著李篤的肩膀說：「蘧伯玉不願獨為君子，你怎麼想獨行仁義呢！」李篤說：「我現在就想與你平分，你已經得到一半了！」毛欽慨歎告辭。於是，李篤帶著張儉投奔到北海戲子然家，又從漁陽郡出了邊塞。張儉逃亡所經，被判重罪殺頭的人以十計，互相牽連被逮捕拷問的遍及天下，張儉的宗族親戚都被殺盡，郡縣因此而殘破。張儉與魯國的孔褒有舊交，張儉逃到孔褒那裡，沒有遇到。孔褒的弟弟孔融十六歲，把張儉藏起來。事情後來洩露，張儉幸得逃走，魯國國相收捕了孔褒、孔融關進監獄，不知該判誰有罪。孔融說：「保護接納而藏匿張儉在家裡的是我，應當判我的罪。」孔褒說：「張儉是來找我的，這並不是弟弟的過錯。」官吏問孔褒、孔融的母親，母親說：「家長負責家事，我當其罪。」全家人都爭著去死，郡縣官吏猶疑不決，上報朝廷，下詔最終判處孔褒有罪。等到解除黨禁，張儉才返回家鄉，後來擔任衛尉，死時八十四歲。

夏馥聽說張儉逃命，歎息說：「張儉自己作孽，卻憑空牽連善良，一個人逃命，禍及萬家，何必活著！」於是夏馥剃髮化妝，躲到林慮山中，隱姓埋名，受雇於冶鐵家做工，親受煙熏火燎，形容憔悴，二三年之後，沒人認出他。夏馥的弟弟夏靜在車上裝著縑帛，到處找他、救濟他，夏馥不肯接受，說：「你怎麼用車載著災禍來給我！」夏馥在黨禁沒有解除時就去世了。

當初，中常侍張讓的父親去世，回潁川埋葬，雖然郡裡人全到了，卻沒有名士前往。張讓認為這十分恥辱，只有陳寔單獨弔喪。等到誅殺黨人，張讓為了回報陳寔，盡量保全饒恕他。南陽人何顒向來與陳蕃、李膺友善，也被搜捕，何顒於是改換姓名躲在汝南一帶，與袁紹結交替黨人奔走，常常私下進入洛陽，和袁紹商議，為被捲入黨禍的名士尋求救援，想計謀，讓他們逃跑藏起來，使很多人得以保全。

當初，太尉袁湯有三個兒子：袁成、袁逢、袁隗。袁成生了袁紹，袁逢生了袁術。袁逢、袁隗都有名聲，年少就當高官。當時中常侍袁赦認為袁逢、袁隗出身於宰相之家，和自己同姓，就推舉他們，作為自己的外援。所以袁氏家族在當時顯貴得寵，極為富有奢華，不同於其他公族。袁紹健壯而有威儀，喜歡士人，養護聲名，歸附的賓客盈門，豪華賓客的有篷大車和平民的木頭車填滿街巷。袁術也以俠氣聞名。袁逢堂兄的兒子袁閎，從小品行良好，以農耕讀書為業，袁逢、袁隗多次贈送財物，袁閎一無所受。袁閎見到時局險惡混亂，而家族富足興盛，常對兄弟歎息說：「我們的先祖開創的福分，後代不能以德行堅守，而競相驕奢，在亂世爭權，這就好像晉國的三郤了。」等到黨禍事發，袁閎想逃入深山密林，因母親年邁，不宜遠行遁世，就在院子裡築了一間土屋，有窗無門，從窗口遞送食物。母親思念他時，就從窗口向裡看，母親離開後，自己就關閉窗子，兄弟妻子沒有人能見到。袁閎藏身土室十八年，最後在土室中去世。

當初，范滂等人抨擊朝政，自公卿以下都屈節居於下位，太學生爭相追慕范滂等人的風範，認為學術將會興盛，隱逸之士會被重新任用。唯有申屠蟠獨自慨歎說：「從前戰國時代，名士縱橫議論，列國之君尊禮為貴賓，甚至親自拿著掃帚在前引導，終於發生了焚書坑儒的災禍，今天歷史在重演。」於是申屠蟠隱藏在梁國、碭縣之間，靠著大樹築屋，像傭人一樣勞動。過了二年，范滂等人果真遭遇黨禁之禍，只有申屠蟠超然事外，免受議論。

司馬光說：「天下合乎正道，君子就可以在朝廷上宣揚正義，糾正小人的罪過，而無人敢不服從。天下不合乎正道，君子閉口不言，以避免小人之禍，仍有一些人不能免禍。黨人生於昏亂的世道，沒有在職位上，四海混亂，卻想以言辭挽救時弊，評論人物，揚善懲惡，撥弄毒蛇的頭，踏虎狼的尾巴，以至於身受酷刑，禍及朋友，知識分子被消滅光，國家也跟著滅亡，這不是很可悲嗎！只有郭泰明哲保身，申屠蟠見機行事，不到天黑就回頭，見識卓然，沒有人比得上！」

十月最後一天庚子日，發生日蝕。

十一月，太尉劉寵被免職，任命太僕扶溝人郭禧為太尉。○鮮卑人侵犯并州。

長樂太僕曹節病危，下詔拜曹節為車騎將軍。不久，曹節病癒，上交印綬，又任中常侍，賜位特進，俸祿中二千石。

高句驪王伯固侵擾遼東，玄菟太守耿臨討伐，使伯固歸降。

三年（庚戌　西元一七〇年）

春，三月丙寅晦❶，日有食之。

徵段熲還京師，拜侍中。熲在邊十餘年，未嘗一日蓐寢❷，與將士同甘苦，故皆樂為死戰，所嚮有功。

夏，四月，太尉郭禧罷，以太中大夫聞人襲為太尉。

秋，七月，司空劉囂罷。八月，以大鴻臚梁國橋玄❸為司空。

九月，執金吾董寵❹坐矯永樂太后❺屬請❻，下獄死。

冬，鬱林❼太守谷永以恩信招降烏滸❽人十餘萬，皆內屬，受冠帶，開置七縣。

涼州刺史扶風孟佗遣從事任涉將敦煌兵五百人，與戊己校尉[1]曹寬、西域長史張宴將焉耆、龜茲、車師前、後部，合三萬餘人討疏勒，攻楨中城❾，四十餘日，不能下，引去。其後疏勒王連相殺害，朝廷亦不能復治。

初，中常侍張讓有監奴❿，典任家事，威形諠赫⓫。孟佗資產饒贍⓬，與奴朋結⓭，傾竭饋問，無所遺愛⓮。奴咸德之，問其所欲。佗曰：「吾望汝曹為我一拜耳！」時賓客求謁讓者，車常數百千兩。佗詣讓，後至，不得進，監奴乃率諸倉頭⑮迎拜於路，遂共轝車入門。賓客咸驚，謂佗善於讓，皆爭以珍玩賂之。佗分以遺讓，讓大喜，由是以佗為涼州刺史。

【章旨】以上為第九段，寫涼州刺史孟佗矯情結交中常侍張讓管家奴，用錢財賄買得任涼州牧。

【注釋】❶丙寅晦　三月三十日。❷蓐寢　在席墊上睡覺。蓐，席。❸橋玄　（西元一〇九—一八三年）字公祖，梁國睢陽（今河南商丘）人，歷官度遼將軍、河南尹、太尉。傳見《後漢書》卷五十一。❹董寵　靈帝舅，永樂太后之兄。❺永樂太后　靈帝母孝仁董皇后。❻屬請　請託謀私。❼鬱林　郡名，治所布山，在今廣西桂平西。❽烏滸　地區名，烏滸人居地，當今廣西西南部。❾楨中城　在疏勒城東，當今新疆喀什東。❿監奴　管家奴。⓫威形諠赫　聲勢顯赫。⓬饒贍　富足。⓭朋結　結交為好友。⓮傾竭饋問二句　拿出所有家產來饋贈賄賂，毫不吝惜。⓯諸倉頭　幾個管家奴頭。

【校記】①校尉　據章鈺校，乙十六行本、乙十一行本皆作「司馬」。

【語譯】三年（庚戌　西元一七〇年）

春，三月最後一天三十日丙寅，發生日蝕。

漢靈帝下詔徵段熲回京城，任命他為侍中。段熲在邊塞十幾年，未曾在席墊上睡過一個安穩覺，與將士同甘共苦，所以將士都樂於為他拼死作戰，兵鋒所向都建有功勳。

夏，四月，太尉郭禧被罷官，任命太中大夫聞人襲為太尉。

秋，七月，司空劉囂被罷官。八月，任命大鴻臚梁國人橋玄為司空。

九月，執金吾董寵偽稱永樂太后的懿旨，託人辦事，下獄處死。

冬，鬱林太守谷永以恩德誠信招降了十幾萬烏滸人，都遷至內地，授予冠帶，設立了七個縣。

涼州刺史扶風人孟佗派遣從事任涉率領五百名敦煌士兵，與戊己校尉曹寬、西域長史張宴率領的焉耆、龜茲、車師前、後王國，總共三萬多人討伐疏勒，攻打楨中城，四十多天，不能攻克，帶兵離去。後來疏勒王接連互相殘殺，朝廷也無法制服他們。

當初，中常侍張讓養有管家奴，管理家務，威勢顯赫。孟佗資產富足，與管家奴結交為好友，傾其所有饋贈賄賂，毫不吝惜。管家奴都稱讚孟佗，問孟佗想要什麼。孟佗說：「我只希望你們向我一拜而已！」當時求見張讓的賓客，每天常有幾百上千的車輛。孟佗前往張讓那裡，後來才到，不能進門，管家奴就率領一群奴僕到路上迎拜孟佗，於是一同乘車進入大門。賓客都很驚訝，認為孟佗與張讓關係很好，都搶著拿珍玩賄賂孟佗。孟佗分出一部分珍玩送給張讓，張讓大喜，因此任命孟佗為涼州刺史。

四年（辛亥　西元一七一年）

春，正月甲子❶，帝加元服❷，赦天下，唯黨人不赦。

二月癸卯❸，地震。

三月辛酉朔❹，日有食之。○太尉聞人襲免，以太僕汝南李咸為太尉。○大疫。司徒許訓免，以司空橋玄為司徒。

夏，四月，以太常南陽來豔為司空。○秋，七月，司空來豔免。

癸丑❺，立貴人宋氏為皇后❻。后，執金吾酆之女也。○司徒橋玄免，以太常南陽宗俱為司空，前司空許栩為司徒。

帝以竇太后有援立之功，冬，十月戊子朔❼，率羣臣朝太后於南宮，親饋上壽❽。黃門令董萌因此數為太后訴冤❾，帝深納之，供養資奉❿，有加於前。曹節、王甫疾之，誣萌以謗訕永樂宮⓫，下獄死。

鮮卑寇并州。

【章旨】以上為第十段，寫靈帝加冠，唯黨人不赦。

【注釋】❶甲子　正月初三日。❷帝加元服　靈帝行加冠禮。是年靈帝十六歲。❸癸卯　二月十三日。❹辛酉朔　三月初一日。❺癸丑　七月己未朔，無癸丑。癸丑，應為八月二十五日。❻宋氏為皇后　靈帝宋皇后，史失其名，宋酆之女，扶風平陵（在今陝西咸陽西）人。傳見《後漢書》卷十下。❼戊子朔　十月初一日。❽親饋上壽　靈帝親自給太后端菜敬酒祝福。❾董萌因此數為太后訴冤　黃門令董萌趁這機會一再陳述皇太后的冤枉。❿供養資奉　供奉太后的待遇標準。⓫謗訕永樂宮　誹謗靈帝的生母永樂董太后。

【語譯】四年（辛亥　西元一七一年）

春，正月初三日甲子，漢靈帝行加冠禮，赦免天下，只有黨人不赦免。

二月十三日癸卯，發生地震。

三月初一日辛酉，發生日蝕。○太尉聞人襲被免職，任命太僕汝南人李咸為太尉。○瘟疫流行。○司徒許訓被免職，任命司空橋玄為司徒。

夏，四月，任命太常南陽人來豔為司空。○秋，七月，司空來豔被免職。○癸丑日，冊立貴人宋氏為皇后。皇后，是執金吾宋酆的女兒。○司徒橋玄被免職，任命太常南陽人宗俱為司空，前司空許栩為司徒。

漢靈帝因為竇太后有推立自己即位的功勞，冬，十月初一日戊子，率領群臣到南宮朝見竇太后，親自為竇太后進食祝壽。黃門令董萌趁機一再陳述皇太后的冤枉，漢靈帝都採納了，供養皇太后的待遇標準，比以前提高了。曹節、王甫仇恨董萌，誣陷董萌誹謗住在永樂宮的皇帝生母，董萌被下獄處死。

鮮卑人侵犯并州。

【研　析】本卷史事研析，仍以黨錮之禍為重心。因本卷所載為桓靈二帝政權交替五年間的史事，最重大事件是黨錮之禍擴大化，成為全國性的一場政治大迫害，幾十萬社會精英人士遭荼毒，黑白顛倒，是非混淆，邪曲枉熾，正義遭壓迫，社會大分裂。可以說這一時期東漢處於最黑暗時期，具體研析兩個問題。其一，第一次黨錮之禍解禁。其二，第二次黨錮之禍。

一、第一次黨錮之禍解禁。東漢外戚專權，梁冀達於顛峰。桓帝與宦官推倒梁冀，宦官勢力達於顛峰，獨霸政壇。黨錮之禍是宦官向朝官士大夫開刀，下了狠手，置黨人於死地，全沒了政治的妥協空間，雙方成了你死我活的戰鬥。失勢的外戚站在朝官士大夫一邊。第一次黨錮解禁，就是外戚與朝官士大夫聯盟取得的成果。朝官士大夫可以與外戚聯合，絕不與宦官妥協，這是外戚與宦官不同的政治品質與根基所決定的。外戚是靠裙帶關係專國，一心謀取的是皇親國戚這個小集團的利益，所以竇憲、梁冀等專權誤國，終被誅滅，無可非議。但外戚的根基是朝官士大夫，他們沾了皇親，有了特權，從朝官士大夫中分化出來，失勢後回歸朝官士大夫，所以當宦官勢力獨大時，外戚與朝官士大夫自然地聯手對抗。至於宦官，原本就是一群不學無術的皇帝家奴，他們深居皇宮，與世隔絕，「不知稼穡之艱難，不恤征戍之勞苦」，至於治國良策更是茫然不知所以。也就是說，宦官專權，不僅廣大勞動人民受到更沉重的剝削和壓迫，而且統治階級本身的大多數也遭受壓迫，國家失去了組織生產、調節社會矛盾的職能，只代表一小撮兇狡人的利益，成為他們專政的工具。正途仕進的朝官士大夫為了維護整個地主階級的長遠利益，他們既忠君，也憂國憂民。他們敢於置個人生死於度外，抗憤而起，排抑宦官，完全是正義的行為。由於宦官為禍全國，他們在有限的權力下，迫不得已果斷地採取了先斬後奏的激烈手段來打擊宦官，表示正邪不兩立，為國除奸，為民除害。「原其誠心，在乎去惡」（〈陳蕃傳〉），士大夫的行為是應該肯定的，也是值得肯定的。

正因為士大夫排抑宦官是正義的行為，所以被禁黨人贏得了廣泛的社會支持和民眾的擁護。於是這次冤獄的嚴重後果，就是造成了社會的大分裂。一是「自是正直廢放，邪枉熾結」，宦官更加得意，「舉動回山海，呼吸變霜露。阿旨曲求，則光寵三族」，無恥之徒，競相比附。南陽樊陵，「阿附宦官，致位太尉」。扶風孟佗，交結中常侍張讓家奴，得涼州刺史。「州牧郡守，承順風旨，辟召選舉，釋賢取愚」（〈宦者傳〉）。法制瓦解，道德淪喪。二是「海內希風之流，遂共相標榜，指天下名士，為之稱號」。全國有「三君」、「八俊」、「八顧」、「八及」、「八廚」等等稱號三十五人為學人士子公認的道德楷模。南陽太守王暢敢於糾發豪右；桓帝下令逮捕黨人，太尉陳蕃不肯平署。於是王暢、陳蕃與李膺齊名。京師太學生三萬餘人與諸郡生徒結合成強大的在野輿論集團，轉相傳頌黨人的品德節操，與宦官的「布告天下，使同忿疾」唱對臺戲！學中語曰：「天下楷模李元禮，不畏強禦陳仲舉，天下俊秀王叔茂。」范滂出獄，「南歸汝南，南陽士大夫迎之者車數千兩」。李膺免歸鄉里，居陽城山中，「天下士大夫皆高尚其道而汙穢朝廷」。由此可見，宦官製造的這場冤獄，不但沒有加重自己的權威，反而激發了正義。桓帝利用和支持宦官肆虐，使他轉化成黑暗勢力的總代表，而李膺等人的聲名卻日益高漲。這生動地說明，公道真理自在人心，至高無上的皇權也是不能強姦民意的。

中官王甫審訊所謂黨人，李膺等連引宦官子弟，宦官懼。桓帝皇后父竇武與尚書令霍諝上疏勸桓帝赦黨人，宦官順勢下坡，亦「請帝以天時宜赦」，西元一六七年黨人出獄，而黨人之名，猶書王府，禁錮終身。所以鉤黨之獄又稱黨錮之禍，或黨錮之獄。從禁錮黨人的角度，所謂的黨人出獄，恰恰是黨禁的形成，黨禁即禁錮黨人。其後又發生了第二次黨錮之禍和第三次黨錮之禍，是黨禁的擴大化。黨錮的解禁，是在靈帝中平元年（西元一八四年）黃巾大起義後，統治集團為了鎮壓黃巾起義，才下詔解除黨禁。李膺等出獄後，不久桓帝崩殂，十二歲的靈帝以諸侯王子解瀆亭侯入繼大統，竇太后臨朝，竇武執政，起用黨人，黨禁之錮無形自解。所以第一次黨錮之禍解禁，是朝官士大夫與外戚聯手對抗宦官的一個事實成果，而法律名義並沒有解禁，宦官咬牙切齒，豈能容忍黨人東山再起。一場更大的暴風驟雨即將來臨，那就是第二次黨錮之禍。

二、第二次黨錮之禍。第二次黨錮之禍發生在靈帝建寧二年，即西元一六九年。這一次鉤連株及面進一步擴大化，無辜受害者成千累萬，遍及全國。

中常侍侯覽家在山陽防東，「貪侈奢縱」，「強奪人宅」（〈宦者傳〉），「殘暴百姓，所為不軌」。延熹九年，督郵張儉助太守翟超破覽家宅，藉沒資財，舉劾覽及母罪惡，聲名大振。建寧二年，侯覽喪母還家，大起塋冢。「制度重深，僭類宮省」，「又豫作壽冢，石槨雙闕，……虜奪良人，妻略婦子」。張儉具言罪狀，再劾侯覽，被覽截留。侯覽指使張儉鄉人朱並誣告張儉連結鉤黨，謀大逆。「靈帝詔刊章捕儉等」。大長秋曹節諷有司奏捕前黨，李膺、范滂等百餘人，「皆死獄中」。李膺被非法打死，「妻子徙邊，門生、故吏及其父兄」均遭株連，「並被禁錮」。宦豎閹醜還肆意擴大打擊面，凡「天下豪桀及儒學有行義者，宦官一切指為黨人。有怨隙者，因相陷害，睚眦之忿，濫入黨中。州郡承旨，或有未嘗交關，亦離禍毒，其死、徙、廢、禁者又六七百人」。這僅僅是京師詔獄拷治的人數。這次黨獄波及全國範圍，州郡被冤遭屠者不可勝數。「初，詔書下舉鉤黨，郡國所奏相連及者，多至百數」。青州六郡，五郡有黨，唯弼「獨無所上」。平原相史弼捨命保護，抗旨不報，「濟活者千餘人」。由於民眾保護黨人，於是出現了「一人逃死，禍及萬家」的慘況。「儉等亡命，經歷之處，皆被收拷，辭所連引，布遍天下」。「其所經歷，伏重誅者以十數，連引收考者布徧天下，宗親並皆殄滅，郡縣為之殘破」。宦官何以有這樣大的能量，使全國成千累萬的無辜者慘遭殺害呢？只因「詔書疾惡黨人，旨意懇惻」，整個國家機器以專制君主的名義被開動起來製造冤案，海內生靈，在劫難逃。

第一次鉤黨之獄，桓帝指名逮捕的只是李膺、范滂等二百餘名士大夫上層人物。第二次鉤黨之獄，雙方動了殺機。宦官包圍了靈帝，不容黨人東山再起，陳蕃、竇武，即朝官士大夫與外戚聯手謀誅宦官。雙方磨刀霍霍，都想一舉殲滅對方，這就是第二次黨錮之禍的背景。由於靈帝猜忌，又急於剷除外戚勢力，奪取太后手中的政權，因而全力支持宦官製造冤獄，所以第二次鉤黨之獄，一爆發就以暴風驟雨之勢，灑向人間都是怨。單是平原一郡，平原相史弼抗旨，存活一千餘人，全國一百多郡國，蒙冤罹難者數十萬人。靈帝直接過問的詔獄，殺李膺、范滂等一百餘人，禁錮六七百人，太學生被捕一千餘人。黨人五服內親屬以及門生故吏凡有官職的人全部免官禁錮。靈帝建寧四年，靈帝加冠大赦天下，唯黨人不赦。

卷第五十七

漢紀四十九

起玄黓困敦（壬子 西元一七二年），盡上章涒灘（庚申 西元一八〇年），凡九年。

【題解】本卷記事起西元一七二年，迄西元一八〇年，凡九年。當漢靈帝熹平元年至光和三年。載靈帝一朝中期史事。此時期的重大事件，仍是清理黨人擴大化，熹平五年，興起了第三次黨錮之禍。先是竇太后憂死，漢靈帝俯從輿情，禮葬竇太后。民間流言宦官曹節、王甫幽殺太后。段熲投靠宦官任司隸校尉，在京師大捕所謂流言者一千餘人，使黨錮之禍擴大化。熹平五年，永昌太守曹鸞上書請赦免黨人，靈帝盛怒，詔令追究黨人，罪及五服，這是第三次黨錮之禍。西元一六六年，西元一六九年，西元一七六年，連續三次黨錮之禍，是非顛倒，正義受摧殘。五侯餘孽唐衡弟弟唐珍任司空。靈帝立《熹平石經》，以示倡導儒學，頒布三互法，以示清吏治。所謂三互法，是任官迴避制度，指兩地相臨有婚姻關係或士人之間有密切關係者，不能交互做官。司馬光評論說，國之將亡，法令滋章。靈帝好文學，另設鴻都門學，招收經學以外士人，善言辭、技藝者入學，與太學相抗。靈帝又在西園設立賣官所，三公九卿皆標價出售。司徒劉郃、少府陳球、司隸校尉陽球謀誅宦官，密洩，皆下獄死。

孝靈皇帝上之下

熹平元年（壬子　西元一七二年）

春，正月，車駕上原陵❶。司徒掾陳留蔡邕❷曰：「吾聞古不墓祭❸。朝廷有上陵之禮❹，始謂可損❺，今見威儀❻，察其本意，乃知孝明皇帝至孝惻隱，不易奪也❼。禮有煩而不可省❽者，此之謂也。」

三月壬戌❾，太傅胡廣薨，年八十二。廣周流四公❿，三十餘年，歷事六帝⓫，禮任極優⓬，罷免未嘗滿歲，輒復升進。所辟⓭多天下名士，與故吏陳蕃、李咸並為三司⓮。練達故事，明解朝章⓯，故京師諺曰：「萬事不理，問伯始⓰；天下中庸⓱，有胡公。」然溫柔謹慤⓲，常遜言恭色⓳，以取媚於時，無忠直之風⓴，天下以此薄之。

五月己巳㉑，赦天下，改元㉒。○長樂太僕侯覽坐專權驕奢，策收印綬，自殺。

六月，京師大水。

竇太后母卒於比景㉓，太后憂思感疾，癸巳㉔，崩於雲臺㉕。宦者積怨竇氏，以衣車㉖載太后尸置城南市舍㉗，數日，曹節、王甫欲用貴人禮殯。帝曰：「太后親立朕躬，統承大業，豈宜以貴人終乎！」於是發喪成禮。

節等欲別葬太后，而以馮貴人配祔[28]。詔公卿大會朝堂，令中常侍趙忠監議[29]。太尉李咸時病，扶輿而起，擣椒自隨[30]，謂妻子曰：「若皇太后不得配食桓帝，吾不生還矣！」既議，坐者數百人，各瞻望良久[31]，莫肯先言。趙忠曰：「議當時定[32]。」廷尉陳球[33]曰：「皇太后以盛德良家，母臨天下，宜配先帝，是無所疑。」忠笑而言曰：「陳廷尉宜便操筆。」球即下議曰：「皇太后自在椒房，有聰明母儀之德。遭時不造[34]，援立聖明[35]，承繼宗廟，功烈[36]至重。先帝晏駕，因遇大獄[37]，遷居空宮[38]，不幸早世。家雖獲罪，事非太后，今若別葬，誠失天下之望。且馮貴人冢嘗被發掘[39]，骸骨暴露，與賊併尸[40]，魂靈汙染[41]，且無功於國，何宜上配至尊！」忠省球議，作色俛仰[42]，蚩[43]球曰：「陳廷尉建此議甚健[44]！」球曰：「陳、竇既冤，皇太后無故幽閉，臣常痛心，天下憤歎。今日言之，退而受罪，宿昔之願[45]也。」李咸曰：「臣本謂宜爾[46]，誠與意合。」於是公卿以下皆從球議。曹節、王甫猶爭，以為：「梁后家犯惡逆，別葬懿陵[47]；武帝黜廢衛后，而以李夫人配食[48]。今竇氏罪深，豈得合葬先帝！」李咸復上疏曰：「臣伏惟章德竇后虐害恭懷[49]，安思閻后家犯惡逆[50]，而和帝無異葬之議，順朝無貶降之文。至於衛后，孝武皇帝身所廢棄，不可以為比。今長樂太后㉛尊號在身，親嘗稱制，且援立聖明，光隆皇祚㉜。太后以陛下為子，陛下豈得不以太后為母！子無黜母，臣無貶君，宜合葬宣陵，一如舊制。」帝省奏，從之。

秋，七月甲寅㉝，葬桓思皇后于宣陵㉞。

【章旨】以上為第一段，寫漢靈帝俯從輿論，禮葬竇太后。

【注釋】❶原陵　光武帝劉秀陵。❷蔡邕　（西元一三二—一九二年）東漢文學家、書法家，字伯喈，陳留圉縣（今河南杞縣南）人，官至左中郎將，史稱蔡中郎。傳見《後漢書》卷六十下。❸古不墓祭　上古祭祖只在家中祭牌位，從秦始皇起，才在墳墓旁興建寢殿，進行墓祭。❹朝廷有上陵之禮　兩漢承秦制，墓側建寢殿，陳列衣冠几杖，與生前寢殿一模一樣。西漢長安諸陵，四時特牲（一牲）祭，東漢皇帝親自臨祭時用太牢（牛、羊、豕三牲）。東漢洛陽諸陵，每月朔望、二十四節、伏、臘及四時皆祭。這就是東漢時的上陵（祭陵）之禮。❺始謂可損　此為蔡邕個人的最初想法，認為墓祭不合古制，應當裁省。損，裁省。❻威儀　莊嚴肅穆的禮儀。或指禮儀場面，或指禮儀隊伍。此指皇帝親臨墓祭的莊嚴雄偉場景。❼不易奪也　不能輕易改變。易，輕易。奪，改變。此指明帝親臨原陵墓祭，一切布置如同生前，更加整肅了墓祭的規格。見本書卷四十四永平元年明帝朝原陵。❽禮有煩而不可省　禮儀有煩瑣的但仍不能減省，這墓祭就是一個例證。❾壬戌　三月初八日。❿廣周流四公　像轉圈一樣，胡廣歷官四公，即太傅、太尉、司徒、司空。⓫歷事六帝　先後奉侍安、順、沖、質、桓、靈六帝。⓬禮任極優　受到朝廷極優厚的禮遇。⓭辟　推薦；徵召。⓮並為三司　並肩擔任三公。靈帝始即位的建寧元年，陳蕃為太尉，胡廣為司徒，李咸為司空。⓯練達故事二句　胡廣精通舊制，明瞭朝廷典制。⓰伯始　胡廣的字。⓱中庸　中和之道。⓲溫柔謹慤　溫柔敦厚，謹慎小心。慤，厚道。⓳遜言恭色　言語謙遜，態度恭敬。⓴無忠直之風　沒有忠直的氣節。㉑己巳　五月十六日。㉒改元　改建寧五年為熹平元年。㉓比景　縣名，屬日南郡，縣治在今越南中部洞海縣北。㉔癸巳　六月初十日。㉕雲臺　洛陽南宮殿名。竇太后被囚於此。㉖衣車　行李車，不用帝王轀涼車。㉗城南市舍　城南街市上的房舍，當是城南宮家殯儀館。㉘配祔　合葬。祔，後死者的牌位合食於先祖。夫婦之義，婦祔其夫。曹節等宦官欲貶低竇太后，以馮貴人牌位入桓帝廟，即以馮貴人與桓帝合葬。㉙監議　監臨朝議。㉚扶輿而起二句　李咸從臥病的床上起來，讓人扶上車子，還擣碎花椒帶著。吞食大量的花椒可自殺。李咸決心以死爭竇太后的葬儀。㉛各瞻望良久　各自互相觀望了很久。㉜議當時定　沒人發言，議案就這麼決定了。即以馮貴人配祔，太后別葬。㉝陳球　字伯真，下邳淮浦（今江蘇漣水縣）人。傳見《後漢書》卷五十六。㉞遭時不造　遭時不幸。指桓帝駕崩。㉟援立聖明　援引靈帝即位。㊱功烈　功業。㊲因遇大獄　指誅竇、陳之變。㊳遷居空宮　謫居冷宮。㊴馮貴人冢嘗被發掘　馮貴人早死，其墓曾被盜發。㊵與賊併尸　馮貴人之屍與其他被盜發的屍體混雜在一起。㊶魂靈汙染　靈魂受到汙染。㊷作色俛仰　趙忠變臉，同時上下打量陳球，做出一副威迫的樣子。㊸蚩　從鼻孔發出冷嗤之聲。㊹甚健　理由真是充足。這是一句冷言。㊺宿昔之願　這是我的宿願。㊻臣本謂宜爾　我的本意也是如此。㊼懿陵　桓帝懿獻梁皇后先於桓帝崩，葬懿陵，梁冀誅，廢懿陵為貴人冢。㊽武帝黜廢衛后二句　戾太子之亂，漢武帝廢衛子夫皇后，後自殺。武帝崩，大將軍霍光以武帝生前所寵李夫人配食。㊾章德竇后虐害恭懷　章帝竇皇后，不育，性嫉妒。章帝梁貴人生和帝，竇皇后奪其子，養為己子，梁貴人憂死。和帝即位，尊梁貴人為恭懷皇后，但不廢竇皇后配食章帝。事見本書卷四十六章帝建初八年。㊿安思閻后家犯惡逆　安帝閻皇后譖廢順帝為太子。後順帝復立，誅閻氏，但不廢閻皇后與安帝配食。(51)長樂太后　即桓思竇妙皇后。(52)光隆皇祚　發揚光大了漢室皇統。(53)甲寅　七月初二日。(54)宣陵　桓帝陵。

【語　譯】孝靈皇帝上之下

熹平元年（壬子　西元一七二年）

春，正月，漢靈帝祭祀光武帝陵墓。司徒掾陳留人蔡邕說：「臣聽說古代天子不到墓前祭祀。朝廷設有到陵前祭祀的禮節，起初臣認為可以廢除，現在見到了這種祭祀的威嚴禮儀，體察祭禮的本意，才知道孝明皇帝非常孝順和有惻隱之心，不容廢掉。有些禮儀雖然繁縟，但仍不可減省，這種墓祭就是一個例證。」

三月初八日壬戌，太傅胡廣去世，終年八十二歲。胡廣歷任太傅、太尉、司徒、司空，在職三十多年，先後奉侍安、順、沖、質、桓、靈六帝，受到朝廷極其優厚的禮遇，每次免職不到一年，就又高升。他所徵召的多是天下名士，與故吏陳蕃、李咸同做三公。胡廣精通舊制，明瞭朝廷典制，所以，京城有諺語說：「任何事情治理不好，就去問伯始；天下的中和之道，可以向胡廣請教。」胡廣溫柔敦厚，謹慎小心，言語謙遜，態度恭敬，以此討好時人，沒有忠誠耿直的氣節，天下人因此輕視他。

五月十六日己巳，大赦天下，改元年號為熹平。〇長樂宮太僕侯覽因專權驕橫奢侈而獲罪，漢靈帝下令收回他的印信，侯覽自殺。

六月，京師發大水。

竇太后的母親在比景去世，竇太后憂愁懷念，患了疾病，六月初十日癸巳，在南宮雲臺去世。宦官積怨竇氏，用行李車載著竇太后的屍體，放置在洛陽城南街市上的房舍中，停屍數日，曹節、王甫想用貴人的禮節埋葬竇太后。漢靈帝說：「竇太后親自扶立朕，讓朕繼承帝業，怎麼能用貴人的儀式為竇太后送終啊！」於是按太后禮儀發喪，完成喪禮。

曹節等人想把竇太后葬在別處，而把馮貴人的牌位放在桓帝宗廟裡配享。漢靈帝下詔讓公卿都在朝堂聚會，令中常侍趙忠監臨朝議。太尉李咸當時患病，扶輿起身，帶著搗碎了的花椒，對妻兒說：「如果皇太后不能配食桓帝，我就不活著回來了！」會議開始，坐著幾百人，互相觀望了很久，沒有人肯先發言。趙忠說：「沒人發言，議案就這麼決定了。」廷尉陳球說：「竇太后以盛德和良好的家世，作為國母，應該配食先帝，無可懷疑。」趙忠笑著說：「陳廷尉應該拿筆寫下來。」陳球隨即寫下議案說：「竇太后自從做皇后時，具有聰明賢淑的德行。遭遇先帝去世的不幸，她就扶立當今皇帝，繼承宗廟，功績偉大。先帝去世，受到大獄牽連，謫居冷宮，不幸早逝。竇家雖有罪，但不是太后的事情，現在如果把她葬在別處，實在是讓天下人失望。況且馮貴人的墓地曾經被人挖掘，屍骨暴露，與賊人屍體混在一起，靈魂受到汙染，而且對國家沒有功勞，怎麼適合配享天子！」趙忠審查陳球的議案，馬上臉色大變，上下打量陳球，嘲笑陳球說：「陳廷尉的建議真是好啊！」陳球說：「陳、竇兩家受到冤枉後，竇太后被無故幽禁，我常常痛心，天下憤慨。今天說這些事，退下後會受到罪罰，這是我的宿願。」李咸說：「我本來認為應該如此，真是與我的想法相合。」於是公卿以下都同意陳球的意見。曹節、王甫仍然爭辯，他們認為：「梁皇后家犯了惡逆大罪，就把梁皇后另外葬在懿陵；漢武帝廢除了衛皇后，而以李夫人配享。現在竇氏罪惡深重，怎能和先帝合葬！」李咸又上疏說：「臣認為從前章德竇皇后殺害恭懷梁皇后，安思閻皇后家犯了惡逆大罪，而和帝沒有改葬之議，順帝也沒有貶降的詔書。至於衛皇后，是孝武皇帝親自廢棄，不可以用來類比。如今長樂太后身有太后尊號，曾經親自臨朝聽政，並且扶立當今皇帝即位，發揚光大了漢室皇統。太后以陛下為兒子，陛下怎能不以太后為母親！兒子沒有貶黜母親的，臣子沒有貶斥君王的，應當把竇太后與先帝合葬在宣陵，一切如同舊例。」漢靈帝看了奏章，接受了李咸的提議。

秋，七月初二日甲寅，安葬竇太后於宣陵。

有人書朱雀闕❶，言：「天下大亂，曹節、王甫幽殺❷太后，公卿皆尸祿❸，無忠言者。」詔司隸校尉劉猛逐捕，十日一會。猛以誹書言直❹，不肯急捕❺。月餘，主名不立❻。猛坐左轉諫議大夫，以御史中丞段熲代之。熲乃四出逐捕，及太學游生繫者千餘人。節等又使熲以他事奏猛，論輸左校。

初，司隸校尉王寓依倚宦官，求薦於太常張奐，奐拒之，寓遂陷奐以黨罪禁錮。奐嘗與段熲爭擊羌，不相平❼。熲為司隸，欲逐奐歸敦煌❽而害之，奐奏記哀請於熲❾，乃得免。

初，魏郡李暠為司隸校尉，以舊怨殺扶風蘇謙。謙子不韋瘞而不葬❿，變姓名，結客報仇。暠遷大司農，不韋匿於廥⓫中，鑿地旁達暠之寢室，殺其妾并小兒。暠大懼，以板藉地⑫，一夕九徙。又掘暠父冢，斷取其頭，標之於市⑬。暠求捕不獲，憤恚，嘔血死⑭。不韋遇赦還家，乃葬父行喪。張奐素睦⑮於蘇氏，而段熲與暠善，熲辟不韋為司隸從事⑯，不韋懼，稱病不詣。熲怒，使從事張賢就家殺之。先以鴆⑰與賢父曰：「若賢不得不韋，便可飲此。」賢遂收不韋，并其一門六十餘人，盡誅之。

勃海王悝之貶癭陶也，因中常侍王甫求復國，許謝錢五千萬⑱。既而⑲桓帝遺詔復悝國⑳，悝知非甫功，不肯還謝錢。中常侍鄭颯、中黃門董騰數與悝交通，甫密司察㉑以告段熲。冬，十月，收颯送北寺獄，使尚書令廉忠誣奏「颯等謀迎立悝，大逆不道」，遂詔冀州刺史收悝考實，迫責悝，令自殺。妃妾十一人、子女七十人、伎女㉒二十四人皆死獄中，傅、相以下悉伏誅。甫等十二人皆以功封列侯。

十一月，會稽妖賊許生起句章㉓，自稱陽明皇帝，眾以萬數。遣揚州刺史臧旻、丹陽太守陳寅討之。

十二月，司徒許栩罷，以大鴻臚袁隗為司徒。○鮮卑寇并州。

是歲，單于車兒死，子屠特若尸逐就單于㉔立。

【章　旨】以上為第二段，寫京師流言宦官王甫、曹節幽殺竇太后。段熲投靠宦官任司隸校尉，以流言為藉口，大捕清流士大夫及太學生一千餘人，使黨錮之禍擴大化。

【注　釋】❶書朱雀闕　在朱雀門牌樓牆上書寫。朱雀門，北宮南門。❷幽殺　暗殺。❸尸祿　尸位；白吃閒飯。❹誹書言直　劉猛認為朱雀門牌樓牆上書寫的誹謗文字是率直之言。❺急捕　迅速破案緝兇。❻主名不立　主犯仍沒有找到。❼不相平　互相怨恨不平。段熲與張奐爭擊羌事，見上卷靈帝建寧元年。❽逐奐歸敦煌　張奐本敦煌淵泉人，桓帝永康元年內遷弘農郡。❾奐奏記哀請於熲　張奐直接寫了一封公函信給段熲，向他求情，段熲才消了心頭之恨。事詳《後漢書．張奐傳》。❿不韋瘞而不葬　蘇不韋將父親屍體偷偷地掩埋，不作正式墳葬。瘞，幽埋。不韋報仇，不顧敵方知其父墓處，故瘞而不葬。不韋報父仇事，詳《後漢書》卷三十一。⓫廥　草料房。⓬以板藉地　用木板鋪地。⓭標之於市　將李暠父頭插標言明身分，宣揚於鬧市。⓮憤恚二句　憤怒恚恨，吐血而死。⓯睦　和睦；親善。⓰司隸從事　官名，司隸校尉助理。⓱鴆　毒酒。⓲許謝錢五千萬　答應送錢五千萬作謝禮。⓳既而　不久。⓴帝遺詔復悝國　劉悝，桓帝之弟。桓帝遺詔復悝為勃海王，事見上卷永康元年。㉑密司察　祕密偵察，揭人隱私。漢制，中官、大臣，均不得與諸侯王交通。㉒伎女　歌舞女。㉓句章　縣名，屬會稽郡，縣治在今浙江寧波西北。㉔屠特若尸逐就單于　西元一七二－一七八年在位。

【語　譯】有人在朱雀門上書寫，說：「天下大亂，曹節、王甫暗殺太后，公卿大臣都白吃閒飯，沒有人敢說忠言實話。」詔令司隸校尉劉猛搜捕，十天一次會合討論。劉猛認為朱雀門闕上的誹謗文字是率直之言不肯迅速破案緝拿其人。一個多月，主犯仍然沒有找到。劉猛被降為諫議大夫，任命御史中丞段熲代理他的職務。段熲於是四出搜捕，包括太學學生，總共抓了一千多人。曹節又讓段熲用別的事情彈劾劉猛，劉猛被判罪送到左校做苦工。

當初，司隸校尉王寓依附宦官，請太常張奐舉薦，張奐拒絕了，王寓於是誣害張奐，使張奐受到黨錮之禍。張奐曾經與段熲爭著進攻羌人，互相怨恨不平。段熲任司隸校尉，想把張奐驅逐到敦煌殺害他，張奐寫了封公函向段熲哀求，才得免禍。

當初，魏郡人李暠任司隸校尉，因為舊仇殺了扶風人蘇謙。蘇謙的兒子蘇不韋把父親的屍體偷偷掩埋，不建造墳冢，改變姓名，交結賓客報仇。李暠升任大司農，蘇不韋藏在草料房中，挖掘地道，從側面到達李暠寢室，殺死他的妾和小兒。李暠大為恐懼，用木板鋪地，一夜搬遷九次。蘇不韋又挖了李暠父親的墳墓，斬下頭顱，標明身分，陳列在鬧市。李暠沒有搜捕到蘇不韋，憤怒恚恨，吐血而死。蘇不韋遇到大赦返回家鄉，才按喪禮安葬了父親。張奐向來和蘇家和睦，而段熲和李暠相友好，段熲徵召蘇不韋為司隸從事，蘇不韋害怕，託病不肯就職。段熲發怒，派屬吏張賢到蘇家殺死蘇不韋。行前，把毒酒交給張賢的父親說：「如果張賢殺不了蘇不韋，你就可喝掉它。」張賢於是抓了蘇不韋，並將其全家六十多人全部殺害。

勃海王劉悝被貶為癭陶王時，通過中常侍王甫請求恢復封國，答應給錢五千萬為酬禮。不久，桓帝有遺詔，恢復劉悝的封國，劉悝知道這不是王甫的功勞，不肯給他酬謝錢。中常侍鄭颯、中黃門董騰多次與劉悝交結，王甫暗中察訪，把情況告訴了段熲。冬，十月，逮捕鄭颯，送到北寺獄，讓尚書令廉忠誣諂「鄭颯等人圖謀迎立劉悝為皇帝，大逆不道」，於是漢靈帝下詔命令冀州刺史逮捕劉悝審訊，逼問劉悝，令劉悝自殺。劉悝的妻妾十一人、子女七十人、歌女二十四人都死在獄中，封國的師傅、國相以下的官吏都被殺死。王甫等十二人因功封為列侯。

十一月，會稽賊人許生在句章縣反叛，自稱陽明皇帝，部眾以萬計。朝廷委派揚州刺史臧旻、丹陽太守陳寅討伐他們。

十二月，司徒許栩被罷免，任命大鴻臚袁隗為司徒。○鮮卑人侵犯并州。

這年，單于車兒去世，其子屠特若尸逐就繼位為單于。

二年（癸丑　西元一七三年）

春，正月，大疫。○丁丑[1]，司空宗俱薨。

二月壬午❷，赦天下。○以光祿勳楊賜為司空。

三月，太尉李咸免。

夏，五月，以司隸校尉段熲為太尉。

六月，北海地震。

秋，七月，司空楊賜免，以太常潁川唐珍為司空。珍，衡之弟也。

冬，十二月，太尉段熲罷。○鮮卑寇幽、并二州。○癸酉晦❸，日有食之。

三年（甲寅　西元一七四年）

春，二月己巳❹，赦天下。○以太常東海陳耽為太尉。

三月，中山穆王暢❺薨，無子，國除。

夏，六月，封河間王利子康❻為濟南王，奉孝仁皇❼祀。

吳郡司馬富春孫堅❽召募精勇，得千餘人，助州郡討許生。冬，十一月，臧旻[1]、陳寅大破生於會稽，斬之。

任城王博❾薨，無子，國絕。

十二月，鮮卑入北地，太守夏育率屠各追擊，破之。遷育為護烏桓校尉。鮮卑又寇并州。

司空唐珍罷，以永樂少府❿許訓為司空。

【章旨】以上為第三段，寫五侯餘孽唐衡弟弟唐珍任司空。鮮卑侵犯北地郡。

【注釋】❶丁丑　正月二十七日。❷壬午　二月初三日。❸癸酉晦　十二月二十九日。此日非晦日，疑記載有誤。❹己巳　二月二十六日。❺中山穆王暢　中山王劉暢，劉焉之曾孫。劉焉，光武帝子。劉暢死，諡為穆王。❻河間王利子康　河間王劉利為劉開嫡傳第四代孫，與靈帝為再從兄弟。劉開，章帝子。劉利祖父劉政與靈帝祖父劉淑為同父兄弟，均劉開之子。靈帝，劉萇之子，入繼大統，今以劉利之子劉康為濟南王，奉祀劉萇。❼孝仁皇　即靈帝父劉萇。❽孫堅　（西元一五五—一九一年）字文臺，吳郡富春（今浙江富陽）人，三國時吳國奠基人，吳主孫權之父。傳見《三國志》卷四十六。❾任城王博　任城王為光武帝子劉尚封國，三傳至劉崇，死，無子，國絕。桓帝延熹四年以章帝子河間王劉開之庶子參戶亭侯劉博紹封任城國，奉祀劉尚。今又國絕。❿永樂少府　官名，掌皇太后永樂宮事務。

【校記】1 臧旻　張敦仁《通鑑刊本識誤》上有「堅從」二字，當是。

【語譯】二年（癸丑　西元一七三年）

春，正月，發生瘟疫。〇二十七日丁丑，司空宗俱去世。

二月初三日壬午，大赦天下。〇任命光祿勳楊賜為司空。

三月，太尉李咸被免職。

夏，五月，任命司隸校尉段熲為太尉。

六月，北海郡發生地震。

秋，七月，司空楊賜被免職，任命太常潁川人唐珍為司空。唐珍，是唐衡的弟弟。

冬，十二月，太尉段熲被罷免。〇鮮卑人侵犯幽州、并州。〇二十九日癸酉，發生日蝕。

三年（甲寅　西元一七四年）

春，二月二十六日己巳，大赦天下。〇任命太常東海人陳耽為太尉。

三月，中山穆王劉暢去世，沒有兒子，撤銷封國。

夏，六月，冊封河間王劉利的兒子劉康為濟南王，奉祀孝仁皇帝宗廟。

吳郡司馬富春人孫堅召募精兵勇士，得到一千多人，協助州郡討伐許生。冬，十一月，臧旻、陳寅在會稽大敗許生，殺死了他。

任城王劉博去世，沒有兒子，封國絕嗣。

十二月，鮮卑人進入北地郡，郡守夏育率領屠各部落追擊，打敗了鮮卑。升遷夏育為護烏桓校尉。鮮卑人又侵犯并州。

司空唐珍被罷免，任命永樂少府許訓為司空。

四年（乙卯　西元一七五年）

春，三月，詔諸儒正五經文字❶，命議郎蔡邕為古文、篆、隸三體書之，刻石❷，立于太學❸門外，使後儒晚學咸取正焉。碑始立，其觀視及摹寫者車乘日千餘兩，填塞街陌。

初，朝議以州郡相黨，人情比周❹，乃制昏姻之家及兩州人士不得對相監臨❺。至是復有三互法❻，禁忌轉密，選用艱難❼，幽、冀二州久缺不補。蔡邕上疏曰：「伏見幽、冀舊壤，鎧、馬所出，比年兵饑，漸至空耗。今者闕職經時❽，吏民延屬，而三府⑨選舉，踰月不定。臣怪問其故，云避三互。十一州有禁，當取二州而已⑩。又，二州之士或復限以歲月⑪，狐疑遲淹⑫，兩州懸空，萬里蕭條，無所管繫。愚以為三互之禁，禁之薄者⑬。今但申以威靈，明其憲令⑭，對相部主⑮，尚畏懼不敢營私⑯，況乃三互，何足為嫌⑰！昔韓安國起自徒中，朱買臣出於幽賤⑱，並以才宜，還守本邦，豈復顧循三互，繫以末制乎！臣願陛下上則⑲先帝，蠲除近禁⑳，其諸州刺史器用可換者，無拘日月、三互㉑，以差厥中㉒。」朝廷不從。

臣光曰：「叔向有言：『國將亡，必多制㉓。』明王之政，謹擇忠賢而任之，凡中外之臣，有功則賞，有罪則誅，無所阿私㉔，法制不煩而天下大治。所以然者何哉？執其本㉕故也。及其衰也，百官之任不能擇人，而禁令益多，防閑益密，有功者以閡文不賞㉖，為姦者以巧法免誅㉗，上下勞擾㉘，而天下大亂。所以然者何哉？逐其末㉙故也。孝靈之時，刺史、二千石貪如豺虎，暴殄烝民㉚，而朝廷方守三互之禁。以今視之，豈不適足為笑而深可為戒哉！」

封河間王建孫佗㉛為任城王。

夏，四月，郡、國七大水。

五月丁卯㉜，赦天下。○延陵㉝園災。○鮮卑寇幽州。

六月，弘農、三輔螟。

于窴王安國攻拘彌㉞，大破之，殺其王。戊己校尉、西域長史各發兵輔立拘彌侍子定興為王，人眾裁千口。

【章旨】以上為第四段，寫朝廷立《熹平石經》，頒布三互之法。司馬光評論認為國之將亡，法令繁瑣。

【注釋】❶正五經文字　校正《五經》，寫出標準讀本。這裡所校正的不是傳統的《五經》：《詩》、《書》、《禮》(《儀禮》)、《易》、《春秋》，而是《書》、《易》、《公羊》、《禮記》、《論語》。見陸機《洛陽記》。❷三體書之二句　即刻三體石經。經書刻石，為太學生提供定本，始於西漢平帝時王莽。莽命甄豐摹古文《易》、《書》、《詩》、《左傳》於石。東漢靈帝熹平四年詔諸儒正定《易》、《書》、《詩》、《儀禮》、《公羊》、《論語》六經，由蔡邕用古文、篆文、隸書三體書寫，刻石立於太學門外，稱《熹平石經》，又稱《三體石經》。古文，先秦大篆。篆，秦代小篆。隸書，秦統一文字後，秦漢時通用今字。❸太學　在洛陽城南開陽門外。❹州郡相黨二句　相鄰的州或郡，人們互相庇護，人在故土做官，人情勾連，互相包庇。相黨、比周，為互文，拉幫結派，互相包庇。❺乃制昏姻之家句　意謂制定禁規，凡有婚姻關係的家庭，以及兩州之間人士，不能交互做官，這就是三互法。例如史弼，遷山陽太守，因其妻為鉅鹿薛氏，鉅鹿乃山陽郡屬縣，為避三互，轉史弼為平原相。對相監臨，兩地有密切關係的士人，不得在兩地互換交流做官，這是政治上的迴避制度。❻至是復有三互法　到了熹平四年，正式頒布三互法。❼禁忌轉密二句　漢制，本有迴避之法，做官不能在本土，但執行並不嚴格，西漢韓安國、朱買臣均在本土做官。今行三互法，兩州、兩郡人不得交互做官，例如并州人在冀州做官，冀州人就不能在并州做官；反之亦是。若嚴格執行此制，無法選舉，導致幽、冀二州地方官久缺不補。❽闕職經時　指幽冀兩州刺史長期出缺。❾三府　太尉、司徒、司空。❿十一州有禁二句　全國十三州，其餘十一州也有三互之禁，但唯有幽、冀二州執行嚴格。⓫復限以歲月　又加上限以年資的規定。⓬狐疑遲淹　猶疑拖延。⓭三互之禁二句　三互的禁令，是最無價值的。薄，輕薄。⓮申以威靈二句　使用朝廷權威，申明法律。⑮對相部主　即兩州兩郡交互為官。如冀州人刺幽州，幽州人刺冀州，是為對相部主。⑯尚畏懼不敢營私　只要嚴明法紀，即使對相部主，因畏懼法律，就不敢為非法之事。⑰況乃三互二句　何況三互關係，不值得防嫌。⑱韓安國起自徒中二句　韓安國，梁人，犯法為罪徒，景帝起用為梁內史；朱買臣，會稽郡寒人，漢武帝用為會稽太守，均本郡人官本土。⑲則效法。⑳蠲除近禁　撤銷三互之法。㉑無拘日月三互　不要用年資、三互來限制。㉒以差厥中　這是較為中和的辦法。差，較。中，中和；平正。㉓國將亡二句　國家將亡時，法令規章必定繁瑣。語出《左傳》昭公六年晉大夫叔向致書鄭子產之言。㉔阿私　偏私。㉕執其本　掌握根本。司馬光所言根本，即儒家的賢人政治，重視人治而不重視法制。㉖有功者以閡文不賞　有功者受條文拘束，得不到獎勵。閡，同「礙」。阻礙。㉗為姦者以巧法免誅　作奸犯法的人，卻鑽法律的空子免於懲罰。㉘上下勞擾　上上下下各級政府，十分辛勞。㉙末　指繁苛之法。衰世法繁是其表面，法壞才是實質。㉚暴殄烝民　殘暴地殺滅眾民。㉛建孫佗　河間王劉建，劉政之子，為靈帝再從父。劉建孫劉佗，為靈帝再從姪。㉜丁卯　五月初一日。㉝延陵　西漢成帝陵，在今陝西咸陽西北。㉞于窴王安國攻拘彌　于窴，拘彌，西域國名，于窴王城西城，在今新疆和田南，拘彌王城寧彌，在今新疆于田。

【語譯】四年（乙卯　西元一七五年）

春，三月，下詔儒士校正《五經》文字，命令議郎蔡邕用古文、篆、隸三種文體抄寫《五經》，刻在石碑上，樹立在太學門外，讓後代儒士和學生都取正於此。石碑初立，觀看和摹寫經文的車子，每天一千多輛，擠滿了街巷。

當初，朝廷議論認為州郡之間互相勾結，講究私情而互相包庇，就規定有婚姻關係的家族，以及兩州之間的人士不得相互做官。到這時又有了三互法，禁忌趨向嚴密，很難選拔人才，幽、冀兩州的刺史長期空缺無人填補。蔡邕上疏說：「臣注意到幽、冀舊地，出產鎧甲和良馬，近年因為兵災饑荒，漸漸空乏。現在兩州刺史長期空缺，百姓引頸相望，而三公府所提人選，過了一個多月沒有決定。臣很奇怪，問三公府是什麼原因，說是迴避三互法。全國十一個州有三互的禁令，但只有幽、冀這兩個州執行最為嚴格。另外，對這兩州人士又加上限以年資的規定，猶疑拖延，使兩州州官空缺，萬里蕭條，沒有人治理。臣認為三互的禁令，是禁令中最無價值的。現在，只要用朝廷權威，申明法令，兩州兩郡的人士交互做官，尚且畏懼法律，不敢營私，何況三互關係，不值得防嫌！從前韓安國從囚徒中被提升，朱買臣以卑微之身被任官，都因為有才幹，回到本郡做官，哪裡會考慮三互，受到這種不良制度的約束！臣希望陛下效法先帝，廢除現在的三互禁令，對各州刺史有才能可更換的，不必受年資、三互的約束，這是比較中和的辦法。」朝廷沒有採納。

司馬光說：「叔向說過：『國家將亡時，一定法令繁多。』聖明君主的政治，是要謹慎地選擇忠賢而任用，凡是朝廷內外的臣子，有功就賞，有罪就懲治，無所偏袒，法令不繁雜而天下大治。為什麼這樣呢？因為是掌握了治政根本的緣故。等到世道衰微，百官的任用不能選用適當的人，而禁令越來越多，防範越來越嚴密，有功的人受阻於條文，不加賞賜，作惡的人巧妙地鑽法律的空子，免於懲罰，上上下下各級政府十分辛苦，而天下大亂。為什麼如此？這是捨本逐末的緣故。孝靈帝時，刺史、二千石的官員貪婪得如同豺狼，殘滅百姓，而朝廷還在嚴守三互的禁令。現在看來，豈不是足以令人發笑而應以此為戒！」

冊封河間王劉建的孫子劉佗為任城王。

夏，四月，七個郡和封國發大水。

五月初一日丁卯，大赦天下。○延陵寢園失火。○鮮卑人侵犯幽州。

六月，弘農郡和三輔地區發生蝗災。

于窴王安國攻打拘彌，大敗拘彌，殺死拘彌國王。戊己校尉、西域長史各自發兵，輔佐送到漢朝為人質的拘彌王子定興為拘彌王，拘彌的民眾才一千人。

五年（丙辰　西元一七六年）

夏，四月癸亥❶，赦天下。○益州郡❷夷反，太守李顒討平之。○大雩❸。

五月，太尉陳耽罷，以司空許訓為太尉。

閏月❹，永昌❺太守曹鸞上書曰：「夫黨人者，或耆年淵德❻，或衣冠英賢❼，皆宜股肱王室，左右大猷❽者也，而久被禁錮，辱在塗泥。謀反大逆尚蒙赦宥，黨人何罪，獨不開恕乎！所以災異屢見，水旱荐臻❾，皆由於斯。宜加沛然❿，以副天心。」帝省奏，大怒，即詔司隸、益州檻車⓫收鸞，送槐里⓬獄，掠殺之。於是詔州郡更考⓭黨人門生、故吏、父子、兄弟在位者，悉免官禁錮，爰及五屬⓮。

六月，壬戌⓯，以太常南陽劉逸為司空。

秋，七月，太尉許訓罷，以光祿勳劉寬為太尉。

冬，十月，司徒袁隗罷。十一月丙戌⓰，以光祿大夫楊賜為司徒。

是歲，鮮卑寇幽州。

【章　旨】以上為第五段，寫永昌太守曹鸞上奏請赦免黨人，靈帝大怒，詔令追究黨人五服之內的親族。此為第三次黨錮之禍。

【注　釋】❶癸亥　四月壬辰朔，無癸亥。癸亥，五月初三日。❷益州郡　在今雲南中部地區，治所滇池，在今雲南晉寧。❸大雩　舉行隆重的求雨大典。❹閏月　閏五月。❺永昌　郡名，治所不韋，在今雲南保山市東北。❻耆年淵德　年高德望。❼衣冠英賢　傑出的知識分子。衣冠，指書香世家。❽左右大猷　在皇帝身邊參決謀議。猷，謀議。❾水旱荐臻　水災旱災交相而至。❿宜加沛然　應施加甘露。沛然，嘩嘩下雨的樣子。喻甘露，恩典。⓫檻車　有柵檻的囚車。⓬槐里　縣名，縣治在今陝西興平東南。西京詔獄在此。⓭更考 再次審理追查。⓮五屬 即五族，五服以內的親族。舊時喪服制度以親疏為差等，有斬衰、齊衰、大功、小功、緦麻五等，統稱五服。⓯壬戌 六月初三日。⓰丙戌 十一月戊子朔，無丙戌。丙戌，十二月二十九日。

【語譯】五年（丙辰 西元一七六年）

夏，四月癸亥日，大赦天下。○益州郡夷人反叛，太守李顒討平了叛亂。○舉行隆重的求雨大典。

五月，太尉陳耽被罷官，任命司空許訓為太尉。

閏五月，永昌郡太守曹鸞上奏說：「所謂黨人，有的年高德厚，有的是傑出的知識分子，他們都應當是輔佐王室、在陛下身邊參決謀議的人，卻被長期禁錮，屈辱埋沒。謀反大逆還受到寬赦，黨人又有什麼罪，而唯獨得不到寬恕呢！所以災異屢次出現，水災旱災交相而至，都是由於這個原因。應賜下恩典，以合天意。」漢靈帝看了奏書，大怒，立刻詔令司隸校尉、益州刺史用囚車逮捕曹鸞，送到槐里縣的監獄，打死了他。這時又詔令各州郡重新審問追查尚在官位的黨人的學生、屬吏、父子、兄弟，全都免職禁錮，一直追究到五服之內的親族。

六月初三日壬戌，任命太常南陽人劉逸為司空。

秋，七月，太尉許訓被罷官，任命光祿勳劉寬為太尉。

冬，十月，司徒袁隗被罷官。十一月丙戌日，任命光祿大夫楊賜為司徒。

這一年，鮮卑人侵犯幽州。

六年（丁巳 西元一七七年）

春，正月辛丑❶，赦天下。

夏，四月，大旱，七州蝗。○令三公條奏長吏苛酷貪污者❷，罷免之。平原相漁陽陽球❸坐嚴酷，徵詣廷尉。帝以球前為九江太守討賊有功，特赦之，拜議郎。○鮮卑寇三邊。○市賈小民❹有[1]相聚為宣陵孝子❺者數十人，詔皆除太子舍人❻。

秋，七月，司空劉逸免，以衛尉陳球為司空。

初，帝好文學❼，自造皇羲篇五十章，因引諸生能為文賦者並待制鴻都門❽下。後諸為尺牘❾及工書鳥篆❿者，皆加引召，遂至數十人。侍中祭酒⓫樂松、賈護多引無行趣勢之徒⓬置其間，憙陳閭里小事⓭。帝甚悅之，待以不次之位⓮。又久不親行郊廟之禮⓯。會詔羣臣各陳政要，蔡邕上封事曰：「夫迎氣五郊⓰，清廟祭祀⓱、養老辟雍⓲，皆帝者之大業，祖宗所祇奉⓳也。而有司數以蕃國疏喪、宮內產生⓴及吏卒小汙㉑，廢闕不行，忘禮敬之大，任禁忌之書，拘信小故，以虧大典㉒。自今齋制宜如故典㉓，庶答風霆災妖之異㉔。又，古者取士必使諸侯歲貢㉕，孝武之世㉖，郡舉孝廉㉗，又有賢良、文學之選㉘，於是名臣輩出，文武並興。漢之得人，數路而已㉙。夫書畫辭賦，才之小者，匡國治政，未有其能㉚。陛下即位之初，先涉經術，聽政餘日，觀省篇章㉛，聊以游意當代博奕㉜，非以為教化取士之本。而諸生競利，作者鼎沸[33]。其高者頗引經訓風喻之言[34]，下則連偶俗語[35]，有類俳優[36]，或竊成文，虛冒名氏[37]。臣每受詔於盛化門[38]，差次錄第[39]，其未及者，亦復隨輩皆見拜擢[40]。既加之恩，難復收改[41]，但守奉祿，於義已弘，不可復使治民及在州郡[42]。昔孝宣會諸儒於石渠[43]，章帝集學士於白虎[44]，通經釋義，其事優大，文武之道，所宜從之[45]。若乃小能小善，雖有可觀，孔子以為致遠則泥[46]，君子固當志其大者。又，前一切以宣陵孝子為太子舍人，臣聞孝文皇帝制喪服三十六日[47]，雖繼體之君[48]，父子至親，公卿列臣受恩之重，皆屈情從制[49]，不敢踰越[50]。今虛偽小人，本非骨肉[51]，既無幸私之恩[52]，又無祿仕之實[53]，惻隱之心，義無所依[54]，至有姦軌之人通容其中[55]。桓思皇后[56]祖載之時[57]，東郡有盜人妻者[58]，亡在孝中，本縣追捕，乃伏其辜。虛偽雜穢，難得勝言[59]。太子官屬，宜搜選令德[60]，豈有但取丘墓凶醜之人[61]！其為不祥，莫與大焉[62]。宜遣歸田里，以明詐偽。」書奏，帝乃親迎氣北郊及行辟雍之禮。又詔宣陵孝子為舍人者，悉改為丞、尉[63]焉。

【章旨】以上為第六段，寫漢靈帝好文學而興辦鴻都門學，好虛名而濫施恩自稱桓帝孝子的趨炎附勢之徒為縣丞、縣尉。

【注　釋】❶辛丑　正月十五日。❷條奏長吏苛酷貪污者　條列上奏地方長官中貪汙殘暴的人。❸陽球　字方正，漁陽泉州（在今河北薊縣）人，光和二年為司隸校尉，誅殺宦官王甫，再欲誅曹節、張讓等以清君側，為宦官所害。傳見《後漢書》卷七十七。❹市賈小民　洛陽城中市井小民。❺相聚為宣陵孝子　相互聚集，一起到桓帝陵前守喪。❻太子舍人　太子府值勤警衛官，秩二百石。❼帝好文學　據《後漢書・蔡邕傳》作「帝好學」，無「文」字，當是。文學，在兩漢時特指經學，靈帝所好為文苑之學，即「文學」，非「經學」，故不當有「文」字。❽鴻都門　洛陽城門名，靈帝光和元年（西元一七八年），靈帝在鴻都門創文化藝術太學，提倡辭賦、小說、繪畫、書法，稱鴻都門學，對抗太學。鴻都門學畫文學家樂松、江覽等三十二人，加以題贊，對抗太學標榜的八俊等三十二名士。❾尺牘　指公文、信函。尺，簡。牘，書板。❿工書鳥篆　善於書寫草書的人。鳥篆，指草寫的篆書。⓫侍中祭酒　官名，即侍中僕射，東漢改稱侍中祭酒。⓬無行趣勢之徒　品德低下、趨炎附勢之徒。⓭憙陳閭里小事　喜歡說一些鄉間瑣碎的事。⓮待以不次之位　越級提升。不次，不一級一級升遷。⓯郊廟之禮　在南郊祭天，稱郊祀之禮；在皇廟祭祖，稱廟祀之禮。⓰迎氣五郊　《後漢書・祭禮志》：立春之日在東郊迎春，立夏之日在南郊迎夏，立秋前十八日在祭壇迎黃靈，立秋日在西郊迎秋，立冬日在北郊迎冬，各祭神祇，各有一套歌舞。⓱清廟祭祀　皇廟祭祖也一年五次，為春正月，夏四月，秋七月，冬十月及十二月。⓲養老辟雍　在太學（辟雍）舉行敬養三老、五更之禮，以宣揚孝悌之義。明帝敬老，以李躬為三老、桓榮為五更，事見本書卷四十四明帝永平二年。⓳祗奉　敬奉；隆重進行。⓴宮內產生　宮女生產。㉑吏卒小汙　小吏宮衛或病或死。婦女生產及死亡等都被認為是不吉的時間，不能舉行大典。㉒拘信小故二句　拘泥或相信細小的緣由，不舉行祭祀大典。虧，損害。㉓自今齋制宜如故典　從現在起，一切齋戒祭祀制度，應恢復從前典制。漢制，祭祀天地，齋戒七日；祭祀山川及宗廟，齋戒五日；其他祭祀，齋戒三日。齋戒前一日有不吉之事，如喪事及婦女生產，齋戒照常進行；如在齋戒已進行的中途有不吉之事，就立即停止齋戒，由副手主持大典，立即進行。㉔庶荅風霆災妖之異　差不多可以平息上天震怒，停止大風、雷霆等災異之變。庶，庶幾；差不多。荅，指舉行祭典來表現和反映對上天的敬禮。㉕諸侯歲貢　各封國每年向朝廷推薦人才，稱歲貢。貢，舉。㉖孝武之世　漢武帝時。㉗郡舉孝廉　漢武帝元光元年（西元前一三四年）初令郡國舉孝廉各一人。東漢時，郡國每年按二十萬人口舉一人比例舉薦孝廉。㉘賢良文學之選　舉賢良始於漢文帝前二年（西元前一七八年）。舉賢良，一般在災變時詔舉直言，或舉茂才，西漢、東漢各進行了十五次。選文學，即興太學，試選通經之士。漢武帝元朔五年（西元前一二四年）為博士官初置弟子五十人。成帝時太學達三千人，東漢桓靈時太學諸生有三萬人。㉙數路而已　謂漢之選舉正途，僅孝廉、賢良、文學幾條道路。㉚匡國治政

二句　謂文藝小技，對治國治民，無能為力。㉛觀省篇章　指觀覽文學篇章。㉜聊以游意當代博奕　只不過用以取代博戲、圍棋而已。博，又稱六博，古代一種二人對弈的棋局，用子十二枚，六黑六白。奕，即圍棋。㉝作者鼎沸　雅好文藝的人如鼎中沸水，踴躍非常。㉞高者頗引經訓風喻之言　才高的文藝之士，頗能引用經典，旨歸諷諭。風，通「諷」。說教。㉟連偶俗語　連成對句的俗語。㊱有類俳優　如同戲耍的歌舞藝人。㊲或竊成文二句　低下的甚至有抄襲拼湊成文，假冒別人的名字。㊳盛化門　宮門名。㊴差次錄第　一一定出名次，加以錄用。㊵其未及者二句　沒有取上名次的，也因他們追隨在後而都有安置。見拜擢，被錄用。㊶既加之恩二句　已經施給的恩典，難以把它收回或改變。㊷但守奉祿三句　只給他們發放俸祿，已是很大的恩義，不可讓他們再去治理百姓，在州郡任職。弘，大。㊸石渠　西都長安未央宮北殿名。漢宣帝集諸儒於石渠閣統一《五經》經義，事見本書卷二十七甘露三年。㊹白虎　洛陽北宮殿名，東漢章帝集學士在白虎觀再次統一經義，事見本書卷四十六建初四年。㊺通經釋義四句　統一經義，事關重大，文治武功的道理，都要符合經義。㊻致遠則泥　如果到達遠處就行不通了。《論語‧子張》：「子夏曰：雖小道，必有可觀者焉；致遠恐泥，是以君子不為也。」意謂說道小技藝，也有它可取的地方，但它妨礙遠大的事業，所以君子不去掌握它。㊼孝文皇帝制喪服句　文帝遺詔，喪葬從簡，儒家三年之喪，以日代月，是為三十六日。事見本書卷十四文帝後七年。㊽繼體之君　後嗣繼位之君。㊾屈情從制　克制感情，遵從制度。指遵孝文帝遺詔，行三十六日之喪。㊿不敢踰越　不敢超越三十六日。(51)本非骨肉　那些市井守喪之民，與桓帝並無骨肉親情。(52)既無幸私之恩　既沒有受到桓帝寵幸的恩惠。(53)又無祿仕之實　又沒有做官食祿的實惠。(54)惻隱之心二句　他們的孝心，沒有產生的依據。(55)通容其中　混在裡面。(56)桓思皇后　即桓帝竇妙皇后。(57)祖載之時　安葬之時。祖，出柩時祖祭於庭。載，升柩於車。(58)盜人妻者　與別人妻子通姦的人。(59)虛偽雜穢二句　像這類虛偽骯髒的事，難以說完。(60)搜選令德　挑選美德之人。令德，美德。(61)丘墓凶醜之人　蹬在墳墓上的兇醜之徒。指哭桓帝陵的那群「孝子」。(62)其為不祥二句　作為不祥的事，沒有比這更嚴重的了。(63)丞尉　指縣丞、縣尉。縣丞，縣長之副，助理收稅及獄訟。縣尉，逐捕盜賊。

【校　記】①有　原無此字。據章鈺校，甲十一行本、乙十一行本皆有此字，今據補。

【語　譯】六年（丁巳　西元一七七年）

春，正月十五日辛丑，大赦天下。

夏，四月，發生旱災，七個州出現蝗災。○漢靈帝下詔令三公分別揭發貪汙暴虐的地方官員，罷免了他們。平原國相漁陽人陽球因用法嚴酷獲罪，徵召到廷尉受審。漢靈帝因為陽球以前任九江太守時討賊有功，特別赦免了他，任用為議郎。○鮮卑人侵犯邊境。○有幾十個市井小民相互聚集在一起，到桓帝陵前守喪，自稱是桓帝的孝子，下詔都任命為太子舍人。

秋，七月，司空劉逸被免職，下命衛尉陳球為司空。

當初，漢靈帝喜好文學，自己寫了《皇羲篇》五十章，因此引進太學中能夠寫文章辭賦的人，召集在鴻都門下。後來一些能寫公文書信及擅寫鳥篆的人，都加以引進，於是有數十人之多。侍中祭酒樂松、賈護引入很多品德低下、趨炎附勢的人夾雜其間，這些人喜歡講一些街頭巷尾的瑣事。漢靈帝很高興，不按照程序越級提升他們。漢靈帝很久沒有舉行祭天祭祖之禮。此時正好詔令群臣陳述為政的要領，蔡邕上密奏說：「在五郊迎接節氣，在清靜的宗廟祭祀，在太學裡舉行敬養三老、五更的禮儀，都是皇帝的大事，祖宗所敬奉。而有關部門多次用蕃國遠親的喪事、宮內婦女的生產、小吏宮衛的病亡等為禁忌，廢缺祭禮，忘記了禮敬大事，信任那些講禁忌的邪書，拘泥或相信細小的緣由，不舉行祭祀大典。從現在起，一切齋戒祭祀制度應當恢復從前的典制，這樣差不多可以平息上天的震怒、雷霆等災異之變。另外，古代選拔人才，一定讓各諸侯每年向朝廷推舉，漢武帝時，由郡國舉孝廉，還有賢良、文學人才的選用，於是名臣輩出，文武都很興旺。漢代選舉人才，就是用孝廉、賢良和文學這幾條道路。書畫辭賦，不過是小才，對治國治民，無能為力。陛下剛即位時，先閱讀儒家經典，聽政的閒暇時間，觀覽文學篇章，只不過用以取代博戲、圍棋而已，不是作為教化民眾、選取士人的根本。而那些儒生競逐利益，雅好文藝的人如鼎中沸水，踴躍非常。才高的文藝之士，還能夠引用經書訓詁教化風俗，才藝低的人，造幾句對偶的俗語，如同戲耍的歌舞藝人，有的甚至抄襲拼湊成文，假冒別人的名字。臣每次在盛化門接受詔書，一一定出名次，加以錄用，那些沒有取得名次的，也因為他們追隨在後而被授予官職。朝廷的恩典既然已經施加，就很難收回更改，只給他們發放俸祿，已經是很大的恩義，不能讓他們再去治理百姓，在州郡任職。從前，孝宣皇帝在石渠閣會聚眾儒，章帝在白虎觀集合學士，統一經義，事關重大，文治武功的道理，都要符合經義。至於小的才能和小的善行，雖有一定價值，但孔子認為推廣太遠就行不通，君子實在應當有志於大道。還有，前不久把願意做桓帝孝子的人都拜為舍人，我聽說孝文皇帝規定喪制，服喪只需三十六日，即使是繼位的君主，父子之親，以及身受重恩的公卿大臣，都應克制感情，遵守制度，不敢超越三十六日。現在這些虛偽的市井小人，與桓帝不是骨肉之親，既沒有受到桓帝寵幸的恩惠，又沒有做官食祿的實惠，他們的傷痛之心，從道理上說沒有產生的依據，甚至有些奸邪小人混在其中。桓思皇后出葬時，東郡有個通姦犯，逃進孝子行列，本縣追捕緝拿，才定罪伏法。類似這種虛偽骯髒的事情，難以言盡。太子的屬官，應選用品德高尚的人，怎麼可以用一些在墓陵假冒孝子的兇醜之徒！這樣做的不吉利程度，沒有比這更嚴重的了。應當把這些人遣還鄉里，明示他們的詐偽行為。」奏書呈上，漢靈帝親自到北郊迎接冬氣，並在太學舉行禮儀。又詔令那些被任命為舍人的宣陵孝子，一律改為縣丞、縣尉。

護烏桓校尉夏育上言：「鮮卑寇邊，自春以來三十餘發❶，請徵幽州諸郡兵出塞擊之，一冬、二春，必能禽滅。」先是護羌校尉田晏坐事論刑❷，被原❸，欲立功自效❹，乃請中常侍王甫求得為將。甫因此議遣兵與育并力討賊，帝乃拜晏為破鮮卑中郎將。大臣多有不同，乃召百官議於朝堂。蔡邕議曰：「征討殊類❺，所由尚矣。然而時有同異，勢有可否，故謀有得失，事有成敗，不可齊也。夫以世宗神武❻，將帥良猛，財賦充實，所括廣遠❼，數十年間，官民俱匱❽，猶有悔焉❾。況今人財並乏，事劣昔時❿乎！自匈奴遁逃，鮮卑強盛，據其故地，稱兵⓫

十萬，才力勁健⑫，意智益生⑬。加以關塞不嚴⑭，禁網多漏⑮，精金良鐵，皆為賊有，漢人逋逃⑯為之謀主，兵利馬疾⑰，過於匈奴。昔段熲良將，習兵善戰，有事西羌，猶十餘年⑱。今育、晏才策未必過熲，鮮卑種眾不弱曩時，而虛計二載⑲，自許有成。若禍結兵連，豈得中休⑳，當復徵發眾人，轉運無已，是為耗竭諸夏，并力蠻夷。夫邊垂之患，手足之疥搔㉑，中國之困，胸背之瘭疽㉒，方今郡縣盜賊尚不能禁，況此醜虜而可伏乎！昔高祖忍平城之恥㉓，呂后棄慢書之詬㉔，方之於今，何者為甚[1]？天設㉕山河，秦築長城，漢起塞垣，所以別內外，異殊俗也。苟無蹙國內侮㉖之患則可矣，豈與蟲螘之虜校往來之數哉㉗！雖或破之，豈可殄盡㉘，而方今本朝為之旰食㉙乎！昔淮南王安諫伐越㉚曰：『如使越人蒙死以逆執事㉛，廝輿㉜之卒有一不備而歸者，雖得越王之首，猶為大漢羞之。』而欲以齊民易醜虜㉝，皇威辱外夷㉞，就如其言，猶已危矣㉟，況乎得失不可量邪㊱！」帝不從。八月，遣夏育出高柳㊲，田晏出雲中㊳，匈奴中郎將臧旻率南單于出鴈門㊴，各將萬騎，三道出塞二千餘里。檀石槐命三部大人各帥眾逆戰，育等大敗，喪其節傳輜重㊵，各將數十騎奔還，死者什七八。三將檻車徵下獄，贖為庶人。

冬，十月癸丑朔㊶，日有食之。○太尉劉寬免。○辛丑㊷，京師地震。○十一月，司空陳球免。

十二月甲寅㊸，以太常河南孟戫為太尉。○庚辰㊹，司徒楊賜免。○以太常陳耽為司空。

遼西太守甘陵趙苞㊺到官，遣使迎母及妻子，垂當到郡，道經柳城㊻，值鮮卑萬餘人入塞寇鈔㊼，苞母及妻子遂為所劫質㊽，載以擊郡。苞率騎二萬與賊對陳，賊出母以示苞，苞悲號，謂母曰：「為子無狀㊾，欲以微祿奉養朝夕，不圖為母作禍。昔為母子，今為王臣，義不得顧私恩，毀忠節，唯當萬死，無以塞罪。」母遙謂曰：「威豪，人各有命，何得相顧以虧忠義，爾其勉之！」苞即時進戰，賊悉摧破，其母妻皆為所害。苞自上歸葬㊿。帝遣使弔慰，封鄃侯。苞葬訖，謂鄉人曰：「食祿而避難，非忠也；殺母以全義，非孝也。如是，有何面目立於天下！」遂歐血(51)而死。

【章旨】以上為第七段，寫漢靈帝不納忠言，任用智略不備的夏育、田晏討伐鮮卑，官兵大敗。

【注釋】❶三十餘發　侵擾邊境三十餘次。❷坐事論刑　有罪被判刑。❸被原　受到寬大。❹立功自效　立功效勞。❺殊類　指周邊民族。❻世宗神武　漢武帝英明威武。世宗，武帝廟號。❼所括廣遠　開拓了廣遠的疆域。❽官民俱匱　政府與百姓同時貧乏。武帝末年，「海內虛耗，戶口減半」。❾猶有悔焉　指漢武帝在征和四年（西元前八九年）所下輪臺詔，深陳既往之悔，而休兵息農。❿事劣昔時　如今國力不如武帝時強大。事，國事；國力。⓫稱兵　舉兵；擁兵。⓬勁健　勇猛剛健。⓭意智益生　指鮮卑人的智慧謀略更加提高。⓮關塞不嚴　關卡要塞修繕不固。⓯禁網多漏　禁令漏洞很多。漢時邊塞有關市，鐵器甲兵等嚴禁貿易。由於禁令不嚴密，有人把戰略物資輸往鮮卑。⓰逋逃　逃亡犯。⓱兵利馬疾　武器鋒利，戰馬迅疾。⓲猶十餘年　段熲自桓帝延熹二年（西元一五九年）擊西羌，至建寧二年（西元一六九年）始告成功，凡十一年。⓳虛計二載　妄說兩年時間討平。⓴豈得中休　二載不平，中途豈能將戰爭停止下來。㉑疥搔　癬疥小瘡。㉒胸背之瘭疽　國內困頓，好比是長在胸上、背上的惡瘡。㉓平城之恥　漢高帝七年（西元前二〇〇年），率軍征匈奴，在平城被圍七日七夜，幾乎全軍覆沒，不得已忍辱和親。平城，在今山西大同東北。㉔呂后棄慢書之詬　呂后忍受了匈奴無禮信件的侮辱。惠帝三年（西元前一九二年），匈奴冒頓單于寫信呂后，戲之曰：「兩主不樂，無以自娛；以其所有，易其所無。」呂后報書遜謝，遺以車馬，屈辱和親。慢書，不禮貌的信。詬，罵。㉕天設　上天創設；自然生成。㉖蹶國內侮　損國疆土，內地受禍。㉗豈與蟲螘之虜句　豈可與像昆蟲螞蟻一樣的野蠻人爭長計短呢。螘，螞蟻。校，考校；計較。㉘雖或破之二句　即使打敗了他們，難道可以悉數殲滅。殄，滅。㉙旰食　勤勞國事，很晚吃飯。旰，日落時。㉚淮南王安諫伐越　淮南王劉安上書漢武帝諫伐南越，書載《漢書》卷六十四上〈嚴助傳〉中，本書卷十七武帝建元六年引載。㉛越人蒙死以逆執事　謂越人冒死迎戰。蒙，犯；冒。逆執事，迎戰漢軍。執事，主事之人，指漢軍將領。㉜廝輿　廝，析薪者，即炊事兵。輿，趕車夫。㉝以齊民易醜虜　用中國之民與醜虜交換。齊民，平民。㉞皇威辱外夷　皇家威嚴受辱於外夷。㉟就如其言二句　如同上述分析，打了勝仗也是危險的。㊱況乎得失不可量邪　何況成敗得失，還未可預料。㊲高柳　縣名，代郡治所，在今山西陽高。㊳雲中　郡名，治所在今內蒙古托克托東北。㊴鴈門　郡名，治所陰館，在今山西代縣西北。㊵喪其節傳輜重　喪失了大將符節及輜重。㊶癸丑朔　十月初一日。㊷辛丑　十月癸丑朔，無辛丑。辛丑，應為十一月二十日。㊸甲寅　十二月初三日。㊹庚辰　十二月二十九日。㊺趙苞　（？—西元一七七年）字威豪，甘陵東武城（在今河北清河縣東北）人。傳見《後漢書》卷八十一。㊻柳城　縣名，屬遼西郡，縣治在今遼寧興城。㊼寇鈔　劫掠。㊽劫質　被俘作人質。㊾無狀　無行；不好。㊿苞自上歸葬　趙苞自動離職，上書請求回家埋葬母親。(51)歐血　吐血。

【校　記】[1]甚　原作「盛」。據章鈺校，甲十一行本、乙十一行本皆作「甚」，張敦仁《通鑑刊本識誤》、張瑛《通鑑校勘記》同，今據改。

【語　譯】護烏桓校尉夏育上書說：「鮮卑侵入邊境，自從春季以來有三十多次，請求徵用幽州等郡的軍隊出塞攻打鮮卑，一個冬季、兩個春季，定能殲滅他們。」此前護羌校尉田晏犯罪判刑，受到寬恕，想立功效勞，就請託中常侍王甫謀取將領職務。於是王甫建議派兵與夏育合力討賊，漢靈帝就任命田晏為破鮮卑中郎將。許多大臣不同意，於是召集百官在朝堂討論。蔡邕議論說：「征討周邊異族，由來已久。然而時間不同，形勢也不同，所以計謀有得有失，戰事有成功有失敗，不可齊觀。漢武帝憑借他的英明神武，將帥優秀而勇猛，財源充足，開拓了寬廣遼闊的疆域，但數十年間，政府與百姓都陷入了貧乏，漢武帝猶有悔意。何況今天人力財力都很匱乏，國力不如漢武帝時強大！自從匈奴逃走，鮮卑強盛，佔據了匈奴故地，擁有十萬軍隊，才智武力強健，智慧謀略更加提高。加上關卡要塞修繕不固，禁令漏洞很多，精良的鋼鐵被賊人佔有，逃亡的漢人成為鮮卑人的謀主，武器鋒利，戰馬迅疾，勝過匈奴。從前段熲是優秀的將領，熟悉軍事，善於作戰，對西羌用兵，還歷時十幾年。現在夏育、田晏的才智策略未必能超過段熲，鮮卑部落不比過去柔弱，卻妄說兩年時間能夠討平。如果一旦展開戰事，怎麼可以中途收兵，那就又要徵兵，運輸不止，這是耗盡國力，全力對付蠻夷。邊境的禍患，就像手腳的癬疥小瘡，而國家的困頓，就好比長在胸上、背上的惡瘡，現在各郡縣的盜賊還無法禁止，何況這樣的醜敵，卻能降伏嗎！從前，漢高祖忍受平城被困的恥辱，呂后忍受匈奴無禮信函的羞辱，同現在相比，醜敵帶來的恥辱哪個更大？上天創設山川，秦朝建築長城，漢代興修關塞，是用來劃分內外，區別不同的風俗。如果沒有損害國家疆土，內地不遭受禍患就行了，豈能與像昆蟲螞蟻一樣的野蠻人計較長短呢！即使打敗他們，豈能全部殲滅，只是讓朝廷憂心不安而已。從前淮南王劉安勸阻進攻越人說：『如果迫使越人拼死迎戰，只要服役的士卒有一個沒有回來，那麼縱然得到越王的頭顱，仍然是漢朝的羞恥。』現在卻想以大漢的平民交換胡虜，皇家威嚴受辱於外夷，真是這樣，打了勝仗也是危險的，何況勝敗得失還不可預料呢！」漢靈帝不聽從。八月，派夏育率軍從高柳縣出發，田晏率軍從雲中郡出發，匈奴中郎將臧旻率領南單于從雁門郡出發，各自率領一萬騎兵，分三路出塞兩千多里。鮮卑首領檀石槐命令三部大人各自率眾迎戰，夏育等人大敗，失去了大將符節和輜重，各人帶領幾十個騎兵逃回，士兵死者十分之七、八。三個將領用囚車押到獄中，繳錢贖罪，廢為庶民。

冬，十月初一日癸丑，發生日蝕。〇太尉劉寬被免職。〇辛丑日，京師發生地震。〇十一月，司空陳球被免職。

十二月初三日甲寅，任命太常河南人孟戫為太尉。〇二十九日庚辰，司徒楊賜被免職。〇任命太常陳耽為司空。

遼西太守甘陵人趙苞到任，派人迎取他的母親和妻兒，將要到郡，經過柳城，碰到一萬多鮮卑人入塞劫掠，趙苞的母親和妻兒就被搶作人質，用車載著攻打遼西郡。趙苞率領兩萬騎兵與敵人對陣，敵人把趙苞的母親給他看，趙苞痛哭，對母親說：「兒子不好，原想用微少的俸祿朝夕奉養您，不料為您引來大禍。從前我是您的兒子，現在我是皇帝的臣子，從道義上說不得顧及私恩，毀棄忠節，我只求一死，不然難以彌補罪過。」母親遠遠地對他說：「威豪，人各有命，何必顧及私恩而損忠義，你要努力啊！」趙苞立刻進兵交戰，把賊人全部擊敗，他的母親和妻子全都被敵人殺害。趙苞自動離職，上書請求回家埋葬。漢靈帝派人弔問，封他為鄃侯。趙苞安葬完畢，對鄉人說：「拿國家的俸祿而逃避災難，不是忠臣；殺了母親而成全大義，不是孝子。如此，我有什麼面目立身天下！」於是趙苞吐血而死。

光和元年（戊午　西元一七八年）

春，正月，合浦、交趾烏滸蠻反，招引九真、日南民攻沒郡縣。〇太尉孟戫罷。

二月辛亥朔❶，日有食之。○癸丑❷，以光祿勳陳國袁滂為司徒。○己未❸，地震。

置鴻都門學，其諸生皆敕州郡、三公舉用辟召，或出為刺史、太守，入為尚書、侍中，有封侯、賜爵❹者，士君子皆恥與為列焉。

三月辛丑❺，赦天下，改元❻。○以太常常山張顥為太尉。顥，中常侍奉之弟也。

夏，四月丙辰❼，地震。○侍中寺❽雌雞化為雄❾。○司空陳球免，以太常來豔為司空。

六月丁丑❿，有黑氣墮帝所御溫德殿東庭中，長十餘丈，似龍。

秋，七月壬子⓫，青虹見玉堂⓬後殿庭中。詔召光祿大夫楊賜等詣金商門⓭，問以災異及消復之術⓮。賜對曰：「春秋讖⓯曰：『天投蜺⓰，天下怨，海內亂。』加四百之期⓱，亦復垂及。今妾媵、閹尹⓲之徒，共專國朝，欺罔日月⓳。又，鴻都門下招會羣小，造作賦說，見寵於時，更相薦說，旬月之間，並各拔擢。樂松處常伯⓴，任芝居納言㉑，郤儉、梁鵠各受豐爵不次之寵，而令搢紳之徒㉒委伏畎畮㉓，口誦堯、舜之言，身蹈㉔絕俗之行㉕，棄捐溝壑，不見逮及㉖。冠履倒易㉗，陵谷代處㉘，幸賴皇天垂象譴告㉙。周書㉚曰：『天子見怪則修德，諸侯見怪則修政，卿大夫見怪則修職，士庶人見怪則修身。』唯陛下斥遠佞巧之臣，速徵鶴鳴之士㉛，斷絕尺一㉜，抑止槃游㉝，冀上天還威，眾變可弭。」

【章旨】以上為第八段，寫漢靈帝建立鴻都門學，因災異求言。

【注釋】❶辛亥朔　二月初一日。❷癸丑　二月初三日。❸己未　二月初九日。❹賜爵　賜爵關內侯以下。❺辛丑　三月二十一日。❻改元　改熹平七年為光和元年。❼丙辰　四月初七日。❽侍中寺　侍中官署。❾雌雞化為雄　母雞叫鳴。古代認為母雞叫鳴，這個家就要離散。侍中署母雞叫鳴，象徵國家要解體。❿丁丑　六月二十九日。⓫壬子　七月己卯朔，無壬子。壬子，八月初五日。⓬玉堂　洛陽南宮前殿。⓭金商門　洛陽南宮有崇德殿、太極殿，殿西有金商門。⓮消復之術　消除災害，恢復正常的辦法。⓯春秋讖　神祕預言書。胡三省注引《春秋演孔圖》云：「霓者，斗之亂精也，失度投蜺見。」⓰蜺　雙虹。色鮮盛者為雄，稱虹；色暗者為雌，曰蜺。⓱四百之期　胡三省注引《春秋演孔圖》云：「劉四百之際，褒漢王輔，皇王以期，有名不就。」意謂兩漢四百年天下已盡。⓲妾媵閹尹　嬪妃、宦官。⓳欺罔日月　欺罔君后。⓴常伯　指侍中。㉑納言　指尚書。㉒搢紳之徒　士大夫之代稱。搢，插。紳，插笏的赤色腰帶。㉓委伏畎畝　埋沒在鄉間。㉔身蹈　親身實踐。㉕絕俗之行　超越世俗的高尚品德。㉖不見逮及　不被國家錄用。㉗冠履倒易　小人治君子，如同帽子與鞋顛倒了位置。㉘陵谷代處　山峰與山谷交換了地方。㉙皇天垂象譴告　上天顯示天象表示譴責。㉚周書　引語為《周書》逸篇之辭。㉛鶴鳴之士　品德高尚為時所稱的士人。鶴，喻君子。㉜斷絕尺一　杜絕假傳聖旨的渠道。尺一，詔書所用之簡。㉝抑止槃游　節制放縱的娛樂。

【語譯】光和元年（戊午　西元一七八年）

春，正月，合浦郡、交趾郡烏滸的蠻人反叛，招引九真、日南的民眾攻陷郡縣。○太尉孟彧被罷免。

二月初一日辛亥，發生日蝕。○初三日癸丑，任命光祿勳陳國人袁滂為司徒。○初九日己未，發生地震。

設立鴻都門學，那裡的學生都是各州郡、三公推薦徵召來的，有的派出擔任刺史、太守，有的在朝廷擔任尚書、侍中，還有封侯、賜爵的，士大夫君子都羞恥與他們為伍。

三月二十一日辛丑，大赦天下，改換年號。○任命太常常山人張顥為太尉。張顥，是中常侍張奉的弟弟。

夏，四月初七日丙辰，發生地震。○侍中寺裡的母雞叫鳴。○司空陳耽被免職，任命太常來豔為司空。

六月二十九日丁丑，有黑色霧氣落在漢靈帝所在的溫德殿東庭，長達十多丈，形狀像龍。

秋，七月壬子日，在玉堂後殿的庭中出現青虹。詔令光祿大夫楊賜等到金商門，詢問災異情況，以及消除災禍、恢復正常的辦法。楊賜對策說：「《春秋讖》說：『上天投下彩虹，天下抱怨，海內混亂。』加上劉氏四百年的期限，又快到來。如今嬪妃和宦官，共同專斷朝政，欺詐君后。另外，鴻都門下招集一群小人，寫詞作賦，受到寵幸，互相推薦，十天個把月時間就被舉用。樂松位居侍中，任芝官居尚書，郤儉、梁鵠各自得到很高的封爵和特殊的恩幸，而讓那些士大夫君子埋沒在鄉間，口中誦讀堯、舜的話，親身實踐超越世俗的高尚品德，卻被拋棄在山谷，不被國家錄用。如同帽子和鞋子顛倒了位置，山峰和山谷交換了地方，幸虧上天顯示天象加以譴告。《周書》說：『天子見到怪異就修明德行，諸侯看見怪異就修明政治，卿大夫看見到怪異就修明職守，士庶人看見怪異就修明行為。』願陛下罷黜奸佞之臣，迅速徵用品德高尚為時所稱的士人，杜絕假傳聖旨的渠道，節制放縱的娛樂，企求上天平息憤怒，各種災變能夠消解。」

議郎蔡邕對曰：「臣伏思諸異，皆亡國之怪也。天於大漢殷勤不已❶，故屢出祅變以當譴責，欲令人君感悟❷，改危即安。今蜺墮、雞化，皆婦人干政之所致也。前者乳母趙嬈貴重天下，讒諛驕溢❸。續以永樂門史霍玉❹依阻城社❺，又為姦邪。今道路紛紛，復云有程大人❻者，察其風聲，將為國患，宜高為隄防❼，明設禁令，深惟趙、霍，以為至戒。今太尉張顥，為玉所進⑧，光祿勳偉璋，有名貪濁，又長水校尉趙玹、屯騎校尉蓋升，並叨時幸⑨，榮富優足。宜念⑩小人在位之咎⑪，退思⑫引身避賢之福。伏見廷尉郭禧純厚⑬老成，光祿大夫橋玄聰達方直⑭，故太尉劉寵忠實守正⑮，並宜為謀主，數見訪問⑯。夫宰相大臣，君之四體，委任責成，優劣已分，不宜聽納小吏，雕琢大臣⑰也。又，尚方⑱工技之作，鴻都篇賦之文，可且消息⑲，以示惟憂⑳。宰府孝廉，士之高選，近者以辟召不慎㉑，切責㉒三公，而今並以小文超取選舉㉓，開請託之門㉔，違明王之典㉕，眾心不厭㉖，莫之敢言。臣願陛下忍而絕之，思惟萬機㉗，以答天望㉘。聖朝既自約厲㉙，左右近臣亦宜從化㉚，人自抑損㉛，以塞咎戒㉜，則天道虧滿，鬼神福謙㉝矣。夫君臣不密，上有漏言之戒，下有失身之禍㉞，願寢臣表㉟，無使盡忠之吏受怨姦仇。」章奏，帝覽而歎息。因起更衣㊱，曹節於後竊視之，悉宣語㊲左右，事遂漏露。其為邕所裁黜者㊳，側目㊴思報。

初，邕與大鴻臚劉郃素不相平，叔父衛尉質又與將作大匠陽球有隙。球即中常侍程璜女夫也。璜遂使人飛章㊵言：「邕、質數以私事請託於郃，郃不聽。邕含隱切，志欲相中㊶。」於是詔下尚書召邕詰狀㊷。邕上書曰：「臣實愚戇㊸，不顧後害。陛下不念忠臣直言，宜加掩蔽㊹，誹謗卒至㊺，便用疑怪㊻。臣年四十有六，孤特一身㊼，得託名忠臣，死有餘榮，恐陛下於此不復聞至言㊽矣！」於是下邕、質於雒陽獄，劾以「仇怨奉公㊾，議害大臣，大不敬，棄市。」事奏，中常侍河南呂強㊿愍(51)邕無罪，力為伸請(52)。帝亦更思其章，有詔：「減死一等，與家屬髡鉗徙朔方(53)，不得以赦令除。」陽球使客追路刺邕，客感其義，皆莫為用。球又賂其部主(54)，使加毒害。所賂者反以其情戒邕(55)，由是得免。

【章旨】以上為第九段，寫議郎蔡邕對策建言漢靈帝親近朝官，舉用孝廉及士人，遠離奸佞，罷斥請託任官的小人，被宦官飛書誣罔，流放朔方郡。

【注釋】❶天於大漢殷勤不已　皇天對我大漢朝的懇切感情還沒有終止。意謂上天的譴告正是對漢朝的關懷、愛護。❷感悟　醒悟。❸讒諛驕溢　意謂乳母趙嬈讒毀逢迎，驕淫放縱。❹續以永樂門史霍玉　接下來又有永樂宮（董太后所居）的門官霍玉為非作歹。門史，通報守門官。❺依阻城社　仗恃權勢。城社，城池田社。此喻權勢。❻程大人　宮中一位姓程的宦官。宮中對老年宦官皆稱大人。❼高為隄防　加高堤防，防患於未然。❽進　推薦；引進。❾叨時幸　得享一時僥倖。叨，承受。❿宜念　應當認真考慮。⓫小人在位之咎　指小人在高位，必有禍患。⓬退思　退一步考慮；回頭想一想。即換一種思維。⓭純厚　忠厚。⓮聰達方直　明達正直。⓯忠實守正　忠厚守道。⓰數見訪問　應經常徵詢他們的意見。⓱雕琢大臣　刁難大臣。胡三省注引李賢注：「雕琢，謂鐫削以成其罪也。」⓲尚方　工署名，屬少府，製作皇室器用。⓳可且消息　可以暫且停止。⓴悁憂　思憂。(21)辟召不慎　薦拔徵召不嚴。(22)切責　嚴加申斥。(23)超取選舉　破格提拔。(24)開請託之門　開啟請託升官的後門。(25)違明王之典　違背聖明君王的法典。(26)不厭　不服。(27)思惟萬機　集中精力處理國家大事。(28)以答天望　用以回報上天的厚望。(29)聖朝既自約厲　皇上既然自我約束上進。聖朝，指靈帝。厲，通「礪」。此句是要靈帝身作表率。

㉚亦宜從化　也自然追隨變化。㉛人自抑損　人人自我約束。㉜以塞咎戒　用以消除災害的警戒。㉝則天道虧滿二句　那麼上天將把災禍降給自滿的人，鬼神將把幸福賜給謙虛的人。語出《易經・謙卦》：「天道虧盈而益謙，鬼神害盈而福謙。」這裡引語「盈」作「滿」，因避漢惠帝劉盈諱而改。㉞君臣不密三句　君臣對話要嚴守祕密，君不守祕密，就要受到洩密的批評，臣不守祕密，就要受到殺身之禍。戒，譏刺。漢制，臣洩禁中語，為大不敬，殺頭。西漢趙充國子趙卬，洩禁中語被殺頭。故蔡邕有是言。這裡是化用《易經・繫辭》之語以為諫。原文：「君不密則失臣，臣不密則失身。」失臣，失去臣僚。失身，殺身。㉟願寢臣表　希望皇上擱置我的奏章，不要洩漏。㊱更衣　上廁所。㊲宣語　傳播。㊳所裁黜者　被批評的人。㊴側目　橫目冷視。㊵飛章　匿名信。㊶邕含隱切二句　蔡邕心懷不滿，想找機會中傷。隱切，含恨在心中。中，中傷。㊷詰狀　詢問原委。㊸愚戇　愚昧厚直。㊹掩蔽　掩蓋遮蔽；保護。㊺卒至　突然到來。卒，通「猝」。㊻疑怪　猜疑。㊼孤特一身　孤單一人。㊽至言　忠言。㊾仇怨奉公　公報私仇。誣指蔡邕以請託不聽，志欲中傷，公報私仇。㊿呂強　字漢盛，河南成皋（在今河南滎陽西北）人，為人清忠奉公，為群宦所害。傳見《後漢書》卷七十八〈宦者傳〉。(51)愍　憐憫；痛惜。(52)力為伸請　竭力求情。(53)髡鉗徙朔方　剃光頭髮，戴上腳鐐手銬，流放朔方郡。朔方郡治所臨戎，在今內蒙古磴口北。(54)球又賂其部主　陽球又賄賂朔方郡所屬州刺史，即并州刺史。(55)戒邕　警告蔡邕，令其有備。

【語譯】議郎蔡邕對策說：「臣認為各種災異，都是亡國的徵兆。上天對大漢的懇切感情還沒有終止，不斷顯示怪異作為譴責，想讓君主感悟，轉危為安。如今蜺虹從天上降落，母雞變成公雞叫鳴，都是婦人干涉政事所導致的。從前奶媽趙嬈無比貴寵，說人壞話、阿諛奉承、驕淫放縱。接著又有永樂宮通報門官霍玉依仗權勢，為非作歹。如今路上議論紛紛，又說宮中有位姓程的宦官，觀察他的風望和名聲，將會成為國家的禍害，皇上應特別提防，明確禁令，深切地思量趙嬈、霍玉的禍患，引以為鑑。現在的太尉張顥就是霍玉引進的，光祿勳偉璋是出名的貪官汙吏，另外，長水校尉趙玹、屯騎校尉蓋升都得享一時僥倖，享受榮華富貴。皇上要考慮小人在高位必有禍患，再回想一下，引用賢能必得幸福。臣見到廷尉郭禧忠厚，光祿大夫橋玄明達正直，前太尉劉寵忠厚守道，都應當作為主要的謀臣，多徵詢他們的意見。宰相大臣是君主的四肢，委任他們完成職責，才能分辨優劣，不應採納小吏的言辭，刁難大臣。另外，皇家工匠的技巧作品，鴻都學生的辭賦文章，可以暫時停止，以表示為國事擔憂。宰府裡的孝廉是士人的高才，近來因為薦拔徵召不嚴，嚴加斥責三公，而今都用雕蟲小技的文章越級升任，開啟了請託升官的後門，違反了聖明君王的法典，眾心不服，沒有人敢說話。臣希望陛下忍痛屏絕，思考國家大事，以回報上天的厚望。皇上既然已經自我約束上進，左右的臣子自然就會受到感化而追隨變化，人人都約束自己，用以消除災害的警戒。這樣，天道就會把災難降給驕傲的人，鬼神就會把福分賜給謙謹的人。君臣對話要保密，君主有洩密之戒，臣子有洩密殺身之禍，希望皇上擱置臣的奏章，以免忠臣受到小人的報復。」奏章呈上，漢靈帝看後歎息。起身去廁所，曹節在後面偷看，把內容向左右親近的人傳播，事情洩露。那些被蔡邕批評的人，都橫目冷視，想法報復。

當初，蔡邕與大鴻臚劉郃向來不和，蔡邕的叔父衛尉蔡質又和將作大匠陽球有隔閡。陽球就是中常侍程璜的女婿。程璜於是派人匿名上奏章說：「蔡邕、蔡質常向劉郃託付私事，劉郃不肯。蔡邕懷恨在心，一心想中傷劉郃。」於是下詔命令尚書召來蔡邕詢問原委。蔡邕上書說：「臣實在愚昧厚直，不顧後患。陛下不顧念忠臣說實話，本應當加以保護，現在誹謗突然到來，對臣猜疑。臣今年已經四十六歲，孤單一人，能夠得到忠臣的名聲，即使是死，也感到榮耀，只是耽心陛下從此再也聽不到忠言了！」於是，把蔡邕、蔡質關進洛陽監獄，判處他們「公報私仇，商議陷害大臣，犯大不敬罪，應斬首示眾。」事情上報，中常侍河南人呂強憐憫蔡邕無罪，竭力求情。漢靈帝也重新考慮蔡邕的那篇奏章，下詔說：「免死，減刑一等，與家屬剃髮、戴上刑具，流放到朔方郡，不得因赦令而免刑。」陽球派人在路上追趕刺殺蔡邕，刺客有感於蔡邕的正義品格，都不願做這種事。陽球又賄賂朔方郡所屬州刺史，要他們害死蔡邕。受賄的人反而用真實情況警告蔡邕，使他幸免災難。

八月，有星孛于天市❶。

九月，太尉張顥罷；以太常陳球為太尉。

司空來豔薨。冬，十月，以屯騎校尉袁逢為司空。

宋皇后❷無寵，後宮幸姬眾共譖毀。勃海王悝妃宋氏，即后之姑也，中常侍王甫恐后怨之，因譖后挾左道祝詛❸。帝信之，遂策收璽綬。后自致暴室❹，以憂死。父不其鄉侯酆及兄弟並被誅。

丙子晦❺，日有食之。

尚書盧植上言：「凡諸黨錮多非其罪，可加赦恕，申宥回枉❻。又，宋后家屬並以無辜委骸橫尸❼，不得斂葬❽，宜敕收拾，以安遊魂。又，郡守、刺史，一月數遷，宜依黜陟，以章能否❾，縱不九載，可滿三歲。又，請謁希求，一宜禁塞❿，選舉之事，責成主者⓫。又，天子之體，理無私積⓬，宜弘大務，蠲略細微⓭。」帝不省。

十一月，太尉陳球免。十二月丁巳，以光祿大夫橋玄為太尉。

鮮卑寇酒泉。種眾日多，緣邊莫不被毒⓮。

詔中尚方為鴻都文學樂松、江覽等三十二人圖象立贊⓯，以勸⓰學者。尚書令陽球諫曰：「臣案松、覽等皆出於微蔑⓱，斗筲小人⓲，依憑世戚，附託權豪，俛眉承睫⓳，徼進明時⓴。或獻賦一篇，或鳥篆盈簡㉑，而位升郎中，形圖丹青㉒。

亦有筆不點牘[23]，辭不辨心[24]，假手請字[25]，妖偽百品[26]，莫不蒙被殊恩，蟬蛻滓濁[27]。是以有識掩口[28]，天下嗟歎。臣聞圖象之設，以昭勸戒，欲令人君動鑒得失，未聞豎子小人詐作文頌[29]，而可妄竊天官，垂象圖素者也。今太學、東觀[30]足以宣明聖化，願罷鴻都之選，以銷天下之謗。」書奏，不省。

是歲，初開西邸賣官[31]，入錢各有差：二千石二千萬，四百石四百萬，其以德次應選者半之，或三分之一，於西園立庫以貯[32]之。或詣闕上書占令長[33]，隨縣好醜，豐約有賈[34]。富者則先入錢，貧者到官然後倍輸[35]。又私令左右賣公卿，公千萬，卿五百萬。初，帝為侯時常苦貧，及即位，每歎桓帝不能作家居[36]，曾無私錢，故賣官聚錢以為私藏。

帝嘗問侍中楊奇曰：「朕何如桓帝？」對曰：「陛下之於桓帝，亦猶虞舜比德唐堯[37]。」帝不悅曰：「卿強項[38]，真楊震子孫，死後必復致大鳥[39]矣！」奇，震之曾孫也。

南匈奴屠特若尸逐就單于死，子呼徵[40]立。

【章旨】以上為第十段，寫漢靈帝重用鴻都門學樂松、江覽等人，大臣勸諫不聽，又公然設西園賣官所，三公九卿皆標價出售。

【注　釋】❶有星孛于天市　在天市星區出現孛星。❷宋皇后　靈帝宋皇后，史失其名。扶風平陵（今陝西咸陽西北）人。傳見《後漢書》卷十下。❸挾左道祝詛　用邪道詛咒皇帝。❹后自致暴室　宋皇后自行到宮廷監獄暴室投案。❺丙子晦　十月三十日。❻申宥回枉　申訴冤枉而寬宥。即昭雪冤枉。回，糾正。❼委骸橫尸　委棄骸骨，屍首縱橫。即屍體暴露。❽斂葬　收斂安葬。❾依黜陟二句　按照任免制度以考察能與不能。黜，罷免。陟，升遷。古代黜陟制度，三年小考，九年大考。❿請謁希求二句　私人請託以求非分之想，一律禁止。⓫責成主者　選舉人才應由主管官員負責。⓬理無私積　按理皇上沒有個人私產。⓭蠲略細微　皇上不要去管細小的事。蠲，除。⓮被毒　受害。⓯圖象立贊　畫像題辭。⓰勸　鼓勵。⓱微蔑　微賤。蔑，極細微卑賤。⓲斗筲小人　氣量狹小的人。斗，量器。筲，竹編容器，僅容一斗二升，故稱斗筲。⓳俛眉承睫　低眉看眼色，即秉承主子眼色行事。⓴微進明時　在這聖明之世得以僥倖進身。㉑鳥篆盈簡　滿簡草書。鳥篆，將篆字寫得鳥飛一般的草書。㉒形圖丹青　丹青畫像。㉓筆不點牘　根本不會用筆寫字。㉔辭不辨心　辭不達意。㉕假手請字　請別人代為寫字。㉖妖偽百品　作偽花樣百種。㉗蟬蛻滓濁　像鳴蟬一樣，蛻皮翻新。滓濁，汙穢的舊皮。㉘有識掩口　有見識的人掩口而笑。㉙詐作文頌　狡猾地寫了幾篇文章。㉚東觀　洛陽南宮殿名，祕藏圖書在此。㉛開西邸賣官　西邸，皇家西園，靈帝在此設賣官所。㉜貯　聚儲賣官錢。㉝占令長　登記買某縣縣令或縣長。大縣稱令，小縣稱長。㉞隨縣好醜二句　按照縣的肥瘦，官價有高有低。豐，價高。約，減價。賈，通「價」。㉟倍輸　賒買的官，到任後加倍償還。㊱作家居　經營私產。居，積也。㊲虞舜比德唐堯　虞舜在唐堯之後，把靈帝比作舜，桓帝比作堯，是謂靈帝不如桓帝。㊳強項　脖子硬，不隨便低頭。光武帝時洛陽令董宣不畏強禦，懲處光武帝姐家奴橫行，光武帝封為強項令。㊴大鳥　安帝時太尉楊震為宦官所害，安葬時有大鳥聚落在楊震墳前高達一丈多。事見本書卷五十一安帝延光四年。㊵呼徵　呼徵單于，西元一七八—一七九年在位。

【語　譯】八月，在天市星區出現孛星。

九月，太尉張顥被罷官，任命太常陳球為太尉。

司空來豔去世。冬，十月，任命屯騎校尉袁逢為司空。

宋皇后不受寵幸，後宮受到寵愛的姬妃一起誣害她。勃海王劉悝的妃子宋氏，是宋皇后的姑媽，中常侍王甫恐怕宋皇后怨恨他，就誣陷宋皇后用邪術詛咒漢靈帝。漢靈帝相信了王甫，於是收回了宋皇后的印信。

宋皇后自行到宮廷監獄暴室投案，憂鬱而死。父親不其鄉侯宋酆和兄弟都被誅殺。

十月最後一天三十日丙子，發生日蝕。

尚書盧植上書說：「凡是黨人案件受禁錮的人大多無罪，可加寬赦，申訴冤枉而寬宥。另外，宋皇后的家屬都是無辜的，但是屍體暴露，沒有收斂安葬，應當下令准予收拾屍體，使遊魂得以安寧。還有，郡守、刺史在一個月中幾次提拔，應當依照任免制度來顯示他們有能力還是沒有能力，即使不滿九年，也應滿三年。此外，朝臣的私人請託以求非分之想，應一律阻止，選拔官員的事情應由主管官員負責。再者，天子本身，按理不應該有個人私產，應當致力於國家大政，不要計較小事。」漢靈帝不理睬。

十一月，太尉陳球被免職。十二月十二日丁巳，任命光祿大夫橋玄為太尉。

鮮卑人侵犯酒泉郡。部落人數日益增多，周邊地區沒有不受害的。

詔令中尚方給鴻都門文學家樂松、江覽等三十二人畫像題辭，用以鼓勵學者。尚書令陽球勸諫說：「臣認為樂松、江覽等都是出身低微，氣量狹小的人，依賴外戚的關係，託身權勢，阿諛奉承，在這聖明之世僥倖得以進身。有的獻上一篇辭賦，有的寫滿一簡草書，卻升任郎中，丹青畫像。還有的根本不會用筆寫字，辭不達意，請別人代寫，作偽花樣百種，卻沒有不蒙受特殊恩寵的，就好像鳴蟬脫殼一樣。因此有識之士掩口嘲笑，天下嗟歎。臣聽說畫像之設，是用來發揚勸誡，使君主的行動借鑑前人的得失，從沒聽說小人狡猾地寫了幾篇文章，竟可以竊取高官，留下畫像。現在太學、東觀足以宣揚聖明的教化，請停止鴻都門的選舉，用以消除天下人的誹謗。」奏章呈上，漢靈帝不理睬。

這一年，開始允許在西邸賣官，納錢不等：二千石的官員是二千萬，四百石的官員是四百萬，按德行應選的官員出一半錢，有的出三分之一錢，在西園設立庫府貯藏這些錢財。有的人到宮門上書出錢買縣官，按照縣的好壞，決定官價高低。有錢人先交錢，無錢的到任後再加倍償還。漢靈帝又私下命令身邊的人賣公卿職位，三公的價格是一千萬，卿的價格是五百萬。當初，漢靈帝為侯時常苦於貧困，等到即位，常感歎桓帝不能經營私人產業，沒有私房錢，所以賣官聚錢作為私房。

漢靈帝曾問侍中楊奇說：「朕同桓帝相比如何？」楊奇回答：「陛下和桓帝相比，就像虞舜與唐堯的德行相比。」漢靈帝不高興地說：「你的脖子太硬，真是楊震的子孫，死後一定又會引來大鳥了！」楊奇，是楊震的曾孫。

南匈奴屠特若尸逐就單于去世，其子呼徵被立為單于。

二年（己未　西元一七九年）

春，大疫。

三月，司徒袁滂免，以大鴻臚劉郃為司徒。

乙丑❶，太尉橋玄罷，拜太中大夫，以太中大夫段熲為太尉。玄幼子遊門次❷，為人所劫，登樓求貨❸，玄不與。司隸校尉、河南尹圍守玄家，不敢迫❹。玄瞋目呼❺曰：「姦人無狀，玄豈以一子之命而縱國賊❻乎！」促令攻之❼，玄子亦死。玄因上言：「天下凡有劫質，皆并殺之，不得贖以財寶，開張姦路❽。」由是劫質遂絕。

京兆地震。○司空袁逢罷，以太常張濟為司空。

夏，四月甲戌朔❾，日有食之。

王甫、曹節等姦虐弄權，扇動內外，太尉段熲阿附之。節、甫父兄子弟為卿、校、牧、守、令、長者布滿天下，所在貪暴。甫養子吉為沛相，尤殘酷，凡殺人，皆磔尸車上[10]，隨其罪目，宣示屬縣[11]。夏月腐爛，則以繩連其骨[12]，周徧一郡乃止，見者駭懼[13]。視事五年，凡殺萬餘人。尚書令陽球常拊髀[14]發憤曰：「若陽球作司隸，此曹子安得容乎！」既而球果遷司隸。

甫使門生於京兆界辜榷官財物[15]七千餘萬，京兆尹楊彪[16]發其姦，言之司隸。彪，賜之子也。時甫休沐里舍，熲方以日食自劾[17]。球詣闕謝恩，因奏甫、熲及中常侍淳于登、袁赦、封昱等罪惡。辛巳[18]，悉收甫、熲等送雒陽獄，及甫子永樂少府萌、沛相吉。球自臨考甫等[19]，五毒備極[20]。萌先嘗為司隸，乃謂球曰：「父子既當伏誅，亦以先後之義[21]，少以楚毒假借老父[22]。」球曰：「爾罪惡無狀，死不滅責[23]，乃欲論先後求假借邪！」萌乃罵曰：「爾前奉事吾父子如奴，奴敢反汝主乎！今日臨阬[1]相擠，行自及也[24]！」球使以土窒萌口[25]，箠朴交至[26]，父子悉死於杖下；熲亦自殺。乃僵磔甫尸[27]於夏城門，大署牓[28]曰「賊臣王甫」。盡沒入其財產，妻子皆徙比景。

球既誅甫，欲以次表曹節等，乃敕中都官從事[29]曰：「且先去權貴大猾，乃議其餘耳。公卿豪右若袁氏兒輩[30]，從事自辦之，何須校尉[31]邪！」權門聞之，莫不屏氣㉜，曹節等皆不敢出沐㉝。會順帝虞貴人葬，百官會喪還，曹節見磔甫尸道次，慨然抆淚㉞曰：「我曹可自相食，何宜使犬舐其汁㉟乎！」語諸常侍：「今且俱入，勿過里舍㊱也。」節直入省，白帝曰：「陽球故酷暴吏，前三府奏當免官，以九江微功，復見擢用。愆過之人，好為妄作㊲，不宜使在司隸，以騁毒虐㊳。」帝乃徙球為衛尉。時球出謁陵，節敕尚書令召拜，不得稽留尺一。球被召急，因求見帝，叩頭[2]曰：「臣無清高之行，橫蒙鷹犬之任㊴，前雖誅王甫、段熲，蓋狐狸小醜，未足宣示天下。願假臣一月，必令豺狼鴟梟㊵各服其辜。」叩頭流血。殿上呵叱曰：「衛尉扞詔㊶邪！」至於再三，乃受拜。

【章旨】以上為第十一段，寫陽球任司隸校尉，矢志除宦官，只誅殺了王甫，半途而廢。

【注釋】❶乙丑　三月二十二日。❷玄幼子遊門次　橋玄小兒子在門前玩耍。❸登樓求貨　劫質人登樓索要贖金。❹迫相逼。❺瞋目呼　瞪大眼睛呼喊。表示憤怒。❻縱國賊　放走國賊。❼促令攻之　督促攻擊。❽開張姦路　謂以財贖質是替奸人開路。❾甲戌朔　四月初一日。❿磔尸車上　把屍體卸成幾大塊裝在囚車上。⓫宣示屬縣　在沛國所屬各縣巡迴展示。⓬繩連其骨　屍體腐爛，肌肉脫落，就用繩索把骨架綁在囚車上。⓭駭懼　震駭恐懼。⓮拊髀　拍大腿。⓯辜榷官財物　侵吞公家財物。辜榷，獨佔；壟斷。此指搜刮財物而侵吞獨佔。⓰楊彪　字文先，楊震的曾孫，靈帝太尉楊賜之子。官至司徒。傳見《後漢書》卷五十四。⓱熲方以日食自劾　段熲正因日蝕而自己引咎辭職。段為中官之黨，已離職，無力救王甫，而為陽球所劾。⓲辛巳　四月初八日。⓳球自臨考甫等　陽球親自主持嚴刑逼供，拷打王甫等。⓴五毒備極　五種苦刑全部用遍。五毒，鞭打、棍打、火燒、繩捆、懸吊。㉑以先後之義　王萌提示陽球，他和王萌曾先後做過司隸校尉，看在先後為同僚的情面上。㉒少以楚毒假借老父　少一點苦刑，寬恕老父王甫。㉓死不滅責　死了也抵不了罪責，即死有餘辜。㉔今日臨阨相擠二句　今天乘危排擠，行將自陷刑罪。㉕以土窒萌口　用泥土堵住王萌的嘴。㉖箠扑交至　棍鞭齊下。㉗磔甫尸　把王甫屍體切成幾大塊。㉘大署牓　在布告上大大地寫著。㉙中都官從事　司隸校尉屬官，助理察舉百官，治非法。㉚袁氏兒輩　指袁逢、袁隗等袁家勢力。諸袁在中常侍袁赦保護下，貴極一時。㉛何須校尉　用不著校尉出場。㉜莫不屏氣　沒有人敢呼大氣。㉝出沐　出宮洗沐，即出宮休假。㉞抆淚　擦淚。即禁不住流淚。㉟犬舐其汁　狗舔其血。這裡曹節罵陽球為狗。㊱今且俱入二句　今天我們全體進宮，不要回家。里舍，居里。㊲愆過之人二句　犯過罪的人，喜歡輕舉妄動。㊳以騁毒虐　借以肆行暴虐。㊴橫蒙鷹犬之任　總算是蒙恩做皇家的獵鷹走狗。橫，橫豎；總算是。鷹犬，陽球自謂有鷹犬之能。司隸校尉治奸猾，亦鷹犬之任。㊵鴟梟　禽鳥名。古代傳說鴟是猛禽，梟會食母，因此用以比喻兇殘的惡人。㊶扞詔　反抗聖旨。

【校　記】①阨　據章鈺校，甲十一行本、乙十一行本皆作「阬」，熊羅宿《胡刻資治通鑑校字記》同。②叩頭　原無此二字。據章鈺校，甲十一行本、乙十一行本皆有此二字，張敦仁《通鑑刊本識誤》、張瑛《通鑑校勘記》同，今據補。

【語　譯】二年（己未　西元一七九年）

春，發生大瘟疫。

三月，司徒袁滂被免職，任命大鴻臚劉郃為司徒。

三月二十二日乙丑，罷免橋玄太尉的官職，改任太中大夫，任命太中大夫段熲為太尉。橋玄的小兒子在門外玩耍，被人劫奪，那人上樓索要贖金，橋玄不給。司隸校尉、河南尹包圍橋玄的住宅，不敢逼迫劫質人。橋玄瞪大眼睛呼喊：「賊人無法無天，我豈能因為一個兒子的命而放掉國賊啊！」督促進攻劫質人，劫質人死了，橋玄的兒子也死了。橋玄因此上書說：「凡是天下劫奪人質的，都一起殺掉，不得用錢財贖回，為奸賊開路。」從此劫持人質的事件斷絕。

京兆發生地震。○司空袁逢被罷官，任命太常張濟為司空。

夏，四月初一日甲戌，發生日蝕。

王甫、曹節等人為奸作虐，操弄權力，煽動朝廷內外，太尉段熲阿附他們。曹節、王甫的父子兄弟任九卿、校官、州牧、郡守、縣令、縣長的布滿全國，在任職之地，貪婪殘暴。王甫的養子王吉為沛國相，特別殘酷，凡是殺人，都要把屍體卸成幾大塊裝在囚車上，張貼罪名，宣示沛國所屬各縣。夏天屍體腐爛，就用繩索把骨架綁在囚車上，遊遍全郡才算了事，看見的人震駭恐懼。王吉任職五年，共殺了一萬多人。尚書令陽球常常拍著大腿憤慨地說：「如果我陽球做司隸校尉，怎麼會容忍這種人！」不久，陽球果然遷為司隸校尉。

王甫派門生在京兆境內搜刮公家財物七千多萬，京兆尹楊彪揭露他們的惡行，報告給司隸校尉。楊彪，是楊賜的兒子。當時王甫在家休假，段熲正因為日蝕而彈劾自己。陽球到宮門謝恩，趁機向天子上奏王甫、段熲以及中常侍淳于登、袁赦、封昱等人的罪惡。四月初八日辛巳，把王甫、段熲等都送進洛陽監獄，還有王甫的兒子永樂少府王萌、沛國相王吉。陽球親自前來審訊王甫等人，用遍了五種毒刑。王萌曾經擔任司隸校尉，就對陽球說：「我們父子既然該當伏法受誅，也求想到我們先後為同僚的情面上，寬恕老父，讓他少受點苦。」陽球說：「你罪大惡極，萬死也不能抵消你的罪過，還想以先後同官請求寬宥啊！」王萌就罵道：「從前你像奴僕一樣巴結我們父子，奴僕竟然反叛主子嗎！今天你乘人之危進行排擠，你很快自陷刑罪！」陽球讓人用泥巴堵住王萌的嘴巴，棍鞭齊下，王甫父子都死在杖下，段熲也自殺了。陽球派人把王甫的屍體砍成幾大塊暴露在夏城門，在布告上大大地寫著「賊臣王甫」。沒收他的所有財產，妻兒都發配到比景。

陽球殺死王甫後，又想依次揭露曹節等人，就命令中都官從事說：「暫且先除去權貴大奸，再說其餘的人。像袁家這樣的公卿大族，你們自己處置，何必要我出面！」權貴們聽了，沒有人敢出氣，曹節等人都不敢出宮休假。適逢順帝的虞貴人出葬，百官出喪回來，曹節看見砍斷的王甫的屍體放在路旁，慨歎流淚說：「我們可以自相殘殺，怎麼能讓狗來舐我們的血！」對常侍們說：「我們今天一起進宮，不要回家。」曹節一直走進宮中，對漢靈帝說：「陽球本是個酷吏，以前三公曾經上奏應罷免他，因為他在九江的微小功勞，又被提升。犯過罪的人，喜歡輕舉妄動，不宜讓他擔任司隸校尉，借以肆行暴虐。」漢靈帝就改任陽球為衛尉。當時，陽球出城拜謁先帝陵墓，曹節命令尚書令召陽球拜謝，不許拖延公文。陽球被緊急徵召，趁機求見漢靈帝，磕頭說：「臣沒有清高的德行，總算是蒙恩做皇家的獵鷹走狗，前不久殺了王甫、段熲，他們不過是狐狸小醜，不足以宣示天下。希望給臣一個月時間，必定讓那些如豺狼兇殘的惡人，受到應得的懲治。」磕頭流血。殿上的侍從呵斥說：「衛尉反抗聖旨嗎！」一連幾次，陽球才接受新職。

於是曹節、朱瑀等權勢復盛，節領尚書令。郎中梁人審忠上書曰：「陛下即位之初，未能萬機，皇太后念在撫育，權時攝政，故中常侍蘇康、管霸應時誅殄。太傅陳蕃、大將軍竇武考其黨與，志清朝政。華容侯朱瑀知事覺露，禍及其身，遂興造逆謀，作亂王室，撞蹋省闥❶，執奪璽綬，迫脅陛下，聚會羣臣，離間骨肉母子之恩，遂誅蕃、武及尹勳等。因共割裂城社❷，自相封賞，父子兄弟，被蒙尊榮，素所親厚，布在州郡，或登九列❸，或據三司❹。不惟祿重位尊之責，而苟營私門，多蓄財貨，繕修第舍，連里竟巷，盜取御水❺，以作漁釣❻，車馬服玩，擬於天家❼。羣公卿士，杜口吞聲，莫敢有言。州牧郡守，承順風旨❽，辟召選舉，釋賢取愚。故蟲蝗為之生，夷寇為之起。天意憤盈❾，積十餘年，故頻歲❿日食於上，地震於下，所以譴戒⓫人主，欲令覺悟，誅鉏無狀⓬。昔高宗以雉雊之變⓭，故獲中興之功。近者神祇啓悟陛下，發赫斯之怒⓮，故王甫父子應時馘截⓯，路人士女⓰，莫不稱善，若除父母之讎。誠怪⓱陛下復忍孽臣之類⓲，不悉殄滅⑲。昔秦信趙高以危其國⑳，吳使刑人[1]身遘其禍㉑。今以不忍之恩，赦夷族之罪，姦謀一成，悔亦何及！臣為郎十五年，皆耳目聞見，瑀之所為，誠皇天所不復赦。願陛下留漏刻之聽㉒，裁省臣表㉓，埽滅醜類，以答天怒。與瑀考驗㉔，有不如言，願受湯鑊之誅㉕，妻子并徙，以絕妄言㉖之路。」章寢不報㉗。

中常侍呂強清忠奉公，帝以眾例封為都鄉侯。強固辭不受，因上疏陳事曰：「臣聞高祖重約，非功臣不侯，所以重天爵、明勸戒㉘也。中常侍曹節等，宦官祐薄㉙，品卑人賤，讒諂媚主，佞邪徼寵㉚，有趙高之禍，未被轘裂之誅㉛。陛下不悟，妄授茅土㉜，開國承家，小人是用，又并及家人，重金兼紫㉝，交結邪黨，下比羣佞。陰陽乖剌㉞，稼穡荒蕪，人用不康㉟，罔不由茲。臣誠知封事㊱已行，言之無逮㊲，所以冒死干觸㊳陳愚忠者，實願陛下損改既謬，從此一止㊴。臣又聞後宮采女㊵數千餘人，衣食之費，日數百金。比穀雖賤而戶有饑色㊶，按法當貴而今更賤者，由賦發繁數㊷，以解縣官。寒不敢衣，飢不敢食，民有斯戹而莫之卹。宮女無用，填積後庭，天下雖復盡力耕桑，猶不能供。又，前召議郎蔡邕對問於金商門，邕不敢懷道迷國㊸，而切言極對㊹，毀刺貴臣，譏呵宦官㊺。陛下不密其言，至今宣露，羣邪項領，膏唇拭舌㊻，競欲咀嚼，造作飛條㊼。陛下回受誹謗㊽，致邕刑罪，室家徙放，老幼流離，豈不負忠臣哉！今羣臣皆以邕為戒，上畏不測之難，下懼劍客㊾之害，臣知朝廷不復得聞忠言矣！故太尉段熲，武勇冠世㊿，習於邊事，垂髮服戎(51)，功成皓首(52)，歷事二主(53)，勳烈獨昭(54)。陛下既已式序(55)，位登台司(56)，而為司隸校尉陽球所見誣脅(57)，一身既斃，而妻子遠播(58)，天下惆悵(59)，功臣失望。宜徵邕更加授任，反熲家屬，則忠貞路開，眾怨以弭(60)矣。」帝知其忠而不能用。

丁酉(61)，赦天下。

【章旨】以上為第十二段，寫郎中審忠與中常侍呂強上奏，陳述曹節奸佞，後宮太盛，平反陳蕃、竇武冤獄，召還蔡邕及段熲家屬，靈帝皆充耳不聞。

【注釋】❶撞蹹省闥　衝擊宮禁，發動宮廷政變。蹹，通「踏」。❷割裂城社　割裂城邑，作為采邑。❸九列　列位九卿。❹三司　三公。❺御水　皇宮禁苑之水。❻以作漁釣　引御水用作垂釣。❼擬於天家　比擬皇上。❽承順風旨　秉承旨意。❾天意憤盈　皇天憤怒到極點。❿頻歲　連年。⓫譴戒　譴責警告。⓬誅鉏無狀　剷除無行奸兇。鉏，古「鋤」字。⓭雊雉之變　殷高宗武丁時，祭祀成湯，有隻野雞飛落禮鼎耳把上鳴叫。高宗懼而修德，殷朝中興。雉，野雞。雊，鳴叫。⓮發赫斯之怒　勃然發怒。語出《詩經・皇矣》：「王赫斯怒。」⓯馘截　被砍下的腦袋。馘，割下的敵人耳朵，用以代首級。⓰路人士女　行路的男男女女。⓱怪　抱怨。⓲忍孽臣之類　容忍殘餘的醜類。⓳不悉殄滅　不一網打盡。⓴昔秦信趙高句　事見本書卷八秦二世二年。(21)吳使刑人句　吳王餘祭信用刑餘之人，身遭毒手。《左傳》襄公二十九年載，吳伐越，將俘虜用作看門人，讓他看管船隻。吳王餘祭登船，被這看門人砍死。古代看門人稱閽人，要斷其一足，故稱刑人。(22)留漏刻之聽　留下片刻時間來傾聽我的意見。漏刻，古代用滴漏方法計時，一晝夜為一百刻度，一刻是很短暫的時間。(23)裁省臣表　詳看我的奏章。裁省，裁斷省覽。(24)與瑀考驗　敢和朱瑀對證。(25)願受湯鑊之誅　願受烹刑。(26)妄言　胡言亂語。(27)章寢不報　奏章被擱置，沒有回音。(28)重天爵明勸戒　尊重國家的封爵，使獎懲鮮明。(29)祐薄　福薄。(30)佞邪徼寵　使用奸佞邪惡的手段邀取恩寵。(31)轘裂之誅　車裂之刑，俗稱五馬分屍。(32)茅土　采邑。(33)重金兼紫　佩帶尊貴的金印紫綬。漢制，太尉、司徒之印才是金印紫綬，司空僅銀印青綬。(34)陰陽乖刺　陰陽顛倒。(35)不康　不安寧。(36)封事　指群宦的封爵之事。(37)言之無逮　說話也來不及了。即說話於事無補。(38)冒死干觸　冒著死罪，干犯觸怒忌諱。(39)損改既謬二句　修改錯誤，到此為止。(40)采女　美女。(41)比穀雖賤而戶有饑色　近來儘管穀價很賤，而貧戶之民仍面有飢色。(42)賦發繁數　指政府徵收苛賦一次又一次，沒完沒了。(43)懷道迷國　把治國之道藏起來不管國家走入歧途。這是化用《論語・衛靈公》孔子之言。孔子讚揚衛大夫蘧伯玉，曰：「君子哉蘧伯玉！邦有道則仕，邦無道則可卷而懷之。」這裡為避漢高祖劉邦之諱，改「邦」為「國」。(44)切言極對　直言答對。(45)毀刺貴臣二句　毀刺、譏呵為互文。譏刺；指責。(46)羣邪項領二句　群奸伸直脖子，舔著嘴脣，伸出舌頭。項領，喻群邪自恣，君王不能駕御。(47)競欲咀嚼二句　爭著想把蔡邕一口吞嚼，製造匿名信進行誣陷。飛條，飛語；匿名信。(48)回受誹謗　錯誤地聽信佞臣豎宦的造謠誣衊。回，邪僻；邪枉。(49)劍客　刺客。指陽球指使刺客暗殺蔡邕。(50)冠世　蓋世。(51)垂髮服戎　孩提時投身行伍。垂髮，謂童子。(52)功成皓首　頭髮白了才完成功業。(53)歷事二主　段熲歷任桓帝、靈帝兩朝。(54)勳烈獨昭　功業昭著。獨，獨出眾人之上。(55)式序　敘錄其功，按序升遷。(56)位登台司　位極三公。段熲官至太尉。(57)誣脅　誣陷。(58)遠播　遠遷；流放。(59)天下惆悵　全國歎息。(60)弭　消失。(61)丁酉　四月二十四日。

【校　記】[1]人　原作「臣」。據章鈺校，甲十一行本、乙十一行本皆作「人」，今據改。

【語　譯】於是，曹節、朱瑀等人的權勢再次壯大起來，曹節兼領尚書令。郎中梁國人審忠上書說：「陛下當初即位時，不能親理國政，皇太后顧念養育之情，權且攝政，所以中常侍蘇康、管霸即時伏誅。太傅陳蕃、大將軍竇武審查他們的餘黨，志在清理朝政。華容侯朱瑀知道事情敗露，災禍就要降臨自己身上，於是興起逆謀，擾亂王室，衝擊宮禁，強奪印綬，脅逼陛下，會聚群臣，離間陛下的骨肉母子恩情，殺了陳蕃、竇武和尹勳等人。接著共同割裂城邑，互相封賞賜爵，父子兄弟，都受到尊崇榮耀，平時所親信的人，散布在州郡為官，有的當上九卿，有的做了三公。不考慮俸祿厚重、職位崇高的責任，反而專門經營私事，積蓄大量錢財，修建住宅，里巷相連，偷取皇宮禁苑的水，作為魚池釣魚，車馬衣服玩物，和君王相擬。所有的公卿大臣，閉口噤聲，無人敢說話。州牧郡守，秉承旨意，徵召選舉，放棄賢才，取用愚昧之人。所以，蝗蟲成災，夷寇興亂。皇天憤怒到了極點，已經積累十幾年，所以連年上有日蝕，下有地震，用以譴責警告人君，想使皇上覺悟，剷除奸兇。從前，殷高宗武丁因為野雞停在鼎上鳴叫，於是修政，從而獲得中興大業。近來神靈啟悟陛下，勃然發怒，所以王甫父子即時被誅殺了，路上行人男男女女，沒有不叫好的，好像是報了殺父母之仇。只是抱怨陛下還能容忍殘餘的奸賊，不一網打盡。過去秦二世相信趙高，危及國家；吳王餘祭信任受刑的人，身遭其禍。現在陛下不忍心誅殺他們，赦免他們滅族的大罪，一旦他們奸謀得逞，後悔莫及！臣做了十五年郎，耳聞目睹，朱瑀的所作所為，實在是皇天所不能寬恕的。但願陛下留下片刻時間聽臣陳奏，裁斷省覽臣的奏章，肅清奸邪之徒，來回應上天的憤怒。臣可與朱瑀對證，如果有不像我說的，臣甘願接受烹煮的刑罰，妻兒一起流放，以斷絕胡言亂語的發生。」奏章呈上被擱置，沒有回音。

中常侍呂強清廉忠正，一心奉公，漢靈帝按照慣例，冊封呂強為都鄉侯。呂強堅決推辭不肯接受，因而上書陳述政事說：「臣聽說高祖嚴格規定，不是功臣不封侯，為的是尊重國家的爵位，使獎懲鮮明。中常侍曹節等人，身為宦官，福分微薄，品德低劣，人格下賤，讒言諂媚，使用奸佞邪惡的手段邀取恩寵，犯有趙高的禍害，卻未遭到車裂的刑罰。陛下沒有覺悟，隨意封給他們采邑，建國世襲，小人得到任用，又推及家人，個個佩帶尊貴的金印紫綬，結成奸黨，與一群小人為伍。陰陽顛倒，農田荒廢，人事不寧，都是由此產生的。臣完全知道對宦官封爵的事情已經成為事實了，說話也於事無補，臣之所以冒著死罪，觸犯忌諱，陳述一片愚忠，實在是希望陛下改正已經形成的過錯，到此為止。臣又聽說後宮美女有幾千人，衣食費用，每天耗費幾百金。近來儘管穀價很低，而貧困的百姓還有受飢挨餓的，按理說百姓飢餓，糧價應該上漲，反而如此便宜，實在是因為政府不斷徵收賦稅，百姓只好拋售糧食來向縣官繳稅所造成的。天寒不敢多穿，飢餓不敢多吃，百姓如此困窘卻不撫恤。宮女一無用處，卻充滿後宮，即使全國都盡力耕種紡織，還是不能供應。還有，前些時召議郎蔡邕到金商門策問，蔡邕不敢把治國之道藏起來而不管國家走入迷途，就直言答對，譏毀權貴，批評宦官。陛下對他的話沒有保密，以致洩露出來，一群小人伸直脖子，舔著嘴唇，伸出舌頭，爭著想把蔡邕吞噬，製造匿名信誣告蔡邕。陛下錯誤地相信小人的造謠誣衊，判處了蔡邕重罪，全家流放，老少分離，豈不辜負了忠臣！現在群臣都以蔡邕為戒，上畏意外橫禍，下懼刺客暗殺，臣知道朝廷再也聽不到忠正之言了！前太尉段熲英勇蓋世，熟悉邊疆事務，孩提時從軍，到頭髮發白才完成功業，歷事桓帝、靈帝兩位君主，功業昭著，為功臣之冠。陛下已經敘錄其功，逐級提升他，位至三公，卻被司隸校尉陽球誣陷，身既死亡，妻兒流放到遠方，天下歎息，功臣失望。應當召回蔡邕，重新任用，召回段熲的家屬，這樣忠貞的道路才能開啟，眾人的怨恨才會消失。」漢靈帝知道呂強忠誠，但未採用呂強的建議。

四月二十四日丁酉，大赦天下。

上祿❶長和海上言：「禮，從祖兄弟❷別居異財，恩義已輕，服屬疏末。而今黨人錮及五族，既乖典訓之文❸，有謬經常之法❹。」帝覽之而悟，於是黨錮自從祖❺以下皆得解釋。

五月，以衛尉劉寬為太尉。

護匈奴中郎將張脩與南單于呼徵不相能❻，脩擅斬之，更立右賢王羌渠為單于❼。秋，七月，脩坐不先請而擅誅殺，檻車徵詣廷尉，死。

初，司徒劉郃兄侍中儵與竇武同謀，俱死，永樂少府陳球說郃曰：「公出自宗室，位登台鼎，天下瞻望，社稷鎮衛❽，豈得雷同❾，容容無違❿而已！今曹節等放縱為害，而久在左右，又公兄侍中受害節等，今可表徙衛尉陽球為司隸校尉，以次收節等誅之，政出聖主，天下太平，可翹足而待也！」郃曰：「凶豎⓫多耳目，恐事未會，先受其禍⓬。」尚書劉納曰：「為國棟梁，傾危不持，焉用彼相邪⓭！」郃許諾，亦與陽球結謀。球小妻，程璜之女，由是節等頗得聞知，乃重賂璜，且脅之。璜懼迫，以球謀告節。節因共白帝曰：「郃與劉納、陳球、陽球交通書疏，謀議不軌。」帝大怒。冬，十月甲申⓮，劉郃、陳球、劉納、陽球皆下獄，死。

巴郡⓯板楯蠻反，遣御史中丞蕭瑗督益州刺史討之，不克。

十二月，以光祿勳楊賜為司徒。◯鮮卑寇幽、并二州。

【章旨】以上為第十三段，寫司徒劉郃、少府陳球、司隸校尉陽球謀誅宦官不密，皆下獄死。

【注釋】❶上祿　縣名，縣治在今甘肅成縣西。❷從祖兄弟　同曾祖而不同祖父的堂兄弟。❸典訓之文　此指《尚書・康誥》。《左傳》昭公二十年載齊大夫苑何忌概括〈康誥〉文義之言云：「在〈康誥〉曰：父子兄弟，罪不相及。」按，今本《尚書・康誥》無此文。❹有謬經常之法　不符合正常的法律。❺從祖　叔祖。❻不相能　相爭鬥氣，各不忍讓。❼羌渠為單于　西元一七九—一八八年在位。❽社稷鎮衛　國家的棟樑。❾豈得雷同　豈能與奸兇相同。❿容容無違　庸庸碌碌，隨波逐流。⓫凶豎　兇頑小子，指宦官。⓬恐事未會二句　恐怕事情還未商妥，就要先受其禍。⓭傾危不持二句　國家危而不扶，還用那輔佐幹什麼。語出《論語・季氏》孔子之言：「危而不持，顛而不扶，則將焉用彼相矣？」⓮甲申　十月十四日。⓯巴郡　郡名，轄今四川東部地區。治所江州，在今重慶市。

【語譯】上祿縣長和海上書說：「按照禮制，同曾祖父的堂兄弟，分開居住，分開財產，親情已經淡薄，族屬疏遠。而今黨人遭禁錮延及五族，既不合乎經典之文，又違反正常的法律。」漢靈帝看了奏章，有所感悟，於是解除黨人同曾祖父堂兄弟以下的禁錮。

五月，任命衛尉劉寬為太尉。

護匈奴中郎將張脩和南單于呼徵不相容，張脩擅自殺死呼徵，改立右賢王羌渠為單于。秋，七月，張脩被指控不先請示而擅自誅殺呼徵，用囚車送到廷尉，處死。

當初，司徒劉郃的哥哥侍中劉鯈和竇武同謀，一同被處死，永樂少府陳球對劉郃說：「你出身皇族，位居三公，天下人瞻望，是國家棟樑，豈能與奸兇相同，庸庸碌碌，隨波逐流！現在，曹節等人放縱肆虐，長期在皇帝身邊，你的哥哥侍中受曹節等人陷害，你現在可以上表推薦陽球擔任司隸校尉，依次逮捕曹節等人把他們殺掉，使政令出自天子，天下太平，翹首可待！」劉郃說：「宦官的耳目眾多，恐怕事情還沒有商議妥當，就先受到禍害。」尚書劉納說：「身為國家棟樑，國家有危而不扶持，何必還要你輔佐！」劉郃答應了，就和陽球密謀。陽球的小妾是程璜的女兒，因此曹節等人知道了這事，就重重賄賂程璜，並且威脅他。程璜害怕，就把陽球等人的謀劃告訴了曹節。曹節等人共同報告漢靈帝說：「劉郃和劉納、陳球、陽球書信來往，圖謀不軌。」漢靈帝大怒。冬，十月十四日甲申，劉郃、陳球、劉納、陽球全都關進監獄處死。

巴郡板楯蠻反叛，派遣御史中丞蕭瑗督領益州刺史討伐蠻人，沒有取勝。

十二月，任命光祿勳楊賜為司徒。○鮮卑人侵犯幽州、并州。

三年（庚申　西元一八〇年）

春，正月癸酉❶，赦天下。

夏，四月，江夏❷蠻反。

秋，酒泉地震。

冬，有星孛于狼、弧❸。◯鮮卑寇幽、并二州。

十二月己巳，立貴人何氏為皇后❹。徵后兄潁川太守進❺為侍中。后本南陽屠家，以選入掖庭，生皇子辯❻，故立之。

是歲作畢圭、靈昆苑❼。司徒楊賜諫曰：「先帝之制，左開鴻池❽，右作上林，不奢不約，以合禮中。今猥規郊城之地❾以為苑囿，壞沃衍❿，廢田園，驅居民，畜禽獸，殆非所謂若保赤子⓫之義。今城外之苑已有五六⓬，可以逞情意⓭，順四節⓮也。宜惟夏禹卑宮⓯、太宗露臺之意⓰，以尉下民之勞。」書奏，帝欲止，以問侍中任芝、樂松。對曰：「昔文王之囿百里，人以為小；齊宣五里，人以為大⓱。今與百姓共之，無害於政也。」帝悅，遂為之。

巴郡板楯蠻反。

蒼梧、桂陽賊攻郡縣，零陵太守楊琁制馬車數十乘，以排囊⓲盛石灰於車上，繫布索於馬尾⓳，又為兵車，專彀弓弩⓴。及戰，令馬車居前，順風鼓灰，賊不得視，因以火燒布然㉑，馬驚，奔突㉒賊陣，因使後車弓弩亂發，鉦㉓鼓㉔鳴震，羣盜波駭破散㉕，追逐傷斬無數，梟其渠帥，郡境以清。荊州刺史趙凱誣奏琁實非身親破賊，而妄有其功。琁與相章奏㉖。凱有黨助，遂檻車徵琁，防禁嚴密，無由自訟㉗。乃噬臂出血，書衣為章㉘，具陳破賊形勢，及言凱所誣狀㉙，潛令親屬詣闕通之。詔書原琁㉚，拜議郎。凱受誣人之罪㉛。琁，喬㉜之弟也。

【章旨】以上為第十四段，寫漢靈帝冊立何皇后，大建苑囿。零陵太守楊琁平定叛亂，荊州刺史趙凱忌功誣奏楊琁冒功，事核，趙凱被判誣告罪。

【注釋】❶癸酉　正月庚子朔，無癸酉。癸酉，應為二月初五日。❷江夏　郡名，轄今湖北東部地區。治所西陵，在今湖北新洲。東漢後期移治鄂縣，在今湖北黃岡長江南岸。❸有星孛于狼弧　在東井東南的狼、弧星區出現孛星。❹立貴人何氏為皇后　何皇后，南陽人，史失其名。生皇子劉辨。傳見《後漢書》卷十下。❺進　何進，何太后兄。何太后臨朝，何進為大將軍，謀誅宦官，遲疑不決，反被宦官所害。傳見《後漢書》卷六十九。❻皇子辨　即東漢末少帝，為董卓所廢。❼罼圭靈昆苑　皆為苑囿名，在洛陽宣平門外。罼圭苑有二，東罼圭苑，周圍一千五百步，中有魚梁臺；西罼圭苑，周圍三千三百步，規模更大。❽鴻池　與下句「上林」，皆為苑名，均在洛陽西郊。❾猥規郊城之地　大規模圈佔城郊之地。猥，眾；大規模。❿壞沃衍　損壞良田。沃衍，平坦的肥美之地。⓫若保赤子　保護黎民。語出《尚書・康誥》：「若保赤子，惟民其康義。」赤子，嬰兒。君王視民如赤子。⓬城外之苑已有五六　東漢初有平樂苑、上林苑，順帝陽嘉元年（西元一三二年）起西苑，桓帝延熹二年（西元一五九年）建顯揚苑，延熹九年建鴻德苑，已有五苑。⓭逞情意　盡情歡樂。逞，快也。⓮四節　春蒐、夏苗、秋獮、冬狩。⓯夏禹卑宮　夏禹建簡陋的宮室。⓰太宗露臺之意　漢文帝拒絕建高臺，其意在養民。太宗，漢文帝廟號。他曾打算建造一座觀天的露臺，預算造價要費一百金，相當於十家中人之產，文帝決定停建。⓱文王之囿百里四句　見《孟子・梁惠王下》。齊宣王問孟子：周文王有囿方七十里，人們認為太小；我只有方五里之囿，人們卻以為太大，這是為什麼？孟子回答：文王之囿與人民共享，所以人們認為太小；大王之囿個人專享，所以人們認為太大。⓲排囊　兩頭開口的布袋。⑲繫布索於馬尾　在馬尾繫上布條。⑳又為兵車二句　又製造射箭矢的專用戰車。彀，把弓箭張滿。㉑火燒布然　用火點燃布袋。這樣火使馬驚，拼命奔馳，而煙火與石灰混合，形成遮天蔽日的滾滾煙塵。㉒奔突　直衝。㉓鉦　古時軍中的樂器，銅鑼。㉔鼓　鼓鳴為進軍之號。㉕波駭破散　全軍驚駭奔逃，像水波一樣擴散開去。㉖琁與相章奏　楊琁上奏章與趙凱答辯。㉗防禁嚴密二句　嚴密防範楊琁，使他無法申辯。㉘噬臂出血二句　楊琁咬破手臂，撕裂衣襟，寫下血書奏章。㉙具陳破賊形勢二句　詳細陳述破敵勢態，以及趙凱誣陷情況。㉚詔書原琁　下詔寬恕楊琁。㉛凱受誣人之罪　趙凱被判誣告罪。㉜喬　楊喬。見上卷桓帝永康元年。

【語　譯】 三年（庚申　西元一八〇年）

春，正月癸酉日，大赦天下。

夏，四月，江夏蠻反叛。

秋，酒泉郡地震。

冬，在東井東南的狼、弧星區出現孛星。○鮮卑人侵犯幽州、并州。

十二月初五日己巳，立貴人何氏為皇后。徵召皇后的哥哥潁川太守何進為侍中。何皇后本是南陽屠戶的女兒，因選入宮中，生了皇子劉辨，所以被立為皇后。

這年，修建畢圭苑、靈昆苑。司徒楊賜勸諫說：「先帝的制度，左邊開鴻池苑，右邊造上林苑，不奢侈，也不簡約，合乎中庸之禮。現在大規模圈佔城郊的土地來建造苑囿，毀壞良田，廢棄田園，驅逐居民，畜養禽獸，這不是愛民如子之道。如今京城外的苑囿已有五六處，可以盡情歡樂，順應四時。應想想夏禹宮室簡單，太宗不建露臺的用意，來安撫小民的勞苦。」奏書呈上，漢靈帝想停建苑囿，拿此事詢問侍中任芝和樂松。他們回答說：「過去周文王有百里苑囿，民眾認為太小；齊宣王有五里苑囿，民眾認為很大。現在陛下和百姓一起享受，不會危害國政。」漢靈帝很高興，於是決定建造。

巴郡板楯蠻反叛。

蒼梧、桂陽的賊民進攻郡縣，零陵太守楊琁打造了幾十輛馬車，用袋子裝石灰放在車上，在馬尾繫上布條，又製造射箭矢的專用戰車。等到交戰時，讓馬車在前，順風揚灰，賊人睜不開眼，趁機用火點燃布條，馬受驚，直衝賊人陣營，於是讓後面的車子射箭，鳴金擂鼓，眾賊驚慌潰逃，像水波一樣擴散開，追殺賊人，死傷不計其數，割下首領的腦袋示眾，郡境平靜。荊州刺史趙凱誣奏楊琁實際上未親自打敗賊人，而妄自據有軍功。楊琁上書答辯。趙凱有朋黨相助，於是用囚車逮捕楊琁，防範嚴密，楊琁無從自己申訴。於是楊琁就咬破手臂，用血在衣服上寫奏章，詳細說明打敗敵人的勢態，以及趙凱誣奏的情況，祕密交給親屬到宮門上書。朝廷得知詳情，下詔寬恕了楊琁，任命為議郎。趙凱被判處誣告罪。楊琁，是楊喬的弟弟。

【研　析】本卷史事研析漢靈帝立《熹平石經》，開辦鴻都門學，以及第三次黨錮之禍。

一、靈帝立《熹平石經》。漢靈帝熹平四年（西元一七五年），春，三月，漢靈帝下詔，命儒家大師校定《五經》文字，命議郎蔡邕用古文、篆、隸三體書寫，刻石立碑於太學門外，使太學生員和全國儒生參觀抄寫，每天有車千餘輛，從四面八方雲集，填滿大街小巷，熱鬧非凡。石經之刻，是官方寫定的經書標準本。這是中國學術史、經學史上的一件大事。靈帝立《熹平石經》，倡導學術嚴謹與推動學術發展有重大意義，應該肯定。

經書石刻不始於靈帝，嗣後歷代有繼承發展，至今立於西安市碑林博物館。藉此，將歷代石經的沿革發展與內容，略述於下。

古代明經取士，而經學傳寫多誤，故刻石立於太學以為定本。由於石經之刻，引發而有雕版印刷術之發明，影響至深且遠。最早的石經，始刻於王莽。西漢平帝末，莽命甄豐摹古文《易》、《書》、《詩》、《左傳》於石。東漢靈帝時，詔諸儒正定蔡邕書寫《易》、《書》、《詩》、《儀禮》、《公羊》、《論語》六經（據《後漢書·蔡邕傳》），刻石於太學門外，稱為《熹平石經》。魏廢帝曹芳時，所刻石經稱《正始石經》。東漢和魏所立石經均用古文、篆、隸三體書法以相對照，又稱《三體石經》。唐文宗時又立《開成石經》，所刻增至十二經，無《孟子》。五代時蜀主孟昶立《蜀石經》，所刻凡十一經，無《孝經》、《爾雅》而有《孟子》。北宋太宗刻十三經石經。南宋高宗御書石經，立於臨安太學。清十三經石刻刻於高宗乾隆時，仁宗嘉慶時磨改。今存於西安碑林中十三經石刻即唐《開成石經》十二經，《孟子》朱注石經為康熙年間補刻。《開成石經》中之《孝經》四石為唐玄宗御書，天寶時立，是碑林現存石經中最早的石經。碑林創始於北宋哲宗元祐二年（西元一〇八七年）。石經於元祐五年，移入碑林。十三經石刻共一百十四碑，計經、注刻石六五・五萬字。《易經》，王弼注。《尚書》，偽孔傳。《毛詩》、《周禮》、《儀禮》、《禮記》，均鄭玄注。《春秋》三傳，《左氏》杜預集解，《公羊》何休注，《穀梁》范甯注。《論語》，何晏集解。《孝經》，唐玄宗注。《爾雅》，郭璞注。《孟子》，朱熹集解。

漢靈帝立《熹平石經》，在文化上有進步意義，在政治上是為了緩解太學生的憤怒，轉移他們攻擊宦官的專注力。本來《五經》文字與宦官毫不相干，由於太學生考試爭等第高下，抄寫經書文本有差異，往往鬧到官府裡去爭訟。太學生與朝官士大夫的清議，蔑視宦官的高傲，已經讓宦官們發瘋發狂，亂殺一氣。太學生糾纏經學，吵吵鬧鬧隨時可轉為對宦官的攻擊。《六經》石刻一立，引導太學生去鑽故紙堆，確實使宦官清靜了許多，也給漢靈帝臉上增添了一層光彩。

二、漢靈帝立鴻都門學。光和元年（西元一七八年），漢靈帝在洛陽鴻都門創辦收文學藝術類士子入學，與太學相抗，史稱鴻都門學。鴻都門學講習辭賦、小說、繪畫、書法。漢靈帝本人愛好文學藝術，加以提倡，無可厚非。文學藝術登上大雅之堂，還成為入仕資本，對中國傳統文化的發展有進步意義。但靈帝創辦鴻都門學，招收雜家九流，旨在與太學對抗，或者說是扶植制衡太學的新興力量。漢靈帝為鴻都文學藝術家樂松、江覽等三十二人畫像題贊，用來對抗黨人的「八俊」、「八顧」、「八及」、「八廚」三十二大名士。鴻都學生考試及格給大官做，三公舉用辟召，外放為刺史、太守，回朝為侍中、尚書，乃至封侯。考試不及格的就給小官做。但朝官士大夫都鄙視他們為出身「微蔑」，稱其品性為「斗筲小人」。太學生不肯與鴻都門學生為伍。鴻都門學是宦官的輿論陣地，自然名聲很臭，在世家大族處於上升時期的風頭上，根本不是對手。伴隨靈帝之死，東漢之滅，鴻都門學式微了。

三、第三次黨錮之禍。宦官殺逐黨人，引用大批下層豪強和宦官子弟奪佔士族官職，激起雙方的尖銳矛盾。一方是宦官繼續利用各種藉口把黨錮之禍擴大化，打擊士族。熹平五年，竇太后死，有流言說王甫殺太后。宦官追查流言，大捕清流朝官士大夫和太學生一千餘人。另一方是朝官士大夫也是抓住機會就大殺宦官。靈帝光和二年四月，陽球任司隸校尉，一上任就殺了王甫，把王甫屍體砍成肉塊示眾在夏城門，用大大的字寫布告說：「這就是賊臣王甫的下場。」宦官與朝官士大夫如同針尖對麥芒，雙方誓不兩立，這是第三次黨錮之禍的背景。

第三次鉤黨之獄發生在靈帝熹平五年，這次是靈帝為了飾過而加重對鉤黨的迫害，株連黨人的遠親旁枝。學術界已往的論著一般稱東漢兩次鉤黨之獄，把第三次看作是前兩次的餘波，這是應當辨正的。這一次冤獄發生在靈帝加元服，即親掌政權之後，分析它的內容，有助於我們對鉤黨之獄性質的認識和評述，因此是很重要的。

建寧四年，即西元一七一年，靈帝加元服，大赦天下，唯黨人不赦。熹平五年，永昌太守曹鸞上書，大訟黨人，說他們有的年高德重，有的是治國人才，應該解除黨禁，「股肱王室」。曹鸞質問說：「黨人何罪，獨不開恕乎！」曹鸞的方切直言恰恰觸痛了靈帝的忌諱神經。靈帝覽奏，勃然大怒，這是偏袒鉤黨，那還了得！「即詔司隸、益州檻車收鸞」，關押在槐里獄中，活活打死。又「詔州郡更考黨人門生、故吏、父子、兄弟在位者，悉免官禁錮，爰及五屬」。

桓帝製造鉤黨之獄，造成了社會的大分裂，靈帝繼位愈演愈烈，這是形勢所逼，已非個人能力所能控制。但是歷史背景並不能洗刷昏暴之君製造並擴大冤獄的責任。在專制政體下，掌握了國家權力的最高統治者皇帝，其個人的修養、品德將給歷史打下善善惡惡的烙印。這是客觀的存在。靈帝是比較聰明能幹的，還懂一點文學，故其智更能飾詐拒諫。但他並無真才偉略，又是一個貪財鬼，所以與群閹小醜臭味相依，合夥經營西園賣官所。他曾經宣言：「張常侍是我公，趙常侍是我母」（〈宦者傳〉），縱放張讓、趙忠等十二中常侍專國亂政，達到了頂點。史稱靈帝是「以小人而乘君子之器」。所以第二次黨獄窮治，擴大成為全國性的大冤獄。曹鸞上書，道明真象，這無異於是在給專制的淫威火上加油，於是靈帝變本加厲地導演了株連五屬的第三次鉤黨之獄。從西元一六六到一七六年，十年之間，三次鉤黨之獄，浩劫全國。生靈塗炭，綱紀蕩然；是非顛倒，廉恥相冒；天下鉗口，人心思亂。漢室江山，氣數已盡。靈帝一再擴大冤獄，伴隨著正義的被剿殺，他的威信也降到零點。於是中平元年（西元一八四年）爆發了黃巾大起義，靈帝懼，「乃大赦黨人，誅徙之家皆歸故郡。」

以上就是東漢三次鉤黨之獄的始末。范曄評論稱之為「主荒政謬」。無疑，范曄的觀點是應該肯定的。但是，為什麼桓、靈二帝相繼演出鉤黨之禍？宦官為惡，二帝不是不知，尤其是十常侍與黃巾通謀，靈帝亦未加責罰而獨獨對於起而矯弊的士大夫橫加屠戮呢？難道桓、靈二帝不想把江山傳之萬世，以至無窮嗎？這才是問題的本質所在。

追本溯源，東漢鉤黨之獄是秦漢專制制度消極因素的必然發展。秦漢中央集權制度，在加強統一全國、發展經濟和繁榮共同文化等方面發揮了巨大作用。但是家天下的中央集權是靠君主獨裁政體的形式來維繫的，它就必不可避免地要產生以意為法，權落群小的弊端。秦始皇集權，不辨趙高之奸；漢武帝集權，不明江充之佞，其結果都給國家帶來了災難。光武不悟個人過度集權之害，反其道而行之，致有外戚、宦官、士大夫之爭，愈演愈烈而有鉤黨之獄，這是漢光武始料所不及之事。

太后、皇權、相權，這三權的鼎立是封建專制政體的必然產物。三種權力平衡，國家政局穩定；失去平衡，政局動盪。三種權力平衡的關鍵是加重相權，使皇帝、太后受到牽制，依照封建之法秉政。反之，削弱相權，皇權過分集中，皇帝為所欲為，就會形成以意為法的多中心權力結構，大權必然旁落群小，宦豎小醜成了皇權的代理，國家怎不衰敗？東漢政局不穩，主要是「危自上起」，其源蓋出於漢光武集權過度，使帝相權力失去了平衡。東漢政論家仲長統早有極中肯的評論。他在《昌言・法誡》中說：

> 光武皇帝慍數世之失權，忿強臣之竊命，矯枉過直，政不任下，雖置三公，事歸臺閣。自此以來，三公之職，備員而已。然政有不理，猶加譴責。而權移外戚之家，寵被近習之豎。親其黨類，用其私人。內充京師，外布列郡。顛倒賢愚，貿易選舉。疲駑守境，貪殘牧民，撓擾百姓，忿怒四夷，招致乖叛，亂離斯瘼，

怨氣並作。……此皆戚、宦之臣所致然也。

但是，仲長統的議論也仍然只是表象。他只看到了光武的集權，卻沒有看到這是秦漢專制政體的必然發展。當然仲長統更看不到宦官之禍是封建專制政體不可能割除的腫瘤。因為宦官專政或群小誤國，實質不過就是君主獨裁的一種折光反射。割除這一腫瘤，豈不意味著君主獨裁的終結！這是古代政論家不可能思議的，所以我們不能苛求前人。

秦漢初制，丞相權大，其職「掌丞天子助理萬機」（《漢書·百官公卿表》），君權受到相權牽制，大權不得旁落群小。秦末趙高弄權，擁立二世，須得丞相李斯同意。西漢公卿操廢立之權，當國統斷續之際，大臣以社稷為重，所立之君既長且賢。周勃誅諸呂，迎立文帝，而有「文景之治」。霍光擁昭立宣，「摧燕王，仆上官，因權制敵，以成其忠」（《漢書·霍光傳》），而有「昭宣中興」。西漢前期沒有宦官之禍。漢文帝與宦官趙談同載，郎中袁盎變色；丞相申屠嘉責罰鄧通，文帝改容謝過。漢武帝封禪改制，削奪相權，以侍中參議朝政，又設中書令出納章奏，形成了皇帝近侍左右決策的機構，稱為「中朝」。「中朝」直接代表皇帝，所以陵駕在以丞相為首的「外朝」之上，這就為宦豎閹醜的登臺掃清了道路。光武中興進一步削弱相權，廢丞相，事歸臺閣。東漢三公只是榮銜，毫無實權。東漢三公誅一宦豎，須得請旨而行。故有陳蕃、竇武之謀洩，何進議誅宦官之敗。但是朝廷有過，天象變異，卻要策免三公。外朝大臣成了皇帝犯過的替罪羊。於是外戚、宦官乘隙而起。東漢皇帝廢立操於外戚、宦官之手。太后貪權立幼，權落外家。幼帝長成與外戚爭權，重用宦官。因此宮廷政變，迭次發生，造成了東漢政局長期動盪不穩。士大夫有感於此，激揚氣節，以正色立於朝堂，外戚專權與外戚鬥，宦官竊柄與宦官爭。但是公卿無實權裁抑外戚和群閹小醜，只能以氣節相尚，爭取輿論。輿論「汙穢朝廷」，更加激起皇帝對外朝官僚的猜忌。因此，愈是清廉之臣，就愈是罪尤之臣。皇帝要殺逐這些忠正清廉之臣以釋猜忌，就要大興冤獄。這就是鉤黨之獄產生的根本原因。

古籍今注新譯叢書

【哲學類】

新譯四書讀本　謝冰瑩等編譯
新譯學庸讀本　王澤應注譯
新譯論語新編解義　胡楚生編著
新譯孝經讀本　賴炎元等注譯
新譯易經讀本　郭建勳注譯
新譯乾坤經傳通釋　黃慶萱著
新譯易經繫辭傳解義　吳　怡著
新譯禮記讀本　姜義華注譯
新譯儀禮讀本　顧寶田等注譯
新譯孔子家語　羊春秋注譯
新譯老子讀本　余培林注譯
新譯老子解義　吳　怡著
新譯莊子讀本　黃錦鋐注譯
新譯莊子讀本　張松輝注譯
新譯莊子本義　水渭松注譯
新譯莊子內篇解義　吳　怡著
新譯列子讀本　莊萬壽注譯
新譯管子讀本　湯孝純注譯
新譯墨子讀本　李生龍注譯
新譯公孫龍子　丁成泉注譯
新譯晏子春秋　陶梅生注譯
新譯鄧析子　徐忠良注譯
新譯荀子讀本　王忠林注譯
新譯尹文子　徐忠良注譯
新譯尸子讀本　水渭松注譯
新譯鬼谷子　王德華等注譯
新譯韓非子　傅武光等注譯
新譯呂氏春秋　朱永嘉等注譯
新譯韓詩外傳　孫立堯注譯
新譯淮南子　熊禮匯注譯
新譯春秋繁露　朱永嘉等注譯
新譯新書讀本　饒東原注譯
新譯新語讀本　王　毅注譯
新譯潛夫論　彭丙成注譯
新譯論衡讀本　蔡鎮楚注譯
新譯申鑒讀本　林家驪等注譯
新譯人物志　吳家駒注譯
新譯張載文選　張金泉注譯
新譯近思錄　張京華注譯
新譯傳習錄　李生龍注譯
新譯呻吟語摘　鄧子勉注譯
新譯明夷待訪錄　李廣柏注譯

【文學類】

新譯詩經讀本　滕志賢注譯
新譯楚辭讀本　傅錫壬注譯
新譯文心雕龍　羅立乾注譯
新譯世說新語　劉正浩等注譯
新譯昭明文選　周啟成等注譯
新譯古文觀止　謝冰瑩等注譯
新譯古文辭類纂　黃　鈞等注譯
新譯樂府詩選　溫洪隆注譯
新譯古詩源　馮保善注譯
新譯千家詩　邱燮友等注譯
新譯詩品讀本　成　林等注譯
新譯花間集　朱恒夫注譯
新譯南唐詞　劉慶雲注譯
新譯唐詩三百首　邱燮友注譯
新譯宋詞三百首　汪　中注譯
新譯宋詞三百首　劉慶雲注譯
新譯元曲三百首　賴橋本等注譯
新譯明詩三百首　趙伯陶注譯
新譯清詩三百首　王英志注譯
新譯清詞三百首　陳水雲等注譯
新譯唐人絕句選　卞孝萱等注譯
新譯唐才子傳　戴揚本注譯
新譯拾遺記　石　磊注譯
新譯搜神記　黃　鈞注譯
新譯唐傳奇選　束　忱等注譯
新譯宋傳奇小說選　束　忱注譯
新譯明傳奇小說選　陳美林等注譯
新譯容齋隨筆選　朱永嘉等注譯
新譯明散文選　周明初注譯
新譯人間詞話　馬自毅注譯
新譯白香詞譜　劉慶雲注譯
新譯幽夢影　馮保善注譯

新譯菜根譚　吳家駒注譯
新譯小窗幽記　馬美信注譯
新譯圍爐夜話　馬美信注譯
新譯郁離子　吳家駒注譯
新譯歷代寓言選　黃瑞雲注譯
新譯賈長沙集　林家驪注譯
新譯揚子雲集　葉幼明注譯
新譯諸葛亮集　朱永嘉等注譯
新譯曹子建集　曹海東注譯
新譯建安七子詩文集　韓格平注譯
新譯阮籍詩文集　林家驪注譯
新譯嵇中散集　崔富章注譯
新譯陸機詩文集　王德華注譯
新譯陶淵明集　溫洪隆注譯
新譯江淹集　羅立乾等注譯
新譯庾信詩文選　歸　青注譯
新譯初唐四傑詩集　李福標注譯
新譯駱賓王文集　黃清泉注譯
新譯王維詩文集　陳鐵民注譯
新譯孟浩然詩集　楊　軍注譯
新譯李白詩全集　郁賢皓注譯
新譯李白文集　郁賢皓注譯
新譯杜甫詩選　張忠綱等注譯
新譯杜詩菁華　林繼中注譯
新譯高適岑參詩選　孫欽善等注譯
新譯昌黎先生文集　周啟成等注譯
新譯劉禹錫詩文選　閻　琦注譯

新譯柳宗元文選　卞孝萱等注譯
新譯白居易詩文選　陶　敏等注譯
新譯元稹詩文選　郭自虎注譯
新譯李賀詩集　彭國忠注譯
新譯杜牧詩文集　張松輝注譯
新譯李商隱詩選　朱恒夫等注譯
新譯范文正公選集　王興華等注譯
新譯蘇洵文選　羅立剛注譯
新譯蘇軾文選　滕志賢注譯
新譯蘇軾詞選　鄧子勉注譯
新譯蘇轍文選　朱　剛注譯
新譯曾鞏文選　高克勤注譯
新譯王安石文選　沈松勤注譯
新譯柳永詞集　侯孝瓊注譯
新譯李清照集　姜漢椿等注譯
新譯陸游詩文選　韓立平注譯
新譯辛棄疾詞選　聶安福注譯
新譯歸有光文選　鄔國平注譯
新譯徐渭詩文選　周　群等注譯
新譯薑齋文集　平慧善注譯
新譯顧亭林文集　劉九洲注譯
新譯方苞文選　鄔國平等注譯
新譯袁枚詩文選　王英志注譯
新譯聊齋誌異全集　袁世碩等注譯
新譯聊齋誌異選　任篤行等注譯
新譯閱微草堂筆記　嚴文儒注譯
新譯浮生六記　馬美信注譯

新譯弘一大師詩詞全編　徐正綸編著

【歷史類】

新譯史記　韓兆琦注譯
新譯漢書　吳榮曾等注譯
新譯後漢書　魏連科等注譯
新譯三國志　吳樹平等注譯
新譯資治通鑑　韓兆琦等注譯
新譯史記—名篇精選　韓兆琦注譯
新譯尚書讀本　吳　璵注譯
新譯尚書讀本　郭建勳注譯
新譯周禮讀本　賀友齡注譯
新譯逸周書　牛鴻恩注譯
新譯左傳讀本　郁賢皓等注譯
新譯公羊傳　雪　克注譯
新譯穀梁傳　顧寶田注譯
新譯春秋穀梁傳　周　何注譯
新譯戰國策　溫洪隆注譯
新譯國語讀本　易中天注譯
新譯說苑讀本　左松超注譯
新譯說苑讀本　羅少卿注譯
新譯新序讀本　葉幼明注譯
新譯吳越春秋　黃仁生注譯
新譯西京雜記　曹海東注譯
新譯列女傳　黃清泉注譯
新譯越絕書　劉建國注譯
新譯燕丹子　曹海東注譯

新譯東萊博議　李振興等注譯
新譯唐六典　朱永嘉等注譯
新譯唐摭言　姜漢椿注譯

【宗教類】

新譯金剛經　徐興無注譯
新譯高僧傳　朱恒夫等注譯
新譯碧巖集　吳　平注譯
新譯百喻經　顧寶田注譯
新譯楞嚴經　賴永海等注譯
新譯梵網經　王建光注譯
新譯法句經　劉學軍注譯
新譯六祖壇經　李中華注譯
新譯禪林寶訓　李中華注譯
新譯維摩詰經　陳引馳等注譯
新譯經律異相　顏洽茂注譯
新譯阿彌陀經　蘇樹華等注譯
新譯無量壽經　邱高興注譯
新譯妙法蓮華經　張松輝注譯
新譯景德傳燈錄　顧宏義注譯
新譯大乘起信論　韓廷傑注譯
新譯釋禪波羅蜜　蘇樹華注譯
新譯八識規矩頌　倪梁康注譯
新譯永嘉大師證道歌　蔣九愚注譯
新譯華嚴經入法界品　楊維中注譯
新譯地藏菩薩本願經　李承貴注譯
新譯悟真篇　劉國樑等注譯

新譯无能子　張松輝注譯
新譯坐忘論　張松輝注譯
新譯列仙傳　張金嶺注譯
新譯抱朴子　李中華注譯
新譯神仙傳　周啟成注譯
新譯性命圭旨　傅鳳英注譯
新譯老子想爾注　顧寶田等注譯
新譯周易參同契　劉國樑注譯
新譯道門觀心經　王　卡注譯
新譯養性延命錄　曾召南注譯
新譯樂育堂語錄　戈國龍注譯
新譯沖虛至德真經　張松輝注譯
新譯長春真人西遊記　顧寶田等注譯
新譯黃庭經・陰符經　劉連朋等注譯

【軍事類】

新譯司馬法　王雲路注譯
新譯尉繚子　張金泉注譯
新譯三略讀本　傅　傑注譯
新譯六韜讀本　鄔錫非注譯
新譯吳子讀本　王雲路注譯
新譯孫子讀本　吳仁傑注譯
新譯李衛公問對　鄔錫非注譯

【教育類】

新譯爾雅讀本　陳建初等注譯
新譯顏氏家訓　李振興等注譯

新譯聰訓齋語　馮保善注譯
新譯曾文正公家書　湯孝純注譯
新譯三字經　黃沛榮注譯
新譯百家姓　馬自毅等注譯
新譯幼學瓊林　馬自毅注譯
新譯增廣賢文・千字文　馬自毅注譯
新譯格言聯璧　馬自毅注譯

【政事類】

新譯商君書　貝遠辰注譯
新譯鹽鐵論　盧烈紅注譯
新譯貞觀政要　許道勳注譯

【地志類】

新譯山海經　楊錫彭注譯
新譯水經注　陳橋驛等注譯
新譯佛國記　楊維中注譯
新譯大唐西域記　陳　飛等注譯
新譯洛陽伽藍記　劉九洲注譯
新譯徐霞客遊記　黃　珅注譯
新譯東京夢華錄　嚴文儒注譯